මගේ ජීවිතය,

මගේ ඇදහිල්ල I

"මට ප්‍රේම කරන්නන්ට මම ප්‍රේම කරමි;
මා සොයන්නන්ට මම සම්බ වෙමි"
(හිතෝපදේශය 8:17)

මගේ ජීවිතය, මගේ ඇදහිල්ල I

ආචාර්ය ජයිරොක් ලී

URIM BOOKS

මගේ ජීවිතය, මගේ ඇදහිල්ල I
ආචාර්ය ජයිරොක් ලී විසින් ලියූ ග්‍රන්ථයකි.

ක්‍රිස්තියානි මුද්‍රණාලය විසින් ප්‍රචාරණය කරන ලදී. (නියෝජිතයාඃ සෙන්ගකන් වින්)
361-66, සින්ඩබන්-ඩොං, ඩොංජක්-ගු, සෝල්, කොරියාව.
www.urimbooks.com

සඳහනක් කළහොත් මිස, නැත්තම් සියලු බයිබල් ප්‍රකාශණ ශුද්ධ බයිබලයෙන් ගෙන ඇත. නිව් ඇමරිකන් ස්ටැන්ඩඩ් ප්‍රකාශන අයිතිය 1960, 1962, 1963, 1968, 1971, 1972, 1973, 1975, 1977, 1995 ද ලොක්මන් පදනම වෙතින් අවසර ඇතිව ව්‍යවහාර කර ඇත.

ප්‍රකාශණ අයිතිය 2007 ආචාර්ය ජයිරොක් ලී විසින්

ISBN : 978-89-7557-955-4, ISBN : 978-89-7557-954-7 (set)
පරිවර්තනය : ආචාර්ය එස්තර් කේ. චන්ග්

මුල් පරිවර්තනය කොරියානු භාෂාවෙන් සෝල්, කොරිය ක්‍රිස්තියානි මුද්‍රණාලය විසින් ප්‍රකාශිත කොට ඇත. ප්‍රකාශන අයිතිය 2006,

ප්‍රථම ප්‍රකාශිතය 2014 නොවැම්බර්

ඉඋන්ම් ලී විසින් සංශෝදනය කර ඇත.
යූරීම් පොත් කර්තෘවාක්‍ය කාර්යාංශයේ නිර්මාණයක්.
වැඩි විස්තර සඳහා urimbook@hotmail.com / manminsrilanka@gmail.com

ගැඹුරු ආත්මික සුවඳ

අපට වඩාත් රෝස මල් සුවඳ ඇති, සුවඳ විලවුන් ලබා ගත හැක්කේ බල්කන් කඳුකරයේ ඇති රෝස මල් වලින් බව පැවසේ. කෙසේ වෙතත්, අපට බල්කන් කඳුකරයේ ඕනෑම රෝස මලකින් එම විලවුන් ලබා ගත නොහැක. ඉතා අනර්ඝ සුවඳ විලවුන් සාදා ගැනීමට නම්, වඩාත් සීතලම සහ අඳුරුම වේලාව වන පාන්දර දෙකට නෙලා ගත් රෝස මල් වල සාරය නිෂ්කර්ෂය කර ගත යුතුයි.

ආචාර්ය ජයිරොක් ලී මහතා ගේ ආත්ම චරිත කථනය වන ''මගේ ඇඳහිල්ල, මගේ ජීවිතය 1 සහ 2'' කියන්නන්හට වඩාත්ම සුගනධවනීය ආත්මික සුවඳ සලසා දීමට උපකාරී වී ඇත. එසේ සිදුවීමට හේතු වී ඇත්තේ ඔහුගේ ජීවිතය ඇඳුරු රළ, සීත වියගස් සහ ගැඹුරු බලාපොරොත්තු නොමැති ස්වභාවයන් අත් දකිමින් දෙවියන් වහන්සේගේ ප්‍රේමයෙන් නිෂ්කරෂය කර ගෙන ඇති නිසාය.

අනෙකුත් තරුණයන් මෙන් දීප්තිමත් සහ කාන්තිමත් ජීවිතයක් ගැන සිහින දකිමින් සිටීමට ආචාර්ය ජයිරොක් ලී මහතාට කාලයක් නොතිබුනේ ඇයි? හොඳ පාසැලකින් උපාධියක් ලබා ගැනීම, විදේශ ගතව වැඩිදුර අධ්‍යාපනයක් ලබා ගැනීම, විශාරද කෙනෙක් වීම සහ ශ්‍රේෂ්ඨ මිනිසෙකු වීම වැනි දේ සඳහා ආචාර්ය ජයිරොක් ලී මහතාද සටන් කළ කාලයක් තිබිණි. නමුත් ඔහුගේ සිහින වල නොවූ ලෙස හදිස්සියේ ඔහුව බලාපොරොත්තු නොමැතිකමේ මිටියාවකට ඇද වැටිණි. සිත් රිදීමේ රෝගයෙන් ඔහුගේ මුලු සිරුරම වැසී තිබුණේය. යහපත් ප්‍රතිචාර ලැබීමට වඩා ඔහුගේ ළඟ සිටින අයගේ නොසැලකිල්ලට සහ පහත් කිරීම් වලට ඔහු පත්විය. පවුලේ ප්‍රධානියා ලෙස බල රහිත පුද්ගලයෙකු

වීම හා දිළිඳුකම යන්නෙහි අර්ථය ඔහු වටහා ගත්තේය. මේ ලෝකයේ ආදරය කෙතරම් අර්ථ රහිතද යන්න ඔහු ගැඹුරින් සහ මුළුමනින්ම වටහා ගත්තේය. ඔහු සිය දිවි නසා ගැනීමටද දෙවතාවක්ම වෑයම් කළේය.

බලාපොරොත්තු නැතිකමේ මිටියාවතේ ඔහුට හුස්ම ගැනීමට පවා නොහැකි අවස්ථාවකදී ඔහුට දෙවිඳුන් මුණ ගැසුණි. ඒ වනතෙක් ඔහු තනිවම ඔහුගේ කළකිරුණු ජීවිතය සමගින් සටන් කරමින් සිටියේය. නමුත් ආදරයෙන් පිරිපුන් සියලු බලැති දෙවියන් වහන්සේ ඔහු වෙතට පැමිණ, ඔහු හමු වී, ඔහුත් සමඟ ගමන් කිරීමට පටන් ගත්සේක. දෙවියන් වහන්සේ ඔහුව බලාපොරොත්තු නොමැති කමින් නිදහස් කර ස්වරග රාජ්‍යයේ බලාපොරොත්තුවෙන් පිරවීය. ආචාර්ය ජයිරොක් ලී මහතාගේ ජීවිතයේ සියල්ල වූයේ ''දෙවිඳුන්ගේ මේ විස්මිත කරුණාවට නැවත ගෙවන්නේ කෙසේද?'' යන්නයි. ඔහු කළේ දෙවිඳුන් ''කරන්න'' යැයි කී දේවල්ය. දෙවිඳුන් තහනම් කළ දේ ඔහු කළේ නැත. දෙවිඳුන් ''යන්න'' යැයි කී තැන් වලට ඔහු ගියේය. ඔහු දෙවියන් වහන්සේගේ උසස් සහ අනර්ඝ ප්‍රේමයේ වහලෙක් විය. ඔහුගේ ජීවිතයේ පරම අරමුණ වූයේ දෙවිඳුන්ව ප්‍රසන්න කිරීමයි.

අපෝස්තළු පාවුලුතුමා එම ගැඹුරු ප්‍රේමය පිළිබඳව කළ ප්‍රකාශය රෝම 8:35-39 සඳහන්ව ඇති අතර එය ආචාරය ජයිරොක් ලී මහතාගේද ප්‍රකාශයයි. ''ක්‍රිස්තුස් වහන්සේගේ ප්‍රේමයෙන් අප වෙන් කරන්නේ කවුද? විපතවත්, සිත්වේදනාවවත්, පීඩාවක්, දුර්භික්ෂයවත්, නිර්වස්ත්‍රකමවත්, උපද්‍රව්‍යවත්, කඩුවවත් අප වෙන් කරන්නේද? ඒ හැටියට, දවස මුළුල්ලේ ඔබ නිසා අපි මරණ ලබමුව; මරණයට නියම කළ බැටළුවන් මෙන් ගණන් ගනු ලැබුවෙමු යැයි ලියා තිබේ. නමුත් අපට ප්‍රේමකළාවූ තැනැන් වහන්සේ කරණ කොට ගෙන, අපි මේ සියල්ලේ දි අතිශයින්ම ජයගන්නෙමුව. මක්නිසාද මරණයටවත්, ජීවනයටවත්, දූතයන්ටවත්, අධිපතිකම් වලටවත්, දැන් පවතින දේ වලටවත්, මතු පැමිණෙන දේ වලට වත්, පරාක්‍රම වලටවත්, උසටවත්, ගැඹුරටවත්, අන් කිසි මැවිල්ලකටවත්, අපගේ ස්වාමී වූ යේසුස් ක්‍රිස්තුත්වහන්සේ තුළ ඇත්තාවූ දෙවියන් වහන්සේගේ ප්‍රේමයෙන් අප වෙන්කරන්ට නොහැකි වන්නේ යැයි

ඒකාන්තයෙන්ම දනිමි.''

හිතෝපදේශ 8:17 ''මට ප්‍රේමකරන්නන්ට මම ප්‍රේම කරමි; මා සොයන්නන්ට මම සම්බවන්නේමි'', එය දෙවිඳුන්ගේ කැමැත්ත වී නම් ආචාර්ය ජයිරොක් ලී මහතා ඕනෑම අවස්ථාවකදී ඔහුගේ මුළු හදවතින්ම ඔව් සහ ආමෙන් කීවේය. දෙවියන් වහන්සේ උන්වහන්සේගේ බලයෙන් ඔහු සරසවා ලෝකයට ඔහු උසස් කොට තැබූසේක. ඔහුගේ සභාව වන මන්මින් (මුළු මැවිල්ල) ජුන්ග්-අන්ග් (ප්‍රධාන) සභාව, හැම රටකම සියලුම දෙනා වෙනුවෙන් යාච්ඤා කරන්නේ මන්මින් යන්නෙහි අර්ථය ලෙසයි. දෙවියන් වහන්සේ දුන් දර්ශනය එකින් එක ඉටුවෙමින් යද්දී, ශුද්ධාත්මයාණන් වහන්සේගේ බලවත් ක්‍රියාවන් සිදුවන මධ්‍යස්ථානයක් බවට එය පත්ව තිබේ.

මක්නිසාදයත් සභාපාලක ආචාර්ය ලී මහතා බොහෝ රෝගයන්ගෙන් පීඩා වින්ද බැවින්, රොගීන්ගේ වේදනාව ඔහු තේරුම් ගත්තේය. ඔහු අවමානයට හා සමච්චලයට ලක්වීම නිසා හදවත බිඳී ඇත්තන්ගේ හදවත් ඔහු තේරුම් ගත්තේය. ඔහු අධික දිළිඳුකම අත්දැක තිබූ බැවින් මහත් දිළිඳුකමින් වේදනා විඳී අයගේ හදවත් තේරුම් ගත්තේය. එනිසා ඔහුගේ සභාවේ සාමාජිකයින් ඔහුව මුහුණට මුහුණ හමු වීමට ඔහු වටා එක් රොක් වූහ.

දෙවියන් වහන්සේව දැන ගැනීමට පෙර සහ පසු යමෙකුගේ ජීවිතයේ මහත් ලෙස වෙනස්කම් සිදුවිය හැකි බවට, සභාපාලක ආචාර්‍ය ජයිරොක් ලී මහතාගේ ජීවිතයෙන් ගත හැකි ඉතාමත් චමත්කාරජනක උදාහරණ තිබේ. දෙවියන් වහන්සේ තුල සම්පූර්ණ කීකරුකම හා සම්පූර්ණ ඇදහිල්ල මගින් ආත්මික වශයෙන් හා ද්‍රව්‍යමය වශයෙන් බොහෝ ඵල නෙලා ගන්නේ කෙසේද යන්න ඔහුගේ ජීවිතයෙන් මනාවට පැහැදිලි වේ.

ඔහුගේ ජීවිත ගමනෙන් අපට ඉතා බලවත් ලෙස පවසන්නේ මේ සියලු ආශිර්වාදයන්ට රහස වන්නේ, දෙවිපියාණන් වහන්සේ ශුද්ධව සිටින්නාක් මෙන්, යම් කෙනෙකුගේ ජීවිතයද පළිඟුවක් සේ පවිත්‍රව හා ශුද්ධව තිබිය යුතු වීමත්, එක් වෙලාවකට ගොරවන සිංහයෙකු මෙන් සහ තවත් වේලාවකට

මවකගේ මෘදු සහ සෞම්‍ය අතක් වාගේ වීමත්‍ය. ආචාර්ය ලී මහතාගේ ජීවිතයෙන් ගැඹුරු සුගන්ධයක් විහිදෙනවා සේම මෙම පොත කියවන්නා වූ සියලු දෙනාගේ ජීවිත වලින්ද, බල්කන් කඳුකරයේ ඇති රෝස මල් වලට වඩා සුවඳ විහිදුවතැයි කියා බලාපොරොත්තු වෙමි.

2006 දෙසැම්බර් 10 වන දින

සභාපාලක ආචාර්ය එස්තර් කේ චන්ග්

සෝල් කාන්තා විශ්ව විද්‍යාලයේ හිටපු සභාපතිවරිය සෝල් කොරියාව සෝල් මන්මින් ජාත්‍යන්තර පූජක විද්‍යාලයේ සභාපතිවරිය සෝල් කොරියාව

උග්‍ර පරීක්ෂණය සහ බලය

''මාගේ ඇදහිල්ල මාගේ ජීවිතය'' පොතෙන්, ''අප ක්‍රිස්තියානි ජීවිතයක් පවත්වාගන්නේ කෙසේද? යන ප්‍රශ්ණයට පැහැදිලි පිළිතුරක් ලබා දෙයි. එමනිසා මෙම පොත යේසුස් වහන්සේව පිළිගත්තා වූ සහ උන්වහන්සේ කුරුසියෙහි වැගිරෙවූ ලේ විශ්වාස කරන්නා වූ සියල්ලන් උදෙසාය.

අවංක ලෙස කථා කළහොත්, ආචාර්ය ලී මහතා, මන්මින් ප්‍රධාන සභාවේ ජ්‍යෙෂ්ඨ සභාපාලක තුමාව, මා හරි හැටි දැන සිටි පුද්ගලයෙක් නොවේ. එක් දිනක් මාගේ පාසැල් මිතුරෙකුගෙන්, ඔහුගේ ආත්මචරිත කථනය වන ''මගේ ඇදහිල්ල මගේ ජීවිතය'' යන පොත ලැබුනු අතර මම එම පොත කියවීමෙන් මාගේ දෙනෙතින් කඳුළු පිටතට ගලා ඒමද මට වලකා ගත නොහැකි විය. මා මේ පොත විවෘත කරනු ලැබුවේ බොහෝ රෑ වී තිබියදි මට නින්ද පවා නොපැමිණි අවස්ථාවකය. එය මුළුමනින්ම මා අල්ලගනු ලැබීය.

ඔහු යෝබ්තුමාගේ වේදනාවන්ට සමාන කළ හැකි සියලු ආකාර රෝග යන්ගෙන්, දිළිඳුකමෙන්, පවුල් ප්‍රශ්න වලින් වේදනා විඳි ආකාර ගැන කියවද්දී මාගේ ඇස්වල කඳුළු නොමැති අවස්ථාවක් නොවීය. මෙය ශෝකය ප්‍රකාශ වන එක්තරා අති විශිෂ්ඨ කොරියානු හැඟීමක් විය. ඔහුගේ රෝග මොන තරම් බරපතලද කියතොත් ඔහු මිනිස් අසූචි පානය කිරීම පවා සිදු කල අතර, දෙවරක් සියදිවි නසා ගැනීමටද වෑයම් කළේය.

මාද බොහෝ දුක් වේදනා අතරින් ගොස් තිබුනත්, කඳුළු සැලීම නවතාගත නොහැකි තරමට මෙය ඉතා ප්‍රබල වේදනාවක් විය. 1950 සහ 1960 ගණන් වල, වසන්ත කාලයේ පැවති උග්‍ර තත්වය නිසා බොහෝ කොරියානුවන් පීඩාවට පත් වූහ. එමෙන්ම අදටත් ඔවුන් ශීතසෘතුවේදී උණුසුමවත්, දවසේ තුන් වේලවත් ලබා ගැනීමට නොහැකිව සිටිති. එහි බොහෝ රෝගීන් සිටින නමුත් ඔවුන්

රෝහල් ප්‍රතිකාර ලබාගැනීමට නොහැකිව සිටිති. එමෙන්ම බොහෝ දෙනෙක් ගංවතුර හා එවැනි තවත් ව්‍යසන වලට මුහුණ දී තාවකාලික ලැගුම්හල් වල වේදනා විඳිමින් සිටිති. කොරියානුවන් වන අප තවම සම්පූර්ණ වශයෙන් දිළිඳුකමෙන් සහ වේදනා විඳීමෙන් නිදහස් වී නොමැත.

නමුත් ආචාර්ය ජයරොක් ලී මහතා මේ සියලු වේදනාවන් හා දුක් ගැහැට තුළින් ආ පසු ඉතා වෙනස් දිවි පෙවතක් ගත කිරීමට පටන් ගත්තේය. අස්ථිර සසල මාර්ගයකදී, ඔහු ගත් සෑම පියවරක්ම මෙම පොතෙහි මනාවට නිරූපනය කර ඇත. නමුත් එයින් අදහස් වන්නේ මෙම පොත අරුමෝසම් සහ විසිතුරු වචන යොදා ලියා ඇති බවවත්, සාහිත්‍යමය සුගන්ධයක් ඇති බවවත් නොවේ. නමුත් මෙය අවංක සහ මාගේ හදවත ස්පර්ශ කළ සරල වාක්‍ය වැඩි වශයෙන් යොදා ලියා ඇති පොතක්ය.

මෙය ''සත්‍යතාවයේ සුවඳ'' ලෙස මම පවසන්නද? ඔහුගේ ඇදහිල්ලේ ප්‍රකාශයෙහි දෙවියන් වහන්සේගේ ගැලවීමේ සත්‍යතාවය ඇතුළත් වන අතර සම්පූර්ණ මහිමය යේසුස් ක්‍රිස්තුස් වහන්සේට දීමෙන් කියවන්නාටද දෙවියන් වහන්සේගේ කරුණාව ඒ ආකාරයෙන්ම අත්දැකීමට හැකිවෙයි.

ඇතැම් විට මෙවැනි හැගීමක් ඇතිවීමට හේතු වූයේ සැබැවින්ම මෙවැනි යහපත් පොතක් මීට ප්‍රථම මට හමුනොවූ නිසා විය හැක. නමුත්, මෙම පොත බොහෝසෙයින් මාගේ සිත ස්පර්ශ කිරීමට හේතු වූයේ, ඔහු අතින් සිදු වූ සියලු වැරදි ගැන දෙවියන් වහන්සේ හමු වූ පසු නිවැරදි කර ගැනීමත්, දෙවිඳුන්ගේ කැඳවීමට කීකරුව සහා පාලකවරයෙක් වීම සඳහා පූජක විද්‍යාලයට යාමත්, ''අගුරු ගඩොලිත්ත එකක් හෝ'' බේරා ගැනීමට උත්සහා දැරීම යන කාරණාවක්ය. මෙවැනි දේ මාගේ ජීවිතයේද එක් ආකාර සංකේතයක්ව තිබුණු අතර අප අසල්වැසයින්ගේ ජීවිතවලද, ඔවුන්ගේ පවුල් වල වැඩිමහල් දරුවන්ගේද සහ ශරීරවල ආබාධයන් සමඟ සටන් කරන අයගේද එසේ වී ඇත. මෙම පොත කියවීමෙන් පසු මගේ කිතුනු දිවියේ මග බොහොසෙයින් වෙනස් කිරීමට සිදු විය.

ආචාර්ය ජයිරොක් ලී මහතාගේ ජීවිතය අපේ ක්‍රිස්තියානි ජීවිත වලට ආදර්ශපාඨ ග්‍රන්ථයක් ලෙස ගත හැකි බව මම විශ්වාස කරමි. සභාවේදී දේශනයක් අසන කල, පාපයෙන් මිදුනා යැයි අප විශ්වාස කරන නමුත් නැවත බාහිර ලෝකයට ගිය පසු, අප පාපයේ නැවතත් ගැලෙමින් සිටියි. අපගේ ඇදහිල්ලේ ජීවිතයේ කුරිරු චක්‍රය වී ඇත්තේ මෙයයි.

ඉතින් ''මගේ ඇදහිල්ල මගේ ජීවිතය'' ග්‍රන්ථය, අප ක්‍රිස්තියානි ජීවිතයක් පවත්වාගන්නේ කෙසේද? යන ප්‍රශ්නයට පැහැදිලි පිළිතුරත් ලබා දෙයි. ආචාර්ය ජයිරොක් ලී මහතා මෙම පොත මගින්, යාච්ඤාවෙන් මොර ගැසීමට අපව පොළඹවයි. 'පවිත්‍ර වීමට සහ දෙවිඳුන්ගේ අරමුණ සඳහා පාවිච්චි වීමට යාච්ඤ කරන්න', 'බලය ලබා ගැනීමට යාච්ඤා කරන්න', 'ශුද්ධාත්මයාණන් වහන්සේගේ විවිධාකාර දීමනා ලබා ගැනීමට යාච්ඤා කරන්න', 'ඔබගේ සභාව ඔබගේ සභාපාලකතුමා, තවත් දෙවිඳුන්ගේ දාසයන් උදෙසා යාච්ඤා කරන්න.' 'දේව රජය සහ දෙවිඳුන්ගේ ධර්මිෂ්ඨකම ගැන යාච්ඤා කරන්න' සහ 'ආත්මික ප්‍රේමය ගැන යාච්ඤා කරන්න' යනාදි ලෙසය. ඔහුගේ ඇදහිල්ලේ ප්‍රකාශය, ඔහුගේ අත්දැකීම් මගින් නිරූපනය වන කල ඒවා අපගේ ජීවිත ස්පර්ශ කරයි.

සුවකිරීමේ හාස්කමේ බොහොමයක් සමඟ ඔහු සභාව ඇරඹූ විගසම බොහෝ හාස්කම් සිදුවීම ආරම්භ විය. මරණයට ළඟා වෙමින් සිටිය අය නැවත ශක්තිමත් වීම මෙන්ම, මැරී සිටියවුන් පවා නැවත ජීවත් වන්නට සැලැස්වීම නිසා අනෙක් සභා පාලකවරුන් ඔහු කෙරෙහි ඊර්ෂ්‍යා වූහ. සාධාර්මික ශුද්ධ සෙමනේරියේ ඉගෙනගත් ඔහු එහිදී දේව සේවයට කැප විය. ''ඔහුගේ පංතියෙන් ඔහුව ඉවත් කළේ ඇයි?'' එම පන්ති අනුගමනය කලා වූ අධර්මිෂ්ඨ ක්‍රියා පිළිවෙල විස්තර සහිතව පැහැදිලි කර ඇත.

ඵලය දෙස බලන කල අපට සැබෑ ස්වභාවය දැකගත හැකිය. අද දවසේදී මන්මින් ප්‍රධාන සභාවේ සෑම සතියකම ශුද්ධාත්ම ගින්න ඇවිලෙයි. බොහෝ අසාධ්‍ය රෝගීන් සුවය ලබයි. ඇමෙරිකාව, රුසියාව, අප්‍රිකාව, මැද පෙරදිග, යුරෝපය, ලතින් ඇමෙරිකාව වැනි රටවල පැවැත් වූ විශාල එළිමහන් රැස්වීම් නැරඹූ ලොව පුරා සිටින මිනිසුන්, ලකුණු සහ පුදුම ක්‍රියා එහි සිදුවෙනවා දැක

ඇත. දැන් කොරියාව ලෝකයේ මෙහෙයුම් මූලස්ථානය වෙමින් පවතී.

ලෝකයේ විශාලතම සභාවක් ලෙස ඔහු වත්මන් සභාව ඇතිකල පසු ඔහු කඳුකර යාච්ඤාවන් සහ නිරාහාර යාච්ඤා වලින් පමණක් ජීවත් විය. ඔහුගේ දියණියන්ගේ ජීවිත වලට පැමිණි තර්ජනාත්මක මොහොතවල් වලදීද, අධික වෙහෙස හේතුවෙන් දින ගණනාවක්ම රුධිරය වහනය වී මරණ මංචකය අභියසින් ගැලවීමද යන කාරණා ඔහු ඇදහිල්ලෙන් පමණක්ම ජයගත්තේය. දැනටත් ඔහු ඒ කිසිවක් ගැන පාරට්ටු කර නොගත්තේය. අප සමාන විය යුත්තේ ඔහුගේ ඇදහිල්ලටයි.

යේසුන් වහන්සේ මංගල්‍ය භෝජනයේදී වතුර මිදියුෂ බවට හැර වීම, මහාලේ රෝගී ස්ත්‍රිය සුව කිරීම, ලාදුරු රෝගීන් සුව කිරීම, මැරුණු ලාසරස් නැවත නැගිටවීම වැනි දේ ඒ අවධියේදී අභිරහසක්ව තිබිණි. එසේ නම්, ආචාර්ය ජයිරොක් ලී මහතා තුළින් ප්‍රකාශවන දෙවියන් වහන්සේගේ බලය, සුව කිරීමේ ක්‍රියා සමහර මිනිසුන් විසින් විවේචනය කරන්නේ ඇයි? සුව කිරීමේ ක්‍රියා ගැන කථා නොකර, අවුරුදු සියයක් තුළ පැවත එන කොරියාවේ ක්‍රිස්තියානි ආගම ගැන අපට කථා කළ හැකිද?

ලෝකයේ කුරුස සහා වැඩිම ප්‍රමාණයක් ඇති රට කොරියාවයි. මේ දේශයේ මිනිසුන් එකතු වී යාච්ඤාවෙන් මොරගසන අයුරු අපට දැක ගත හැක. යාච්ඤා කරන විට ශරීරයන් පැද්දෙන අතර ප්‍රශංසාව ඔසවද්දී නැටීම පවා සිදුකරයි. පිළිකා රෝගීන් යාච්ඤා මෙහෙයන් තුළින් සුවය ලැබූ අතර මරණයට ළඟා වෙමින් සිටි අය නැවත ප්‍රාණවත් විය. දැන් කොරියාවේ බොහෝ බලයලත් මිශනාරිවරුන් ප්‍රමාණයක් සිටිති. ආචාර්ය ජයිරොක් ලී මහතාගේ පොත කියවීමෙන් පසු කොරියාව කෙතරම් ආශිර්වාදාත්මක රටක් දැයි යන්න මට නැවතත් හැඟිණි.

ආචාර්ය ජයරොක් ලී මේ කාලයේදී ''ස්වර්ගය'' ගැන දේශනා කරයි. එය අවසන් වන කාලය අප නොදනී. වෙන කෙනෙකු මෙම මාතෘකාව ගැන දේශනා

කළහොත් සති දෙකකට පමණ පසු ඔහුට කථා කිරීමට දෙයක් නොමැති වේ. නමුත් ආචාර්ය ජයිරොක් ලී මහතා ඉතා පැහැදිලිව සහ විස්තරාත්මකව එය ගැන පසුගිය දිනයන් හී දේශනා කළේය. මා සිතන ආකාරයට එසේ වන්නේ ඔහුට අනාගත වාක්‍ය කීමේ සහ තවත් එවැනි දීමනාවන් ලැබී ඇති බැවින් කියාය. එම නිසා මෙම දේශනාවන් සියල්ලම, සේද එහි කෝෂයෙන් එළියට එන්නාක් මෙන් එකින් එක පැමිණෙයි.

සාලමොන් රජතුමා හිතෝදේශයේ උපමාවන් යොදා ඇති ලෙස, ආචාර්ය ජයිරොක් ලී මහතාගේ පණිවිඩයන් ඉතා සන්සුන්ව පවසන අතර ලෙහෙසියෙන් තේරුම් ගැනීමට හැකි අනාවැකිය. දෙවියන් වහන්සේගේ වචනය, රිදී කර්මාන්ත වල තිබෙන රන් ජම්බු මෙන්ය. (හිතෝපදේශ 25:11) උග්‍ර පරීක්ෂණ තුළන් ගිය පසු හාස්කම් වල ඇති බලය ඔහු විසින් පසක් කර ගත්තේය.

2007 පෙබරවාරි
යුරිම් හැන් (මාධ්‍ය වාර්තාකරු)

පටුන

ස්තුතියි

ග්‍රන්ථ සමාලෝචනය

1 වන පරිච්ඡේදය

ගොළු දරුවකු ඉපදී ඇති බව සිතීම

1. මගේ දෙමව්පියන් මට යහපත සහ ධර්මිෂ්ඨකම කියා දුන්නේය 2
2. මගේ තරුණ අවධිය 9
3. මගේ විවාහය සහ මගේ ඉරණම 14
4. බලාපොරොත්තු රහිත ස්වභාවයක සිටි මගේ භාර්යාව 21

2 වන පරිච්ඡේදය

දෙවියන් වහන්සේ සැබැවින්ම ජීවමානයි

1. අවසාන මල් පෙත්ත වැටුණු කල මාගේ ජීවිතයද වැටී යයි 28
2. මෙහි සිටින සියල්ලන් උන්මත්තකයින්ද? 33
3. ''මට ඇසෙනවා! මට ඇසෙනවා!'' 36
4. දික්කාසාදය සහ මාගේ භාර්යාව නැවත පැමිණීම 40

3 වන පරිච්ඡේදය

මාගේ කැඳවීම

1. අවංක කිතුණු දිවියක ඇරඹුම 50
2. දෙවියන් වහන්සේ යටහත් සවභාවයකට මට මඟ පෙන්වූ සේක 56
3. දෙවිඳුන්ගේ වචනයෙන් මා ජීවත් වන්නේ කෙසේද? 61
4. මාගේ එකම පැතුම 66
5. ශුද්ධාතමයාණන්ගේ හඬ පැහැදිලිව තේරුම් ගැනීමට පුරුදු පුහුණු වීම 71

4 වන පරිච්ඡේදය

දෙවියන් වහන්සේගේ කැඳවීම

1. ''ස්වාමිණි, ඔබ මා වැනි පුද්ගලයකු තෝරාගන්නේ කෙසේද?'' 76
2. දෙවියන් වහන්සේ අප වපුරන දේ කපා ගැනීමට ඉඩ හරියි 82
3. ශුද්ධාත්ම ආනුභාවයෙන් බොහෝවර නිරාහාර යාච්ඤාවෙහි යෙදීම 89
4. නිරාහාර යාච්ඤාවක් ඔප්පු කරන ආකාරය 94
5. දෙවියන් වහන්සේගේ හස්තය මගින් දේවස්ථානයේ ආරම්භය සූදානම් කිරීම 100

5 වන පරිච්ඡේදය

සභාවේ ආරම්භය

1. වසර තුනක් පුරාවට දෙවියන්වහන්සේගේ වචනයෙන් සූදානම් වීම   112

2. ඩොලර් හතක් සමඟින්   116

3. සභාවේ ආරම්භයට පිළිතුරු ලැබීම   122

4. කිසිවක් නැතිව පටන් ගැන්ම   129

5. ''නුඹලා ලකුණුද පුදුමද නුදුටුවොත් කිසිසේත් විශ්වාස කරන්නේ නැත''   133

6. යේසුස් ක්‍රිස්තුස් වහන්සේගේ නාමයෙන් මා අණකළ විට   140

7. ''දස දෙනාම පවිත්‍රවුණා නොවේද? නමුත් නවදෙනා කොයිද?''   148

8. තේරුම් ගැනීමට අසිරු ඡේදයන් වලට පැහැදිලි කිරීම ලැබීම හා ''කුරුසියේ පණිවිඩය''   159

9. ස්වාමීන් වහන්සේ අප සමඟ ක්‍රියා කළ සේක   166

10. ශුද්ධාත්ම ආනුභාවයෙන් ශුද්ධාත්ම ආනුභාවයෙන් අනාගත ක්‍රියා ප්‍රකාශ කිරීම   176   185

11. ඔහුගේ මෙහෙකරුවන් වූ අනාගතවක්තෘවරුන්ට, ඔහුගේ රහස් උපදේශයන් හෙළිදරව් කරතොත් මිස

6 වන පරිච්ඡේදය

සභාවේ වර්ධනය සහ පරීක්ෂණය

1. කථා කිරීමේ අයිතිවාසිකම නැතිකිරීම සහ සභාපතිගේ කැඩුණු මිටිය 190
2. රට පුරා පිබිදීමේ රැළි පැවැත්වීම 197
3. ඇදහිල්ල හරහා අළුත් දේවස්ථානයකට මාරු වීම 201
4. අළුත් දේවස්ථානය උදෙසා සැමරුමේ උත්සවය සහ නොකැඩී කරදර ඒම 205
5. බයිබලයට අනුව මිත්‍යාවදය 209
6. මරණය තෙක් ලේ වහනය වීමේ පරීක්ෂණය 211
7. අවසාන කාලය පිළිබඳ මා කලින් අවධාරනය කල නමුත් 216

7 වන පරිච්ඡේදය

දෙවියන් වහන්සේ සේවාවන්හි සීමා පුළුල් කිරීම

1. ලෝක ධර්ම දූත සේවය සඳහා දොර විවෘත වීම. 220
2. බලාපොරොත්තුවෙන් සිටින දේ කෙරෙහි ඇති සහතිකය ඇදහිල්ලයි 224
3. සභාවේ ඇති සමාගම් සේවාවන්හි සහයෝගය 229
4. සභාව වර්ධනය වීමේ රහස කුමක්ද? 236
5. දේශීය සහ විදේශිය සේවා පූර්ණ පරිමාණයෙන් මෙහෙයුම 240
6. එල්. ඒ. 1995 252

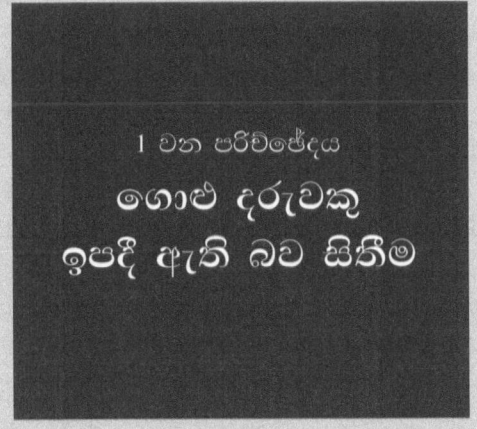

1 වන පරිච්ඡේදය

ගොළු දරුවකු
ඉපදී ඇති බව සිතීම

මගේ දෙමව්පියන් මට යහපත සහ ධර්මිෂ්ඨකම කියා දුන්නේය

''ටස්.... ටස්.... ගොළු පිරිමි දරුවකු ඉපදිලා. ඇයි එයාට අඬන්න බැරි?'' මා ඉපදුණු පසු හැඬුවේ නැති බැවින් මාගේ දෙමව්පියෝ ඉතා කණසල්ලට පත්ව මාගේ තට්ටමකට අත්ලෙන් පහර ගැසූහ. එහෙත් මා හැඬුවේ නැත. නමුත් මා සිනාසුනෙමි. මාගේ පවුලේ සාමාජිකයන් මා ගොළු යැයි සිතා ඉතා කනස්සල්ලට පත්වූහ.

දෙවියන් වහන්සේගේ කරුණාව අත්දැක්ක පසු, මා කුඩා අවදියේදී නොහැඬුවේ ඇයි ද යන්න ගැන මා පුදුම විය. සමහර විට එසේ වන්නට ඇත්තේ මා දෙවිඳුන්ගේ සේවකයකු ලෙස ආශිර්වාදාත්මක දිවියක් ගත කරමින් බොහෝ පිරිසක් ගැලවීම කෙරෙහි මඟ පෙන්වන බව, මාගේ ආත්මය දැන සිටි නිසා විය හැකිය. 1943 අප්‍රේල් 20 වන දින (චන්ද්‍ර දින දර්ශනයකට අනුව) චෙබෝම් ලී වන මගේ පියාට සහ ගම්ජාන් චෝ වන මාගේ මවට දාව ඉපදුන අවසාන දරුවා (පිරමි දරුවන් තිදෙනෙකුට සහ ගැහැණු දරුවන් තිදෙනෙකුට පසු) මා විය. මගේ උපත් ස්ථානය වූයේ ''හේජේ මියෝන්'' ''මුඇන් ගන්'', ''ජේඕන්නාම්'' ප්‍රදේශයේ පිහිටි කුඩා ගම්මානයකය. මගේ පියා චීන සමභාව්‍ය ගැන විශාරදයෙක් විය. එමෙන්ම ලාලිත්‍ය සහ සංගීතටද ඇල්මක් දැක්වීය. කොරියාව ජපානයේ යටත් විජිතයක්ව තිබුණු කළ ඔහුගේ ව්‍යාපාර කටයුතු සඳහා ජාපනයට බොහෝ වර ගොස් ඇත. නමුත් කොරියාව නිදහස් රාජ්‍යක් බවට පත් වූ කළ ඔහු ඔහුගේ ව්‍යාපාර කටයුතු නවතා, ජීවත් වීම සඳහා නිදහස් ස්ථානයක් සෙවීය. මට අවුරුදු තුනක් වන විට අප පවුල 'බුන්-හියන්ග් රී', 'නම් මියෝන්', 'චැන්ග්සුන්ග් ගුන්' හි පිහිටි 'චැන්ග්සුන්ග්' ගම්මානයට පදිංචිය සඳහා ගියහ. එය සියල්ලටම පොදු නොවූ ගම්මානයකි. මිනිසුන් පැවසුවේ ''චන්'' පවුලට පමණක් එහි පදිංචිව සිටිය හැකි බවයි. නමුත් කෙසේ හෝ මගේ පවුල එහි පහසුවෙන්ම පදිංචි විය.

මා කුඩා අවධියේ සිට පියා ගැන ඇති මතකයට අනුව ඔහු ලෝකය සමග සම්බන්ධතාවයක් නැතිව නිවසට වී බොහෝ පොත්පත් කියෙවූ අයෙකි. එතකුදු මාගේ මතකයේ හැටියට අප නිවසට ඉතා ස්වල්ප වශයෙන් අමුත්තන් පැමිණි අතර, එසේ පැමිණි විට පියා ඔවුන් සමඟ මත්පැන් පානය කර, පැරණි කාව්‍ය ගායනා කරයි. එමෙන්ම චීන සම්භාව්‍ය ගැන තරඟ කරයි.

මගේ පියාට සැමවිටම අවශ්‍ය වූයේ මාව ශ්‍රේෂ්ඨ මිනිසෙකු වන පිණිස නඟා සිටුවීමටය

එමනිසා ඔහු සැමවිටම මෙසේ කීය. ''ජයිරොක්, මානුෂ්‍යයෙකුට විශ්වාසය තිබිය යුතුමයි. ඔබ දිනකදී මේ ලෝකයේ ශ්‍රේෂ්ඨ පුද්ගලයකු විය යුතුයි.'' සැම දෙමව්පියකුටම අවශ්‍ය වන්නේ තම දරුවන් අවංකව, යුතුකම් දන්නා දරුවන් ලෙස වැඩී, ඔවුන් කරනා දේ තුළ සාර්ථක වෙනවා දැකීමටය. නමුත් මා වැඩෙද්දී, විශේෂයෙන්ම මාගේ පියා මා තුළ සාරධර්ම ගැන ඉතා හොඳ දැනීමක් වගා කිරීමට උත්සාහගත් අතර මාගේ මව සැමවිටම අපට අවශ්‍ය ආහාරපාන සහ අපගේ වැඩ කටයුතු කළ අතර පවුල වෙනුවෙන් ඇප කැප වී සිටියාය.

මාගේ පියා මා හට අවුරුදු පහක් වන විට ''චීනයේ චරිත දහසක්'' ගැන කියාදීම පටන් ගත්තේය. එමෙන්ම ඔහු බොහෝ වීරයන් පිළිබඳ කථා පුවත් ද මා හට කියා දුන්නේය. මා ''ද රොමැන්ස් ඔෆ් ද ත්‍රී කින්ඩම්ස්'' නම් පොතෙහි සඳහන් 'ගුඑන් යු', 'ස්සැන්ග් ෆෙයි' සහ 'සේඕ යුන්' පුද්ගලයන් ඔවුන්ගේ ස්වාමියා වෙනුවෙන් සටනකදී තම ජීවිත පරදුවට තැබූ පුවත ගැන මෙන්ම ''ස්සු ගී ලියන්' ගැන ඇසූ විට මාගේ හදවතට මහත් පුදුමයක් දැණුනු අතර මාගේ දෙඅත් දහඩියෙන් වැසී ගියේය. මාගේ පියා 'කොන්ෆියුසියස්' සහ 'මෙන්සියස්' වැනි බුද්ධිමතුන්ගේ ඉගැන්වීම් මෙන්ම ශ්‍රේෂ්ඨ මිනිසුන්ගේ 'කොර්යෝ' රාජවංශයට (එය විනාශවීමට නියමිත තිබියදී පවා) තමා මරණයට පත්වන බව දැන දැනත් අවසානය දක්වා සේවය කල 'මොන්ග්ජු ජුන්ග්' නම් පුද්ගලයාගේ කථා පුවත සහ රට විනාශයේ ගැට්වේ සිටින විට එය බේරාගත් නාවික සේනාධිපතියකු වූ 'සුන්ෂින් ලී' ගේ කථා පුවත වැනි කථා පුවත් කී වරක් පැවසුවද ඒවා මාගේ හදවත සලිත කිරීමට සමත් විය. භයානක අවස්ථාවන් හිදී පවා තම පදවිය සහ අවංකකම රඳවා ගත් ශ්‍රේෂ්ඨ මිනිසුන්ගේ කථා පුවත් මාගේ හදවතේ කෙටිණි. මාගේ දෙමව්පියන්ට ගෞරව කළ යුතු බව, නිවැරදි මග ගමන් කළ යුතු බව, මා ලැබූ කරුණාවක් ඇද්ද, මුළු ජීවිත කාලයේම එම කරුණාවක් අන් අයටද දක්වීමටද, අතර මගදී එය අමතක නොකිරීමට ද මේ කථා පුවත් ඇසීමෙන් පසු මම හදවතේ තබා ගත්තෙමි.

කොංග්‍රස් සාමාජියෙක් වීමට සිහින දැකීම

මා මූලික පාසැලට අතුල් වූයේ කොංග්‍රස් සාමාජිකයෙකු වීමේ සිහිනයත් සමඟයි. මගේ පියා මා බොහෝ ඡන්ද ව්‍යාපාර රැස්වීම් වල කථන බැලීමට රැගෙන ගියේය. අපි ඡන්ද ව්‍යාපාර පැවැත්වෙන ස්ථාන කරා කිලෝමීටර් දහයක් පහළොවක් පමණ ඇවිදීමට පුරුදුව සිටියෙමු. පළාත් පාලන ඡන්ද, මහා මැතිරවණ සහ ජනාධිපතිවරණ වැනි ඡන්ද බැලීමට ඔහු මා රැගෙන ගියේය. ඔහුට අවශ්‍ය වූයේ මා, රට වෙනුවෙන් ඉතා ශ්‍රේෂ්ඨ කාර්යයන් කරන දේශපාලඥයකු වෙනවා දැකීමටය. ඒ කාලයේ නිදහස් පක්ෂය බලයේ පැවැත්විණි. කථා පැවැත්වීම සඳහා බොහෝ පිරිසක් පැමිණ සිටියෝය. මා හට, කථිකයන් ඉතා අසිරිමත් පුද්ගලයන් වූ අතර ඔවුන් ශ්‍රේෂ්ඨ මිනිසුන් ලෙස පෙනුනි. ''මාද, වැඩී ඔවුන් මෙන් කෙනෙක් වෙනවා'' යැයි සිතීමට මම පුරුදුව සිටියෙමි. අපේක්ෂකයන්ගේ කථාවන්ට සවන් දීමෙන්, කවදා හේ කොංග්‍රස් සාමජිකයෙක් වෙමියි යැයි මම හැමදාම සිහින මැව්වෙමි. මධ්‍යම අධ්‍යාපනය සහ උසස් අධ්‍යාපනයට අතුල් වන තෙක්, මෙම සිහිනය දිගින් දිගටම මා තුළ තිබිනි. මම තනිවම මෙම රැස්වීම් වලට ගොස් අපේක්ෂකයන්ගේ කථාවලට සවන් දුන්නෙමි.

ප්‍රාථමික පාසැලට ඇතුල් වන්නට ප්‍රථමයෙන් පටන්ම, මාගේ සහෝදර සහෝදරියන්ගෙන් ගුණ කිරිමේ චක්‍රය හා හැන්ගල් (කොරියානු අත්අකරු) මම ඉගෙන ගෙන තිබුනෙමි. එනිසා පාසැල මට එතරම් සිත්ගන්නා තැනක් නොවිනි. මා වඩාත් සතුටු වූයේ පාසැලෙන් පසු යහළු මිත්‍රයන් සමඟ සෙල්ලම් කිරීමටය. සොල්දාදුවන් ලෙස සෙල්ලම් කිරීම, මල්ලව පොර, පයින් ගසා ගැනීම වැනි ත්‍රාසජනක ක්‍රීඩා වල යෙදීම මට ප්‍රීතිදායක විය. මාගේ වයසේ මිත්‍රයන්ට සාපේක්ෂව, වඩා ශක්තිමත්භාවයක් මා තුළ තිබුණු අතර ක්‍රීඩා කරන හැම අවස්ථාවකදීම ජය ගැනීමටද මට ඕනෑ විය. මා බොහෝ සෙයින් දැඩි සහ අංහකාර පුද්ගලයෙක්ද විය. එනිසා තරඟයකින් දිනන තෙක්, ක්‍රීඩාව නැවත නැවත කිරීමට මට සිදුවිය. මම නිරෝගි ශක්තියෙන් සිටි අයෙකි. ආර්ථික අමාරුකම් මාධ්‍යයේ පවා මගේ මව මට මිල අධිකවූ ශක්තිජනක ඖෂධ දුන්නාය. මෙම ශක්තිජනක ඖෂධ ගැනීම, සාමාන්‍යයෙන් පිටිසර ගම්මානයක සිදු නොවූ දෙයකි. මගේ මව ඇගේ බාල පුතණුවන්ට දැක්වූ ආදරය මහත් විය. මගේ මවගේ අතේ එල්ලී මා ගමන් කළ විට, ගමේ වැඩිමහල් අය ''මේ කොල්ලා හරිම දැකම්කලුයි, අනාගතයේදී ඔහු යම් කෙනෙක් වෙයි ඔහුගේ මුහුණෙන් මට කියන්න පුළුවන්, කවදා හෝ ඔහු බලවත් මනුෂ්‍යයෙක් වෙයි කියලා. ඔහුව හොඳින් බලාගන්න'' යැයි ඔවුන් පැවසීය. මෙවැනි ප්‍රකාශ ඇසෙන විට මගේ මවගේ මුහුණේ තිබු සතුට මා දුටුවෙමි. ඇය ඉඳහිට පන්සලට ගොස්

බත් දානයක් දී, මුළු පවුල උදෙසා ආශිර්වාද පතා යදිනාකාරය දකිමින් මා වැඩුනේය.

මගේ මව උනන්දුවෙන් යාච්ඤා කළාය

රාත්‍රී කාලයේදී, මගේ මව ඇඟපත සෝදාගෙන, ඇගේ සුදු කබාය (කොරියානු සම්ප්‍රදායික ඇඳුම) ඇඳ, එළිමහනට ගොස්, පිරිසිදු වතුරු පිරුණු භාජනයක් කලස් තට්ටුව මත රඳවා තාරකා වලට යාච්ඤා කළාය. බාලයාව සිටි මම ඇය නැවත පැමිණෙන තෙක් අවදි වී සිටින්ට උත්සාහා කළෙමි. සමහර රාත්‍රී වලදී ඇය පැමිණෙන්ට ප්‍රමාද වූ විට, මා අපගේ කඩදාසි කවුළුවේ කුඩා සිදුරකින්, මට නින්ද යන තෙක්ම ඈ දෙස බලා සිටින්ට පුරුදුව සිටියෙමි.

මා වරක් ඇගෙන් ඇසුවා ''අම්මේ, ඇයි බිම නැමී ඔය තරම් යාච්ඤා කරන්නේ?'' කියා. ඈ මට පිළිතුරු දී ''මම මහ වලසාට (තරු පෙළ) යාච්ඤා කළ විට, ඔබේ ලොකු අයියා කොරියානු යුද්ධයෙන් නැවත ආරක්ෂිතව ආවා. ඒ වගේම ඔය දරුවෝ සියල්ලම නීරෝගී ශක්තියෙන් හා හොඳින් වැඩෙන්නේ මම මෙතරම් යාච්ඤා කරන නිසා'' යැයි කීවාය. නමුත් කල්යත්ම, මගේ ජීවිතයේ මා අසනීප වී, වසර ගණනාවක් තිස්සේ රෝගාතුරව සිටි විට, මාගේ සුවය උදෙසා ඈ තාරකා වලට කළ යාච්ඤාවලට පිළිතුරු තව දුරටත් ක්‍රියාත්මක නොවීය. නමුත් දෙවියන් වහන්සේගේ බලයෙන්, මා එකවරම සම්පූර්ණ සුවය ලැබූ බව දැන ගත් කළ ඈ තනියම දේවස්ථානයට යන්ට පටන් ගත්තාය. ''මා බොහෝ කාලයක් තිස්සේ තාරකා වලටත්, බුදුන්ටත් මගේ යාච්ඤා ඔප්පු කළා. නමුත් බුදුන්ටත් සහ මහ වලසා ට මගේ පුතා සුවකල නොහැකි වුනා. නමුත් මගේ පුතා දේවස්ථානයකින් සුවය ලැබූ බැවින් මා දේවස්ථානයට යනවා.'' ඈ මේ දේ ප්‍රත්‍යක්ෂකලායින් පසු, ඈ ළඟ තිබූ සෑම දේවතාරූපයක්ම වීසි කර දෙවියන් වහන්සේට පමණක් සේවය කරන විශ්වාසවන්ත ඇදහිලිවන්තියක් වූවාය.

අධ්‍යාපනය කෙරෙහි මගේ දෙමව්පියන්ගේ දැඩි යොමු කිරීම

බාලයාව සිටි මා, වඩාත් නැඹුරු වූයේ කීකරු පැත්තටය. එනිසා මා දෙමව්පියන්ගේ විශේෂ ආදරයකට පාත්‍ර වුණා. ජීවිතයේ සෑම පථයකදීම, අධ්‍යාපනය හා විනය පිළිබඳව මාගේ දෙමව්පියන් ඉතා විධිමත් ලෙස ක්‍රියා කළේය. ඔවුන් මටත්, මගේ සහෝදර සහෝදරියන්ටත් මූලික මිනිස් සබඳතා පමණක් නොව, පොදු සමාජ චාරිත්‍ර සහ අචාරශීලීත්වය, ඔබින ලෙස ඇවිදීම, කථා කිරීම, ඇඳීම, කෑම මේසයේදී අනුභව කිරීම, හැන්ද අල්ලන ආකාරය,

නිදාගැනීම සහ අවදිවීම යන මේ සියල්ල ගැන පුරුදු පුහුණු කළහ. එමෙන්ම කථා කරන විට අපගේ හඬ උස් නොකර කථා කළ යුතු බවද, ඔවුන් අවධාරණය කළහ. අනෙක් පුද්ගලයා කථා කර අවසන් වන තෙක් අප කථා නොකළ යුතු බවත්, වැඩිමහල් කෙනෙක් කථා කරන විට කෙළින්ම ඔවුන්ගේ ඇස් දෙස නොබැලිය යුතු බවත්, අසල්වාසී නිවසකට ගිය විට කඩා බිඳ දැමීම් නොකළ යුතු බවත්, අප කොපමණ දිළිඳු වුවත්, හිගන්නෙක් අප නිවසට ආ කළ ඔහුව හිස් අතින් නොහැරිය යුතු බවද ඔවුන් තවදුරටත් අවධාරණය කර සිටියහ. එමෙන්ම, අප යහපත් කමින් හා ඉවසිලිවන්තව ක්‍රියා කළ යුතු බවද කියා දුන්හ. මගේ දෙමව්පියන් මා මේ ආකාරයෙන් පුහුණු කළ නිසාවෙන්, මම දෙවියන් වහන්සේ වෙතට එන්ට ප්‍රථමයෙන් සිට, මගේ හෘදසාක්ෂියට මට මඟ පෙන්වීමට හැකි විය. මනුෂ්‍යයන් මට ''නීතියක් අවශ්‍ය නැති මිනිසා'' යැයි සඳහන් කළහ. ස්වාමින් වහන්සේ පිළිගත්තායින් පසු, උන්වහන්සේගේ වචනයේ සඳහන් සෑම අණකටම ''ආමෙන්'' කියා ඒ මත ක්‍රියාකරන්නට මට පහසු වීම, මගේ දෙමව්පියන්ගෙන් ලැබුන දැඩි ඉගැන්වීම් ක්‍රම නිසා බැවින් ඔවුන්ට ස්තුතිවන්න විය යුතු යැයි මා සිතනවා.

චීන සම්භාවයේ විශාරදයෙක් හැටියට, මගේ පියා ශාරීරික ලක්ෂණ මත චරිතයක් විනිශ්චය කිරීම නැමැති දේහ ලක්‍ෂණ විද්‍යාව සහ හස්ත රේඛා ශාස්ත්‍රය හැදෑරීය. දේශයේ හටගන්ට යන වැදගත් සිදුවීම් සහ ගමේ සිදුවන නොයෙකුත් දේවල් පිළිබඳව ඔහු නිවැරදිව අනාවැකි කීවේය. ඔහු මට මෙසේ පැවසුවේය. ''ජයිරොක්, ඔබ ශ්‍රේෂ්ඨ මිනිසෙකු වෙන්න යනවා. හැම දෙයක්ම යහපත්ව පෙනෙනවා. නමුත් ඔබේ ආයු රේඛාව කෙටිව ඔබට අමාරු කාලයක් එන්ට යනවා. එනිසා ඔබ කලින් මරණයට පත්වෙන්න නියත වෙලා තිබෙනවා. නමුත් ඔබේ ආයු රේඛාවට සම්බන්ධ වන තරමක් තුනී වූ රේඛාවක් අසලින් තිබෙනවා. එනිසා වයස අවුරුදු තිහ පසුකර ගතහොත්, ඔබ බොහෝ මනුෂ්‍යයන්ට ආශිර්වාදයක් වෙන්ට යනවා.''

මගේ දේහ ලක්ෂණ සහ හස්ත රේඛා කියැවීමෙන් පසු මගේ පියා ඉතා සතුටට පත්විය. ඔහු පැවසුවේ මා තරුණ වයසේදී මිය යන්නට පුළුවන් නමුත්, වයස අවුරුදු තිහ පසු කර ගතහොත්, මා ලෝකයේ බොහෝ ප්‍රදේශවලට ගමන් කරන බවත්, මනුෂ්‍යයන්ගේ ගරු බුහුමන් වලට ලක්වන බවත්ය. වයස අවුරුදු තිහේදී මා දරුණු රෝගී තත්වයෙන් පසුවිය. නොයෙක් වර මරණයේ දොරකඩ ළඟ මා සිටියේය. බොහෝ අවස්ථාවන් වලදී, මා ඊළඟ දිනයේ ජීවත්ව සිටියිද යන්න වත් මා දැන සිටියේ නැත. එවැනි තත්වයක පසු වුනු මට කවදා හෝ ශ්‍රේෂ්ඨ පුද්ගලයෙකු වීම ගැන සිහින මවන්ටවත් නොහැකි විය. මා කලින් මරණයට පත්වේ යැයි මගේ පියා සිතු බැවින් ඔහු මා ගැන අනුකම්පා කළේය.

එනිසා ඔහු මුළු උත්සාහයම දරමින් මට ඉගැන්වීමටත්, අවශ්‍ය සෑම යහපත් දෙයක් ලබා දීමටත් කටයුතු කළේය. මගේ මවත්, මුළු පවුලත් මා වෙනුවෙන් ඉතා කාර්යශීලි සහ විශ්වාසවන්ත ජීවිත ගත කළහ.

ප්‍රාථමික පාසැලේදී සිදු වුණු හදිසි අනතුර

කුඩා වයසේ පටන් මා නිරෝගීව සිටියෙමි. මගේ මව මට බොහෝ සෙයින් ප්‍රේම කළේ මා ඇගේ බාලම දරුවා හෙයිනි. මී පැණි, නොයෙකුත් වර්ගයේ ස්වාභාවික අතිරේක ඖෂධ සහ පෙරා ගන්නා ලද සාරය ඇති පෝෂ්‍ය වලින් ඈ මා පෝෂණය කළාය. එනිසා මම සාමාන්‍යයෙන් මගේ වයසේ අනෙක් ළමුන්ට වඩා ශක්තිමත්ව සිටියෙමි. මා බාල වයසේ සිටිනමුත්, කොරියානු මල්ලව පොර තරඟවලින් සෑමවිටම පදක්කම් රැස් කළෙමි. මනුෂ්‍යයින් මට ''ශක්තිමත් මිනිසා'' ලෙසින් ආමන්ත්‍රණය කල අතර බොහෝ ළමයි මා අනුව පැමිණෙමින් මා ඔවුන්ගේ නායකයා යැයි සිතූහ.

කොරියානු යුද්ධය කුඩා ළමයි තුළ මහත් බලපෑමකට ලක් වූ අතර මාද මගේ මිත්‍රයන්ද වැඩි වශයෙන් දරුණු වූ ක්‍රීඩාවන් වල යෙදෙන්නට විය. යුද්ධ කිරීම, කඩු සටන්, පයින් පහර දීම්, මල්ලව පොර සහ ''සාබී'' ක්‍රීඩාව, එනම් ප්‍රතිපාක්ෂිකයා යටත් වන තෙක් හුස්ම හිර කිරීම වැනි ක්‍රීඩාවන් කිරීමෙන් අපි ඉතාමත් සතුටට පත් වීමු. මල්ලව පොරයේදී, එකිනෙකාට විරුද්ධව තරඟ වැද, හුස්ම හිර වෙන තැනට පැමිණි විට, අත් ඔසවා යටත් වන බව ප්‍රකාශයට පත් කළේය. යටත් වීමට ප්‍රතික්ෂේප කිරීම නිසා, වරක් මා සිහි නැති වී වැටුණේය. ඕනෑම තරඟයකදී, දිනන තෙක් ක්‍රීඩාව අවසන් නොකලේ, මා තුළ ඇති දැඩි මුරණ්ඩු ගතිය හා ආඩම්බර කම නිසාවෙනි. එක් දිනක් හතර වන ශ්‍රේණියේදී, මධ්‍යම පාසැලේ මිත්‍රයෙකු සමඟ ක්‍රීඩා කිරීමට ගොස් මගේ ඉල ඇටයට හානි විය. ඒ වකවානුවේ අපට රෝහලකට ගොස් ප්‍රතිකාර ලැබීමට නොහැකි වූ හෙයින්, මගේ මව්පියන් මට ඖෂධ බෙහෙත් දී එය සුව වෙන්ට හැරියෝය. නමුත් සෑම ග්‍රීෂ්ම කාලයකදීම තුවාලය රිදුම් දෙන්ට විය. මගේ ශරීරයේ පැත්තක අතින සුළු වේදනාවක්ද, හුස්ම ගැනීමේ අපහසුතාවයක් තිබුනු අතර මට දිවීමටද නොහැකි විය.

නිශ්චිත වූ ප්‍රතිකාරයක් නොවූ බැවින්, මගේ පියා ''සෝජු'' නම් මත්පැන් වලට විෂ සහිත සර්පයන් දෙදෙනෙක් දමා, දිනපතා උදේ සවස එය මට පානය කරන්න සැලැස්විය. ඉතාම තරුණ වයසේ පටන් මා බීමට පුරුදු වූයේ මේ හේතුවෙනි. තවත් අවස්ථාවක හතර වන ශ්‍රේණියේදී, එක්තරා ගුරුවරයෙක් මගේ පාසැලේ විය. ඔහුගේ පට බැඳි නාමය ''පිස්සු ගුරුතුමා'' විය. පාසැල්

භූමියේ, මාගේ මිත්‍රයන් සමඟ "සාබී නම් මල්ලව පොර සෙල්ලම් කරමින් සිටි අතර, මේ ගුරුතුමා සිතුවේ, අපි එකිනෙකා සමඟ ඇත්තටම පොර බදිනවා කියාය. ඔහු අපව ගුරු කාර්යාලයට කැඳවීය. ඔහු අපට බැන වැද කම්මුල් පහර ද දෙන්ට පටන් ගත්තේය. ඉන්පසු ඔහු, අපි එකිනෙකා අනෙකාට කම්මුල් පහර විස්ස බැගින් ගසන්නට අණ කළේය. මම ගුරුතුමා ගෙන් පමණක් නොව යහළුවාගෙන්ද කම්මුල් පහර කෑවෙමි. එහි ප්‍රතිඵලයක් වශයෙන් මගේ මුහුණ ඉදිමී, එක කනක කන් බෙරයද පැලිනි. මගේ කනෙන් පිටාර ගැලීමක්ද වූ අතර පසුව එය ඇසීමේ ආබාධයක් දක්වා දුර දිග ගියේය. පසුව එම ගුරුවරයාව පාසැලෙන් අස්කරන ලද අතර, මේ සිදුවීම නිසා මා තවදුරටත් වේදනාවෙන් පෙළෙන්නට විය.

මගේ තරුණ අවධිය

මා කුලෑටි සහ අන්තර්වර්තික පුද්ගලයෙක් විය. 1959 දී ක්වාංජු නගරයේ මා සාමාන්‍ය අධ්‍යාපනය අවසන් කල අතර, උසස් අධ්‍යාපනය සඳහා සෝල් වලට ගියෙමි. එහිදී මගේ වැඩිමහල් සොයුරිය සමඟ ශින්සැන් ඩොං, සියොන්ඩොං ගු, සෝල් කොරියා හී මා නැවතී සිටියෙමි. වරක් මා, ජ්‍යේෂ්ඨ වසරේදී රෝගාතුර වී, දින හතළිහකට වැඩි ගණනක් පාසැල් යාම අතපසු විය. මා ඇඳේ වැතිර සිටියදී, සුභාරංචිය ප්‍රකාශ කිරීමටත්, මට යේසුස් වහන්සේව පිළිගන්වන පිණිසත්, මා මින් පෙර නොදුටු අයෙක් අප නිවසට පැමිණියේය. ''මොන මෝඩ පුද්ගලයෙක්ද, ඔහු කථා කරන මේ දෙවියන් වහන්සේ කොහිද? කෙසේ වුනත් මම මේ යේසුස්ව විශ්වාස කරන්නේ නැහැ. විශ්වාස කලත්, මම කොහොමද මේ වගේ ගොස් සුභාරංචිය ප්‍රකාශ කරන්නේ? එසේ කිරීමට මම බොහෝ සෙයින් ලැජ්ජා සහිත වේවි යැයි මා සිතුවෙමි.''

සෑමතැනම ගොස් මිනිසුන්ට යේසුස් වහන්සේ ගැන කථා කරන අය ගැන මට ඉතා කණගාටුවක් ඇති වුණා. ස්වභාවයෙන්ම අදේවවාදීව සහ කුළෑටියෙක්වද සහ අන්තර්වාදීව සිටි මා දෙවියන් කෙරෙහි විශ්වාස නොකිරීමට තවත් හේතුවක් ඇතැයි සිතුවෙමි. එනම් ''මට මේ වගේ ගොස් සුභාරංචිය ප්‍රකාශ කරන්නට අවශ්‍ය නැති වූ බැවිනි.'' උත්පත්තියෙන්ම මාගේ ස්වභාවය කෙසේද කියතොත් ''ඔබට ලුණු ඩිංගක් වත් කෙනෙක්ගෙන් ඉල්ලීය නොහැකි'' යැයි චීන සම්භාව්‍යයේ උගතෙක් වූ මගේ පියා මට පවසා තිබුනේය. ඒ කාලයේ ගම්බද පළාතේ මිනිසුන් දිළිඳුව සිටියත්, ලුණු සාමාන්‍යයෙන් සුලභව තිබිනි. ඔහු මට කියන්ට උත්සාහ කළේ, මා තුළ තිබුනු පෞරුෂය, මා කිසිවෙක් තුළ රඳා පවතින්ටවත්, කෙනෙක්ට කරදරයක් වෙන්න වත් ඉඩ නුදුන් බවයි.

ප්‍රාථමික පාසැල් යන කාලයේ, අමතර පංති සඳහා වූ ගාස්තු පිළිබඳව ලැබුණු දැන්වීම්ද දෙමව්පියන් වෙතට ගෙන යන්නට මට නොපුළුවන් විය. මම සෑම විටම, ගෙවිය යුතු නියමිත දිනය පසු කළෙමි. එනිසා ගුරුතුමා නිතර

මධ්‍යම පාසැලේදී

උසස් පාසැලේදී

මට සැරෙන් බැණ වැද දෙමව්පියන් කැඳවාගෙන එන ලෙස අණ කළේය. ගාස්තු පිළිබඳව වූ දැන්වීම මගේ මවට මා පෙන්වූයේ එවැනි අවස්ථාවන්හිදී ය. එය දුටු වහාම ඇය මට මුදල් දුන්නාය. ඈ මුදල් දෙන බව මා දැන සිටි මුත්, මුදල් දෙන ලෙස ඉල්ලීම මට අපහසු විය. මේ ආකාරයේ කුලෑටි සහ අන්තර්වර්තික චරිතයක් මා තුළ විණි. මෙම ස්වභාවය, පසු කාලයේදී මගේ සේවයටද බලපෑමක් ඇති කළේය.

මතකය නැති වීමෙන් පසු සියදිවි නසාගන්ට ගත් වෑයම

දුර්වල සෞඛ්‍ය තත්වය නිසා, බොහෝ දින පාසැල් යාම අතපසු වීමෙන්, මට උසස් අධ්‍යාපන පාඩම් කටයුතු හරිහැටි කරගන්නට නොහැකි විය. සෝල් ජාතික විශ්වවිද්‍යාලයේ ඉංජිනේරු පීඨයට ඇතුල්ත වීම සඳහා වූ ඇතුල් වීමේ විභාගයට පෙනී සිටීමට මා ඉලක්ක කරගෙන සිටියෙමි. අවදිව සිටීමටත්, බොහෝ සෙයින් පාඩම් කිරීමටත්, සෑමදිනකම මා උත්තේජන පෙති පාවිච්චි කළෙමි. නමුත් කාලය යත්ම, මෙම පෙති ගැනීම මට ඉවසිය නොහැකි වූ අතර ඇබ්බැහි වීමේ ලකුණු දක්නට වූ අතර මට එම පෙති නිරන්තරයෙන් ගන්නට සිදු විය. මේවා නොමැතිව මා අලස කමට පත් වූ අතර පාඩම් කටයුතු වලට සිත යොමු කර ගත නොහැකි විය. දිනකට මා පැය හතරක් නිදා ගත් අතර, ජාතික පුස්තකාලයට (දැන් ලොටේ ශාඛා වෙළඳ සැල පිහිටි ස්ථානය) ගොස් දිනපතාම පාඩම් කළෙමි. වසරක කාලයක් මේ ආකාරයට පාඩම් කළ පසු, සොල් ජාතික විශ්ව විද්‍යාලයේ ඉංජිනේරු පීඨයට ඇතුල් වීමට, ඇතුල් වීමේ විභාගයෙන් සමත් විය හැකි ආත්ම විශ්වාසයක් මා තුළ ගොඩනැගුණේය.

1962 නොවැම්බර් මාසයේ, විභාගය ආසන්නව තිබියදී, මගේ මතක ශක්තිය නැති වී ඇති බව මට හැගිණ. විවේකයේදී පුවත්පත් කියවමින් සිටි මට, එකවරම කොරියානු ජනාධිපති ආචාර්ය සින්මන් රී ගේ නම අමතක විය. එපමණක් නොව, කිසිදු ඉංග්‍රීසි වචනයක්වත් අමාරුවෙන් කටපාඩම් කළා වූ ගණිත සූත්‍රත් මට අමතක විය. මට කිසිවක් මතක නැති විය. මෙය තාවකාලික දෙයක් නොවීය. අමාරුවෙන් පාඩම් කළා වූ සියල්ල මතක් කර ගැනීමට මම උත්සාහා දැරුවත්, අඩුම තරමේ මූලික දේවල් පවා මට මතක නැති විය. එක මොහොතකට මට දැනුනේ ඉතා ගැඹුරු වළකට මා වැටෙනවාක් මෙනි. ආනාගතය ගැන මට කිසි බලාපොරොත්තුවක් නොවීය. මා පරිහානියේ ගැඹුරු මායිම මත සිටියේය. මෙතරම් අන්තර්වර්තික හා කුළෑටි ස්වභාවයක් තිබුනද, ඇතුල් වීමේ විභාගයට පෙනී සිටීම සඳහා අමතර අවුරුද්දක් මා පාඩම් කටයුතු වල යෙදුනු නමුත් අවසානයේ මතක ශක්තිය නැති වීම පමණක් මට ඉතිරි විය.

මා නිසා බොහෝ අමාරු කාලයක් ගත කළාවූ, මට ධෛර්ය දුන්න මගේ දෙමව්පියන්ට මම කෙසේ මුහුණ දෙන්නද? තව දුරටත් ජීවත් වීමට පවා මම ලැජ්ජා වීමි. සිය දිවි නසා ගැනීමට මා සිත සාදාගෙන බෙහෙත් ශාලා කිහිපයකින්ම ඇමරිකානු නිදි පෙති එකතු කරන්නට පටන් ගත්තෙමි. මේවා ඉතා ප්‍රබල සහ ක්‍රියාකාරී බව මනුෂ්‍යයන් පැවසූහ. ඒ දවස් වල පාඩම් කටයුතු කිරීම සඳහා මගේ සහෝදරීගේ නිවසට යාබද කාමරයක මම කුලියට විසිමි. කෑම කෑවේ මගේ සහෝදරීගේ නිවසෙන්ය.

''අක්කේ, අද සවස පාඩම් කරන්න, මං මගේ යාළුවෙක්ගේ ගෙදර යනවා. එනිසා රෑ කෑම මම මෙහෙන් ගන්නේ නැහැ. මම එනකන් ඉන්න එපා.'' යැයි මගේ සහෝදරීට මම පැවසුවෙමි.

මගේ උපාය ගැන කිසිත් නොදත් ඇය හිස වැනුවාය. මට අයිති වූ දේවල් අහුරා ගෙන, මගේ දෙමව්පියන්ටත්, සහෝදර සහෝදරියන්ටත් අවසන් ලිපියක් ලියූ පසු, ඇතුල් පැත්තෙන් මම දොර අගුල් දමා ගත්තෙමි. නිදිපෙති බොහෝමයක් ගත් මා එළා ගත් පොරොවනය මත වැතිරුනෙමි. ටික වේලාවක් යනකම් මට තේරුම් සහිත විය. නමුත් එක ක්ෂණයකින්ම මට සිහිය නැති විය. ''මේ ජීවිතයේ මරණය, අනෙක් ජීවිතයේ ආරම්භය'' යැයි කියමනක් ද තිබේ.

මගේ සහෝදරයා සහ මස්සිනා, ඩොංඩේමුන් වෙළඳ පොළේ හණ රෙදි සාප්පුවක් පවත්වාගෙන ගියහ. ඔවුන් සාමාන්‍යයෙන් රාත්‍රී දහයට පමණ සාප්පුව වසා, අනෙකුත් ගණුදෙනු අවසන් කර මධ්‍යම රාත්‍රියේ පමණ නිවසට පැමිණියහ. නමුත් පුදුමයකට මෙන්, මගේ සහෝදරයාටත්, මස්සිනාටත්, වෙනදාට වඩා වේලාසනින් නිවසට පැමිණීමට ඕනෑ වූහ. මගේ සහෝදරයා වැඩිමල් මස්සිනාට මෙසේ කීවේය. ''මම හිතන්නේ අපි සාප්පුව වහලා, අද රෑ වේලාසනින් ගෙදර යමු කියලා.''

එවිට ඔහු ''ඇත්තටම? මටත් අද වේලාසනින් යන්න ඕනේ කියලා හිතුනා'' යැයි පිළිතුරු දුන්නේය.

එදා මගේ සහෝදරයා වේලාසනින් සාප්පුව වැසීය. සාමාන්‍යයෙන් ඔහු මගේ සහෝදරීගේ නිවසට පැමිණියාම, මගේ පාඩම් කටයුතු වලට බාධාවන බැවින් මාව ඇවිත් බැහැදකින්නේ නැත. නමුත් ඒ විශේෂ දවසේදී යම් හේතුවක් නිසා ඔහුට මා මුණු ගැසෙන්නට ඕනෑ විය.

''කෝ ජයිරොක්?'' ඔහු ඇසීය. ''පාඩම් කරන්න යාළුවෙකුගේ නිවසට යනවා

කීවා'' යැයි මගේ සහෝදරී පිළිතුරු දුන්නාය. ඒ වුනත් මගේ සහෝදරයා මගේ කාමරය වෙතට ආවේය. දොර වසා තිබුනු බව ඔහු දැක, කුමක් නමුත් නපුරු දෙයක් සිදු වී ඇති බව ඔහුට හැඟුණේය. ඔහු දොර කඩාගෙන කාමරයට ඇතුල් වන විටත් මළ කඳක් සේ මා සීතලව සිටිනවා ඔහු දුටුවේය. මගේ සහෝදරයා ''රෝහලට ගෙන ගොස් ඔහුගේ බඩ සුද්ද කරහොත් ඔහු ජීවත් වේ.''යැයි මගේ මස්සිනාට පැවසීය. ඔවුන් මාව වේගයෙන් රෝහල වෙත ගෙන ගිය නමුත්, මම බොහෝ පෙති පානය කර තිබූ බැවින්, නොනැසී ජීවත් වීමට ඇති අවස්ථාව බොහොම අඩුයැයි වෛද්‍යවාරයා කීවේය. නමුත් දින කිහිපයකට පසු මට නැවත සිහි ආවේය. කෙසේ නමුත් සිය දිවි නසාගන්නට ගත් වෑයමේ ප්‍රතිඵලයක් හැටියට ඉතිරිව තිබුන ඒ සුළු මතක ශක්තිය පවා මට නැති විය. අවුරුද්දක් ගෙවී ගිය පසුත් මගේ මතක ශක්තිය සම්පූර්ණයෙන් යථා තත්වයට පත් නොවීය. නමුත් තව වතාවක් ආමරුවෙන් පාඩම් කළ පසු, 1964 මාර්තු මාසයේ මම අතුලත් විභාගයෙන් සමත් වී හැන්යෑන්ග් ඉංජිනේරු විශ්ව විද්‍යාලයට ඇතුල් විය.

මගේ විවාහය සහ මගේ ඉරණම

මා විද්‍යාලයේ සිටියදීම, හමුදාව සඳහා තෝරාපත්ව, 1694 ඔක්තෝම්බර් 29 දා මා හමුදාවට ඇතුලත් විය. එහි සේවයේ අවසාන කාලය ළඟ වෙත්ම, මගේ නෑයෙක් මට පෑනේ මිතුරෙක් ලෙස මගේ භාර්යාව වන්නට යන කෙනාව හඳුන්වා දුන්නේය.

උරුම මුදල් සියල්ල මට අහිමි විය

1967 මැයි මස, මා යුධහට පුහුණු සේවය නිමකල පසු, ඉන් නිදහස් විය. නමුත් අනපේක්ෂිත යමක්, මා ගැන පොරොත්තුවෙන් සිටියේය. යුධ හමුදාවට මා බැඳෙන්නට ප්‍රථමයෙන්, දෙවන වර්ෂාර්ධ වාරයේ පුහුණු ගාස්තු මගේ දෙමාපියන් මට කලින්ම ඒවා තිබුනේය. මගේ යුධ පුහුණු සේවය අවසන් කරන්නට ප්‍රථමයෙන් පොළියත් සමග නැවත ගෙවන පොරොන්දුව පිට, මා ඒම මුදල් මගේ නෑ හිතවතෙක්ට ණයට දී තිබුනේය. නමුත් ඒ නෑ හිතවතාගේ පවුලේ ප්‍රශ්ණ තිබුනු බැවින්, ඔහුගෙන් මා ලැබිය යුතු මුල් මුදලවත් නැවත ලැබුනේ නැත. මේ බව දැනගත් මගේ සහෝදරයා සහ මස්සිනා එම පුහුණු ගාස්තු මුදල මට ලබා දුනනේය. පුහුණු වීම් සේවය අවසන් වූ පසු දැන් මගේ භාර්යාවව සිටින පෑනේ මිතුරියව මට හමු විණි. මා ඇය කෙරෙහි ප්‍රේමයෙන් බැඳී අපි විවාහ වෙන්නට එකිනෙකාට පොරොන්දු වූයේමු.

විලක් සේ විශාල පැහැදිලි දෑසක් ඇයට විය. මට පුහුණු ගාස්තු ලැබුණු බව දැනගත් ඇය, ටික දවසකට එය ණයට දෙන ලෙස මගෙන් ඉල්ලුවාය. ඉල්ලාගත් නමුත්, පොරොන්දු වූ ලෙස නැවත එම මුදල් දෙන්නට ඇයට නොහැකි විය. එහි ප්‍රතිඵලයක් වශයෙන් මට දෙවන වර්ෂාර්ධයට ඇතුල්වීමට නොහැකි වී, මාස ගණනාවක් යන තෙක්ම බලා ඉන්නට සිදු විය. අවසානයේදී නැවත මගේ නිවස කරා යන්නට මා තීරණය කර ගත්තෙමි. මගේ දෙමව්පියන්ට මා කථා කොට "අම්මේ, තාත්තේ මං ඉක්මණින් විවාහ වෙනවා. එනිසා මට උරුම

මුදල් කොටස මට කලින් දෙන්න. කොටසක් විවාහ කටයුතු වලටත්, මගේ ආදරවන්තිය කොණ්ඩා මෝස්තර සකසන්නියක් නිසා, තවත් කොටසකින් ආදායම් මාර්ගයක් හැටියට රූපාලාවට්‍යාගාරයක් විවෘත කර, ඉතිරි මුදල් බැංකුවේ දමා පොළිය ඉතුරු කරන්නම්. මම ශිෂ්‍යත්ව වලින් ඉගෙන ගෙන, උපාධියක් ලබා, එක්සත් රාජ්‍යයට ගිහිං උසස් උපාධි පදවියක් ලබනවා.'' යැයි කීවේය. මෙලෙස මගේ අනාගත සැලසුම් ඔවුන් ඉදිරියේ ඉතා ජේත්තුවට මෙන් පවසා, ඔවුන්ව ඒ අනුව ක්‍රියා කරවීමට සැලැස්වූයෙමි. ඔවුන්ට කරන්නට වෙන කිසිවක් නොවූ බැවින් තම පුත්‍රයාට ඇහුම්කම් දී, පොඩි අමනාපයක් ඇතිව ඒ දයාද මුදල් මට දුන්හ. ලැබුණු ඒ විශාල මුදල් ප්‍රමාණයත් සමඟ මා නැවත සෝල් නගරයට ගියේ අනගාතය ගැන රෝස මල් සිහින මවමිනි. නමුත් සියල්ල වරදින්නට පටන් ගත්තේය. මාත්, මගේ ආදරවන්තියත්, සෝල් දුම්රිය පොළ අසළදී මුණ ගැසෙන්නට සිටියත්, ඇ පෙනෙන්ට සිටියේ නැත. සතියක් යන තුරුම ඇයව මට හමු නොවීය.

මගේ සහෝදරී මට දුරකථන ඇමතුමක් දී ''මල්ලි ඔයාට උරුම කොටස ලැබුනු බව මට දැනගන්නට ලැබුනා. හොඳයි, බැංකුවේ දැම්මොත් කොච්චර පොළියක් ඔයාට ලැබෙයිද? මගේ යාළුවෙක් වෙළඳාමක් කරගෙන යනවා. ඔයා ඒකට මුදල් ආයෝජනය කළොත්, ලොකු මුදලක් ආපසු ඔයාට ලැබෙයි.'' යැයි කීවාය. මාද බොළඳ කමින් ඇයට සවන් දුන්නෙමි. මගේ ආදරවන්තියගෙන්ද ආරංචියක් නොවූ බැවින්, මා කුළියට නිවසක් ගෙන, ඉතිරි මුදල මගේ සහෝදරීට දුන්නෙමි.

කිහිප දිනකට පසු මගේ ආදරවන්තිය නැවත ආවාය. ඇයගේ පවුලේ අය අපගේ විවාහයට එකඟ නොවූ හෙයින්, ඒ වන තෙක් ඔවුන් කැමති කරවා ගන්නට ඇය උත්සාහ දරා ඇත. අවසානයේදී, නිදි පෙති පානය කර දිවි හානි කර ගැනීමට ද, ඇය තැත් කර ඇත. යන්තම් ඇගේ දිවි බේරාගෙන ඇත්තේ, රෝහල වෙත ගෙන යාමෙන් අනතුරුවය. ඇ දැන් රෝහලින් නිදහස් වූවා පමණි.

මා දුන් මුදලට සරිලන, මාස දෙකක පොළී මුදල් මගේ සහෝදරීගෙන් මා ලැබූ අතර ඉන්පසු ඇගෙන් කිසි ආරංචියක් නොවීය. මා ඇය අමතා ''අක්කේ, මට අලුත් වර්ෂාර්ධ ගාස්තු ගෙවන්න තියෙනවා. එනිසා, මගේ සල්ලි මට නැවත දෙන්න'' යැයි කීවෙමි. නමුත් ඇගෙන් කිසි පිළිතුරක් ලැබුනේ නැත. එළුත් අවුරුද්දෙන් පසු, මා ඇයවෙත ගොස් මගේ ඉගෙනීම් කටයුතු කරගෙන යාම සඳහා මගේ මුදල් ඉල්ලුවෙමි. නමුත් මට දකින්න ලැබුනේ, ඇය යම් අමාරු තත්වයකට පත්ව ඇති බවයි. ඇ මට පිළිතුරු දී ''මල්ලී,

මම සල්ලි ණයට දුන් මගේ මිතුරිය, වෙළඳාමක් කරගෙන යනවා කියලා මං හිතුවත්, ඇය හොර බඩු ජාවාරම් කර ගෙන යන කෙනෙක් ඇයව හසු වී දැන් සිරගෙදර, මට නැවත සල්ලි ගන්න ක්‍රමයක් නැහැ'' යැයි කීවාය. මගේ සිත අධෛර්යමත් විය. මම මා තුළම මෙසේ සිතා ගත්තෙමි. ''මොන තරම් භයානක තත්වයක්ද? මම තවම විශ්ව විද්‍යාල උපාධියවත් ලබාගෙන නැහැ. මේ මොන විනාශයක්ද?'' මගේ සහෝදරීට නැවත ඒ මුදල් දෙන්නට නොහැකි වූ බැවින්, එක මොහොතකින් මගේ සියලුම උරුම මුදල් මට මෙසේ අහිමි වී ගියේය. රාත්‍රී පාසැල් යන පිණිස රැකියාවක් කර මුදල් සොයා ගන්නවා යැයි මම තීරණය කර ගත්තෙමි. පුවත්පතක ලිපි සම්පාදකයෙන් ලෙස මට රැකියාවක් ලැබිණි. 1968 ජනවාරි මාසයේදී මගේ ආදරවන්තියත් මාත් විවාහ වුනෙමු.

මත්පැන් බීම ගැන මා බොහෝ සෙයින් එඩිතරව සිටියේය

පුවත්පත් වාර්තාකරුවෙකු ලෙස රැකියාවේදී

විවාහයෙන් පසු 1968 මාර්තු මස ඉරිදා දිනක, අප ගෙට ගෙවැදීමේ උත්සවයක් පැවැත් වූයෙමු. විස්කි බෝතල් හතළිහක් පමණ ඩොංඩේ මූන් වලින් මිළේට ගත් අප, උත්සවය සඳහා සූදානම් වූ අතර, මගේ මිත්‍රයන්ද නොයෙකුත් මත්පැන් වර්ග ගෙන ආහ. උදෑසන වරුවේ මගේ සමාගමේ සහයකයන් අප නිවසට රැස්වූ අතර, දහවල් කාලයේදී සෝල් හී මගේ මිත්‍රයන් පැමිණියාහ. සවස් කාලයේදී මගේ ගම් ප්‍රදේශයේ මිත්‍රයන් පැමිණි අතර බොහෝ රෑ වන තෙක් මා උත්සවය භුක්ති වින්දෙමි. මත්පැන් ගැනීමේදී දරා ගැනීමේ ශක්තියක් ඇති බව වටහා ගත් මා, යහලුවන් විසින් පිළිගැන් වූවා වූ කිසිම මත්පැන් වීදුරුවක් ප්‍රතික්ෂේප නොකළෙමි. විස්කි බෝතල් හතක් පමණ මා විසින්ම බොන්නට ඇත. මෙතරම් ප්‍රබල මධ්‍යසාර බොහෝ සෙයින් පානය කල හෙයින්, මට උග්‍ර බඩේ අමරුවක් ඇති විය. බොහෝ රෑ බෝ වී සියලුම අමුත්තන් පිටව ගිය පසු, ඉතාමත් සාර්ථක උත්සවයක් නිම කළාය යන සහනදායි හැඟීම ඇතිව මා ඇඳ මත වැතුරුනෙමි.

හදිසියෙන්ම කාමරයේ සිවිලිම කරකැවෙන්න පටන් ගත්තේය. විදුලි බුබුළ කරකැවෙන්න පටන් ගත්තේය. සියලුම දේ කරකැවෙන්න පටන් ගත්තේය. පසුව මා වමනය කලෙමි. මා කෙතරම් වමනය කලාද කියතොත්, මගේ බඩවැල් සියල්ල උගුරට එන්නාක් මෙන් මට දැනෙන්නට විය. මගේ භාර්යාව බෙහෙත් ශාලාවෙන් මට බෙහෙත් ගෙනත් දුන්නත්, ඒවා ගිලින්නට මත්තෙන් ඒ සියල්ලම වමනය කළෙමි. මට වතුරවත් පානය කළ නොහැකි විය. මා එතරම් වේදනාවකින් පසු වුනෙමි. මට කිසිදු ආහාරයක් හරියාකාරව ගන්නට නොහැකි විය. බඩේ ආමාරුව හේතුවෙන් කිසි කෑමක්ද දිරෙව්වේ නැත. මා ඖෂධීය බෙහෙත් ඇතුළු සියලු දේ ගත් නමුත්, ඉන් කිසි ඵලක් වූයේ නැත. මගේ සහ මගේ භාර්යාවගේ සිතුවිල්ල වූයේ එය ඉබේටම හරි යනු ඇති බවය. නමුත් කල් යත්ම, එය එන්න එන්නම දරුණු වී මගේ ශරීරය පාලනය කර ගත නොහැකි තත්ත්වයට පත් විය.

සුව වීමට උත්සහා දැරීම

මට රැකියාවෙන් ඉවත් වන්නට සිදුවිය. මා නානාවිධ ප්‍රතිකාර ලැබ නිසි රෝග විනිශ්චය සඳහා බොහෝ රෝහල් වෙත ගියෙමි. නමුත් ආමාශයේ තුවාල හැරුණු කොට, වෙනයම් නිශ්චිත රෝගයක් නොවීය. නමුත් මගේ බර කෙමෙන් අඩුවේගෙන ගිය අතර මා බොහෝ ආකූලතාවයකට පත් විය. වසර තුනක් හතරක් ගත වූ පසුත්, මගේ ශරීරයේ නිරෝගී වූ කොටසක් නැති වූ තරම්ය. මා හරියට ''ඇවිදින රෝගී ගබඩා අංශයක්'' මෙන් විය. හොඳයි යැයි සඳහන් සෑම බෙහෙත් වර්ගයක්ම මා ගත්තෙමි. ග්‍රීෂ්ම කාලයේ ''ඇත්ලීට්ස් ෆුට්'' නැමැති සමේ පුස් සහිත ආසාධනය නිසාද, අධික සීත කාලයේ ඇතිවන හමේ තුවාල නිසාද බලවත් කැසීමේ රෝගයෙන් මා පෙලුනෙමි. මගේ මුළු ශරීරයම දද වලින් වැසී තිබුනේය. සෑම උදෑසනකම ඒවා ඉදිමී පැසවූ අතර, ඉන් වෑස්සුනු දියර කැටි විය. අතිශයින් පිළිකුල් වූ ගඳක් සහිත, නාසයෙන් පිටකරන ද්‍රාවණය නිසා මගේ හිස නිතරම බර ව තිබුනේය. නාසයද සෑම විටම අවහිරව තිබුනු අතර මගේ මතක ශක්තියද එන්න එන්නම හීන වී ගියේය. මට වාසාවාහී රෝගයද විය. පටන් ගැන්මේදී මගේ ගෙල ආශ්‍රයේ කුඩා ගුලියක් මෙන් එය තිබුනු අතර පසුව ක්‍රමක්‍රමයෙන් වඩා විශාල වී මිදි ගෙඩියක් තරම් විය. මේ නිසා මට ගෙල හැරවීමද අපහසු විය. මෙම රෝගයට පෙරදිග ඖෂධ ප්‍රතිකාර කිරීමට වෛද්‍යවරයාට නොහැකි වූයේ දැනටමත් මා බොහෝ බෙහෙත් වර්ග පානය කරන නිසාය. මේ පමණක් නොව ස්නායු දුර්වලතාවය, නිදාගැනීමට නොහැකි කම, එක්සිමා, ලේ අඩුකම, මැදිකණ ආසාධනය ද, උදරය කුඩා බඩවැල් මහ බඩවැල් යන අභ්‍යන්තර ඉන්ද්‍රියන් ක්‍රමවත්ව ක්‍රියා නොකිරීමේ අමාරුකම් වලින්ද මා පෙලුනෙමි.

කෑම වෙනස් කිරීමට පවා උත්සහා කිරීම

මගේ භාර්යාව මට සෑම ආකාරයකම ප්‍රතිකාර ලබා දීමට ක්‍රියා කල අතර ගැමි වෙදකම කිරීමෙන්ද මා සුව කිරීමට උත්සහා දැරුවාය. වසර ගණනාවක උත්සාහයෙන් පසුත් ඇයගේ වෑයම නිශ්චල වූ බැවින් ඇය මිත්‍යා විශ්වාසය කෙරෙහි හැරුණාය. සමහර මනුෂ්‍යයන් ''ඔහුට සුවය ලබන්න පුළුවන්. ඔබ කට්ටඩියෙකුට කථා කර තොවිලයක් කරන්න'' යැයි ඇයට පැවසූහ. තවත් සමහරෙක් ''ඔබ භික්ෂූන්වහන්සේ කෙනෙක් ලවා යක්ෂ දුරුකමක් කෙරුවොත්, ඒක හරියයි'' යැයි කීවේය. මගේ භාර්යාව භික්ෂූන් වහන්සේ වෙතට ගොස්, ඔවුන්ගේ උපදෙස් අනුව තොවිල් කිරීමටද උත්සාහ කළාය. අන්තිමේදී, අපේ නම පවා අපි වෙනස් කළෙමු.

සමහර මනුෂ්‍යයන් කීවේ අපේ නම වෙනස් කළහොත්, අපේ දෛවයද වෙනස් විය හැකි බවයි. එය හොඳ දෙයක් යැයි අප සිතුවෙමු. ඒ දවස් වල මධ්‍යම ප්‍රජාපාලන සංකීර්ණයේ, නම් වෙනස් කිරීමේ කාර්යාලයන් බොහෝමයක් විය. ඉතා උදසැනින්ම අපි ''බොංසු කිම්'' යන නම් වෙනස් කිරීමේ කාර්යාලය වෙත ගියෙමු. ඔහුව මුණ ගැසීමට උදෑසන සිට මධ්‍යහන දක්වා අපට ඉන්නට සිදු විය. ''ඔබේ නම් හරිම අයහපත්. ඇයි ඔබ නම් වෙනස් නොකර ගන්නේ? '' එතැන් පටන් අපි ඔහු දුන්නාවූ නම් භාවිතා කරන්නට වීමු. නමුත් කිසි ප්‍රයෝජනයක් නොවීය.

රෝගී පියෙකුගේ සන්තාපය

ඉතා අන්තර්වර්තික පුද්ගලයෙක් වූ මා, බිරිඳගෙන් පවා මගේ දිරාපත්ව යන ශරීර තත්ත්වය වසන් කිරීමට උත්සහා කළෙමි. මගේ පවුල බලවත් ලෙස ණය බරට පත් වීම, බලා සිටීමට මට නොහැකි විය. එනිසා මා රැකියාවක් සොයා තැනින් තැන ගියෙමි. නමුත් මගේ කන් ඇසීමේ දුර්වලතාවය නිසා රැකියාවක් ලබා ගැනීමට මට නොහැකි විය. දුරකථනයක්වත් භාවිතා කිරීමට නොහැකි තරමට මගේ ඇසීම දුර්වල වීම හේතුවෙන්, රැකියාවක් සොයා ගැනීම වෙහෙසකර විය. වඩා නිදහස් සහිත වූ රැකියාවක් සොයා ගන්නට මට සිදු විණි. අවසානයේදී මා කුඩා මේස විකිණීමට පටන් ගත්තෙමි. විකිණීම සඳහා මා පාරේ ගමන් කළ නමුත්, මගේ ලජ්ජා ගතිය නිසා මට ''මේස ! මේස ලාභයි'' කියා කෑ ගසන්නට නුපුළුවන් විය. දින කිහිපයක්ම අසාර්ථකව වැඩ කලද, මම කෙමෙන් කෙමෙන් විශ්වාසය ගොඩ නගා ගත්තෙමි.

1972 දී, එක් දිනක් මා මේස විකිණීම සඳහා යන විට, හදිස්සියෙන්ම මගේ

පාදවල ක්‍රියා ශක්තිය නැතිවෙන්ට පටන් ගෙන, ඇවිදීමට නොහැකි තරම් අතිශයින් පීඩා සහිත විය. අසලකින් මේස ටික තබා, මම බසයේ නැගී ගෙදර ආවෙමි. ඒ මොහොතේ පටන් මා ඔත්පල විය. එය රකත්වාත ලක්ෂණ ඇති සන්දි ඉදිමීම විය. ඇවිදින හැම මොහොතම මා දැඩි වේදනාවෙන් පෙළුණු අතර ඉතා ඉක්මණින් මට සැරයටියක් භාවිතා කරන්නට සිදු විය. කෙසේ නමුත් මගේ ශාරීරික වේදනාවට වඩා මානසික වේදනවා අභිබවා ගියේය. මට ඇසීමට නොහැකි වූ කාරණාව ගැන මා ඉමහත් දුකට පත්විය. මීට ඉහතදී සඳහන් කල ආකාරයට, ප්‍රාථමික පාසැලේ සිදු වූ අනතුර නිසා එක කන් බෙරයක් ඒ වන විටත් පිපිරී තිබුනේය. නමුත් වසර පහ හයක් පුරාවට මා ගත්තාවූ බෙහෙත් හේතුවෙන්, මගේ අනෙක් කණද අයහපත් තත්වයට පත් විය. මනුෂ්‍යයන්ගේ තොල් කියවීමට කෙතරම් උත්සාහ දැරුවද, මහත් ශබ්ද ඇති වටපිටාවක් තිබුණු අවස්ථාවලදී, මට ඔවුන් කියන කිසිම දෙයක් තේරුම් ගැනීමට නොහැකි විය. මා බිහිරි තත්ත්වයට පත් වෙිගෙන යන බව මගේ පවුලේ අයටවත් කියන්න මට පුළුවන් වූයේ නැත. ඔවුන් මට ''අංග විකල'' යැයි කියා ඇමතීම ගැන මට බියක් විය. අනෙක් අය මට කථා කල විට මම ඔවුන්ට වැරදි පිළිතුරු දුන්නේ මට ඔවුන් කියූ දේ නෑසුන නිසාය. සමහර අවස්ථා වලදී ඔවුන්ට කිසිම පිළිතුරක් දීමට මට නොහැකි විය. එවන් අවස්ථා වලදී ලැජ්ජාව හා පහත් බවේ හැඟීම නිසා මගේ මුහුණ රතු වී ගියේය.

මාව රැක බලා ගැනීමට හා පොලී මුදල් ගෙවීමට සිදුවීම මගේ භාර්යාවට ඉතාම අමාරු කාර්‍යයක් විය. ජීවත් වීම සඳහා ඉතාම ලාභ ස්ථානවල නිවස් කුලියට ගත් අතර, එනිසා නිතරම තැනින් තැන යන්නට අපට සිදු විය. අපි අ-හියොන් ඩොං සිට කිම්පෝ වලටද, ඩොං තෝ වලටද, සූක්සම් වලටද, ඒ ආකාරයෙන් පදිංචිය වෙනස් කළෙමු. ඉතාම දුෂ්කර වූ අවස්ථාවලදී, භාර්‍යාවගේ මවගේ හෝ සහෝදරියගේ නිවසේ අපි නැවතුනෙමු. මේ හැම තැනකම ගමන් කිරීමෙන් අනතුරුව, අපි කියුම් හෝ ඩොං යන කඳුකර ප්‍රදේශයක පදිංචි වීමු. අපේ නිවස ගඩොලින් සෑදුනු අතර එය කුටියක් මෙන් පෙනුනේය. ඉදිරිපස දොරටුවෙන් ඉදිරියට පැමිණි කල, ඇතින් හෑන් ගංගාව පෙනේ.

මේ වන විට මගේ නැන්දම්මා මිය ගොස්ය. නමුත් ඇය මා ගැන බොහෝ වැළපුණාය. කටු චිකිත්සාව සඳහා හෝ ඖෂධීය බෙහෙත් ගැනීමට, ඇය මාව රෝහල වෙතටත්, වෛද්‍යවරයා ළඟටත් ගෙන ගියාය. මට ඇවිදීමට නොහැකි වූ හෙයින්, මගේ මිත්‍රයන් මාව කරපිට තබා ගෙන කන්දෙන් පහළට උසුලාගෙන ආවේ කුලී රථයක් ගෙන මගේ නැන්දම්මා සමඟ රෝහලට යන පිණිසය. රෝහලෙන් නැවත එනවිට, ඇය මා හට බොන්නට සහල් වලින් පෙරාගන්නා ලද ශක්තිය ගෙන දෙන මධ්‍යසාර මිලදී ගත්තේ මා ගැන අනුකම්පා වූ නිසා

විය හැක. ''පුතා..... මම දන්නවා ඔයා වේදනාවෙන් බව නමුත් මේක බීලා ධෛර්යමත් වෙන්න.''

බලාපොරොත්තු රහිත ස්වභාවයක සිටි මගේ භාර්යාව

මගේ වෙදහෙදකම් සඳහා මුදල් ණයට ගැනීමට මගේ භාර්යාව තැන් තැන් වල ගමන් කල අතර, අපේ ණයබර කෙමෙන් ගොඩ ගැසෙන්නට විය. අපට හදිසි මුදල් අවශ්‍යතාවයක් වූ විටකදී, මුදල් ණයට ගැනීම සඳහා ඈ ඇගේ දෙමව්පියන්, සහෝදරී හෝ සහෝදරයා වෙතට ගියාය. මෙසේ ඉල්ලා ගත්තාවූ මුදල් වලින්, එකතු වී ඇති පොළී මුදල් ගෙවා, ඉතිරිය මගේ වෙදහෙදකම් වලට යෙදෙව්වාය. ඇගේ පවුලේ අය මා ඉතා අශුභ පුද්ගලයෙකු හැටියට ඉතා ඉක්මණින් හංවඩු ගැසූහ. ඔවුන්ගේ මතයට අනුව, යහපත් සැමියෙක් හැටියට පවුල නඩත්තු නොකිරීම හේතුවෙන්, ඔවුන් ඉතා ආදරය කරන ඔවුන්ගේ බාල සොයුරිය, මා විසින් පීඩාවට පත්කර ඇත. අලුත විවාහ වුනු යුවලක් හැටියට අපේ මුල් අවුරුදු කිහිපයවත් අපට සතුටු වෙන්න නොහැකි වූයේ, අපගේ විවාහයත් සමගම මා රෝගී තත්වයට පත්වීම නිසාවෙනි. මගේ භාර්යාවට උපයන්නා හා රැකබලාගන්නා යන අප දෙදෙනාගේම කාර්යභාරයන් කිරීමට සිදු විය. ජීවත් වීමට පොර අල්ලන මොහොතේ, දූවරුන් දෙදෙනෙක් හදාවඩා ගන්නටද ඇට සිදු වූවාය. ඇය අතිශයින් වෙහෙසට පත් වූවාය. වරක් කරුණාවෙන් හා මොළොක් ගුණයෙන් යුක්ත වුනු ඈ, ඇට පැටවුනු අධික වගකීම් සම්භාරය නිසා ඉතා ඉක්මණින් පරුෂ වෙන්නට පටන් ගත්තාය.

ඒ වන විටත් ඇය වසර පහ හයක් පුරාවට මා රැකබලා ගත්තේ නැවත මට සුවය ලැබේ යන බලාපොරොත්තුව ඇතිවමය. නමුත් දිනෙන් දින නරක අතට පත්වන මගේ සෞඛ්‍ය තත්වය දුටු ඇය, කර කියා ගන්නට දෙයක් නැතිවම බලාපොරොත්තු රහිතභාවයට පත් වූවාය. නිශ්ඵලභාවයක් දැනුනු කොයි වේලාවේ වුවත්, ඈ තරහෙන් කිපි, ඇගේ ඇඳුම් පොදි බැඳිගෙන, ඇගේ දෙමව්පියන්ගේ නිවස වෙත ගියාය.

''මට ආදරයක් අවශ්‍ය නැහැ. අපිට දැං අවශ්‍ය කරන්නේ මුදල්, ගිහිං හම්බ කරගෙන එන්න!'' ඉතා ඉහළ දෛනික පොළී අනුපාතයක් ඇති පෞද්ගලික ණය දෙන්නෙකු හට මුදල් ගෙවීමට ඇයට සිදු විය. මුදල් ආපසු ගෙවීම් සම්බන්ධයෙන් පීඩාවට පත්වුණු හැම මොහොතකම දරා ගත නොහැකිව, ඇය නිවස අතහැර ගියේ තව දුරටත් මේ විවාහය පාලනය කරගත නොහැකි වීමෙනි.

දිනක් ඇගේ සහෝදරීගේ උපකාරයද ඇතිව, ඇය කියුම් හෝ ඩොං වෙළඳපොළේ කුඩා කෑම කඩයක් විවෘත කළාය. හොඳින් කෑම පිසින්නට පුළුවන් වූ නිසා ඇයට බොහෝ පරිභෝගිකයන් සිටියාය. වෙළඳපොළට හිමිදිරි උදෑසනම පිටවුනු ඈ, නැවත නිවසට පැමිණියේ බොහෝ රෑ බෝවුණ පසුවය. බොහෝ වෙහෙස වී හෙම්බත් වූ ඇය රාත්‍රී දොළහට පමණ නිවසට පැමිණියාය. පුළුවන් උපරිමයෙන්ම ණය තුරුස් ගෙවා දැමීම සඳහා ඈ බොහෝ සේ වෙහෙසව ක්‍රියා කළාය. නමුත් ඈ නිවසට පැමිණ, මා රෝගීව ඇඳේ වැතිර ඉන්නවා දුටු විට, ඇගේ බලාපොරොත්තු සියල්ල නැති වී, ඉතාම කුඩා දෙයට පවා කෝප වෙන්න පටන් ගත්තාය. අපේ දූවරුන් දෙදෙනා ඒ වන විටත් සමාජයෙන් ප්‍රතික්ෂේප කරනු ලැබූ දරුවන් වූහ. මගේ භාර්යාව රූපලාවන්‍යාග ාරයක් විවෘත කළ දවසේ පටන්, අපේ වැඩිමල් දියණිය වන ''මියොං'' රැක බලා ගැනීමට මා වෙහෙස ගත් අතර, අපේ බාල දියණිය ''මික්යුං'' මගේ මව සමඟ මගේ සොහොයුරෙකුගේ නිවසේ සිටියාය.

''කොහොමද ඇය මෙතරම් ඇගේ පියා වගේ වෙන්නේ?''

එසේ වූයේ, ඈ ඇගේ රෝගී පියාගේ සාමානකම් දූරුව නිසාද? මික්යුං ට අපේ ආදරය වැඩි ප්‍රමාණයක් ලබන්නට ඉඩ ප්‍රස්ථාවක් නොලැබුනේ අපි හිටපු තත්වය නිසයි. මා ඉඳහිට ඈ බලන්න මගේ සහෝදරයාගේ නිවසට ගිය විට, ඇය වැරහැලි රෙදිකඩක් කටේ දමාගෙන සෙල්ලම් කරනවා දුටුවාම, මගේ හදවත කැඩී ගියේය. නමුත් මගේ තත්වය නිසා, නැවත ඇයව මා සමග අපේ නිවසට ගෙනැවිත් රැකබලා ගැනීමට මට නොහැකි විය. මා කටුක වේදනාවෙන් පසුවුනෙමි. ඒ දවස් වල මා ස්නායු රෝගයෙන් පෙළුණු අතර, ඉතාම කුඩා දෙයට පවා මා සංවේදී වූයෙමි. මගේ අභිමානයට රිදුම් දෙන පරිදි, මගේ භාර්යාව විසින් යම් විවේචනයක් කලහොත්, අප අතර වාදයක් පැන නැංගෙ 'ය. එවන් අවස්ථා වලදී ඈ දික්කසාද වීමට අවශ්‍ය බව පවසමින්, ඇඳුම් පොදි බැඳගෙන ඇගේ දෙමව්පියන්ගේ නිවස වෙත ගියාය.

''දිගින් දිගටම මේක කරන්නේ කොහොමද? ඔය දෙන්නාගේම යහපත

සඳහා දික්කසාද වීම හොඳයි කියා මා සිතනවා.''

මගේ භාර්‍යාවගේ පවුලේ අය පැමින, මා ගැන ඔවුන් තුල ඇති අප්‍රසාදය පල කළේ, අසල්වාසීන්ටද ඇසෙන පරිදි මහත් ශබ්දයෙන් බැණ වදිමිනි. තරහෙන් හා ලැජ්ජාවෙන් මගේ මුහුණ රතු වී ගියේය. නිවසින් පිටව ගිය මගේ භාර්යාව නැවත පැමිණ ''මම නැවත ආවේ ඔයාව බලන්න නෙමෙයි. මං ආවේ දුවව බලන්න. ඔයා කවදා හරි සුව වුණත්, මම ඔයාව දික්කසාද කරනවා. මට ඒක දැන්ම කරන්න ඕනේ. නමුත් මම එහෙම කළොත්, මිනිස්සු මට ඇඟිල්ල දික් කරයි. අසනීප සැමියෙක්ව අත්හැර දැම්මා කියලා. ඒ නිසා දැන්ම නෙවෙයි'' යැයි ඈ මට පැවසුවාය.

මාංශික ප්‍රේමය වෙනස් වෙයි

1972 දී මම, මා දෙසම බලා, අසාධ්‍ය රෝග වලින් පිරී තිබුනාවූ මගේ ශරීරය දැක ගත්තේය. බොහෝ සැර වෙදහෙදකම් මා ලබාගත් නිසා, තව දුරටත් එන්නත් හෝ බෙහෙත් ගැනීම එලක් නොවීය. මගේ දෙමව්පියන්, සහෝදර සහෝදරියන් සහ නෑ හිතවතුන් මට ඇඟිල්ල දික් කරමින්, මගෙන් ඈත් වන්නට විය. මගේ භාර්යාව මාව මඟහැරියාය. මගේ මවත්, මාව අත්හැරියාය. එවකට වයස හැත්තෑවක්ව සිටි මගේ මව මාව බලන්න පැමිණියාය. ඔත්යහනේ සිටි ඇගේ පුතුණුවන් දෙස බලා ඇය මහත් ශෝකයෙන් හඬන්නට ගත්තාය. ඇගේ සිතුවිල්ල වූයේ මා කිසිඑලක් නැති කෙනෙක් කියාය.

''අපොයි ! අපොයි ! ඉක්මනට මැරෙන එක ඔබට වඩා හොඳයි. ඒක ඔබ මට කරන නම්බුවක්''

මගේ තත්වය මොන තරම් දරුණුද? මට ඉහළින්ම ප්‍රේම කළාවූ මගේම මව, ඇයට නම්බුව දෙන පිණිස මා මරණයට පත්වීම ගැන වඩා කැමති වූවාය. මුළු ලෝකයම මට එරෙහිව ආවත්, මගේ මව මාව අත් නොහරියි කියා මම සිතුවෙමි. ඒ මොහොතේ මානුෂික ප්‍රේමය අස්ථිර බව මම තේරුම් ගත්තේය. තත්වය යහපත් නැත්නම්, ඒ ප්‍රේමය වෙනස් විය හැකිය.

මගේම මව, මගේ වේදනාව තේරුම් නොගත් කල, සහෝදරයෙක් කොහොමද ඒක ගැන දන්නේ? දිනක්, බීමත්ව සිටි මගේ සහෝදරයා මා බලන්නට පැමිණ, මා සනසන්නට ආ බව කීවේය. නමුත් මා සනසනවා වෙනුවට ඔහුගේ වචන මගේ වේදනාව තවත් නරක අතට පත් කළේය.

සියදිවි නසා ගැනීමේ දෙවන වෑයම අසමර්ථ වීම

කුඩා කුරුළු පැටවකු ඉතා අමාරුවෙන් තම පියාපත් ගසමින් ජීවිතයෙන් නොමැරී බේරෙන්නට වෙර දරන හැඟීමක් මා තුළ දනෙන්නට විය. නමුත් එය එලක් නැති විය. මුලදී මගේ භාර්යාව ඇගේ ඇඳුම් පොදි බැඳගෙන ඇගේ මව්පියන්ගේ නිවසට ගිය අවස්ථාවේ, මා එහි ගොස් නැවත ඇය කැඳවාගෙන ආවෙමි. නමුත් ඇය නැවත වතාවක් එසේ කළ විට, මට ඇයව කැඳවාගෙන ඒම තර්ජනාත්මක වූයේ ඇගේ පවුලේ අයගෙන් එල්ලවන අපහාස හා හෑල්ලුව හේතුවෙනි. මගේ බාල වයසේ දියණියන්ගේ අනාගතය ගැන සිතූ හැම මොහොතකම, උල්පතකින් වතුර හට ගන්නවා සේ නොනැසී ජීවත් වීමේ දැඩි අධිෂ්ඨානයක් මා තුළ හට ගත්තේය. නමුත් වරක් යථාර්ථයේ ''ජයග ැනීමට දුෂ්කර පවුරු'' ඉදිරියේ සිටගත් කල මා බෙලහීන වී ගියේය. මරණයේ සෙවනැල්ල නිදහස් කිරීමට මා හට කිසි මගක් නොවූ බව සිතුනු හෙයින්, මගේ කාලකණ්ණි ජීවිතය හැකි ඉක්මනින් අවසන් කරන අපේක්ෂාවෙන් මා නැවතත් නිදිපෙත් එකතු කරන්නට පටන් ගත්තෙමි. රෝගී තත්වය නිසා මුළු ජීවිතය පුරාවටම මා වේදනා විඳීම, බොහෝ අමාරු වූ අතර මගේ භාර්යාව මට අකාරුණික වී මා රිදවීම ඊටත් වඩා අමාරු විය. ජීවත් වීමට ඇති ආශාවත්, අධිෂ්ඨානයත් මට නැති වී ගියේය. මගේ භාර්යාව නැවත ඇගේ නිවසින් කැඳවා ගෙන ඒමට වඩා, මා මැරුණා නම් යහපත් යැයි මං සිතන්නට විය. ඒ නිසා, එකතු කර ගත්තා වූ නිදිපෙති විස්ස මා පානය කළෙමි.

එදා මා නිදිපෙති ගත් දවසේ, මගේ භාර්යාව ඇගේ නිවසේ විය ඇයට නිදාගත නොහැකිව, ඉතා බියාදුකමක් දනෙන්නට වූවාය. ඉතා නපුරු යම් සිදුවීමක් අප නිවසේ සිදුවනු ඇතැයි යන සිතුවිල්ලෙන් ඇයට නිදහස් විය නොහැකි වූ බව ඇය පැවසුවාය. වඩා බියට පත් වූ ඈ, කුලී රථයක් රැගෙන නිවසට පැමිණියේ මා මරණයට පත්ව සිටිනවා දැකීමටය. ඇය ඉක්මණින් මා රෝහල වෙත ගෙන ගොස්, මා පිළියම් ලැබුවායින් පසු නැවත ප්‍රාණවත් වූයෙමි. ''මට ඕන විදියට මගේ ජීවිතය අවසන් කරන්නවත් මට පුළුවන් කමක් නැහැ. මා නැවත දිවිහානි කර ගැනීමට උත්සාහ නොකළ යුතුයි.'' රෝහලේදී මා නැවත සිහිය ලැබූ පසු, අසාර්ථක වූ දිවිහානි කර ගැනීමේ වෑයම් ගැන කල්පනා කළෙමි. යම් උසස් බලයක් මගේ ජීවිතය තුළ මැදිහත් වී තිබෙන බව මට හැඟුණේය. එනිසා නැවතත් දිවිහානි කර නොගැනීමට මා තීරණය කර ගත්තෙමි.

වාතරෝග වලට ගුණයැයි කියනු ලබව බළලුන්

සමහර අවස්ථාවන් වලදී මගේ ශරීරය යන්තම් යහපත් අතට පත් වූ විට, මා සැරයටියක් ගෙන එහා මෙහා ඇවිද්දේය. නමුත් තවත් අවස්ථාවකදී මගේ තත්වය බරපතල වූ විට මාංශපේෂියක්වත් සොලවා ගත නොහැකිව මා යහනේ සිටියේය. මගේ මළමූත්‍රා භාජනය එක්කාසු කරන්න යම් අයෙක්ට සිදු විය. වාතරෝග අමාරු වලට බළලුන් හොඳයැයි, අසන්නට ලැබූ මගේ භාර්යාව, සුං ඩොං කූ ප්‍රදේශයෙන් පමණක් නොව නමුත් ඩෙංඩේ මූන් සහ ජුන් මූ යන අනෙකුත් ප්‍රදේශවල වෙළඳ සැල් වලින්ද බළලුන් මිලට ගත්තාය. ඇය ඒවා තම්බා මට කනන් දුන්නාය. නමුත් හරිහැටි පිස නොතිබුණු අවස්ථාවන් වලදී, ඒයින් මහා දුර්ගන්දයක් දැනෙන්නට වී, එය කනවාට වඩා මැරෙන්නට මට අවශ්‍ය විය.

මනුෂයන් හොඳයැයි කීවා වූ හැමදෙයක් සහ ඕනෑම දෙයක් මගේ මවත්, භාර්යාවත් මට ගෙනැවිත් දුන්නාය. ඔවුන් මට පත්තෑයන්, මද(ර්) වැ(ර්)ට් නැමැති වේදනාෂක පැළෑටි, සහ ලැකර් ගසේ පොත, උයා කන්න දුන්නාය. ඔවුන් මට බල්ලන්ගේ සහ වළසුන්ගේ පිත්තාශය පවා පිස කන්න දුන්හ. සර්පයන්ගෙන් සාදන ලද දියරවර්ග පානය කිරීමද මා අත්හදා බැලුවෙමි. සෑම රෝගයකටම විදරුද්ධව සටන් කිරීමට මට දිගින් දිගටම සිදු විය. ලාදුරු රෝගය උදෙසා නිෂ්පාදිත ජර්මානු බෙහෙත්, එම රෝගය සුවපත් කිරීමට තරම් බලවත් යැයි කිහමනක් තිබේ. මගේ මුළු ශරීරයටම බලපෑම් කලා වූ සමේ ආසාධයකින්ද මා පෙළුණු බැවින්, මෙම පෙති මම පානය කලේ සුව වෙන බලාපොරොත්තුව ඇතිවය. නමුත් එහි ප්‍රතිඵලය කිසි වැදගම්මකට නැති විය.

දින 15 ක් පුරා මා අසූචි බීවේමි

මා සෑම වර්ගයකම බෙහෙත්, ප්‍රතිකාර, ගැමි චිකිත්සාව, ඖෂධීය ප්‍රතිකර්ම, මිත්‍යා විශ්වාසය සහ මන්තරගුරුකම් යනාදිය කිරීම උත්සහා කලද, මගේ සෞඛ්‍ය තත්ත්වය ක්‍රමයෙන් ගැඹුරින් ගැඹුරට යන ආගාධයක් මෙන් විය.

''ජයිරොක්, ඉතා ප්‍රසිද්ධ දොස්තර කෙනෙක් නගරයට ඇවිත් ඉන්නවා. අපි එයාගෙන රෝග විනිශ්චයක් අර ගමුද?''

''ඔව්, ඇයි නැත්තේ? මට නැතිවෙන්න කිසි දෙයක් නැහැනේ.'' කියුම් හෝ ඩොං හී විසූ මගේ මිත්‍රයන්ගේ අවවාදය පිළිගත් මා වෛද්‍යවරයා හමුවීමට ගියෙමි. ඔහු මගේ නාඩි බලා මා පරීක්ෂා කලේය. ''ඔබ ජීවත් වීමත් හාස්කමක්,

ඔයාගේ නාඩි ස්පන්දනය වෙනවා වගේ පෙනුනත්, ඒවා ස්පන්දනය වෙන්නේ නැහැ. ඔයා ජීවත් වෙන එක හරි පුදුමයක්. මේ රෝග වලින් සනීප වෙන්න එක ක්‍රමයක් තියෙනවා. ඔයා තරුණ කාලේ ඉතා දරුණු ක්‍රීඩාවන් කරලා තියෙනවා නේද? ඒ වගේ අවස්ථාවල ඔයා ගොඩක් පහර කෑම් වලට ලක්වෙලා තියෙනවාද? ඔයාගේ ශරීරය පුරාම මැරුණ ලේ සෙල, කැටි වුණු ලේ සෙල දහ ප්‍රමාණය ඉක්මවා ගිය ලේ සහිත පැල්ලම් තියෙනවා. මේ හේතුව නිසයි ඔයාගේ සෞඛ්‍ය තත්ත්වය මෙහෙම වෙලා තියෙන්නේ'' යැයි වෛද්‍යවරයා මට පැවසුවේය.

''ආ....! ඇත්තටම මොකක්ද මේකට තියන බෙහෙත් වට්ටෝරුව?''

''ගම්බද ප්‍රදේශයේ දුම්රිය පළ ස්ථානවල පොදු වැසිකිළි තියෙනවා. මේ වැසිකිළි පතුලේ තියන අසූචි වසර දහයක් ඉක්මවා දිරාපත් වෙලා තියෙන්නේ. මේක හාරලා එළියට අරගෙන, බීර ජෝගුවකට දාලා දවසකට තුන් සැරයක් ගානේ දින පහළොවක් බොන්න. එතකොට මේ ලේ පැල්ලම් නැතිවෙලා ඔයා නැවතත් යහපත් සෞඛ්‍ය තත්ත්වයකට එයි.''

අසූචි සාරය ගැනීමේ සවිස්තර උපදෙස වෛද්‍යවරයා විසින් දෙන ලදී. පෙරහනක් සේ භාරජනයක කට මත වයින් කටු බැඳ එය මත ගලක් හිරකර භාජනය වැසිකිළියට අතහැරීම පමණක් මට කරන්න සිදුවිය. එවිට පැහැදිලි අශුචි සාරය භාජනයේ පිරුණේය. මා මෙය පානය කර සුවය ලැබුවුවහොත් වෛද්‍යවරයා ඉතා සතුටුදායක මුදලක් දෙන්ට මා පොරොන්දු විය. මාත් මගේ භාර්යාවත් සතුටින් ඉපිලෙමින්, ගම් ප්‍රදේශයේ පිහිටි දුම්රියපොළ කරා ඉක්මණින් ගමන් කළේ, මෙය මා ගන්නා අවසාන ප්‍රතිකර්මය යැයි සිතමිනි. මෙම ප්‍රතිකාරය ගන්නා ආකාරය මා පැහැදිලි කරනවා මගේ මව අසා, මුළු රාත්‍රියක් පුරා අසූචි සාරය එකතුකොට සියුම් භාජනයක දමා ඉතා පරිස්සමින් මට ගෙනැවිත් දුන්නාය.

එක වතාවක් වත් මග නොහැර, මා දින පහළොවක් පුරා මෙම අසූචි සාරය පානය කළෙමි. ඉන් නික්මුණු දරුණු ගඳ නිසා එක උගුරක්වත් ගිලගැනීම මට මහත් ලෙස අපහසු විය. නමුත් මා තුළ වේගයෙන් ඉදිරියට ආවාවූ, සම්පූර්ණ සුවය ලැබීමේ දැඩි ආශාව නිසා, බටයකින් මා එය පානය කළ අතර පසුව දත් මැද, මගේ මව ගෙනාවා වූ සූකිරි කැටයක් කටේ දමා ගත්තෙමි. නමුත් එහි ගඳ දුරුවූයේ නැත. දින පහළොව අවසන් වෙත්ම එම ප්‍රතිකර්මයේද ප්‍රතිඵලයක් නොවූ බව දැනගත්තේය.

''අම්මේ, මං මැරුණොත්, සෝල් වල මගේ ගෙදරට ගිහිං තමයි මා මැරෙන්නේ.''

2 වන පරිච්ඡේදය
දෙවියන් වහන්සේ සැබැවින්ම ජීවමානයි

අවසාන මල් පෙත්ත වැටුණු කල මගේ ජීවිතයද වැටී යයි

මගේ දෙවන සොහොයුරිය මට සුභාරංචිය ගෙන ආ හැටි

අපගේ අවසාන බලාපොරොත්තුව වූ අශුචි සාරය පානය කිරීමද, ඵලක් නැතිව අවසන් වූ පසු, කිසි බලාපොරොත්තුවක් නැතිවූ මාත් මාගේ භාර්යාවත් නැවත සෝල් නගරයට පැමිණියෙමු. දැන් මට ඉතිරිව තිබූ එකම පැතුම වූයේ ඉකිමනින් මිය යාමයි. ඒ නිසා මා ඇඳේ වැතිර කාළය ගෙවීයන හැටි බලා සිටියෙමි. අප විසූ කුට්ටි නිවසේ මගේ දින චර්යාව වූයේ නවකථා කියවීම හෝ සහල් වලින් පෙරා ගන්නා ලද කොරියානු මධ්‍යසාර (සෝජු) පානය කිරීමයි. එක් කාමරයකින් යුත් අපගේ කුඩා නිවසේ එම මධ්‍යසාර පිරවූ බඳුන්ද, ඖෂධ සඳහා වූ භාජනද, ඉල්ලා ගත්තාවූ පොත් ද සෑම තැනකම විසිර තිබුණි.

මාගේ පවුලේ දෙවන සොයුරිය ඇදහිලිවන්තියක්ව සිටියාය ඈ ළමා කාළයේ අධික උණ රෝගයකින් පෙලුනු පසු ඇගේ එක් ඇසක පෙනීම නැති වී ගියේය. අසල ගමක විසූ තරුණයෙක්ව විවාහ කරගත් ඈ පුතුන් තිදෙනෙක් සහ දූවරුන් දෙදෙනෙක් වැදුවාය ඇය විශ්වාසවන්ත ජීවිතයක් ගත කළාය. එක් දිනක්, යම් කෙනෙක් ඇය සමඟ සුභාරංචිය බෙදාගත් අතර ඈ දේව සභාවට යන්න පටන් ගත්තාය ඇය අන්ධභක්තික ඇදහිලිවන්තියක් කියා සිතූ මගේ මව සහ සහෝදරයන්, ඈ සභාවට යාම ගැන කැමැත්තක් නොදැක්වුවෝය.

ගොවිතැන් කරලා මහන්සි වී හම්බකරන හැම දේම ඔයා සභාවට දෙනවා. සභාවට යන්න ඕන නිසා ඉරිදාට වැඩ කරන්නෙත් නැහැ. ඔයාට නම් කවදාවත් දුප්පත්කමෙන් ගැලවෙන්න හම්බවෙන්නෙ නැහැ. කවදද ඔයා පොහොසත් වෙන්න බලාපොරොත්තු වෙන්නෙ? මගේ මවත් ඇයට බැණ වදින්න පටන් ගත්තාම, ඇය ''අම්මෙ, යේසුස් වහන්සේ කෙරෙහි විශ්වාස කිරීම හරිම සතුටක්.

ඇයි ඔයත් සභාවට එන්නෙ නැත්තෙ?'' යැයි සිනහාමුසු මුහුනින්ම ඇසුවාය.

ඉරිදා දිනවල ඇය පාන්දරින්ම නිවසේ වැඩ අවසන් කර සභාවට ගියාය. ඇය දේශනා කුඩුව පිසදමා, සභාවේ කටයුතු වල සේවය කළාය. ප්‍රථම ඵලයක් හෝ විශේෂිත යමක් තිබුනොත්, ඇය ඒවා රහසින් පාලකවරයාගේ නිවසේ තබා පැන ගියාය. මේ ආකාරයෙන් දෙවියන් වහන්සේගේ දාසයන්ට සේවය කිරීමට ඈ බොහෝ ප්‍රිය කලාය.

ඇය උත්සහවන්තව පිබිදීමේ රැස්වීම් වලට සහභාගී වී උනන්දු කමින් දෙවියන් වහන්සේගේ අනුග්‍රහය සෙව්වාය. එවකට ඉතාමත් වටිනාකමක් ඇති යැයි සලකනු ලැබූ, අගේ රත්තරන් මුදුවද ඇය පඬුරක් ලෙස පූජා කළාය ''දෙවියන් වහන්ස, රත්තරන් මෙන් අගනාවූ ඇදහිල්ලක් මට දෙන්න. කාලයත් සමඟ ගමන්කරන කළ, නොවෙනස් වන්නාවූ, රත්තරන් වැනි ඇදහිල්ලක් මට දෙන්න.''

කුඩා කල සිටම මගේ ප්‍රියතම සොහොයුරිය වූයේ, මගේ දෙවන සොයුරියයි. සෝල් නගරයේ මා අධ්‍යාපනය ලැබූ කාලයේ, මගේ නිවාඩු කාලය මා ගත කළේ ඇගේ නිවසේය. ප්‍රස්ථාවක් ලැබුනු හැම මොහොතකම මා සමඟ සුභාරංචිය බෙදා ගන්න ඇය උත්සහ කලාය. මා අසනීප වූ පසුත්, ඇය මා ගැන බොහෝ කනගාටු වූවාය. ඇය දිගින් දිගටම, සභාවට යන ලෙස මා උනන්දු කළාය. ''මල්ලී... ඔයා සභාවට ගියොත් දෙවියන්වහන්සේ ඔයාව සුව කරයි. ඔයා නැවත සුවය ලබයි'' යැයි ඈ කීවාය.

''අක්කේ, ඔයා විහිළු කථා කියන්න එපා. මිනිස්සු අභ්‍යාවකාෂ යානා හඳට ගෙනියන යුගයක අද අපි ජීවත් වෙන්නෙ. ලෝකයේ කොතනද දෙවියන්වහන්සේ ඉන්නෙ? ඔහු ජීවත් වෙනවා නම් මට පෙන්නන්න.''

දෙවියන් වහන්සේ කෙරෙහි අදහගන්න පිණිස ඇය මොනතරම් මාව පෙළඹෙව්වත්, මා තුළ තිබුනු දැඩිකමනිසා, ජීවමානව ඉන්න දෙවියන් වහන්සේව මට පෙන්වන ලෙස මා ඇයගෙන් උදක්ම ඉල්ලා සිටියාහ.

අවසාන මල් පෙත්ත වැටුණු කළ, මගේ ජීවිතයද වැටී යයි

මා ප්‍රසිද්ධ නවකතාවක වීරයෙක් මෙන් මට දැනෙන්නට විය. මේ නවකථාවේ වීරයා, බලාපොරොත්තුවක් නැති නිරන්තර කළකිරීමෙන් ජීවත් වූ කෙනෙක් විය. යම් දිනෙක සැඩසුළඟක් ගැසීම නිසා එක්තරා පැලයක අන්තිම කොලය

බිම වැටීමත් සමගම, ඇගේ ජීවිතයේ අවසානයට පැමිනෙණ බව ඇය විශ්වාස කළාය. මාද හෙට ගැන කිසි බලාපොරොත්තුවක් නැතිව කළ කිරීමෙන් ජීවත් වූයෙමි.

1974 අප්‍රේල් මාසය වනවිට ගම් ප්‍රදේශයේ කඳුකරය හා කෙත් යායම රෝස පැහැති රත්මල් වලින් සහ කහ පැහැති මල් වලින් වර්ණවත් වූ අතර, සැමතැනකම ඒවායේ සුවඳ විහිදී ගියේය. නමුත් මාගේ ජීවිතය වියලෙමින් ගිය අතර, ගන්නා සෑම හුස්මක්ම මරණය වෙත මා ළඟා කරන බවක් මට දැනුනේය.

''අවුරුද්දේ මේ කාලය වනවිට මැවිල්ලේ සෑම දෙයක්ම ප්‍රාණවත්ව ක්‍රියා කළේය. නමුත් එල්ලී තියෙන අවසන් කොලයක් මෙන් පවතින මගේ ජීවිතය කවදා නිමවෙයිද?''

කිසි කෙනෙක් මා දැකීමට සතුටු වූයේ නැත. බත් හෝ මස් කන්නට නොහැකි වූ නමුත්, මට මත්පැන් පානය කිරීමට පුළුවන් විය. අවසානයේ මට ඉතුරු වූ එකම මිත්‍රයා මත්පැන් විය. ඒ දවස්වල මා අමාරුවෙන් ජීවිතයේ එල්ලී සිටිද්දී, මත්පැන් මත යැපුනෙමි. මාගේ දෙමව්පියන්, සහෝදර සහෝදරියන් මා බලන්නට ඒම කෙමෙන් කෙමෙන් නතර විය. කිසිවෙක් මා බැලීමට එන බලාපොරොත්තුවක් නැති මොහොතක දිනක් යම් කෙනෙක් දොරට තට්ටු කරනු ලැබීය. ඒ මා බොහෝ සෙයින් ප්‍රේම කලාවූ මගේ දෙවන සොයුරියයි.

''අක්කේ, ඔයා සෝල් වල මොනවද කරන්නේ? එන්න ඇතුලට''

''මට සෝල් වල කරන්න යම් වැඩක් තියෙනවා''

ගොවිතැන් නිසා ඉතා කාර්‍යබහුල වූ කාලයක ඇයගේ පැමිණීම මට පුදුමයක් විය. නමුත් ඇගේ පැමිණීම ගැන මා සන්තෝෂ වුනෙමි.

ඇයව කැඳවාගෙන යන ලෙස කළ ඉල්ලීම

''මල්ලී මට උදව්වක් කරන්න. ඔයා මට යම් කාරණාවක් වෙනුවෙන් උදව් කරන්නම ඕනේ. ගොඩක් කල් තිස්සේ මට යන්න උවමනා තැනක් තියෙනවා මාව එහේ ගෙනියන්න.''

''මොකක්? ඔයා මොනවද මේ කියන්නෙ? ඔයා දන්නව මට හරියට ඇවිදගන්නවත් බැහැ කියල.'' ''මං දන්නවා, මං දන්නවා, ඒත් මට මේ තැනට යන්නම ඕන නිසයි මං ඔයාගෙන් මේ උදව්ව ඉල්ලන්නෙ.''

ප්‍රථමයෙන් මා එයට අකමැති වූයේ, මගේ ලෙඩ ශරීරයත් එක්ක මට ඇය සමඟ ගමන් කළ නොහැකි නිසයි. නමුත් ඇය ඒකාන්තයෙන්ම ආයාචනා කල නිසා, මට සදොස් හැඟීමක් ඇතිවිය. ඒ නිසා අන්තිමේදී ඇය සමඟ යාම තවදුරටත් මට ප්‍රතික්ෂේප කල නොහැකි විය.

ඇයට යාමට අවශ්‍ය වී තිබුනේ, ජ්‍යෙෂ්ඨ උපස්ථායිකාවක් වූ ෂින්-ඒ හ්‍යුන් විසින් මෙහෙයවනු ලබන සුවකිරීමේ රැස්වීමකටය. දිව්‍යමය සුවකිරීමේ දීමනාව ගැන ඇය ප්‍රසිද්ධව සිටියාය. පසුකාලයේදී මා ජ්‍යෙෂ්ඨ උපස්ථායිකාව වූ හ්‍යුන්ව දැන ඇඳින ගත්තේ, මගේ සහෝදරී මා උදෙසාත් මා දේවාස්ථානය වෙත ගෙනයාමටත් නොකඩවා කළ යාච්ඤාව හේතුවෙනි. මගේ සහෝදරී දැන සිටියා සභාවට පැමිණ සුවය ලබන්න මට බලකළහොත්, මා නොඑන බව. ඇය යාච්ඤාවේ යෙදී සිටි අවස්ථාවකදී, දෙවියන් වහන්සේ ඇයට ප්‍රඥාව දී, ඇයව සෝල් හී පිහිටි සභාව වෙත ගෙන යන්න මගේ උපකාරය ලබාගන්නා පිනිස මග පෙන් වූ සේක.

දෙවියන් වහන්සේ කෙරෙහි අදහාගන්නට ප්‍රථම

පාසැලේදී ඩාවින් වාදය ගැන ඉගෙනගෙන තිබූ නිසා, මා අදේවවාදියෙක් විය. නිර්භීතව මට කියන්න පුළුවන් වුනා හොල්මන් කියා දෙයක් නැතිබව. නමුත් ඇත්ත වශයෙන්ම කියහොත්, හදවතින්ම, මට දෙවිකෙනෙක් සිටින බව ප්‍රතික්ෂේප කල නොහාකි විය. බොහෝ දේ ගැන කල්පනා කර බැලූ මට, මරණයෙන් පසු ජීවිතයක් තිබේ යන සිතුවිල්ල මකාදමන්න බැරි විය. ඇත්තවශයෙන්ම මැවුම්කාර දෙවියන් වහන්සේගේ ජීවමානකම මගේ හදවතින්ම මම ඒත්තු ගත්තෙමි. ''දෙවියන් වහන්සේ සැබැවින්ම සිටිනවා නම්, මා වරක් චිත්‍රපටයක දැක තිබුනා සේ ඇත්තෙන්ම නිරයද තිබිය යුතු බව මා සිතුවේය. එසේ නම් මගේ මරණින් මතු ජීවිතය කොයි වගේ වෙයිද?''

දෙවියන් වහන්සේ ජීවමාන බව මට හදවතින්ම ප්‍රතික්ෂේප කල නොහැකි වූ බැවින්, මරණින් පසු ජීවිතය ගැන මට පිළිගන්නට සිදුවිය. හදවතේ එක් කොනක නිරය ගැනද මට බියක් තිබුනේය. දෙවියන් වහන්සේ කෙරෙහි අදහාගන්න ප්‍රථමයෙන් පටන්, මා යහපත් හා ධර්මිෂ්ඨ ජීවිතයක් ගත කරන්න උත්සහ කලේ ඒ නිසාවෙනි.

මගේ සහෝදරී, සුවය ලබන පිනිස සභාවට පැමිණෙන හැටියට මම හඬ නොගසා ඇය සමඟ කිතුණු රැස්වීම තිබූ ස්ථානයට යනු පිණිස පමණක් කළ ඉල්ලීම නිසා මා ඊට එකඟ විය. 1974 අප්‍රේල් 17 දින ඇය හිමිදිරියෙන්ම නැගිට

ඇඳ පැළඳ ගත්තේ, වේලාසනින් ගොස් ඉදිරිපෙළ අසුනක් ලබාගැනීමටය. බොහෝ කලකට පසු, මා නිවසින් පිටවූ ප්‍රථම අවස්ථාව මෙය විය කඳු සහිත නගරයේ සිට කියුම් හෝ ඩොං වලට ගමන් කිරීම මට අපහසු වූ නිසා, ගමනට බොහෝ වේලාවක් ගතවිය. සියෝඩෙ මුන් වලින් බසයට නැගී අපි ජොෂ්ඨ උපස්ථායිකා මින් ඒ හියුන්ගේ සභාව වෙත පැමිණියෝය.

මෙහි සිටින සියල්ලන් උන්මත්තකයින්ද?

ඒ දවස්වල මගේ කන්බෙර දෙකම පිපිරී තිබුනද, යන්තමින් මට ශබ්දය ඇසුනේය. දෙවන මහල ඒ වන විටත් සෙනගෙන් පිරී ගොස් තිබුන නිසා අප තුන්වන මහලට නැගී ගියෙමුව. අංග විකල වූවන්ට උපකාර වන පිණිස තරප්පු පෙළ ක්‍රමයෙන් පහත් වන පරිදි යොදා තිබිනි. නමුත් සැරයටියක ආධාරය ඇතිව ගමන් කිරීම මට දුෂ්කරවූ නිසා මගේ සොයුරිය සමඟ එකට ගමන් කිරීමට මට බැරිවිය.

එය කණ්ඩායම් යාච්ඤාවේ යෙදෙන කාලයක් විය. මා අවට සිටි සෙනඟ ඔවුන්ගේ දෑත් ඔසවාගෙන මහත් ශබ්දයෙන් කෑ ගසන්නට විය. එවැනි දෙයක් මීන් පෙර මා දැක නොතිබුන බාවින්, කුමක් කරන්නද යන්න සිතාගත නොහැකිව මා වටපිට බලමින් සිටියෙමි. ඒ වෙලාවේ මගේ සහෝදරී දන නමා, දෑත් ඔසවාගෙන වෙව්ලුම් සහිතව යාච්ඤා කරමින් සිටිනවා මා දුටුවේය.

මගේ සොයුරිය ඇතුළු සියලු දෙනා උමතුවූවන් මෙන් මට පෙනුනේය. මගේ මුහුණ ලැජ්ජාවෙන් රතු වී ගිය බවක් මට හැඟුනේය. එතැනින් එළියට ඒමට මට ඕනෑ විය. නමුත් බොහෝ සෙනඟ පැමිණ මා පිටුපස අසුන් ගත් නිසා මට පිටවීමට නොහැකි විය. මට ඒ මොහොතේම එතැනින් පිටවෙන් ඕනෑ විය. නමුත් මා මොනවා කරන්නද? මගේ සහෝදරී එතැන අතහැර මම තනිවම නිවසට යාමට නොහැකිය මා කිසි දිනෙක ඒ ආකාරයෙන් යාච්ඤා කරනවා දැක නොතිබුනේය. දෑත් වනමින්, මහත් ශබ්දයෙන් යාච්ඤාවෙන් මොරගසන මිනිසුන් දැක මා කලබල විය. මට නැවත තනිවම යා නොහැකි නිසා මා නතර විය. මාද දණගසනවා හොඳයැයි මට සිතුනේය මා දණ නමා දෑස් වසා ගත්තෙමි. එකවරම මගේ පිට පැත්තෙන් දහඩිය දමා වැගිරෙන්න පටන් ගත්තේය. එය වසන්ත කාලයේ දවසක් විය. නමුත් එතරම් රස්නයක්ද තිබුනේ නැත මා ඉතා කෙට්ටු පුද්ගලයෙක් වූ අතර-(මුළුමනින්ම, සියලු මාංශය හා ඇටකටු) මේ ආකාරයෙන් මට දහඩිය වැගිරීමක් සිදුවීමට නොහැකිය. එය

හරිම අමුතු දෙයක් වූ බැවින්, ''මෙවැනි තැනක සිටීමෙන් මා ලැජ්ජාවට හා කලබලයට පත් වූ නිසා, මෙසේ දහඩිය දමනවා ඇත'' යැයි මා සිතුවෙමි.

එදා මා දණ නැමූ විගසම, දෙවියන් වහන්සේ, ශුද්ධාත්ම ගින්නෙන් මගේ සියලු රෝග දැවූ බව මට අවබෝධ වූයේ කාලයක් ගතවූ පසුය. සුදු පැහැති අඳුමෙන් සැරසුනු ජ්‍යෙෂ්ඨ උපස්ථායක ෂින් ඒ හියුන්, ඈත පිහිටි දේශනා කුඩුව ලඟ සිට දැඩි උද්යෝගයෙන් දේශනා කලාය. ශබ්ද විකාශන යන්ත්‍ර වලින් මහත් ශබ්දයක් ආ නමුත්, මට කිසිවක් පැහැදිලිව ඇසුනේ නැත. කඩින් කඩ වචන කිහිපයක් පමණක් මට ඇසුනේය. ''ඒ කාන්තාව කියන දේ පැහැදිලිව මට ඇසුනානම් මොන තරම් කදිමද?'' යැයි මට සිතුණේය.

අධික ලෙස දහඩිය දැමීමෙන් පසු මගේ සිතේ යම්කිසි වෙනසක් ඇතිවිය. (සැබැවින්ම මා ශුද්ධාත්මයාණන් වහන්සේගෙන් ස්පර්ශය ලැබීමුව). ජ්‍යෙෂ්ඨ උපස්ථායිකා ෂින් ඒ හියූන්ගේ දේශනය අසන්න මට ඕනෑ විය. ''මල්ලී, මෙතැනට ඇවිත් ඉන්න අනෙක් සෙනඟ වගේ ඇයි ඔයත් ගිහිං යාච්ඤාව ලබාගන්නෙ නැත්තෙ?'' යැයි මගේ සහෝදරී මට කීවාය.

දේශනාවෙන් අනතුරුව, මා ගොස් යාච්ඤාව ලබාගන්නා ලෙස මගේ සහොදරී මා උනන්දු කලාට පසු ඇගේ මුහුණ දීප්තිමත් විය. ඇගේ උපදෙස් පරිදි ජ්‍යෙෂ්ඨ උපස්ථායිකාව අසුන්ගෙන සිටි ස්ථානය දෙසට මා ගමන් කලේ අනෙක් මිනිසුන් අතරේ තෙරපෙමිනි.

යාච්ඤාවෙන් සුවය ලැබූවන්ගේ සාක්ෂි, ශබ්ද විකාශන යන්ත්‍ර වලින් නොනැවතී ඇසෙන්නට විය. ඒ සාක්ෂි වලින් පැවසූ දේ මට කඩින් කඩ ඇසුනු අතර එක්තරා කාන්තාවක් ඇයට ''ශුද්ධත්ම ගින්න ස්පර්ෂ'' වී, ජ්‍යෙෂ්ඨ උපස්ථායිකා ෂින් ඒ හියුන් අත තැබූ කල යාච්ඤාවෙන් සුවය ලබන්නට ඇත. නමුත් තවමත් මට එය අදහගත නොහැකි වූයේය.

ජ්‍යෙෂ්ඨ උපස්ථායිකා ෂින් හියුන් ඇගේ අතින් එක්වරක් හිසටද, එක් වරක් පිටටද තට්ටුකර සෙනඟ ඉක්මනින් ඈ වෙතින් ඉවත් කලාය. එය එපමණක් විය. අනෙක් මනුෂ්‍යන්ට මෙන් ඈ මගේ හිසටද පිටටද තට්ටුකර මාව ඉවතට තල්ලුකර හැරියාය. ''ඇය මනුෂ්‍යන්ට සලකන්නේ ගමන් මලු ගානට වගේ මං හිතන්නෙ ඇය මනුෂ්‍යන්ව බලවත් ලෙස රවටනවා කියලා'' මා සිතුවේය. ඇය හැම කෙනෙක්ටම යාච්ඤා නොකර, තට්ටු කර ඉවත් කර හැරියේ විශාල ජනකායක් සිටි නිසා විය හැකි නමුත් මගේ සිත තැවුලට පත්විය.

ප්‍රාථමික පාසැලේදී සිදු වූ යම් සිදුවීමක් ඒ මොහොතේ මට මතක් විය. සුව කිරීමේ දීමනාව ගැන දන්නා ලද එත්තරා කාන්තාවක් ජුං ඉළප් නගරයේ විසුවාය. ඇගේ රැස්වීම ගැන පුවත්පත් වල ප්‍රසිද්ධ වූ කල, බොහෝ සෙනග ජුං ඉළප් වලට පැමිනුණේය. මගේ සහෝදරයාගේ පුතාද, ඔහුගේ කනින් දියර ගැලීමක් නිසා ඇගේ රැස්වීමකට සහභාගී වුනේය. දින පහලවකට පමණ පසු ඇය වංචාකාරියක් බව දැනගන්නට ලැබිනි. ඇයව අත්අඩංගුවට ගන්නා ලදි. සමහර පුවත්පත් මේ සිදුවීම අලලා කථා වෘත්තාන්තද ගෙතුවෝය. මැයත්, ජුං ඉළප් හී කාන්තාව මෙන් මනුෂ්‍යයන් රවටනවාදෝ කියා මා සිතුවේය. ගැඹුරු කල්පනාවක සිටි මා ඒ වන විටත් පහත මාලයට පැමිණ සිටියේය.

'ඒක හරිම පුදුමාකාරයි. කිසි වේදනාවක් වත් අමාරුවක්වත් නැතිවම මම පහළට ඇවිත්.'

''මට ඇසෙනවා! මට ඇසෙනවා!''

මගේ සහෝදරී, ඇගේ ප්‍රාර්ථනාවක් ඉෂ්ඨ වුනා සේ බොහෝ සෙයින් ප්‍රීති වූවාය අපි බසයට නැංගේය. හදිසියේම ගිගුරුමක ශබ්දය මෙන් ඉතා මහත් ශබ්දයක් මට ඇසුණේය. ''හරිම අමුතුයි. ඇයි මේ වගේ විශාල ශබ්දයක් මගේ කන්වලට ඇසෙන්නෙ?'' යැයි මා සිතුවේය. ඒ ගිගුරුම් ශබ්දය නැති වී ගියේ අප කියුම්හෝ ඩොං වෙළඳපොල ලඟින් බැස්සයින් පසුවයි.

මගේ සොයුරියට ආචාර කළ මා, ඉන්පසු වළෙඳපොලේ තිබෙන මගේ භාර්‍යවගේ කෑම කඩය වෙත ගියෙමි. මස් වර්ග ඇතුළු බොහේ කෑම ජාති එහි රාක්කයේ විය. ආපනශාලාවේ කමින් බොමින් සිටි පාරිභෝගිකයන්ගේ කථාවන්ද මට ඇසුනේය. මා මොනතරම් සතුටු වුනාද කියහොත් මගේ අතමිටෙන් මා මේසයට ගැසුවෙමි.

''මට ඇසෙනවා! මට ඇසෙනවා!''

විමතියට පත් මගේ භාර්‍යව ''මොනවා, ඔයාට ඇහෙනවා? මොනවද ඔයාට ඇහෙන්නෙ? ඇයි ඔයාට දැං ඇහෙන්නෙ'' යැයි මගෙන් ඇසුවාය.

''පාරිභෝගිකයෝ කථා කරන දේවල් මට පැහැදිලිව ඇහෙනවා. මට දැං බඩගිනියි මට මොනවා හරි කන්න ඕනේ. මට බතුයි මසුයි දෙනවද?

''ආ? ඔයාට අජීර්නයක් වෙලා ඇඟපුරාම පලුදායි!''

''මට දැං හොඳයි මට දැනුත් දැනෙනවා කෑම දිරවනව වගේ. බය නැතුව මට කෑම දෙන්න.''

මගේ භාර්යාව කෑම ගෙනා සැනින්, මා ඒවා කා අවසන් කළෙමි. සාමාන්‍යයෙන් මට කන්න පුළුවන් බත් ප්‍රමාණයක් වූ අතර මෙය මට අරුම පුදුම වෙනසක්

විය. කෑම හොඳින් දිරවෙන බවත් මට දැනුනේය. ඇත්ත වශයෙන්ම කියහොත් මට කිසිම ප්‍රශ්ණයක් නොවීය.

ප්‍රතික්ෂේප කල නොහැකි හාස්කමක්!

පසුවදා උදෑසන මා නැගිටි සැනින්, සාමාන්‍ය පරිදි නාන කාමරය වෙත ගියෙමි. උදෑසන වරුවේ මගේ දිනචරියාවේ ප්‍රථම වැඩ කොටස වූයේ නාන කාමරයට යෑමත්, පසුව ගිනිකූරකට පුළුන් ඔතා මගේ කන්වලින් පිටවුණු දියර පවිත්‍රකිරීමයි මා එසේ කලේ මගේ භාර්යාව ඒවා දැකීමෙන් කනස්සල්ලට පත් වන නිසාය. පුරුදු පරිදි මා මේවා පිස දැමූ නමුත්, එහි කිසිවක් නොවීය. එය පවිත්‍රව තිබුනේය. තවත් පුදුමයකට මෙන් මට සාමාන්‍යයෙන් අවදි වෙන විට රක්තහීනතාවය තිබුනේය. මා මොනතරම් ලේ අඩුකමින් පෙළෙනාද කියතොත් මොහොතකට මගේ ශරීරය ප්‍රබෝධමත් කිරීමෙන් අනතුරුව නාන කාමරය වෙත යෑමට සිදුවිය. නමුත් එදා දවසේ මට අවබෝධ වුනා මා නැගිට්ට සැනින්ම නාන කාමරයට ගියබව මෙපමණක් නොව, දරුණු වාත රත්කය නිසා මගේ අත් පිටුපස, වැළමිට, දණහිස්, විළුඹ සහ අනෙකුත් සන්දි වල සැරව තිබුනේය. නමුත් එදා දවසේදී සුදු පැහැති සැරව, කළුපාට කොරපොතු බවට පත්ව තිබුනේය.

මට මේක තේරෙන්නෙ නැහැ, මේක හරිම පුදුමයි!

එකවරම මගේ හදවත වේගයෙන් ගැහෙන්නට පටන් ගත්තේය. තවමත් කලබලයට පත්ව සිටි මා කාමරය වෙත දිව ගියෙමි. ඇඳුම් ගලවා දැමූ මා, මුළු ශරීරයම ඉතාමත් සැලකිලිමත්ව පරීක්ෂා කරන්න පටන් ගත්තෙමි. මා වසාවාහී රෝගයෙන්ද වෙලුනු නිසා නිදාගත් විට බෙල්ල එහා මෙහා හරවන්න බැරිවීම හේතුවෙන් මා එක අතකට පමණක් හැරී නිදාගැනීමට පුරුදුව සිටියෙමි. නමුත් මගේ වසා ග්‍රන්ථියේ තිබූ මිදි ගෙඩියක් ප්‍රමාණයේ ඉදිමුම් කැටිය සම්පූර්ණයන්ම පහව ගොස් තිබුනේය. මා අසනීපව සිටිද්දී වුනු යම් සිදුවීමක් මගේ මතකයට නැගෙන්නට විය. ශීත කාලයේදී අපේ නිවසේ මුළුතැන්ගෙයි නිතරම උණුවතුර හැලියක් තිබුනේය. පුරුදු පරිදි උදෑසන මා නැමී හැළියෙන් උණුවතුර ගැනීමට තැත් කලෙමි. හැළියෙන් හරි අඩක් පමණක් උණුවතුර පිරී තිබුන අතර, හුළං මඟ විවෘතව තිබුනේය මේ නිසා ගිනි අඟුරු ඉන්දන කැටවලට විශාල ඔක්සිජන් සැපයුමක් ලැබී වතුර හොඳටම උතුරමින් තිබුනේය.

විශාල බොකුටු හැන්දකින් මා වතුර ගත් කල රත් වූ වාෂ්පයෙන් මගේ මුළු මුහුණම වැසී ගියේය. මා වාෂ්පය මග හරින්න උස්සහ කල විට, උණු ජලය මගේ

ඇඟපුරා හැලුනි. මගේ අත් සහ පපු ප්‍රදේශය පිලිස්සී ගියේය. මේ පිලිස්සුම නිසා දුරුණු ලප කැළැල් මගේ ශරීරයේ ඉතුරු වුනු අතර සාමාන්‍යයෙන් මා මගේ කමිසය ශරීරයෙන් නොගැලැව්වෙමි.

නමුත් මේ ලප කැළැල් පවා පහව ගොස්ය! මෙය නම් අදහාගත නොහැකි හාස්කමකි. මගේ ශරීරයේ කිසිම වැරැද්දක් තවදුරටත් නොවීය.

ඊට කලින් දවසේ සිදු වූ දේ, ඒ මොහොතේ මගේ මතකයට නැගුනේය. කිසි අපහසුතාවයකින් තොරව තරප්පු පෙළ නැගීමට බැසීමට හැකිවීම, නිවසට එන අතරේ ඇසුණු මහත් ගිගුරුම් ශබ්දය, භාර්‍යවගේ වෙළඳසැලේ පාරිභෝගිකයන් කථා කල දේ ඇසීම, මගේ මතකයට නැගෙන්න විය. මට තවදුරටත් රක්තහීනතාවය නොවීය. දියර ගැලීම්ද නොතිබුනු අතර දණහිස් නැමීමෙන් මට කිසි වේදනාවක් නොවීය.

"දෙවියන් වහන්සේ සැබැවින්ම මාව සුව කලාද?"

යථාර්ථයට මුහුණ දීම මටවත් අදහගත නොහැකි වූ අතර මා විශ්මයට පත් වීමි. මා කිසිමොහොත සැත්කමක්වත් නොකල නමුත් සියළු රෝග සුව වී තිබුනේය! විවිධ ආකාරයේ වෛද්‍ය ප්‍රතිකාර තුලින් සුව කල නොහැකි වූ නානාවිධ රෝග දහයකට අධික ප්‍රමාණයක් එකවරම සුව වී තිබිනි.

"දෙවියන් වහන්සේ සත්‍ය වශයෙන්ම ජීවමානයි!"

මා මෝඩ මනුෂ්‍යයෙක් වූ නමුත්, තව දුරටත් මෙය සැකකරන්නේ කෙසේද? දනින් වැටී මා අහස දෙසට අත් එසෙව්වේමි.

"අහෝ දෙවියන් වහන්ස! ඔබ ඇත්තෙන්ම ජිවමානයි, ඔබ කොහොමද එකපාරටම මාව මේවගේ සුවකළේ? මෝඩ වූ මට සමාවුව මැනව. ඔබ කෙරෙහි අදහගන්න කියා මා උනනදු කල හැම දේශකයන්වම මා ප්‍රතික්ෂේප කලා. නමුත් ඔබ සැබැවින්ම ජීවමානව මාව සම්පූර්ණයෙන්ම සුවකලා."

මෙය සහසිද්ධියක් යැයි කියා සැකකරන්න මා උත්සහ කලත් මට සැක කල නොහැකි විය. මට ඉගිලී යන්න සිතුණි. මෙහි සත්‍යතාවය ගැන මට අදහාගත නොහැකි විය. පිටත සිටි මගේ භාර්‍යාව, මා යාච්ඤා කරනවා ඇසී විස්මයට පත්ව කාමරය වෙතට දිව ආවාය.

''ඇවිත් මගේ ඇඟ දිහා බලන්න. දෙවියන් වහන්සේ මාව සුවකළා.''

පුදුමයට පත් ඈ මගේ මුළු ශරීරයම හොඳින් පරීෂා කල අතර, දෙවියන් වහන්සේ මාව සුවකල බව ඇයටද විශ්වාස කරන්න සිදුවිය. බොහෝ සතුටට පත් වී මා වැළඳ ගත් ඈ ශබ්ද නගා හඬන්න පටන් ගත්තේය. අප බොහෝ වේලාවක් හැඬුවෙමු. සැම දුක වේදනාව දිය වී අපි ප්‍රීතියෙන් හා ස්තුතිවන්ත බවින් පිරුණෙමු.

මා සුවකල එකම තැනැත්තා

ඒ වනවිට මා සභාවේදී දණ ගැසුවෙමි. ශුද්ධාත්ම ගින්නෙන් දෙවියන් වහන්සේ මගේ සියලු රෝග සම්පූර්ණයෙන්ම සුව කල සේක. ජෝජ්ය් උපස්ථායික මින් ජේ හියූන් මට යාච්ඤා කරන්න ප්‍රථමයෙන් පටන් දෙවියන් වහන්සේ මාව ශුද්ධාත්ම ගින්නෙන් සුව කරතිබුනේය. මා අදේවවාදියක්ව සිටි අතර, දෙවියන් වහන්සේ කෙරෙහි මට කිසි ඇදහිල්ලක් නොවීය. මා දෙවියන් වහන්සේගෙන් සුවය ඉල්ලුවෙත් නැත. නමුත් ඇයි ඔහු මාව සුව කලේ? මගේ සහෝදරිය මගේ ගැලවීම උදෙසා බොහෝ කාලයක් තිස්සේ නිරාහාරව කල යාච්ඤාවට දෙවියන් වහන්සේ පිලිතුරු දී ඇතැයි මට සිතේ. එපමණක් නොව, දෙවියන් වහන්සේ දැන සිටියා, මා ලෝකය සමඟ මිතුරු නොවී, උන්වහන්සේට ද්‍රෝහී නොවී, අවසානය තෙක් උන්වහන්සේට ප්‍රේම කරමින්, උන්වහන්සේගේ වචනය අනුව පමණක් යමින් ජීවත් වන බව.

දික්කසාදය සහ මාගේ භාර්යාව නැවත පැමිණීම

තුන්මසක සතුට

"ප්‍රීතියේ නිල් කුරුල්ලා" යන කථාන්තරයේ සඳහන් ලෙස මගේ පවුලටද ප්‍රීතියේ නිල් කුරුල්ලා පැමිණි බවක් මට හැඟිනි. මගේ පවුලේ සිදුවුන ඉතාමත් සුවිශේෂ වෙනස වූයේ අප ඉරිදා නමස්කාර මෙහෙයට සහභාගී වීම සඳහා ලඟපාත සභාවකට යාමය. අප එසේ කළේ ජීවමාන දෙවියන් වහන්සේගේ කරුණාවෙන් මා සුවවුන නිසා හා එම කරුණාවට කළගුණ සැලකීමක් කලයුතු බව අපට හැඟුණ නිසාය. නමුත් අපට තිබුනු අධික මූල්‍යමය ණයබර තවමත් එසේම පැවති අතර අනෙක් තත්ත්වයන් වලද වෙනසක් සිදු නොවීය. එහෙත් අපි ප්‍රීතියෙන් හා සතුටින් ජීවත් වීමු. වේදනාවෙන් හා රෝගවලින් නිදහස් වීම ගැන මම ස්තුතිවන්තව සිටියෙමි. අවසාන වශයෙන් මට මහන්සි වී වැඩකර මගේ ශක්තියෙන් ආදායමක් උපයා ගත හැකි යන බලාපොරොත්තුව හා සිහිනය මා තුළ තිබුනේය.

අපේ අනාගතය ගැන මගේ භාර්‍යාව සමඟ මා සාකච්ඡා කළේය. සියලු රෝග දුරු වී තිබුනු නිසා මාස කිහිපයක් ඇතුලත මට නැවත රැකියාවක් කරන්න හැකියාව ලැබෙයි. එවිට අපි ණය මුදල් නැවත ගෙවා, අපේ අවන් හල වැඩි දියුණු කර ගනිමු. අපි ඒකට මහන්සි වී වැඩකර මුදල් බොහෝමයක් උපයාගෙන, විශාල අවන්හලක් පවත්වාගෙන යමු. එකල්හී, එක්තරා දක්ෂ කිමිදුම් ඇඳුම් කට්ටල සකස් කරන්නාවූ පුද්ගලයෙක් විය. මා ඔහුගේ සහයකයෙක් ලෙස සේවය කළේ නැවත මගේ සෞඛ්‍ය තත්ත්වය ගොඩනගා ගැනීමේ සිතුවිල්ලද ඇතිවය. මුලදී මට අධික වෙහෙසක් දැනුන නමුත් මා නැවත ඉක්මනින් ශක්තිය ලබාගත්තෙමි. මා යම් මුදලක් උපයමින් මගේ අනාගතය සැලසුම් කළ අතර ඒවනවිට මගේ පියාගේ උපන්දින සාදය පැවැත්විය. ඒ මා සුවය ලබා දින 90ට

පසුවය.

ඔබේ පුතා රෝගී වූයේ මා නිසා?

1974 ජූලි 10 දා මගේ පියාගේ උපන්දින දවසේදී ගමේ අපේ නිවසට පවුලේ සියළුදෙනාම එක් රැස් වූහ. මා දින කිහිපයකට කලින්ම එහි ගිය අතර අවන්හලේ වැඩ තිබූ නිසා මගේ බිරිඳ උපන්දිනට පෙර රාත්‍රියේදී එහි පැමිණියාය.

එය ජයග්‍රාහී නැවත පැමිණීමක් නොවූවත් මා බොහෝ සෙයින් සතුටු වූයෙමි. මා රෝගීව සිටි කාලයේ ගමට පැමිණියාම මුළුමනින්ම මගේ කාමරයේ සිර වී සිටියේ නිවසට පැමිනෙන්නන් මඟහැරීමටය. බෙහෙත් පමණක් මිලදී ගත් මා නැවත ඉක්මනින් සෝල් වෙත හැරී පැමිණියෙමි. අසල්වැසියන් විසින් මා අංගවිකල වූවකු හැටියට සඳහන් කරයි යන බියෙන් මා සිටියෙමි. නිරෝගී පුද්ගලයෙක් බවට පත්වීම ගැන මා දැන් මොනතරම් සතුටින් සිටිනවාද?

මම දෙවියන් වහන්සේට සාක්ෂි දරමින් මෙසේ පැවසුවෙමි. ''සුව කල නොහැකි රෝග බොහොමයක් මට තිබුනු නිසා මරණය එනතෙක් මා බලන් සිටියා. ඒත් මගේ සහෝදරී සමඟ ෂින් ජේ හියුන්ගේ පූජාසනය වෙත ගිය මම මේ ආකාරයේ සුවයක් ලැබුවා.'' සුව දෙන්නා වූ දෙවියන් වහන්සේ මා හමුවී, මා සුවකල බව මම දෙවියන් වහන්සේට සාක්ෂි දැරුවෙමි. දේව වචනය ගැන මට අල්ප දැනුමක් තිබුනු නමුත්, දෙවියන් වහන්සේ සැබැවින්ම ජීවමාන බව සාක්ෂි දරමින් මගේ සතුට දෙමව්පියන් හා සහෝදරයන් අතරේ මා බෙදා ගත්තෙමි.

පියාගේ උපන් දිනය දවසේ දවල් කෑමෙන් පසු, නැවත සෝල් වලට යෑම සඳහා මගේ බිරිඳ ඇඳුම් අසුරා ගත්තාය. යාමට ප්‍රථමයෙන්, මා මගේ සහෝදරයන් සමඟ බොමින් සිටියෙමි. මේ අතරේදී පිටතින් කලබලයක් විය. දොරක් තදින් වැසෙන ශබ්දයක්ද මට ඇසුනේය. මා පිටත බැලූ කල මගේ බිරිඳ ඇගේ ඇඳුම් රැගෙන ''මම දික්කසාද වෙනවා'' යැයි පවසමින් දිව ගියාය. මගේ සහෝදරීත් නෑනත් ඇය අල්ලාගන්න ඇගේ පස්සේ දිව ගියෝය. මෙය සිදුවුනේ මෙසේය.

''දුව, මගේ පුතා අසනීප වුනේ ඔයාව කසාද බැන්දට පස්සෙයි. ඔයත් ඒ නිසා ගොඩාක් පීඩා වින්දා. ඒත් ඔයා දැන් ඉඳලම මහන්සිවෙලා වැඩ කළොත් ඔයාලට හොඳ අනාගතයක් තියෙයි'' කොයි මොහොතක හෝ තම බාල පුත්‍රයා මරණයට පත් වේ යන සිතුවිල්ලෙන් සිටි මගේ මව, මා ලැබූ සුවය ගැන

බොහෝ සෙයින් සතුටු වූ නිසා, ඇගේ ලේලියට මේ ආකාරයෙන් උපදෙස් දුන්නාය. මා රෝගී වී බොහෝ දුක් විඳීමට හේතුව ඈ වූබව පැවසුවායැයි සිතූ, මගේ භාර්යාවගේ මුහුණ සුදුමැලි වී ගියාය.

''ඔයා කියන්නේ ඔයාගේ පුතා ලෙඩ වුනේ මං නිසා කියලද? හොඳයි! මං දන්ම මේ පවුලෙන් අයින් වෙන්නම්. මම දික්කසාදෙ ගන්නම්. ඔව්, ඒක මම කරනවා!''

''නංගී මෙතන වැරදි වැටහීමක් තියෙනවා. ඔයා දන්නවා අම්මා කිව්වෙ ඔයා හිතන දේ නෙවෙයි කියලා!''

මගේ බිරිඳ එවේලේම සෝල් වලට ගියාය. මගේ බිරිඳ නිවස අතහැර යාම නිසා උත්සවයේ රසය එක්වරම අවමංගල්‍ය ස්වභාවයක් ගත්තේය. මගේ මව කොපාවිෂ්ඨ විය. ''ඔයාට මෙච්චර කාලයක් සනීප වෙන්න බැරිවුනේ, ඔයා අරවගේ ගෑණියෙක්ව කසාද බැඳපු නිසා ජයිරොක්, හැම දෙයක්ම අමතක කරන්න. හොඳ රෑ කෑමක් ලෑස්ති කරල තියෙනවා. අපි මේ කෑම වේල කමු'' යැයි මගේ මව මට පැවසුවාය.

''අමතක කරලා දාන්න? ඔයා කොහොමද ඒ වගේ දෙයක් කිව්වෙ? මම කොහොමද ඒක එහෙම අමතක කරල දාන්නෙ? යැයි මා පිළිතුරු දුනිමි.''

මා සනසන පිණිස මගේ සහෝදර සහෝදරියන් මට යම් යම් දේ කී නමුත්, ඔවුන් පැවසූ දේ නිසා කාරණය තවත් නරක අතර පත්විය. මගේ සහෝදරයන් පැවසූ දේවල් නිසා බොහෝ කෝපයට පත් මා මුළුතැන්ගේ දෙසට ගියෙමි. එහිදී සම්පූර්ණ සෝජු මත්පැන් බෝතලයක් ගත් මා එය එකවරම පානය කලෙමි.

මා කලබල වීම ගැන මගේ පියා කම්පනයට පත් වුනේය. වයස අවුරුදු 70ක් ලබා සිටියදීත් හොඳ පෙනීමක් හා නිරෝගී සෞඛ්‍යයක් ඔහුට තිබුනේය. ඔහුට චීන පොත් සහ පුවත් පත් කියවීමට පුළුවන් විය. නමුත් ඇති වුනු මේ කම්පනය සමඟම ඔහුගේ පෙනීම නැති වී ගියේය. ඔහු මිය යනතෙක්ම ඔහුට කිසිවක් නොපෙනුනේය. මේ අවස්ථාවේදී මා ප්‍රදර්ශනය කලාවූ ප්‍රරූපි හැසිරීම ඉතා අවිනීත හැසිරීමක් සේ මගේ පියාට පෙනුනේය. මෙම සිද්ධිය මට බලවත් වේදනාවක් ගෙන දෙන අතර මගේ ජීවිතය පුරාම රැඳී තිබෙන කාරණයකි.

මගේ බිරිඳ සිටි තත්වයට අනුව ඇයට හැඟුනේ, වසර හතක් පුරා රෝගී

සුවාමි පුරුෂයෙක්ව රැකබලා ගැනීමේදී, බොහෝ ගැහැට හා අමාරුකම් තුලින් යමින්, නිවසේ ජීවිකාව උදෙසා ආදායමක්ද උපයන්නට ඇයට සිදු වූ බවය. ඇගේ නැන්දම්මා පැවසුවේ ඇය නිසා සියල්ල සිදු වූ බව යැයි ඈ සිතුවාය. ඒ නිසා ඇයට බලවත් කලකිරීමක් දැනුනා වන්නට පුළුවන. වසර 7ක් පුරා ගණුදෙනු කරන්න සිදුවුනා වූ මෙපමන වෙහෙසකර හා ඉතා දුෂ්කර ජීවිතය ගැන ඇයට මතක් වු අතර නිදහසේ කථාකරන්නවත් කෙනෙක් ඇයට නොසිටීමේ කාරණාව නිසාද යටපත් කර ගැනීමට අමාරු වූ මහත් සංවේගයක් ඈ තුල දැනෙන්නට වූවාය.

සිව්මසක වේදනාවෙන් පසු

පසුවදා, මගේ වැඩිමහල් දියණිය මියුං සමඟ මා සෝල් වෙත නැවතත් ගියෙමි. එහිදී මාගේ බිරිඳව සෙවූ නමුත් ඈ නිවසේවත් අවන්හලේවත් නොවීය. ඊට පහුවදා මුළුමනින්ම වෙනස් වූ පුද්ගලයෙක් ලෙස මගේ බිරිඳ නිවසට පැමිණියාය.

ඈ මට කථාකොට "දැන් මං ඔයාව දික්කසාද කරනවා, දික්කසාද වැඩකටයුතු සිද්ධ වෙන්න ඕනේ ඔයාගේ ගමේ. මාත් එක්ක ඇවිත් ලියකියවිලි අත්සන් කරන්න" යැයි කීවාය. මා ඇගේ සිත වෙනස් කරන්න සැදූ නමුත් එය පලක් නොවීය. මගේ බිරිඳගේ පෙරැත්ත පරිදි මගේ ගම් ප්‍රදේශයට පැමිණි අපි ලියකියවිලි අත්සන් කලෙමු.

එය කුඩා ගම්මානයක් වූ බැවින් මේ ආරංචිය ඉතා ඉක්මනින් පැතිර ගියේය. මගේ දෙමව්පියන් ගැන මා කණගාටු වූ අතර අසල්වාසීන්ට මුහුණ දීම මට දුෂ්කර විය. ඇගෙන් වෙන් වූ විගසින්ම මා නැවත සෝල් වෙත පැමිණියේ පලා යන්නකු ලෙසය. මගේ බිරිඳ ඇත්තෙන්ම මා දික්කසාද කරයි කියා මා නොසිතුවෙමි. නැවත ඇය නිවසට පැමිණෙයි කියා මම බලා සිටියෙමි. ඉන් දින කිහිපයකට පසු ඇගේ නිවසේ අය සමඟ ඈ පැමිණියාය.

"දැන් ඔය දෙන්නා දික්කසාද වෙලා ඉන්න නිසා, කසාද දීමනා අපට ආයෙත් ඕනේ. ඒ විතරක් නෙවෙයි, අවන්හලේ වැඩ කටයුතු වලට සූරකුම් තැන්පතු මුදලද අපට ඕනේ."

මා රෝගීව සිටි කාලයේදී අප දාහත් වතාවක් පදිංචිය වෙනස් කල නිසා අපට සාමාන්‍ය ගේදොර බඩුමුට්ටු නොතිබුනේය. එහෙත් මගේ බිරිඳත් ඇගේ පවුලේ අයත්, ඇය ගෙනාවාවූ සියලුම දේ අසුරා ගත්තෝය. මට ඔවුන් ගැන මහත් පිළිකුලක් දැනුනි. ඔවුන් සියල්ල අසුරා අවසන් වූ අතරතුර, මා කියුම්හෝ

ඩොං වෙළඳ සැලෙන් අවන් හලට අවශ්‍ය තැන්පතු මුදල ලබා ගැනීමට ගියෙමි.

වෙළඳපොල සෙනගෙන් පිරී තිබුනේය. මේ වනවිට පස් අවුරුදු වයස් වූ මියුංට සිදුවුන සියල්ල ගැන වැටහුණි. ඈ ඇගේ මවගේ සායේ එල්ලෙන්නට වූවාය.

''අම්මේ යන්න එපා! මාත් එක්ක ඉන්න! මාව දාලා යන්න එපා! ඔයා ගියොත් මං මැරෙනවා.'' මියුං හඬමින් ඇගේ මවගේ පස්සෙම ගියාය. ඇගේ පාවහන් ගැලවී ගියාය. නමුත් මගේ බිරිඳ කිසි ඇල්මක් නැතිවම මියුංව සොලවන්නට විය.

''තාත්තේ එයා මගේ අම්මා නොවෙයි. මා එයාට දැං ඉඳල අම්ම කියන්නෙ නැහැ. එයාට ආයි කවදාවත් ගෙදර එන්න දෙන්න එපා'' අගේ හදවතේ ඇති වූ කැළැල නිසා සීතල ඉදිකටු වගේ ඇගේ මුවින් මේ වචන ගලා ආවාය.

ඒ කාලය වනවිට මගේ මිතුරන් අනුව ගිය මා, ඉදිකිරීම් වැඩ ඉගෙන ගත්තෙමි. මා බිරිඳ සමඟ නොසිටි නමුත්, ඉරිදා නමස්කාර මෙහෙය මඟ නොහැරියෙමි. ඉරිදා දවසේ සභාවට සහභාගී වීමට තිබෙන හෙයින්, සෙනසුරාදා රාත්‍රියේ සිටම මා මත්පැන් හා දුම්පානය නොකලේ , සභාවේදී මගේ මුඛයෙන් දුගඳ පිටවෙයි යන බිය නිසාය. උදෑසන හා සවස සේවාවන් අවසන් වීමෙන් අනතුරුව නිවසට පැමිනි මා, දවස මුළුල්ලේ කිරීමෙන් වැලකී සිටියාවූ දුම්වැටි හා මත්පැන් පානය නැවතත් පටන් ගත්තෙමි.

හරිහැටි යාච්ඤා කරන්නවත් මා දැන සිටියේ නැත. නමුත් මා දණ නමා ''දෙවියන් වහන්ස ඔබ දන්නවා නේද? මං සුවය ලැබුවා මට දූන් උපයන්න පුළුවන්, නමුත් මේ වගේ තත්ත්වයකට මං මුහුණ දීලා තියෙනවා. කරුණාකරල මගේ බිරිඳ මට නැවත එවන්න. ආයෙත් කිසි දවසක එයාට වෙහෙස වෙන්න ඉඩ තියන්නෙ නැතුව, එයාව බලා ගන්න මට පුළුවන්. කරුණාකරලා ආයෙත් එයාට ඉක්මනින් එන්න දෙන්න. අපිට සතුටු පවුල් ජීවිතයක් දෙන්න'' යැයි කියා මහත් ශබ්දයෙන් මම ඉල්ලා සිටියෙමි.

උදෑසන ආහාරය ගත් පසු, මියුංව මගේ සහෝදරයාගේ නිවසේ තියා වැඩකිරීමට ගියෙමි. රාත්‍රියේ වැඩ නිමවී ගෙදර යන අතරේ නැවත මියුංව ගත්තෙමි. සෑම දිනක්ම මේ වගේ විය. පසු කාලයකදී, මට ඇයව මගේ ගමේ පිහිටි ඇගේ මිත්තනියගේ නිවසට හරින්නට සිදුවිය. ඇව එහි නතර කළ පමණින්ම, මගේ මව මට දුරකථන ඇමතුමක් දුන්නාය. මියුංගේ හිස සිට පාද

දක්වා වණ සහිත තුවාල සෑදී තියුනු අතර බෙහෙත් වලට සුව නොවන තරම් එය බරපතල විය. එය මොනතරම් දරුණුද කියතොත්, ඉන් බොහෝ ලේ වැගුරුනු අතර ඇගේ හිස් කබලේ ඉහඳ පනුවෝද සිටින්නට විය. ඔවුන් ඇයව රෝහල වෙත ගෙන ගිය නමුත්, අයට ජීවත් විය නොහැකි බව තේරුණි.

රෝගීව සිටි නමුත්, ඈ ඇගේ මව සොයමින් කථා කලාය. ඔවුන් මට පැවසුවේ ඇය මියයන්නට පෙර එක් වතාවක් හෝ ඇගේ මව පෙන්වන ලෙසය. අපි නිත්‍යානුකූලව දික්කසාද වූ බව දැන නොසිටි මා, කියුම් හෝ ඩොං හී පිහිටි මගේ මස්සිනාගේ නිවස වෙත ගියෙමි. වාසනාවකට මෙන් මගේ නැන්දම්මා එහි සිටිනිසා මා ඇයට සියලු දේ පවසා, මගේ බිරිඳ දැකීමට අවසර ඉල්ලුවේය. නමුත් ඔවුන්ගේ පිළිතුර නොසැලිකිලිවන්ත විය. ''ඔයාගේ දුව මැරුනොත්, තවත් කසාදයක් කරගන්න එක ඔයාට හොඳයි'' මියුංට ඇගේ මවව දකින්න නොහැකි වූ නමුත්, ඇය යන්තම් දිවි ගලවා ගත්තාය.

විවාහ හමුවීමක්

මගේ ජීවිතයේ ඛේදසහගත යථාර්තය අමතක කිරීම සඳහා මා නිදහස් ලෙස මත්පැන් හා දුම්පානය කලෙමි. මගේ මවගේ මුඛයෙන් නික්මුනු එක් වචනයක් හේතුවෙන්, නිවසින් පිටව ගිය මගේ බිරිඳ ගැන මම කළකිරුනෙමි. මා ඊටත් වඩා ඇගේ පවුලේ අය කෙරෙහි දැඩි ද්වේශයකින් පසු වුනෙමි. නමුත් ඇගේ පවුලේ අය විසින් දික්කසාදය ලබාගැනීමට ඇයව පෙළඹවීම ගැන, මා වෛර කලාවූ ඔවුන් අමතක කිරීමට මත්පැන් බීවෙමි.

යම් කාලයකට ඉහතදී මගේ සහෝදරී සමග මා මුදල් ආයෝජනයක් කල අතර ඇයගේ වැරැද්දක් නිසා ඒ සියල්ල මට නැති වී ගියේය. එනිසා මා වෙළඳාමක් කරන්න හිතාගෙන ඈ වෙතට ගොස් යම් මුදලක් දෙන ලෙස ඇගෙන් ඉල්ලුවෙමි. නමුත් ඒ මුදල් සියල්ල තිමවන තුරු මා සුරාසැලේ බීමත්ව දිනගනනක් ගත කලෙමි. මගේ ජීවිතය පවත්වාගෙන යාම සඳහා මට තවදුරටත් ශක්තියක්වත් අධිෂ්ඨානයක්වත් නොවීය.

මා මින් ගලවගන්න පිණිස මගේ පවුලේ අය යම් පිළිවෙතක් ගෙන ඒමට උස්සහ කලෝය. මගේ සහෝදරී කථාකරමින් ''අම්මේ, අපි එයාට ආයෙත් විවාහ වෙන්න මාර්ගයක් හදමු. මේ වගේ ඉන්න ඇරියොත් එහෙම, එයා ඉස්සර හිටියා වගේ මැරිච්ච මිනිහෙක් වෙයි.'' අවසානයේදී මගේ මව මා ඇමතුවාය. හොඳ කාන්තාවක් සිටිනවා, ඇවිත් ඇය දකින ලෙස ඈ මගෙන් ඉල්ලුවාය.

මගේ විශ්වාසය වූයේ "මගේ බිරිඳ ආයෙත් එනවා. මම වෙන කිසිම කාන්තාවක් එක්ක ජීවත් වෙන්නෙ නැහැ." කියාය, එමෙන්ම, මගේ බිරිඳට මා තුළ තිබෙන ප්‍රේමය කිසි දවසක වෙනස් නොවන බව මා සිතුවෙමි. තවද වෙන කාන්තාවක් සමඟ ජීවත්වීමද මට සිතාගත නොහැකි විය.

"පුතා, එක පාරක්! මේක මගේ අන්තිම බලාපොරොත්තුව" බැගෑපත් හඬින් මගේ මව මෙසේ පැවසූ අතර ඒ කාන්තාව මුණගැසීමට ඇ කල ඉල්ලීම ප්‍රතික්ෂේප කිරීමට මට තවදුරටත් නොහැකි විය. මෙලෙස ඇය මුණගැසී චාරිත්‍රානුකූලව කටයුතු කර මා නැවත නිවසට පැමිනෙන හැටියට මගේ මනස සකස් කරගත්තෙමි. නමුත් දෙවියන් වහන්සේගේ පූර්ව සැලැස්ම තියුණුය.!

ඇය මුණගැසීමට ගිය කල, මා සැමදාමත් සිහින මැවූ ආකාරයේ අතිශයින් පරිසමාප්ත ශ්‍රෙෂ්ඨ කාන්තාවක් මා දුටුවෙමි. සුදු වර්ණයෙන් යුත් ඇඳුමට මා ප්‍රිය කලෙමි. ඇය කොටස් දෙකකින් යුත් සුදු ඇඳුමකින් සැරසී සිටියාය. උරහිස දිගේ පිටපැත්තට කඩා හැළුනු දිගු කෙස් කලඹක් ඇට විය. රූපයක් සේ ඇය අසුන්ගෙන සිටියාය. මගේ දෑස් මට අදහාගත නොහැකි විය. ඇගේ මව අන්ධ විශ්වාසය ඇති කෙනෙක් වූ බැවින්, ශාස්ත්‍රකාරයා කී පරිදි, දෙවන වරට විවාහ වන පිරිමියෙක් විවාහ කර ගැනීමෙන් ඇගේ දූවට ප්‍රීතිමත් අනාගතයක් තිබෙන බව ඈ විශ්වාස කළාය. මේ නිසා ඇගේ මව, ඇයව මා සමඟ හමුවීමකට කැඳෙව්වාය. අපි එකිනෙකාට කැමති වූ අර පවුල්ද විවාහ කටයුතු ලහිලහියේ සූදානම් කළෝය.

ඒ හමුවීම වුන මොහොත තෙක් මා මගේ බිරිඳ නැවත පැමිනෙයි කියා බලාසිටියෙමි. කිසි කාන්තාවක් දෙසද නොබැලුවෙමි. මගේ මනස වෙනස් කරගත් මා ඈ සමඟ පමණක් ජීවත්වන සිතුවිල්ල සිතින් අත්හැරියෙමි. මෙසේ වෙනස් වීමට හැකිවීම මටම පුදුමයක් විය. විවාහයට දින නියම කරගත් අපි තෑගිද හුවමාරු කරගත්තෙමු. එවිට මගේ බිරිඳ නැවත හදිසියෙන්ම පැමිනියාය. මා නැවත විවාහ වන බව ඇයට ආරංචි වී මගේ ආකල්පය හා හදවත පරීක්ෂා කිරීමට ඇයට අවශ්‍ය විය. නමුත් මගේ හදවත ඇගෙන් ඉවත්ව, නැවත විවාහ වීමට තීරණය කිරීම ගැන ඇය විස්මයට පත් වූවාය.

බිරිඳට සමාව දීම

ඒ වන තෙක් ඈ දැඩි ලෙස විශ්වාස කළේ අන් මනුෂ්‍යයන් මෙන් නොව මා නම් කිසි දවසක ඇට තිබෙන ප්‍රේමය වෙනස් නොකරනු ඇති බවයි. රූපසම්පන්න අවිවාහක යුවතියක්ව මා විවාහ කර ගැනීම ගැන ඈ පුදුමයට

පත්වන්නට ඇත. මගේ හදවත ඇගෙන් ඉවත්ව ඇති බව ඈ වටහා ගත්තාය. නමුත් පසුවදා උදෑසනම ඈ ඇගේ ඇඳුම් ආයිත්තම්ද රැගෙන ආවාය. නිවසේ මා නිදාගෙන සිටි අතරේ අඩි ශබ්දයක් ඇසෙන්නට විය. මගේ බිරිඳ ඇගේ බඩුත් සමඟ නැවත නිවසට පැමිණ ඇත. ඇය දැනටමත් ප්‍රමාද නොවේද? ඒ වනවිටත් මා අනෙක් කාන්තාව විවාහ වීමට පොරොන්දු දී තිබූ බැවින්, මා ඇගේ බඩු මල්ලේ රැගෙන නිවසෙන් එලියට විසි කලෙමි. ගමන් මලු පිටතටත් ඇතුලටත් විසි වෙමින් තිබූ මොහොතේ කලබැගෑනියක් ඇති විය.

''මට ඔයාගේ පවුලේ අයත් එක්ක හරිම තරහක් තියෙනවා. මගේ පවුල ඉස්සරහ මම ලැජ්ජාවට පත් වුනා. ඒ විතරක් නෙවෙයි දැනටමත් මං ආයේ කසාද බඳින්න දින දාගෙන තියෙන්නේ. ඒ පවුල මොනවා කියයිද?'' යැයි මා ඇට පැවසුවෙමි.

''මම දෙපැත්තෙම පවුලේ අයගෙන් සමාව අරගන්නම්. ඉස්සරහට මං ඔයා කියන දේ විතරක් කරගෙන ඉන්නම්.''

''මම ඔයාට සමාව දුන්නත්, මගේ අම්මා, තාත්තා, සහෝදරයෝ කවදාවත් ඔයාට සමාව දෙන්නෙ නැහැ.''

ඇය දැඩිව සිටියාය.

''මම හැම සමාවක්ම ගන්නං. මම මේ පවුලේමයි මැරෙන්නෙ.''

මෑදු බැටළුවෙක් මෙන් ඈ වෙනස් වී ඇත. ඇයට තිබුන ප්‍රේමය දැනටමත් මගෙන් ගිලිහී ගොස් තිබුන නමුත්, මා අපේ දියණියන් ගැන සිතුවෙමි. ඔවුන්ගේ මව විසින්ම ඔවුන්ව රැකබලාගැනීම හොඳයැයි මට සිතුණි. ඒ නිසා යම් කොන්දේසි පිට ඇයට සමාව දෙන්න මා එකඟ වීමි. ඈ මට කොන්දේසි විරහිතව එකඟවීමට පොරොන්දු වූවාය. මගේ පවුලේ සියල්ලන්ගෙන් හා නෑ හිතවතුන්ගෙන් සමාව ලබා ගැනීමට ඇයට සිදුවිය. ඇයගේ පවුලේ අයද මා වෙතට පැමිණ සමාව ලබාගත යුතු බව මා කියා සිටියෙමි. අවසානයේදී මගේ හිටපු බිරිඳ සමගම මා නැවත එකතු වීමි. ඒ ඇය නිවසින් ගොස් දින 120කට පසුවය.

මා විවාහ වීමට සිටි කාන්තවගේ මවට සිදු වූ සියලු දේ අවංකව පැවසූ අතර එය තේරුම් ගන්න ලෙස ඇගෙන් ඉල්ලා සිටියෙමි. බලාපොරොත්තු නොවූ ආකාරයට ඈ මගේ තත්ත්වය තේරුම් ගත්තාය. නමුත් මෙය දෙවියන්

වහන්සේගේ පූර්ව සැලැස්මක් බව මට වැටහුනේ බොහෝ කාලයක් ගත වූ පසුවය.

මගේ බිරිඳ දික්කසාද වූයේ ඇයි?

මගේ බිරිඳ රෝගී වූ මා රැකබලා ගනිමින්ද, ජීවත් වීමට ආදායම් මාර්ග යක් උපයමින් ද සිටි අතර ඇට වෙන කිසි බලාපොරොත්තුවක් නොවීය. මේ අතරේ ඈ තුල තිබුනාවූ මෘදු කමත්, පිවිතුරු හදත් ඈ කෙරෙන් පහව ගොස්, ඇගේ ස්වභාවය තරමක් රුළු වන්නට විය.

මරණයත් ජීවිතයත් දිවේ වසඟයෙහි ඇත්තාහ. (හිතෝපදේශ 18:21)

මනුෂ්‍යයෙක් තමාගේ මුඛයේ ඵලයෙන් යසස භුක්ති විඳියි. එහෙත් ද්‍රෝහීන්ගේ ප්‍රණය බලහත්කාරය විඳියි. කට රැගකන්නා තමාගේ ජීවිතයද රැකවල් කර ගනියි. (හිතොපදේශ 13:2-3)

අවංක හදවතින්ම මා ඇයට ප්‍රේම කල බව දැනගත් ඈ, කිහිපවතාවක්ම නිවස හැර ගියද, නැවතත් පැමිණියාය. එකිනෙකාගේ සත්‍යවාදී හදවත් අප හැඳිනගෙන තිබුනි. ජීවිතය ගැන කිසි බලාපොරොත්තුවක් නොවූ ඇගේ සැමියාව අත්හැර නොගියාය. කෙසේ නමුත් මා සුවය ලැබූ විගසම දික්කසාද වන බව ඇය පුනු පුනා පැවසුවාය. ඈ ප්‍රකාශ කලා වූ මේ නිෂ්ඵල වචන රාශිය සාතන්ගේ උගුල බවට පත් වී මගේ පියාගේ උපන් දිනය දවසේ එය සත්‍යයක් බවට පත්විය. නිෂ්ඵල වචන නොවලහා කථා කිරීම හේතුවෙන් සාතන් අපව ඊට අනුරූපව දෝෂාරෝපනයට පත් කරයි. එමනිසා ආත්මික තලයේ නීතිරීති වලට අනුව එය එසේ සිදුවන්නට ධර්මයෙන්ම දෙවියන් වහන්සේ ඉඩ හැර තිබේ. මගේ බිරිඳ ඇයට සිතුනු දේ පාලනය කරගත නොහාකිව මා දික්කසාද කලාය. නමුත් දෙවියන් වහන්සේ නැවත එකතුවීමට අපට මඟ පෙන්වූ අතර සියල්ල යහපත් අතට ක්‍රියා කලේය.

3 වන පරිච්ඡේදය
මාගේ කැඳවීම

අවංක කිතුණු දිවියක ඇරඹුම

පිබිදීමේ රැලියකදී මා පව්කාරයකු බව අවබෝධවීම

දෙවියන් වහන්සේ මාගේ බිරිඳගේ චිත්ත ස්වභාවය, බැටළු ස්වභාවයකට වෙනස් කලේය. අපට බොහෝ කාලයකට පසු සමාදානය හා සතුට නැවත පැමිණුනේ විවාහයේ යලි එකතු වීමත් සමඟය. ඈ නැවත නිවසට පැමිණීමෙන් පසු සමාව ඉල්ලන සුලු හදවතකින් සියලු දෙනාටම සේවය කරමින්,අගේ පවුල උදෙසා කැපවෙමින් කටයුතු කළාය. නමුත් අපේ වැඩිමල් දියණිය නිසැකවම ඇයට 'අම්මා' යැයි නොපැවසූ අතර මව ගැන වැඩි අල්මක් නොදැක්වූවාය. මගේ බිරිඳ බොහෝ කාලයක්, කඳුලු සලමින් මියුංගේ හදවත හා මනස නැවත හරවා ගන්න උත්සහා කළාය. 1974 නොවැම්බර් 25 දින ඒ සමයේදී මා විසූ අළුත් නිවසේ අයිතිකරුගේ බලවත් පෙළඹවීම මත, අපි ඔක්සු ඩොං හි පිහිටි සූං ඩොං සභාවේ, පිබිදීමේ රැලියකට සහභාගී වීමු. මගේ බිරිඳ හා මා ඉතා කඩිසරව, අලුයම් රැස්වීම් වලටද, දිවා රැස්වීම් වලට හා රාත්‍රී රැස්වීම් වලටද සහභාගී වූයෙමු. එහි දේශකයා වූයේ කොරියානු සූහාරංචි ශුද්ධාත්ම සභාවේ පාලක බියොං හෝ පාක්ය. ඔහු කල දේශනයේ මාතෘකාව වූයේ ''සියල්ල දී යාචකයෙක් වන්න'' යනුයි. ඔහු සාක්ෂි දරමින් පැවසුවේ, ඔහු සතු සියල්ල පූජා කල හැම මොහොතකම දෙවියන් වහන්සේ ඔහුට බලවත් ලෙස ආශිර්වාද කල බවය. සභාව ඉදිකිරීම සඳහා ඔහු සතු සැමදේම දුන්විට සියල්ල දන්නාවූ දෙවියන් වහන්සේ ඔහුට බහුල ලෙස ආශිර්වාද කර ඇත. මගේ බිරිඳ සහ මා ඉදිරිපෙළ අසුන් වල වාඩි වී බොහෝ සෙයින් කරුණාව ලැබුවෙමි. දේශනය ඇසීමෙන් පසු දේව වචනය කියවිය යුතු බවත්, යේසුස් වහන්සේ ගැලවුම්කාරයාණන් බවත්, මත්පැන් හා දුම් පානය නතර කලයුතු බවත් මා ඉගෙන ගත්තෙමි. එමෙන්ම යාච්ඤා කිරීම, නිවැරදි ලෙස දසයෙන් කොටස හා ස්තුති පූජා දීම ගැනද මම ඉගෙන ගත්තෙමි. කිතුනුවෙකු වීමේ මූලික කරුනු මා එහිදී ඉගෙන ගත්තෙමි.

යහපත් ජීවිතයක් ගත කිරීමට මා නිතරම උත්සහ කල නිසා මම මා ගැනම

ආඩම්බර වීමි. ''නීතියත් අවශ්‍ය නැති'' පුද්ගලයා යනුවෙන් මා හැඳින්වූවා වූ පිරිසක්ද විය. කෙසේ නමුත් දෙවියන් වහන්සෙගේ වචනයට අනුව බලන කල මා පව්කාරයෙක් බව පලමු දවසේම මට හැඟී ගිය අතර, මා සොටු දිය ගලමින් හැඬූ අතර මගේ පාපය ගැන පසුතැවිලි වූයෙමි. මා කුලැටි හා අන්තර්වර්තික පුද්ගලයෙක් වූ බැවින් සෙනඟ ගැවසෙන කොයියම් ස්ථානයක වුවත් එසේ සොටු දිය ගලමින් හැඬීම මා හට සිතාගත නොහැකිය විය. නමුත් දෙවියන් වහන්සේගේ බලවත් ක්‍රියාව හා කරුණාව නිසා මට එසේ කරන්නට පුළුවන් විය.

අවංක කිතුනු දිවියක ඇරඹුම

පිබිදීමේ රැලියේ අවසන් දිනයේදී ගොඩනැගිලි අරමුදල් පූජාවක් දීමට මා පොරොන්දු විය. ඒ කාලයේදී කොරියානු මුදල් වොන් 100,000 (ආසන්න වශයෙන් ඇඩො. 100) ක් පමණ බඳු අත්තිකාරම් ගෙවූ නිවසක මම පදිංචිව සිටියෙමි. මා සතුව ඇති සියල්ල උන්වහන්සේට දීමට මට කරුණාව දීම ගැන මම දෙවියන් වහන්සේට ස්තුතිවන්ත වූ නමුත් දීමට කිසිවක් මා වෙත නොවීය. ඒ ගැන මා හදවතින්ම දැඩි වේදනාවට පත් වීමි අවසානයේදී වොන් 300,000ක් දීමට මා පොරෙන්දු විය. මගේ බිරිඳ සමඟ මා ඒ ගැන කථාකරගත් අතර ඇයගේ හදවතේ ද වොන් 300,000ක් දීමට ආශාවක් විය. මාස තුනක් ඇතුලත එය පූජා කිරීමට අප තීරණය කරගත්තෙමු.

පොරොන්දු වූ දිනය ආසන්න වෙමින් තිබූ නමුත් ගෙවීමට මුදල් තවමත් අපට සම්බ නොවීය. එනිසා ඉහළ පොලී අනුපාතයකට ණය මුදලක් ගැනීමට අපට සිදු වූ අතර වොන් 300,000ක මුදලක් සහා ඉදිකිරීම් අරමුදලක් ලෙසට අපි පූජා කලෙමු. ඉහල පොලී අනුපාතයක් ගෙවීමට සිදුවුනත් දෙවියන් වහන්සේට දුන් පොරොන්දුව ඉටුකිරීම සඳහා නියමිත දිනට මුදල් දීම අපට වඩා වැදගත් විය. පිබිදීමේ රැළියට සහභාගී වූ දිනයේ මෙන් අපගේ කිතුණු ජීවිත උද්යෝගිමත් විය. දේව වචනය තුලින් දසයෙන් කොටස සහ ස්තුති පූජා දීමට අප ඉගෙන ගතිමු. මා මත්පැන් හා දුම්පානය නතර කල අතර අප උදෑසන යාච්ඤාවන් වලට සහභාගී වීමට පටන් ගතිමු. මම ඉදිකිරීම් කම්කරුවෙකු ලෙස වැඩ කලෙමි. වැඩ නොමැති දිනයන් වලදී ඉතා අළුයම නැගිට කඳුකරයට ගොස් මා යාච්ඤා කලෙමි. යාච්ඤාවෙන් මොරගැසීම හා නිරාහාරය, දෙවියන් වහන්සේගේ කැමැත්තක් බව දැනගැනීමට තරම් ආත්මික දැනුමක් මට නොතිබුනේය. නමුත් මාගේ හදවතින් පැමිණි බලවත් පෙළඹවීමට මා කීකරු විය.

''මට හඬගසන්න, ඒවිට මම පිළිතුරු දෙන්නෙමි!''

1975දී සුවෝන් හී පිහිටි චිල්බෝ කන්දට මම ගියෙමි. ගල මත ඇතිරිල්ලක් එළා, මම එහි හිඳ යාච්ඤා කලෙමි. හදිසියෙන්ම මට අහස දෙසින් ස්වාමීන් වහන්සේගේ හඬ ඇසින. එම හඬ පැහැදිලිව ඇසුනද එහි බලගතුකමක් හා ආධිපත්‍යයක් නික්මුනේය. ''ශු ලූක් 22:44 පදය බලන්න'' මා ඉක්මනින් බයිබලය දිගහැර කියෙව්වෙමි.

''උන්වහන්සේ මහත් වේදනා වින්දසේක් වඩා ඕනෑකමින් යාච්ඤා කළ සේක. උන්වහන්සේගේ දහඩියද මහත් ලේ බින්දු මෙන් බිම වැටුනේය.''

ඉතා උනන්දුවෙන් මොරගසන්නාවූ යාච්ඤාවක් දෙවියන්වහන්සේ ප්‍රසන්න කරවයි. දෙවියන් වහන්සේ මට මේ පදය දීමේ හේතුව වටහාගැනීමට මා යාච්ඤා කල අතර පැහැදිලි දිව්‍යඥානයකින් එහි අර්ථය මට ලැබුනේය.

ඊශ්‍රායෙලය පිහිටා තිබෙන්නේ කාන්තාර ප්‍රදේශයකය එම නිසා රාත්‍රී කාලයේදී එහි උෂ්නත්වය උග්‍රලෙස පහත වැටේ. යේසුස් වහන්සේවද කුරුසපත් කරනු ලැබූවේ අප්‍රේල් මසක වන අතර එවැනි කාලයකදී රාත්‍රියේ දහඩිය දැමීම කිසිසේත් සිදුවිය නොහැක. එසේ නම් යේසුස් වහන්සේගේ දහඩිය, ලේ බිංදු බවට හැරී බිමට පතිත වන තරම් ඉතාම ඕනෑකමින් හා ඒකාන්තයෙන් උන් වහන්සේ යාච්ඤා කරන්ට ඇත්ද? උන්වහන්සේගේ යාච්ඤාව මොනතරම් කටුක හා වේදනාවකින් යුත් උද්යෝගීකමක් දැරුවාද කියතොත් උන්වහන්සේ එම යාච්ඤාව කරන්න දැරූ වෑයම නිසා උන්වහන්සේගේ ලේ නහර පුපුරා මුහුණින් ලේ බිංදු පොලොවට වැටෙන තරම් එය ප්‍රබල විය. උන්වහන්සේ නිහඬව යාච්ඤා කලානම් මෙවැනි දෙයක් කිසි දවසක සිදුවන්නේ නැත.

යාච්ඤාවෙන් මොරගැසීමේ රහස

එදින පටන්, මා දේව වචනය කියවන හැම විටකම, යාච්ඤාවෙන් මොර ගැසීම පිළිබඳ පද බොහොමයක් පරණ ගිවිසුමේ හා අලුත් ගිවිසුමේ ඇති බව දුටුවෙමි. එමෙන්ම අපගේ ඇදහිල්ලේ ආදී පියවරුන් යාච්ඤාවෙන් මොරගැසීමෙන් පිළිතුරු ලබාගෙන ඇති බවද හා වටහා ගත්තෙමි. අප යාච්ඤාවෙන් මොර ගැසීම දෙවියන් වහන්සේගේ කැමැත්තයි. මට යාච්ඤා කරපන්න, එවිට මම නුඹට උත්තර දී, නුඹ නොදන්න මහත් වූ අමාරු දේ නුඹට පෙන්වනෙමි'' (යෙරමියා 33:3). යෝනා දෙවියන් වහන්සේට අකීකරු වීමෙන් මහ මත්සයාගේ බඩ ඇතුළට ගෙන යන ලද්දේය. නමුත් යෝනා 2:2 සඳහන් පරිදි, ඔහු ගැලවී

ඇත්තේ දෙවියන් වහන්සේට කෑගසා යාච්ඤා කිරීමෙන්ය. ශුයොහාන් 11:43-44 සඳහන් ලෙස, යේසුස් වහන්සේ ඉතා මහත් ශබ්දයකින් මැරුණු ලාසරුස්ට පිටතට එන ලෙස අණකර ඇත. ලාසරුස් නැසී දින හතරක් ගත වුවද, ඔහු ජීවමානව, අත්පා බඳිනු ලැබ, ඔතා තිබූ රෙදිකඩ සමගම පිටතට පැමිණියේය. එය මහත් ශබ්දයක් හෝ සියුම් ශබ්දියක් වුවත් එහි කිසි වෙනසක් නැත. මන්ද ලාසරුස් මැරී සිටියේය. නමුත් එය දෙවියන් වහන්සේගේ කැමැත්ත බැවින් යෙසුස් වහන්සේ යාච්ඤාවෙන් මොර ගැසුවේය. උත්පත්ති 3:17 මෙසේ සඳහන් වේ. ''උන්වහන්සේ ආදම්ට කථාකොට, නුඹ භාර්යාවගේ හඬට ඇහුම්කන් දී නොකන්ට මා අන කල ගහෙන් කෑ බැවින් නුම නිසා භූමිය ශාපලද්දීය. නුඹේ ජීවිතයේ සියලු දවස්වල නම වෙහෙසින් යුක්තව එයින් කන්නීය.''

මිනිසා, යහපත හා නපුර දැනගැන්මේ ගසෙන් කන්නට ප්‍රථම, ඔවුන් ඒදන් උයනේ දෙවියන් වහන්සේ විසින් සපයා දුන් දේ තුල බහුලත්වයෙන් ජීවත් විය. නමුත් ඔවුන් දෙවියන් වහන්සේට අකීකරුව ඒ ගසෙන් කෑමෙන් සාපය ඔවුන් තුලට පැමිණියේය. මෙසේ දෙවියන් වහන්සේ සමග සම්බන්ධතාවය දෑඩි වූ අතර, දූන් ඔවුන්ට දහඩියෙන් හා වෙහෙසීමෙන් එල භුක්ති විඳින්නට විය. අපේ උවමනා හා අවශ්‍යතාවයන් අපට ලබාගත හැක්කේ අපේ වෙහෙසින් හා මහන්සියෙන් පමණයි. මනුෂ්‍ය ශක්තියෙන් ලබා ගත නොහැකි දේවල් දෙවියන් වහන්සේගෙන් ලබාගැනීමට යාච්ඤාවෙන් අප මොනතරම් වෙහෙස මහන්සි විය යුතුද?

''ඇතුල්ගෙට'' වැද යාච්ඤා කිරීමේ ආත්මික අර්ථය

සමහරක් ඔබ මෙසේ සිතනවා ඇති ''ඇතුල්ගෙට වැදී රහසින් යාච්ඤා කරන්න'' යෙසුස් වහන්සේ අපට කියා දුන්නා. එසේ නම් ඇයි අප ශබ්ද නගා යාච්ඤා කරන්නෙ? අප නිහඬව කරන යාච්ඤාව සර්වබලධාරී දෙවියන් වහන්සේට ඇසෙන්නේ නැද්ද? ශු. මතෙව් 6:6 මෙසේ සඳහන්ව තිබෙනවා. ''නුමුත් නුඹ යාච්ඤාකරන කල්හී නුඹේ ඇතුල්ගෙට වැද දොර වසා රහසිගතව වසන නුඹේ පියාණන්වහන්සේට යාච්ඤා කරන්න. එවිට රහසින් දකින නුඹේ පියාණන් වහන්සේ නුඹට විපාක දෙන සේක.'' නමුත් දේව වචනයේ කොතැනකවත් යේසුස් වහන්සේ ඇතුල්ගෙට වැද යාච්ඤා කල කාලයක් ගැන සඳහන් නොවේ. ශු. මාර්ක් 1:35 සඳහන් පරිදි යේසුස් වහන්සේ ඇතුල්ගෙට වැද යැච්ඤා නොකල නමුත්, උන්වහන්සේ අලුයම් කාලයේ හුදෙකලා ස්ථානයකට ගොස් යාච්ඤා කල සේක. ශුලූක් 6:12 උන්වහන්සේ කන්දක් මුදුනෙහි යාච්ඤා කල බව සඳහන් වේ.

දානියෙල් තමගේ උඩුමහලේ කවුළු ඇර, යෙරුසෙලම දෙස බලා යාච්ඤා කලේය (දානියෙල් 6:10), පේත්‍රුස් ගේ උඩ සිට යාච්ඤා කලේය (ක්‍රියා 10:9), අපෝස්තුළු පාවුල් ''යාච්ඤා ස්ථානයක'' සිට යාච්ඤා කලේය. ඔවුන් එසේ විශේෂ යාච්ඤා ස්ථාන තෝරා ගත්තේ ඔවුන්ගේ මුළු හදවතින් හා ආත්මයෙන් යාච්ඤාවෙන් මොරගසන පිණිසය. ඇතුලේගෙට වැද යාච්ඤා කිරීමෙන් සංකේතවත් වන්නේ අපේ මුළු හදවතින් හා ඉතා අභ්‍යන්තර ආත්මයෙන් ගැඹුරින් යාච්ඤා කිරීමය. ඇතුල් ගෙය හෝ කාමරයක ආත්මික සංකේතය වන්නේ මානුෂ්‍යාගේ හදවතය. අප ඇතුල් ගෙට වැද දොර වසාගත් කල, ලෞකික කතාබහවලින් හා පිටස්තර සම්බන්ධතා වලින් අප වෙන්කරනු ලැබේ. එලෙසම, අප යාච්ඤා කරන කල පළමුවෙන් අන් හැම සිතුවිලි, කරදර, මේ ලෝකයේ කාරණා අප කෙරෙන් කපා හැර, මුළු හදවතින් හා සම්පූර්ණ සිත යොමු කිරීමෙන් යාච්ඤා කළ යුතු වේ.

මිනිසාගේ දුර්වලකම් දෙවියන් වහන්සේ දනී

පටන් ගැන්මේදී, යාච්ඤාවෙන් මොරගැසීම අසීරු කාර්‍යක් සේ සැමටම සිතුනද, අප දිනපතා නොකඩවා යාච්ඤා කිරීම කරන කොටගෙන, පහසුවෙන් හා බලවත් ලෙස යාච්ඤා කිරීමට අපට ඉහලින් බලය ලැබේ. එමෙන්ම අප ශුද්ධාත්මයානන්ගෙන් පූර්ණවීම ලබන කල, අන්‍ය භාෂාවෙන් යාච්ඤා කිරීමේ දීමනාවද අපට ලැබේ.

නමුත්, නිහඬ යාච්ඤාවන් කිරීමෙන්, බොහෝ දුරට නිෂ්ඵල කල්පනා අප සිතට ඇතුල්ව, අප යාච්ඤාවෙන් සිත යොමුකර තිබෙන ඉලක්කය අසුකරගෙන, කරදර හා කැලඹීම් අප වෙතට පමුනුවනවා ඇත. එවිට අප, අපේ භාර්‍යව හෝ පුරුෂයා, දරුවන්, පුද්ගලික හා ආර්ථික ප්‍රශ්ණ සම්බන්ධව පැමිනෙන නිෂ්ඵල සිතුවිලි හා කරදර වලට එරෙහිව සටන් කිරීමට පෙළඹේ අප මුළු හදවතින්ම යාච්ඤාවෙන් මොර ගසන කල අප සිතට නිෂ්ඵල සිතුවිලි ඇතුල්නොවී, වෙහෙස හෝ නින්ද අපව පරාජය නොකරයි. එවිට යාච්ඤා ජීවිතයේ ජයග්‍රණයන් අපට තිබේ. දෙවියන් වහන්සේ, මනුෂ්‍ය ජීවිතයේ දුර්වලකම් දන්නා බැවින්, දිනුම ජයග්‍රහණය කරනු පිණිස අපට යාච්ඤාවෙන් මොරගසන්න උන්වහන්සේ අණ කල සේක. දෙවියන් වහන්සේගේ මේ කැමැත්ත මා වටහාගත් නිසා යාච්ඤාවෙන් මොරගසන්න මමද පටන් ගතිමි. සභාවේදී සර්ව රාත්‍රී යාච්ඤාවන් කරන විට මා කෙතරම් ශබ්දයෙන් යාච්ඤා කලාද කියතොත්, අසල්වාසීන්ගෙන් චෝදනා පැමිනෙන බිය නිසා, අප සභාවේ පාලකවරුන් මා එසේ යාච්ඤා කරනවාට අකමැති විය. පාලකවරුන් සභාවේ සිටියදී සැබැවින්ම මට උවමනා ප්‍රකාරයට යාච්ඤා කිරීමට නොහැකි විය. ඒ නිසා මා හැකි හැමවිටකම

''යාච්ඤා කඳුමුදුන්'' යන ස්ථාන වලට ගොස් යාච්ඤා කලෙමි. හදවතේ එක් කොනක මට කනගාටුවක් ඇති විය. ඒ මන්දයත්, සභාවේදී මොරගසා යාච්ඤා කිරීමට පාලකවරු මට ඉඩ හැරියා නම්, යාච්ඤාවෙන් සතුරා පිටතට පන්නා දමා, යාච්ඤාවේ ගින්න සභාවේ අන් අයටද පැතිර ගොස් සභාව වේගයෙන් වර්ධනය වන්නට තිබුන බැවිනි. මා අන්තර් වර්තිත චරිතයක් දරූ බැවින් කඳු මුදුන්වලට ගොස් උදෑසන සිට සවස් වනතුරු යාච්ඤාවෙන් මොරගැසුවේය.

දෙවියන් වහන්සේ යටහත් ස්වභාවයකට මට මඟ පෙන්වූ සේක

දෙවියන් වහන්සේගේ දවස පැවැත්වීම උදෙසා මා ඉදිකිරීම් කර්මාන්තය තෝරා ගත්තෙමි

මගේ බිරිඳ නිවස අතහැර ගිය මාස කිහිපය තුල, පොළී මුදල් එකතුව වැඩි වී, මගේ මූල්‍යමය අමාරුකම තවත් වැඩිවිය. මා ඉදිකිරීම් කම්කරුවෙකු ලෙස වැඩ ආරම්භ කළේ, කම්කරුවන් භාරව සිටින පුද්ගලයාගේ යෝජනාවක් මතය. ඔහුගේ ඉදිකිරීම් භූමියේ මා බරපතල වැඩ නොකර මගේ ශරීර ශක්තිය නැවත ලබාගත යුතු බව ඔහු මට යෝජනා කළේය. වසර හතක පීඩාවෙන් පසු නැවත ඉක්මනින් සුවය ලබා ගැනීමට මට උවමනා විය. එලෙසම මෙම රැකියාව මා තෝරාගත්තේ දෙවියන් වහන්සේගේ දවස මට ශුද්ධ ලෙස පැවැත්විය හැකි නිසාය. සෑම දිනකම මට වැඩ නොතිබුනු බැවින්. මට හැකිවුනු හැම වේලාවකම, මා නිරාහාරයෙන් හිඳ යාච්ඤා කළ අතර වැඩ තිබෙන විට වැඩ කිරීම උදෙසා ගියෙමි.

මගේ ණය මුදල් වල පොළිය ඉහළ යමින් තිබුනු අතර, මා නිසැකවම දැන සිටියා, මා දෙවියන් වහන්සේ ප්‍රසන්න කළහොත් පමණක් උන්වහන්සේ මට ආශිර්වාද කරන බව වෙළදාමක් කරන පිණිස, මට යම් කිසි පටන් ගැන්මේ මුදලක් දීමට මගේ සහෝදර සහෝදරියන්ට උවමනා වූහ. නමුත් මම එය ප්‍රතික්ෂේප කළෙමි. නිවැරදි මාවත අනුව යමින්, මුල සිට ආරම්භ කරන්න මට උවමනා විය. ගම්බද ප්‍රදේශයක පවුලේ බාලයාව වැඩුනු මා, සැබැවින්ම බරපතල් වැඩ කිසිත් නොකලෙමි. ඉදිකිරීම් කම්කරුවකු ලෙස වැඩ ආරම්භ කල කල් හී, මට බොහෝ සෙයින් දරාගැනීම අවශ්‍ය වූ අතර, සමහර අවස්ථා වලදී මට කඳුලු සලන්නටද සිදුවිය. දෙවන මහලට බර බඩු බාහිරාදිය ඔසවාගෙන යන කල, මගේ කකුල් වෙව්ලන්නට වූ අතර බොහෝ අවස්ථාවල මා ඇද

වැටුණි. නමුත් මා නැගිට, වැඩ කලෙමි. මේ කාලය වන විට, ඕනෑම දෙයක් කරන්නට හැකි පුද්ගලයකු බවට මා පත් වූ අතරම මගේ සෞඛ්‍යය ද නැවත යථා තත්ත්වයට පත්විය.

මා ගඩොල් බැන්දෙමි. සවල් ගෑවෙමි. එමෙන්ම අත් කරත්තද ඇද්දෙමි. ශීත ඍතුවේ වැඩ නොමැති කාලයේදී මා කළමනාකරුවෙකු ලෙස ගල් අඟුරු බෙදා හරින්නන්ගේ වැඩ බැලුවෙමි. මා ජල සම්පාදන කාර්යාලයේද වැඩ කලේමි. මා බොහෝ දේවල් අත්දුටුවෙමි. මගේ බිරිඳ බෙල්ලන්ගෙන් නිෂ්පාදිත ලුණුමය සෝස් වර්ග සහ මුහුදු පැලෑටි වෙළඳාම් කල අතර, ඇය ඉදිකිරීම් භූමියක කලු ගල්ද ඇහින්දාය. මා බරපතල් වැඩ කම්කරුවකු ලෙස වැඩ කිරීම, ශුද්ධාත්මයාණන්ගේ මග පෙන්වීමක් වූ අතර, මට ඒ කාලයේ ඒ පිළිබඳ වැටහුනේ නැත. එය ශාරීරිකව බරපතල් වුවද, දුෂ්කර වාතාවරණයන් තුල ජීවත් වන කම්කරු සේවකයන්ගේ අමාරුකම් මා අත්දැක්කෙමි. මා ඔවුන්ගේ හදවත තේරුම් ගත්තමේ. හැකි හැම විටකම දෙවියන් වහන්සේ තුළ මගේ අත්දැකීම ඔවුන් සමඟ සාක්ෂි දැරූ අතර සුභාරංචියද ඔවුන්ට දේශනා කළෙමි.

1975 ගිම්හාන කාලයේදී මගේ තෙවන දියණිය සූජින් ඉපදුනාය. බොහෝ පිබිදීමේ රැළිවලට සහභාගීව අප දෙවියන් වහන්සේගේ කරුණාව අත්දකින මොහොතක ඇය පිළිසිඳුනාය. ඈ ඉපදුනු පසු මා මෙන්ම ඇයද නොහැඬුවාය. ඇයට නිතරම සිනහමුසු මුහුණක් තිබුණි. වයස අවුරුදු හය වනතෙක් ඇය හඬනවා මා දුටුවේ නැත. මාද මගේ භාර්යාවද ටික කලකට කඳුකරයේ ඉදිවෙමින් තිබූ ගොඩනැගිලි භූමි ප්‍රදේශයක කළු ගල් ඇහින්දෙමු. සූජින්ට යන්තම් මාස දෙක වූවා පමණි. ඇයව රැකබලා ගැනීමටද අපට කිසිවෙක් නොවීය. එනිසා ඉදිකිරීම් භූමියේ එක් කොනක ඇයව බිම තබා කූඩයක් ඉහිලුවෙමු. එක් කූඩයකට මුලු අව් රශ්මියම වලකාලන්න බැරි වුවුත්, ඇය නොහැඬුවාය. සංවර්ධන කටයුතු සඳහා අපේ නිවස කඩා දමනවා යන ආරංචිය ඇසූ කල, අප ඒ වැඩයද නතර කළෙමු.

අප කියුම් හෝ ඩොං සහ ඔක්සු ඩොං මායිමේ පිහිටි කඳුකර ගම්මානයක ජීවත්ව සිටියෙමු. අප විසූ නිවසේ අයිතිකරුට රජයෙන් දන්වනු ලැබ, එම නිවසද කඩා දමන බැවින්, ඉන් ඉවත්වන හැටියට ඔහු අපෙන් ඉල්ලා සිටියේය. ඒ දවස් වල මාසික කුලිය වොන් 100,000 ක් වූ අතර (ඇ.ඩො. 100 ක්) වොන් 150,000 ක වන්දි මුදලක් ඔහුට ලැබෙන බව ඔහු අප සමඟ පැවසුවේය. එමෙන්ම ගොඩබිම ප්‍රදේශයේ ඉදිවන්නාවූ, මහල් නිවාස වලින් එකක් විශ්වාසදායක හිමිකමක් ද ඔහුට ලැබුනු අතර, ඔහු එය විකුණන්නේ නම් වොන් 400,000 ක මුදලක් ඔහුට ලබා ගත හැකි විය.

ඔහුගේ නිවස මුළුමනින්ම නැති වී යන බැවින්, මට කිසි මුදලක් දිය නොහැකි බව ඔහු කියා සිටියේය. ඔහු සමඟ සට්ටනයක් ඇති කර ගැනීමට මට අනවශ්‍ය වූ බැවින්, මුදල් ඉල්ලා සිටීමේ ප්‍රයත්නය මා අත්හැරියෙමි. යාමට මට තැනක් නොවීය. අපට පාරේ කූඩාරමක් එල්ලා ගන්න සිදු විය. කෙසේ නමුත්, මගේ බිරිඳ වොන් 50,000 ක මුදලක් ණයට ලබා ගත් අතර, අප කුඩා කාමරයක් කුලියට ගත්තෙමු. එය අබලන්ව ගිය කාමරයක් වූ අතර හිරු එළියවත් කාමරය තුළට පතිත නොවීය.

දෙවියන් වහන්සේට විරුද්ධව චෝදනා කිරීමෙන් පසු ගැඹුරු පසුතැවිල්ල හා නිරාහාරය

අප නිවස මාරුකර මසකට පමණ පසු, තවත් නිවස් කඩා දැමීමක් පිළිබඳ දැන්වීමක් ආවේය. නිවස අයිතිකරුද, මට කථා කොට නිවසින් ඉවත්වන ලෙසත්, ඇප මුදල ආපසු ලබා දෙන බවත් පැවසුවේය. නමුත්, වෙනත් කාමරයක් මෙවැනි අඩුමුදලකට සොයා ගැනීම ලෙහෙසි නොවීය. මාද මගේ බිරිඳ බුක් වැං ඩොං ප්‍රදේශයට ගියේ අඩු මුදලකට ස්ථානයක් සොයා ගැනීමටය. නමුත් අපේ වෑයමෙන් කිසි ඵලක් නොවීය. අපි දහවල් ආහාරය මග හැරිය අතර රාත්‍රී කෑමද නොගත්තෙමු. අප නැවත නිවසට පැමිණියේ ගොම්මං වේලාවේදීය.

''දෙවියන් වහන්ස, මගේ යාච්ඤාව ඔබ ඇසුවේ නැත්තේ කොහොමද? එක කාමරයක් වත් ඔබ මට සූදානම් කලේ නැද්ද?''

එක මොහොතකින් මා දෙවියන් වහන්සේට විරුද්ධව වචන කථා කළෙමි. ඒ මොහොතේ මා නිශ්චල දේපල ඉඩකඩම් කාර්යාලයක් පසු කරමින් ගිය අතර, තව එක වතාවක් මා සෝදිසි කර බැලුවෙමි.

''කෙනෙක් කාමරයක් කුලියට දෙන්න ඉදිරිපත් කරලා තියනවා. ඔයාට ඉක්මනින් යන්න පුළුවන් හෙට වුනත්.''

''ගාණ කීයද?''

''වොන් 50,000 ට ඒක ගන්න පුළුවන්.''

අපි එම ස්ථානය බැලීමට ගියෙමු. එහි මනා කාමරයක් තිබූ අතර අපට වෙළඳ සැලක් දැමීමට සුදුසු කුඩා කාමරයක්ද විය. අපට හෙට දවසේම පදිංචියට යා හැකි කාමරයක් සූදානම්ව තිබිනි. මා නිවසට ආ විගසින්ම, නොනවත්වා

හඬමින් යාච්ඤා කළෙමි. ''දෙවියන් වහන්ස, ඇයි මගේ හදවතට ස්ථිරව පවතින්න බැරි?'' ඇයි මට මෙවැනි නපුරු සිතක් ඇත්තේ?'' ඔබ මාව රෝගී කළේවත් දිළිඳුකමින් ගමන් කරන්නවත් ඉඩ හැරියේ නැහැ. නමුත් මම ඔබට මැසිවිලි කිව්වා. මට තැනක් සූදානම්ව තිබුනේ නැත්නම් පාරේ නිදියන්න තිබුනා. මගේ රෝග වලින් මා සුව කිරීම ගැන, මා ඔබට වඩා ස්තුතිවන්ත විය යුතුව තිබියදී, ඇයි මම ඔබට චෝදනා කලේ?''

දෙවියන් වහන්සේට චෝදනා නැගීම පිළිබඳ මා මගේ හදවත ඉරාගන කඳුලින් යුක්තව පසුතැවිලි වීමි. කොයිම වාතාවරණයක් යටතේ වුවද, දෙවියන් වහන්සේට විරුද්ධව චෝදනා නොකරන හැටියට මා සිත සාදා ගත් අතර, දින 3 ක නිරාහාරයක් ආරම්භ කළේ ඒ උදෙසාය.

සබත පැවැත්වීම ගැන සමතයකට ඒමක් නැත.

ඉදිකිරීම් කම්කරුවකු ලෙස සේවය කිරීම මා තෝරා ගැනීමට හේතුව වූයේ සබත පැවැත්වීමටත්, නිදහස්ව යාච්ඤා කිරීමටත් හා දුර්වල මාගේ ශරීරය ශක්තිමත් කර ගැනීම සඳහාය. අබලන් වූ කුඩා කාමරයක අපි ජීවත්ව සිටි කාලයේදී, මගේ එක් වැඩිමල් සොයුරියක් මා ඇමතුවාය. ඇය අවන්හලක් පවත්වාගෙන ගිය අතර ඇයට ගොඩනැගිල්ලක්ද විය. මා විසින් ඇයගේ අවන්හල පාලනය කිරීම ඇයට අවශ්‍ය වූ අතර මගේ බිරිඳවද සේවයට බඳවා ගැනීමට ඇයට උවමනා විය. මේනිසා ජීවනෝපායක් සාදා ගැනීම තව දුරටත් ප්‍රශ්ණයක් නොවන අතර අපට ආර්ථික වශයෙන්ද සැපෙන් සිටීමට පුළුවන් කම තිබුණේය.

''මල්ලී, මම ඔයාට නතර වෙන්න ගෙයකුත්, හොඳ පඩියකුත් දෙන්නම්. ඔයා ඇවිත් මගේ අවන්හලේ පාලන කටයුතු භාර ගත්තා නම් මොකද? ඒත් මාසයකට ඉරිදා දවස් 2 ක් වැඩ කරන්න ඕනේ.''

''කණගාටුයි අක්කේ, මොන දේ තිබුනුත් මම ඉරිදාට සභාවට යන්න ඕනේ. ඒ නිසා මට ඒක කරන්න බැහැ.''

ඉරිදා දින සභාවට යා යුතු නිසා, මගේ සහෝදරීගේ යෝජනාව මා විසින් ප්‍රතික්ෂේප කිරීමේ පුවත මගේ මව හා අනෙක් සහෝදර සහෝදරියන් අතරේ පැතිර ගියේය. මසකට ඉරිදා දින දෙකක් වැඩ කිරීමට සිදුවීම හේතුවෙන්, මගේ සහෝදරීගේ යෝජනාව ප්‍රතික්ෂේප කිරීම පිළිබඳව මගේ මව කල කිරීමට පත් වූවාය. මා තේරුම්ගත නොහැකි පුද්ගලයෙක් බව මගේ සහෝදර

සහෝදරියන් පැවසූ අතර, සියලු ණයබර වලින් නිදහස් වී, සැපෙන් සිටීමට පුළුවන් අවස්ථාවක් ප්‍රතික්ෂේප කිරීම ගැන ඔවුන් ඔවුන්ගේ හිස් වැනූහ.

දෙවිඳුන්ගේ වචනයෙන් මා ජීවත් වන්නේ කෙසේද?

පව්කාර ස්වභාවය මා අත්හැර දමන්නේ කෙසේද?

පිබිදීමේ රැළියෙන් පසු, ඉතා සැලකිල්ලෙන් මා බයිබලය කියෙව්වෙමි. බයිබලය කියවන්න ප්‍රථම මා, සෝදා පවිත්‍ර වී, පිරිසිදු ඇඳුම් ඇන්දෙමි. සිරස් ඉරියව්වවකින් සිට මා එය කියෙව්වෙමි. ශු.මතෙව් සුභාරංචි පොතෙන් මා කියවීම ආරම්භ කලෙමි. එය කියවන අතරවාරයේදී, ''සියලු නපුරෙන් වැලකියන්න'', ''කෝපය පහ කරවන්න'', ''බොරු නොකියව'', ''වෛර නොකරව'', ''සතුරාට ප්‍රේම කරපන්න'' යනාදි වශයෙන් වචන බොහෝමයක් අඩංගුව තිබෙනවා මා දුටුවෙමි.

ක්‍රිස්තියානි ජීවිතය තුළ යම් කලක් ගත වෙත්ම, මා දේව වචනය අනුව කොතරම් දුරට පවතිනවාද යන්න මාවම පරීක්ෂාකර බැලුවෙමි. දේව වචනය අනුව මා යමක් ක්‍රියාවෙහි නොයෙදනවා නම් එය සටහන් පොතක ලිව්වෙමි. එවන් කාරණා උදෙසා මා දෙවියන් වහනසේට යාච්ඤා කර, ඒවා ක්‍රියාවෙහි යෙදවීමට මට ශක්තිය දෙන පිණිස ඉල්ලා සිටි අතර එය ක්‍රියාවෙහි යෙදවීමට මා උත්සාහ කළෙමි.

සැබෑ හදවතින්ම මා දෙවියන් වහන්සේගේ වචනය පැවැත්වීමට උත්සාහ කල බැවින්, මා විසින්ම අත්හැරිය යුතු කාරණා අත්හරිනු ලබන පිණිස උන්වහන්සේ මට කරුණාව දුන් සේක.

''මට ප්‍රේමකරන්නන්ට මම ප්‍රේම කරමි; මා සොයන්නන්ට මා සම්බවන්නෙමි.'' (හිතෝපදේශ 8:17)

''නුඹලා මට ප්‍රේමකරනවා නම් මාගේ ආඥා රක්ෂාකරන්නහුය.'' (හිතෝපදේශ 14:15)

''මක්නිසාද දෙවියන් වහනසේට ප්‍රේමවීම නම් අප විසින් උන්වහන්සේගේ ආඥා පැවැත්වීමය. උන්වහන්සේගේ ආඥා බර නැත.'' (1 යොහාන් 5:3)

පාපය සාමාන්‍යයෙන් ප්‍රභේද දෙකකට වෙන්කළ හැකි බව මට වැටහී ගියේ මා පාලකවරයෙක් වීමෙන් අනතුරුවය. ප්‍රථම එක නම් ක්‍රියාවෙන් සිදුවන ''මාංශයේ ක්‍රියා''ය. අනෙක නම්, මනසින් සිදුකරන ''මාංශයේ කාරණාය''. ''මාංශයේ කාරණා'' වර්ධනය වුවහොත් එය ''මාංශයේ ක්‍රියා'' ලෙස ක්‍රියාවෙන් පිටතට පැමිණෙන්නේය.

සෑම ආකාරයකම නපුර අත්හැරීමට උත්සහා කිරීම

මා රෝගී ඇඳේ සිටි කාලයේදී, කාළය ගෙවීම පිණිස අසල්වාසීන් සමඟ කොරියානු කාඩ් සෙල්ලම කළෙමි. මා ස්වාමීන්වහන්සේ පිළිගත්තායින් පසුත්, දේව වචනයේ හරි දැනුවත් කමක් නොමැතිව තිබූ බැවින්, සූදු සෙල්ලම පාපයක් බව තේරුම් නොගියේය. ඇදිහිලිවන්තයෙක් වෙන්න ප්‍රථම මම බොහෝ අවස්ථාවල ජයග්‍රහණය කල අතර, මා ස්වාමීන් වහන්සේව පිළිගත්තායින් පසු මොන තරම් දක්ෂ ලෙස ක්‍රීඩා කලද සිනාගත නොහැකිව පාඩු වින්දෙමි. මෙම සූදු ක්‍රියාවට දෙවියන් වහන්සේ ප්‍රසන්න නොවූ අතර එය අත්හැරීමට මම කල්පනා කළෙමි. නමුත් එක් දිනක්, පරීක්ෂාවට විරුද්ධව සිටීමට නොහැකි වූ මා, උපයාගත් දින 15 ක වැඩ කුලියෙන් කාඩ් සෙල්ලම කිරීමට ආරම්භ කළෙමි. මුළු රාත්‍රිය පුරා සූදු ක්‍රීඩා කිරීමෙන් පසු, සියලු මුදල් සතය දක්වා මට නැති වී ගියේය. මුදල් අලාභ විඳ සියලුම දෙනා පසුවදා උදෑසන තෙක් එහි නතරව සිට ඔවුන්ගේ අහිමි වී ගිය මුල් මුදල් ඔට්ටුවවත් නැවත ලබා ගන්න උත්සාහ කළේය. එකෙනෙහිම හොඳින් හුරුපුරුදු ශබ්දයක් මට පිටතින් ඇසුනේය. නිවස් අයිතිකාර පවුල බැහැදැකීමට සභාවේ පාලක වරයෙක් පැමිණ සිටියේය.

ඔහුගේ පැමිණීම ඇසුනු නමුත්, මා නිහඬවම සෙල්ලමෙහි යෙදී සිටියෙමි. අවසානයේදී මගේ සියලු මුදල් අහිමි විය. නිවස් හිමියාගේ නිවස දෙසින් පැමිණි ප්‍රශංසා ගී හඬ ශබ්දය මගේ හදවත තුලට කා වැදී ගියේය. දේව වචනයෙන් පණිවිඩයක් බෙදාගත් පසු පාලකවරයා නැවත ගියේය. ''පාලකවරයා පැමිණි බැවින්, මටද නිවස් හිමියාගේ නිවසේ යාච්ඤා රැස්වීමට සහභාගී වීමට තිබිණි. මෙවැනි හෘදසාක්ෂියක් තබාගෙන මා කෙසේ දං සභාවට සහභාගී වන්නද? '' එවක් පටන් මා හදවතින් වේදනාවට පත් වීමි. නමස්කාර මෙහෙයන් වලදී මට එපාවීමක් ඇති වුනු අතර මට යාච්ඤා කිරීමටද නොහැකි විය. මීට පෙර ඉදිකිරීම් කම්කරුවෙකු ලෙස සේවය කරන කාලයේදී පවා මා ප්‍රීතියෙන් සිටි නමුත් තව දුරටත් මගේ මුඛයෙන් ස්තුති ප්‍රශංසා නොපැමිනියේය. මගේ

හදවතින් නැගුණු පීඩාව පමනක් මට හැඟුණේය. සති දෙකක් ගෙවී ගිය අතර මා කටුක වේදනාවෙන් පසුවීමි. දිනක් රාත්‍රියේදී මා කවුළුව විවෘත කොට පිටත බැලුවෙමි. මට ටුක්සම් දූපතේ නිදහස් උද්‍යානය සහ හාන් ගංගාවේ ගං ඉවුර පෙනුනේය. යම් දීප්තිමත් විද්‍යුත් එළියක් ගඟ මත්තෙන් පැමිණී අතර එම එළිය රත් පැහැති කුරුසයක් මෙන් විය. ''මොකක් ද වුනේ?'' පුදුමයෙන් මා නැවතත් එදෙස බැලූ කල, රතු පැහැති කුරුස හරි කෙලින් පෙල ගැසී තිබිනි. ''ඇයි ඒ එළිය වෙනදා වගේ නැතිව කුරුස වගේ පෙන්නේ ?'' ඒ මොහොතේ ප්‍රේමනීය දෙවියන්වහන්සේගේ කරුණාව ඉහළින් මා වෙත පැමිණ, මගේ නිවසට පැමිනි සභා පාලකවරයාව මා පිළිගත යුතුව තිබුනු බව මට සිහි ගැන්වුයේය. නමුත් මගේ සිත යොමු වී තිබුනේ, මට අහිමි වූ ඒ මුදල් මත බැවින්, පාලකරයාගෙන් මා සැඟවිණි. මා ගෘහ නමස්කාරයන් වලට සහභාගී නොවීමි. හඬමින් කඳුළු සලමින් මා ඒගැන පසුතැවිලි වීමි. ''දෙවියනි, මම ආයිත් කාඩ් අල්ලන්නේ නැහැ.'' මා සම්පූර්ණයෙන්ම පසුතැවිලි වුවාට පසු, දෙවියන් වහන්සේ මට නැවත නැති වී ගිය ශුද්ධාත්ම පූර්ණත්වය දුන්සේක. පාපයේ පවුර දෙවියන් වහන්සේ ඉදිරිපිට බිඳී ගිය බැවින්, මට ඉගිලෙන්න සිතුනේය. දෙසතියක් ගතවනතෙක්ම එය අමාරු වුවද, ලෝකය දෙස නැවත හැරී බැලීම මොන තරම් බියැයන්න මට මුළුමනින්ම වැටහී ගියේය. මා සූදු කෙළීමද අත් හැරියෙමි.

සිතුවිල්ලෙන් කරන පාපය ඉවත ලෑමට යාච්ඤා කිරීම

ස්ථිර අධිෂ්ඨානයක් ඇත්නම් ''මාංශයේ ක්‍රියා'' වලින් සිදු කරන හැම ක්‍රියාවක්ම පහසුවෙන් ඉවත දැමිය හැක. බයිබලයට අනුව සිදු නොකල යුතු දේ සිදු නොකර, සිදු කල යුතු දේ පමණක් සිදුකිරීම අපට පුළුවන. නමුත් මට කාරණා දෙකක් සම්බන්ධව අපහසුතාවයක් ඇති විය. එනම්, ද්වේශය සහ පරදාර සේවනයේ යෙදෙන මනසත්ය. මේ පිළිබඳ මගේ කැමැත්ත කුමනාකාර වුවත්, මෙවැනි සිතුවිලි මගේ සිතට පැමිණීම මා හිරිහැරයකට පත් කළේය.

ඒ කාලයේදී බොහෝ මනුෂ්‍යයන්ට විරුද්ධව පළිගැනීමට මට උවමනා විය. ඒ අය නම්, හා රෝගීව සිටි කාලයේ මට කාමරයක් කුලියට ගැනීමට මුදල් නුදුන් මගේ සහෝදරයෝ, ''අංග විකල බෑණා'' යැයි පැවසූ මගේ නැන්දම්මා සහ මට ආදායමක් උපයාගත නොහැකිකම ගැන මට අවමන් කලාවූ මගේ බිරිඳගේ පවුලේ අය යන මොවුන්ය. ඔවුන් සියලු දෙනා ගැන මට බලවත් වෛරයක් විය. මට සිතීමට හැකි වූයේ ''මම සුව වුනාම හොඳට හම්බ කරලා, සැපවත් ජීවිතයක් ගත කරනවා'' යන්නය.

බලවත් වෛරය හා අමනාපය නිසා මගේ බිරිඳගේ පවුලේ අය වන මගේ සතුරන්ට ප්‍රේම කිරීම එතරම් ලෙහෙසි කාර්‍යක් නොවූ වග මට පෙනී ගියේය. අනෙක් කාරණය නම් පරදාර සේවනයේ යෙදෙන මනසය. ''ස්ත්‍රියෙකු දෙස රාගයෙන් බලන කවරෙක් නමුත්, ඒ වෙලේම ඈ සමඟ සිතින් කාමමිථ්‍යාචාරය කලේය.'' යන බව යේසුස් වහන්සේ ශු.මතෙව් 5:28 හි පවසා තිබේ. මම ක්‍රියාවෙන් කාමමිථ්‍යාචාරය නොකළ නමුත්, ප්‍රියකරු නිළියකගේ ඡායාරූපයක් දැකීමෙන් මගේ මනස මහත් කැළඹීමකට පත් විය.

පින්තූර, චිත්‍රපට, අන්තර්ජාලය හෝ පාරේ ගමන් කරන කාන්තාවන් දෙස බැලීමෙන් අපේ මනස පව්කාර ස්වභාවයට පෙළඹීම, දෙවියන් වහන්සේ ඉදිරියේ කාමමිථ්‍යාචාරය නොවේද? බයිබලයේ සඳහන් හැම වචනයක්ම මට පැවැත්විය හැකි බව මා නිශ්චිතව දැන සිටි නමුත්, මෙම කාරණා දෙක පිළිබඳ මට කනස්සල්ලක් විය.

ඇදහිල්ල ඇතුව යාච්ඤා කිරීමෙන්, අපට ඕනෑම දෙයකට පිළිතුරු ලබා ගත හැකි බව දේශකයා පිබිදීමේ රැළියේදී පැවසීය. ඇදහිල්ල සමඟ කිසිවක් නොහැකි කියා නැති බව මා විශ්වාස කල අතර නිරාහාරයෙන් සහ යාච්ඤාවෙන් මේ පව්කාර ස්වභාවය මගේ හදවතින් ඉවත් කිරීමට මා පටන් ගත්තෙමි.

''දෙවියන් වහන්ස, මොන ආකාරයේ කාන්තාවක් දුටුවත්, කාමමිථ්‍යාචාරයේ සිතක් හෝ එවැනි කිසි හැඟීමක් මට නුදුන මැනව.''

ස්වාමින් වහන්සේ පිළිගන්න ප්‍රථම, මගේ නිවසේ නිළියන්ගේ ඡායාරූප හා දින දර්ශන මා එල්ලා තිබුනෙමි. නමුත් දෙවියන් වහන්සෙගේ වචනය දැනගත්ම, මා තවදුරටත් එවැනි කිසිවක් නිවසේ එල්ලා තැබුවේ නැත. කාමමිථ්‍යාචාරික පව්කාර මනසින් ඈත්තෙන්ම ඉවත්ව යන තෙක්ම මා නිරාහාරයෙන් හිඳ යාච්ඤා කළෙමි. දෙවියන් වහන්සේ දුන් ආශිර්වාද කරණකොට ගෙන උන්වහන්සේව මහිමයට ගෙනෙන්නට මට උවමනා විය. දෙවියන් වහන්සේ දුන් ආර්ථික ආශිර්වාද වලින්, දිළිඳුන්ට උපාකාර කිරීමට මට අවශ්‍ය විය. දෙවියන් වහන්සේ මට දුන් ආශිර්වාද වලින් හා මගේ ආශාව පරිද්දෙන්, ධර්මදූත සේවාවන්ට උපකාර කොට උන්වහන්සේව ගෞරවයට පැමිණවීමට මට උවමනා විය. වෙළඳ සැලක් දමා ගත හැකි කුඩා කාමරයක් සහිත නිවසට පිදිංචියට ගිය පසු, අපි කුඩාවට විකට චිත්‍රකථා පොත් වෙළඳසැලක් ආරම්භ කලේය. අලංකාර ආලේපන, ආයිත්තම් විකිණීම සඳහා මගේ බිරිඳ පිටතට ගිය අතර මා තනිවම වෙළඳසැලක් පවත්වාගෙන ගියෙමි. මගේ දිළිඳුකමේ තත්වය දුටු මගේ සහෝදරයෝ වෙනයම් දෙයක් කරන පිනිස මට උපකාර කිරීමට ඉදිරිපත්

වුවද, මම එය ප්‍රතික්ෂේප කළෙමි. ''දෙවියන් වහන්සේ මාව ශුද්ධ කළාට පසු මට ආශිර්වාද කරයි. ඒ දවස්වල මට තිබූ අවශ්‍යතාවය නිසා සහෝදරයන්ගෙන් මා උපකාරය පිළිගත්තා නම්, අනාගතයේදී දෙවියන් වහන්සේ විසින් මට ආශිර්වාද කර ඇති බව මගේ සහෝදරයන්ට පවසන්නේ කෙසේද?

කාමමිථ්‍යාචාරික මනස පහ කිරීමට ගත වුණු වසර තුන

වැඩි ප්‍රාග්ධනයක් නොමැතිව අපට විකට චිත්‍රකථා පොත් වෙළඳසැල පවත්වාගෙන යා හැකි විය. වඩා විශාල වෙළඳ සැලකට මාරු වීම සඳහා මා දින තුනක් නිරාහාරව යාච්ඤා කළෙමි. නිරාහාර කාලය අවසන් වූ පසු, කියුම් හො ඩොං රංගශාලාවට පහළින් තිබූ වෙළඳසැල මා බැලුවෙමි. මා එයට කැමතිව කොන්ත්‍රාත්තුව අවසන් කලෙමි. මා අලුත් වෙලඳසැල විවෘත කල අතර, මත්පැන් සල් බොහෝමයක් ළඟපාත තිබූ බැවින්, වැඩිපුරම කාන්තා පරිභෝගියන් පැමිනෙන්නට විය.

එක්තරා කාන්තාවක්, වෙළඳසැලට පැමිනි මොනම අවස්ථාවකදී හෝ මා අසලින් වාඩි වූවාය. ඇ වාඩි වූ විට, ඒ සැනින් මා සිට ගත්තෙමි. පොළඹගන්නා සුළු ආකාරයකින් කාන්තාවක් හැසුරුණ විට මා ඇය මග හැරියෙමි. ඔවුන්ගේ ප්‍රතිචාරයන් විවිධ විය. තව දුරටත් මගේ හදවත සලිත නොවීය.

''මම තැබෑරුකම වැඩ කරන නිසාද, මාව පහත් විදියට සලකන්නේ?''

''ඔයා ගල්වලින්ද හැදිලා තියෙන්නේ? ඔයාට කිසි හැඟීමක් නැත්ද?''

''වැඩ කරන වේලාවට ඇවිත් හම්බ වෙන්න. මම නොමිලේ ඔයාට බොන්න දෙන්නම්.''

නොයෙකුත් ආකාරයේ පරීක්ෂාවන් පැමිණියද, මා ඉන් එකකටවත් යටත් නොවීමි. ඉදිරියට පැමිණි සියල්ල මා ප්‍රතික්ෂේප කල අතර එය මගේ ශක්තිය බවට පත් විය. කාමමිථ්‍යාචාරික පව්කාර ස්වභාවය ඇති මනස සම්පූර්ණයෙන්ම පහව ගොස් ඇති බව පසුව මට දැනී ගියේය. මා යාච්ඤාවෙන් පසු වූ හෙයින්, ක්‍රියාවෙන් පැමිණි පරීක්ෂාවන් ජයගැනීම මගේ ශක්තියද, බලයද වූ අතර කාම්මථ්‍යාචාරික මනසද සහමුලින්ම උදුරා දැමුනේය. කාමමිථ්‍යාචාරික මනස ඉවත් කිරීමට, මා යාච්ඤා කරන්න පටන්ගෙන වසර තුනක් ගත වූ පසු මට ලැබුණු පිළිතුර මෙය විය.

මාගේ එකම පැතුම

දේව වචනයේ තිබිය යුතු එකම පිළිතුර

මාගේ එකාන්ත ආශාව වූයේ බයිබලයේ සඳහන් සෑම වචනයක්ම තේරුම් ගැනීම හා ඒ මත මුළුමනින්ම ජීවත් වීමය. එමනිසා පිබිදීමේ රැළි පැවතෙන කොහේ නමුත්, ඒ බව දැනගත් කල දෙවියන් වහන්සේගේ කරුණාව ලබා ගැනීමට මම ඒ ස්ථාන වලට ගියෙමි.

බයිබලයේ සඳහන් බොහෝ වාක්‍ය මට තේරුම් නොගිය බැවින් මම එවැනි රැස්වීම් වලට, බොහෝ උනන්දුවෙන් සහභාගි වීමි. දේශනය අතර තුර, මට දේව වචනය වටහා ගත හැකි වීම ගැන මම බොහෝ සතුටට පත්වීමි. එමෙන්ම යාච්ඤා මධ්‍යස්ථාන වලද මෙවැනි රැස්වීම් නිතර පැවැත්වූ බැවින් මම ඒවාටද සහභාගි වුනෙමි. තේරුම් ගැනීමට අපහසු වූ බොහෝ පාඨ පිළිබඳව මා පාලක වරයාගෙන් ප්‍රශ්ණ කලෙමි. නමුත් සමහර ප්‍රශ්න වලට පැහැදිලි ලෙස පිළිතුරු දීමට ඔහුට නොහැකි විය.

''පාලකතුමනි, දෙවියන් වහනසේගේ කැමැත්ත ගැන පැහැදිලි තේරුම් ගැනීමක් දෙන්න බයිබලයේ මොන පොතටද පුළුවන්.?''

''සහෝදර ලී, ඔයාට බයිබලය තේරුම් ගන්න ලොකු ඕනෑකමක් තියනවානම්, ඔයා අර්ථය පහදා වටහා දෙන බයිබල් විවරණය කියවන්න.'' එය ඇසීම මට මහත් සතුටක් විය. ඒ දවස් වල මා බොහෝ ණයබරින් සිටි නිසා, එක සතයක්වත් වැය කිරීමට අපහසු වූ, නමුත් කෙසේ හෝ බයිබල් විවරණ පොතක් මිලදී ගැනීමට මා මුදල් සූදානම් කර ගත්තෙමි. යාච්ඤාවෙන් යුක්තව මා කඳුකරයේ සිට බයිබල් විවරණය කියෙව්වද, තවමත් සමහර කොටස් තේරුම් ගැනීම මට අපහසු විය. සැබැවින්ම, මට ගැඹුරු අර්ථය දැනගැන්මට නුපුළුවන් වී, මා අසාර්ථකභාවයට පත් වීමි. එම විවරණ දේව වචනයේ ඇති සත්‍යතාවය

සත්තකින්ම සඳහන් කොට තිබිණි. වඩා නිවැරදිව කියනවා නම්, එහි සඳහන් වූ විවිධ අර්ථකථන අපේ ඇදහිල්ලද ඉවත් කළේය. පසුව, වෙනත් විවරණ පොත් ද කියෙවූ නමුත්, ඒ හැම පොතක්ම විවිධ අර්ථ පැහැදිලි කිරීම සඳහන්ව තිබුනේය. බයිබලයට එකම පිළිතුරක් තිබෙන්න ඕනෑය. නමුත් විවරණ පොත් කියවීම මා වඩා වියවුල් කලේය.

දෙවියන් වහන්ස, කරුණාකර මට දේව වචනය පැහැදිලි කර දෙන්න!

1976 දී පමණ, දේව වචනයේ අඩංගු වන දෙවියන් වහනසේගේ කැමැත්ත තේරුම් ගැනීමට මට මහත් ඕනෑකමක් ඇති විය. ඩේගු වල සිට පිබිදීමේ රැළියකට සහභාගී වී නැවත පැමිණියාවූ වෙනත් සභාවක ඇදහිලිවන්තයෙකුගෙන් පුදුම දෙයක් මට අසන්න ලැබුනි.

''එක් පාලක වරයෙක් දින 40 බැගින් දෙවතාවක් නිරාහාරව සිටි අතර, දේව දූතයෙක් ප්‍රකාශ වී අවුරුදු තුනක්ම ඔහුට දේව වචනය පැහැදිලි කර දුන්නා.'' එම වචනය ඇසූ මොහොතේ පටන් මගේ හදවත දැවෙන්නට වී, මා තුල ගින්නක් දැල්වුනා සේ දැනුනේය. දූතයෙක් පැමිණ දේව වචනය පැහැදිලි කිරීම විහිළුවක් සේ දැනුන නමුත්, එය විශ්වාස කර යාච්ඤා කරන මනසක් මට තිබුනේය. එවක් පටන් මා දෙවියන් වහන්සේට යාච්ඤා කළෙමි.

''දෙවියන් වහන්ස, මම බයිබලයේ පොත් 66 ම විශ්වාස කරනවා. බයිබලය කියන්නේ ශුද්ධාත්මයාණන්ගේ ආනුභවයෙන් ලියන ලද දෙවියන් වහන්සේගේ වචනයකි. ඒ නිසා මට ඔබේ දිව්‍යඥානය දී මේ පොත් 66 ම පැහැදිලි කර දෙන්න. නැත්තම් දූතයෙක් මගින් පැහැදිලි කරන්න. එහෙමත් නැත්තම්, ස්වාමිනි, ඔබ මා වෙතට ඇවිත් මට තේරුම් කර දුන මැනවි.''

දේව වචනයේ, මට තේරුම් ගත නොහැකි යම් කොටස් තිබෙනවා නම්, මට දෙවියන් වහන්සේගේ කැමැත්ත දැන ගැනීමට හැකි වන්නේ නැත. බයිබලයේ සඳහන් සැබෑ අරුථ තේරුම් ගත් කල මට දේව කැමැත්තට අනුව ජීවත් විය හැක. නිවැරදිව දේව වචනය තේරුම් ගත්තායින් පසුව, අපට උන් වහන්සේගේ වචනය නියම ලෙස පැවැත්විය හැක.

දේව වචනයේ අර්ථය තේරුම්ගැනීමට, දැඩි ඕනෑකමක් මා තුළ වූ බැවින් මා උද්යෝගිව යාච්ඤා කළෙමි. යාච්ඤාවේ යෙදීමට සහ නිරාහාරව සිටීමට දෙවියන් වහන්සේ මගේ හදවතට මඟ පෙන්වූ සේක. ඉදිකිරීම් භූමියේ වැඩ

නොමැති වේලාවක් හිදී, මා කඳුකරයට ගොස් යාච්ඤා කළෙමි. මගේ යාච්ඤාව වූයේ දේව වචනය පැහැදිලි කර දෙන ලෙසටයි. එය වසර ගණනාවක් පුරා නොනැවතී සිදු විය.

දෙවියන් වහන්සේගේ සියුමැලි දෑත්

වෙළඳසැල පවත්වාගෙන යා යුත්තේ, කෙසේද යන්න, මාස දෙකක් ඇතුලත මා ඉගෙන ගත් අතර, ගොඩනැගුණු ඇදහිල්ල මත ඕනෑම දෙයක් මට කිරීමට හැකි බවද හැඟී ගියේය. පවත්වාගෙන ගියාවූ වෙළඳසැලෙන් යන්තම් ලාභයක් උපයාගත හැකි වූ අතර, ඊට වඩා යමක් මට ඉන් බලාපොරොත්තු විය නොහැකි විය. බොහෝ සෙයින් මා ළඟ මුදල් නොතිබුනු නමුත් ඕනෑම දෙයක් කල හැකි බවට මා තුල වූ ඇදහිල්ල නිසා මගේ ව්‍යාපාරය විශාල කිරීමට මට අවශ්‍ය විය. ''දෙවියන් වහන්ස, මීට වඩා හොඳ ස්ථානයකට මාරු වෙන්න මට ඉඩ දෙන්න.''

ඒ වෙනුවෙන් යාච්ඤා කර තුන්වන දවස වන විට, එක්තරා පුද්ගලයෙක් මා වෙතට පැමිණ, මගේ වෙළඳ සැල ඔහුට බාර දිය හැකිද යන්න මගෙන් ඇසුවේය. ඒ වන විටත් ඔහු විශාල සාප්පුවක අයිතිකරුවකුව සිටියේය. වොන් 150,000 (ඇ.ඩො 150) ක අත්තිකාරම් මුදලකට මා ඔහුට වෙළඳ සැල බාර දුන් අතර වෙළඳසැලට අවශ්‍ය බඩු බාහිරදියට වැයවුණු අගය වොන් 50,000 ක් හැර ඉතිරි වොන් 100,000 ය මට ලාභයක් විය. මාද මගේ බිරිඳද දින තුනක නිරාහාර කාලයකින් පසු, අපි ළඟපාත ස්ථානයක තවත් වෙළඳ සැලක් බැලීමට ගියෙමු. එහි ඉතා හොඳින් පවත්වාගෙන ගියාවූ වෙළඳ සැලක් වූ අතර, වොන් 500,000 ක පාරිතෝෂික හා කුලී මුදලකට එය බදු දීමට දැන්වීමක් යොදා තිබිණි. මා අත තිබි වොන් 100,000 න් ගිවිසුමකට එළඹීමට තව දුරටත් වොන් 400,000 ක මුදලක් ගෙවන්න සිදු විය. ඒ මොහොතේදි මෙය මට විශාල මුදල් ප්‍රමාණයක් විය. සභාවේ සිටි පුද්ගලයන් දෙදෙනෙක් එවේලේ මගේ මතකයට ආ අතර, ඔවුන්ගෙන් ණයක් ඉල්ලා ගන්නා ලෙසට මම මගේ බිරිඳට පැවසුවෙමි. නමුත් ඔවුන් එය එකවරම ප්‍රතික්ෂේප කලෝය. අපගේ අසල් වාසියකුගෙන් වොන් 150,000 ක් අප ණයට ඉල්ලා ගත් නමුත් ඉතිරි වොන් 250,000 සොයා ගැනීමට අපට නුපුළුවන් විය. ගොඩනැගිල්ලේ අයිතිකරුට තවදුරටත් කථා කල අපි, වොන් 250,000 ට පොළී මුදල් ගෙවීමට කථාබහා කර ගත්තෙමු.

සභාවේ සාමාජිකයන් එකිනෙකා සමඟ මුදල් හුවමාරු නොකර ගත යුතුයි. පසු කලකදී, දේව වචනය තුල, දෙවියන් වහන්සේ සභාවේ අයගෙන් මුදල් ණයට ගැනීමට මට ඉඩ නොහැරියේ ඇයි යන හේතුව මා තේරුම් ගතිමි.

එනම්, සභාවේ සාමාජිකයන් අතර මුදල් ණයට ගැනීමවත්, දීමවත් දෙවියන් වහන්සේගේ කැමැත්ත නොවන නිසාවෙනි. මුදල් හේතුකොටගෙන ලේ සහෝදරයෝ පවා පසුව සතුරන් බවට පත් වී ඇත. සභාව තුලත් මුදල් ණයට ගැනීම හෝ දීම එසේ කිරීම දෙවියන් වහන්සේගේ කැමැත්ත නොවනු ඇත. එම නිසා මගේ පූජක ධූර, කාලයේදී, ඔවුනොවුන් අතර මුදල් ණයට දීම හෝ ගැනීම සිදු නොකළ යුතු බව මා ඉගැන්නුවෙමි. නමුත් සමහරෙක් අකීකරුව, ණයට දී හෝ ගෙන පරීක්ෂාවට හා අමාරුවට පත් වෙනවා මා දැක ඇත. ඇදහිල්ලේ සහෝදරයන් වන අප, එකිනෙකා අතරේ ප්‍රේමය හැරුණු කොට ගෙන වෙන කිසිවෙකුත් ණය නොවිය යුතුයි. වෙලඳ සැලෙන් අප උපයාගත් ලාභයෙන්, ණය පොලිය ගෙවීමට හැකිවුනු අතර, මුළු ණය මුදල ගෙවීමට අපට නොහැකි විය. විශාල සමාගම් ලෙස මහා පරිමාණයෙන් පොත් සාප්පු පවත්වාගෙන ගිය බොහෝ පිරිස් නගර මාධ්‍යයේ සිටියහ. විශාල සාප්පුවක් ලබා ගැනීමේ සිහිනය ගැන මා දෙවියන් වහන්සේට යාච්ඤා කලෙමි.

ආර්ථික ආශිර්වාදයේ මං පෙතට මඟ පෙන්වීම

ඒ දවස් වලදී කියුම් හෝ ඩොං වෙළඳ සැලේ එක්තරා ප්‍රසිද්ධ සාප්පුවක් විය. එම ප්‍රදේශයේ විශාලතම විකුණුම් තිබ් සාප්පුව එය බව දන්නා ළද කරුණකි. එය කුලියට දීමට ඉදිරිපත්කර තිබූ අතර එහි වාරික මුදල වොන් මිලියනයක් විය. තවද කුලී ගාස්තු ද ගෙවන්න තිබුනේය. ඒ දවස් වල කම්කරුවකු ගේ දවසේ වැටුප වොන් 1,500 ක්ව තිබූ නිසා මට මෙම ගාස්තුව විශාල මුදලක් විය. එහි අයිතිකරු, ගාස්තු මුදල වොන් 950,000 ක් දක්වා අඩු කල හැකි මුත් ඉන් එහා කිසිවක් නොකළ හැකි බව කීවේය. මා ඔහු මුණගැසී දින විස්සක් යන තෙක්ම අන් කිසිවෙක් එම සාප්පුව බැලීමට නොපැමිණි බව පසුව මට දැනගන්නට ලැබිනි. පුද්ගලික හේතුවක් මත ඔහුට එය වහා විකිණීමට අවශ්‍යව තිබූ බැවින්, මට හොඳ ගණුදෙනුවක් කරගත හැකි බව ඇතැමෙක් පැවසුවේය. මා සතුව වොන් 500,000 ක් පමණක් විය. එම මුදල සමඟ ගණුදෙනුවකට එම ඇත්ත වශයෙන්ම ආමරු කාර්‍යයක් විය. මුළු රාත්‍රිය පුරාම උනන්දුවෙන් යාච්ඤා කර, ගනුදෙනුව කථා කර ගැනීමට මා ඔහු මුණ ගැසෙන්න ගියෙමි. මා ළඟ වොන් 500,000 ක් පමණක් ඇති නිසා එම මුදලටම සාප්පුව දෙන මෙන් මම ඔහුගෙන් ඉල්ලුවෙමි. ඔහු මොහොතකට යමක් කල්පනා කර වොන් 550,000 කට මෙය අහවර කිරීමට එකඟ විය.

අවසානයේදී අපි වොන් 500,000 ට ගිවිසුම් අත්සන් කළෙමු. සුරුකුම් තැන්පතුව මාසික කුලිය සමඟ ගෙවීමට මා එකඟ වීමි. මෙසේ අප කියුම් හෝ ඩොං වෙළඳපල වෙතට පැමිණියෙමු. සාප්පුව විවෘත කල විගසින්

බොහෝ පාරිභෝගිකයන් පැමිනියහ. බොහෝ අය කියා සිටියේ, ඔවුන්ට මෙම ගොඩනැගිල්ල අවශ්‍යව තිබූ නමුත්, එය කුලියට දීමට තිබූ බව ඔවුන් නොදන සිටි බවය. සමහරක් අය මෙම ගොඩනැගිල්ල ඔවුන්ට භාර දෙනවා නම් වොන් මිලියන 1.2 ක් වාරිකයකට ගෙවන බවට යෝජනා කලේය. යම් අයෙක් වොන් මිලියන 1.3 ක් වාරිකයකට ගෙවීමට කැමැත්ත ප්‍රකාශ කල විට, මා ඒ ගැන මගේ බිරිඳ සමඟ කථා කලේ, එවන් මුදලකට අපට නිවසක්ද මිලදී ගත හැකි නිසාය. නමුත් දෙවියන් වහන්සේගේ කැමැත්තට අනුව උන්වහන්සේ අපට මග පෙන්වූ මෙම ස්ථානය සැනෙකින් බාර දීම යහපත් ක්‍රියාවක් නොවන බව අපට හැඟී ගියේය.

එහෙයින්, වෙළඳ සැලෙන් උපයන ලාභයෙන් ණය ගෙවා දමන බවට අප තීරණය කර ගත්තෙමු. 1977 ජූලි මස, අප වෙළඳ සැල විවෘත කර ව්‍යාපාරය ආරම්භ කළෙමු. ඉරිදා දින වල අප සාප්පුව වසා දැමූ අතර, මත්පැන් හෝ දුම්පානය කරන කිසි සිසුවෙකු පොත් සාප්පුවට පැමිණීමට අප අවසර නුදුන්නෙමු. මගේ පවුලේ අය නිරන්තරයෙන්, නිවසේ ප්‍රශංසා ගී ගායනා කල අතර සාප්පුවට පැමිණි අයට ද ගීතිකා ඇසෙන්නට විය. කලින්සිටි අයිතිකරු සාප්පුව පවත්වාගෙන ගිය කාලයට වසා වැඩි පිරිසක් දැන් පැමිනෙන්නේය. දවස පුරාවට සාප්පුව විවෘත කර තැබූ අපි රාත්‍රී කාලයේ යාච්ඤා කළෙමු. මෙය අපේ දින චර්යාව විය.

ශුද්ධාත්මයාණන්ගේ හඬ පැහැදිලිව තේරුම් ගැනීමට පුරුදු පුහුණු වීම

ඔසාන්රි යාච්ඤා ගෘහයේ දී

දිය දොළකට ආසා කරන මුවකු සේ, මා වඩ වඩා දේවවචනය දැන ගැනීමට පිපාසා වීමි. 1977 දී මා ඔසාන්රි යාච්ඤා ගෘහයේ රැස්වීමකට සහභාගී වුයෙමි. මට දෙවියන් වහන්සේගේ හඬ දෙවන වතාවට ඇසුනු තැන මෙය විය. පාලකවරයා දේශනා කරමින් සිටි පණිවිඩය මා අසා සිටි අතර, ඔහු මෙසේ පැවසීය. ''බොහෝ නිෂ්පාදන කරන්න දෙවියන් වහන්සේ අපට ප්‍රඥාව දී තිබෙන නිසා, රෝහලකට ගොස් බෙහෙත් ලබා ගැනීම උන්වහන්සේ ගේ කැමැත්තක්'' එයට ආමෙන් කියා එකඟ වීමට මට නොහැකි විය. සියලු දේ කල හැකි සර්වබලධාරී දෙවියන් වහන්සේ සමඟ මගේ අත්දැකීම ඊට බොහෝ සෙයින් වෙනස් වූයේය. මෙහෙය අවසන් වීමෙන් පසු මා යාච්ඤා ගෘහය වෙතට ගොස් මොරගසා යාච්ඤා කළෙමි.'' ස්වාමිනි, බෙහෙත් ගැනීම ඔබේ කැමැත්තක්ද නැද්ද?

කෙතරම් වේලාවක් ගත වුවා දැයි මා හට නොදැනිනි. එකවරම, දෙවියන් වහන්සේගේ හඬ මෙසේ පවසනවා මට ඇසුනේය. ''2 ලේඛම් 16 වන පරිච්ඡේදය දෙස බලන්න.'' මා බයිබලය විවෘත කර බැලූ විට, ඒ ආසා රජු පිළිබඳව විය. ඔහුගේ මුල්පාලන කාලයේදී, ඔහු දෙවියන් වහන්සේ මත පමණක් විශ්වාසය තැබීය. ප්‍රතිඵලයක් වශයෙන් ඔහු සියලු සටන් ජයග්‍රහණය කල අතර සමාදානය ඇති කාලයක් තිබුනේය. ඔහුගේ පාලන කාලයේ අග භාගයේදී ඔහු දෙවියන් වහන්සේ මත රඳා නොපැවත, යුධ සේනාව කෙරෙහි විශ්වාසය තැබීය. ඔහු කල යුධ පැරදුනේය. ඔහුගේ වැරදී පෙන්වා දුන් ප්‍රොපේතවරයෙකුවද ඔහු සිර ගෙයි දැම්මේය. එවිට ආසා රජුගේ පාදවල රෝගයක් විය. එය තදබල රෝග යක්ව තිබියදී, ඔහු වෛද්‍යවරු අනුව ගොස්, දෙවියන් වහන්සේ නොසෙව්

අතර, වසර දෙකකට පසු ඔහු මිය ගියේය. මෙම පරිච්ඡේදය තුලින්, දෙවියන් වහන්සේ උන්වහන්සේගේ දරුවන් උන්වහන්සේ කෙරෙහි පමණක් ස්ථිර ඇදහිල්ලක් ඇතුව රඳා පවතිනවාට කැමති බවත්, ඔවුන්ගේ ඇදහිල්ල හා විශ්වාසය මේ ලෝකය වෙත තබනවාට අකමැති බවත් මට සහතික විය.

ශුද්ධාත්මයාණන් වහන්සේගේ හඬ ඇසීමට පුහුණු වීම

දෙවියන් වහන්සේගේ හඬ, ස්වාමින් වහන්සේගේ හඬ සහ ශුද්ධාත්මයාණන් වහන්සේගේ හඬ වෙන්කොට හඳුනාගත යුතුයි. මගේ අත්දැකීමට අනුව නම්, දෙවියන් වහන්සේගේ හඬ ඇසුනේ ඉතා විශේෂ අවස්ථාවලදී පමනය. ස්වල්ප වතාවක් පමණක් මට එය ඇසී ඇත. යේසුස් ක්‍රිස්තුස් වහන්සේව පිළිගනු ලැබ ශුද්ධාත්මයාණන් වහන්සේ ලැබූ කල, අපට වඩ වඩාත් පැහැදිලිව ආත්මයාණන් වහන්සේගේ හඬ ඇසෙන අතර, අපගේ පාපය නපුර, කාමුක සිතුවිලි ඉවත් කිරීමට උද්යෝගීව යාච්ඤා කල හැකි වේ.

නව ඇදහිලිවන්තයෙක්ව සිටි කාලයේ පටන්ම, මට ශුද්ධාත්මයාණන් ගේ හඬ ඇසෙන්නට විය. වරක් මා දේව මෙහෙයට සහභාගී වූ අතර, ශුද්ධාත්මයානන්ගේ හඬ ඇසීමේ පුහුණුව ලබන්න දෙවියන් වහන්සේ මට ඉඩ හැරියේය. දිනක් ඉරිදා උදෑසන මෙහෙයේ දී, මා සාවධානව දේශනය වෙත ඇහුම්කම් දී සිටි අතරේ, මගේ හදවතේ බලවත් පෙළඹවීමක් ඇති විය. එක්තරා පාලකවරයෙකුට වොන් 30,000 ක් දීමට මට පෙළඹවීමක් ඇති විය. ''දෙවියන් වහන්ස, මම වොන් 30,000 ක් ඒ පාලකවරයාට දෙන්නම්'' යැයි මා සිතින් එකඟ වූයෙමි.

දේව මෙහෙය අතර වාරයේ එසේ කිරීමට මා සිත සාදාගත් නමුත්, මෙහෙය අවසන් වී මා සභා දොරටුවෙන් පිටතට ආ කල, වෙනත් සිතුවිලි මගේ සිතට ආවේය. සත්තකින්ම වොන් 30,000 ක් යනු මට විශාල මුදලක්ය. මට මුදල් තිබුන නම්, දෙන බව මා සිතුවෙමි. නමුත් මා කෙසේ ඒ මුදල් සොයන්නද? මට වඩා ඒ පවුල පොහොසත් බව මට පෙනී ගියේය. සමහර විට දේව මෙහෙයේදී නිෂ්ඵල සිතුවිල්ලක් මට සිතෙන්න ඇති අතර මට ඒ ගැන අමතක විය.

නමුත් පසුවදා, ජ්‍යෂ්ඨ උපස්ථායිකාවක් වූ, එම පාලකවරයාගේ නැන්දම්මා, කියුම් හෝ ඩොං හී පිහිටි මගේ වෙළඳ සැල වෙත පැමිණියාය. ''මගේ දුව ඊයේ මුළු රෑම විලිරුදාවෙන් සිටියේ. එයා ඉස්පිරිතාලෙට ගියාම, අපට වොන් 30,000 ක මුදලක් හදිසියේ අවශ්‍ය වුනා. සල්ලි හොයා ගන්න මට හරිම අමාරු වුනා. යන්තම් මට සල්ලි හම්බවුන ගමන් මං ඉස්පිරිතාලෙට ගියා. එයාට හරිම අමාරු විලිරුදාවක් තිබුනේ'' ඈට සවන් දුන් මා තිගැස්සී ගියෙමි. ''ඇත්ත

වශයෙන්ම කියනවා නම්, ඉරිදා දේව මෙහෙයේදී ශුද්ධාත්මයාණන් වහන්සේ මගේ හදවතට කථා කලා. නමුත් මම ඒකට කීකරු වුනේ නැහැ. මා හිතුවේ එක මගේ සිතුවිල්ලක් කියලා අමතක කරලා දැම්මා. නමුත් මේ ගැනයි මට ඒ පෙළඹවීම ආවේ.''

එවේලේම පසුතැවිලි වූ මා, අනෙක් වතාවේ කීකරු වීමට සිත සාදා ගත්තෙමි. ''ශුද්ධත්මයාණන් වහන්සේගේ හඬ මට ඇසුනා. නමුත් ඒකට මම කීකරු වුනේ නැති නිසා මෙවැනි දෙයක් සිදු වුනා.'' යැයි මට සිතුනේය. ඒ හඬට මා කීකරු වූවා නම්, දෙවියන් වහන්සේ විසින් පිළියෙල කර තිබුනා වූ එම මුදල මට ලෙහෙසියෙන්ම ලබා ගන්න තිබුනු අතර ඒ තරම් විශාල මුදලක් ගැන පාලකවරයාගේ පවුලේ අයට මුළු රාත්‍රිය පුරා පීඩා නොවිඳින්න තිබුනේය. දෙවියන් වහන්සේට කීකරු වීම තුල මට බලවත් ආශිර්වාද ලබන්න තිබුනා. මගේ සිතුවිලි නිසා කීකරු නොවීම ගැන මා කණගාටුව පත් වුනෙමි. එවක් පටන්, මේ ආකාරයේ පුහුණු වීම් තුල ගමන් කරද්දී, ශුද්ධාත්මයාණන් වහන්සේගේ හඬත් මගේ සිතුවිලිත් වෙන් වශයෙන් හඳුනාගන්න මට පුළුවන් විය.

කීකරු වීමේ වැදගත්කම ඉගෙන ගැනීම

දෙවියන් වහන්සේගේ කැමැත්තට අවනත වීම ඉතා වැදගත් බව මා වටහා ගත්තේ, සිදුවනු එක් අත්දැකීමක් මතය. මා ඉතා කඩිසරව සභාවේ සේවය කල අතර දිනක් පාලකවරයා මා කැඳෙව්වේය. ''අපට සබත් පාසැල් ගුරුවරු හිඟයක් තියෙනවා. ඇයි ඔයා ළමයින්ට උගන්වන්නේ නැත්තේ? යැයි ඔහු මගෙන් ඇසීය.'' ''පාලකතුමනි, ළමයින්ට උගන්වන්න පුළුවන් කමක් ගැන මට එතරම් විශ්වාසයක් නැහැ. මට සබත් පාසැලකට සහභාගී වුනු අත්දැකීමක් වත් නැහැ. මට හොඳ විශ්වාසයක් ගොඩනැගුනම මම ඒක කරන්නම්'' යැයි සෘණාත්මක පිළිතුරක් මා දුන්නෙමි. පාලකවරයාට කීකරු විය යුතු යැයි මා දැන සිටි මුත්, අදක්ෂකමක් හැඟුණු බැවින් ඔහුගේ යෝජනාව මා ප්‍රතික්ෂේප කළෙමි. මෙතරම් කුඩා දෙයක් නිසා, මාත් දෙවියන් වහන්සේත් අතරද පාපයේ මහ පවුරක් ගොඩනැගේ යැයි මා කිසිසේත්ම සිතුවේ නැත. මා ජ්වලිතව යාච්ඤා කර ''දෙවියන් වහන්ස මට අන්‍ය භාෂාවේ දීමනාව දුන මැනවි'' යි යැයි කීවෙමි. අනෙක් මනුෂ්‍යයන් ඉතා දක්ෂ ලෙස අන්‍ය භාෂාවෙන් යාච්ඤා කරනවා දුටු මා ඔවුන්ට ඊර්ෂ්‍යා කලෙමි. අන්‍ය භාෂාවෙන් කථා කිරීමේ දීමනාව ලබන පිණිස මා දිගටම යාච්ඤා කල නමුත් මට එය නොලැබුනේය.

හැන් ඔල් සැන් යාච්ඤා ගෘහයේදී අන්‍ය භාෂා දීමනාව ලෙහෙසියෙන් ලබා ගත හැකි බව දිනක් මට අසන්නට ලැබිනි. මා එහි ගොස් රැස්වීමකට සහභාගී

වූ නමුත් මට එම දීමනාව නොපැමිණියේය. දේශනය තුලදී පාලක චන් සූක් ලී, විහිළු කරමින් මෙසේ කීවේය. ''මගේ බල්ලාත් අන්‍ය භාෂාවෙන් කථා කරනවා. තවමත් අන්‍ය භාෂාව ලබානැති අය මගේ බල්ලට වඩා හොඳ නැහැ'' රුස්වීමෙන් පසුව, බල්ලෙකුට වඩා මා හොඳ නැති බව හැඟුනු මා ඉදිරියෙන් වූ ගලකට පයින් ගැසුවෙමි. මා දහවල් කෑමද අතපසු කල අතර මිටියාවත දිගේ ගමන් කලෙමි. ගසක් අද්දර නතර වූ මා අන්‍යභාෂාවේ දීමනාව මට දෙන ලෙස දෙවියන් වහන්සේගෙන් ඉල්ලුවෙමි. නමුත් එකවරම මගේ මතකය තුලට යමක් ඇවිලී යනවා මෙන් දැනිනි. පාලකවරයා මට සබත් පැසැල් ගුරුවරයෙක් වීමට යෝජනා කල මොහොතේ, මා තුල විශ්වාසයක් නොතිබුනද, මට ''ඔව්'' කියා පවසන්න තිබුනේය. මගේ කීකරු කම සලකා බලා දෙවියන් වහන්සේ මට එය කිරීමට උපකාර කරන්න ඉඩ තිබුනේය. නමුත් මා අකීකරු වී හමාරය.

''දෙවියන්වහන්ස, මගේ පාලක වරයාගේ වචනයට අකීකරු වීම ගැන මට සමාව දුන මැනව. මම නැවත අකීකරු වෙන්නෙ නැහැ.''

එය වටහාගත් වහාම, මා ඒ ගැන ගැඹුරින් පසුතැවිලි වීමට පටන් ගත්තෙමි. එවිට මා අන්‍යභාෂාවෙන් කථා කිරීමට පටන් ගත්තෙමි. මෙය ලබා ගැනීමට මා බොහෝ කාලයක් බලා සිටියෙමි. ''ස්තූති දෙවියන් වහන්ස!'' අවසාන වශයෙන් පූජාවට වඩා කීකරුකම යහපත් බව මා තේරුම් ගත් අතර අපේ කීකරුකම තුල දෙවියන් වහන්සේද ප්‍රසන්න වන බව දැන ගත්තෙමි. මෙම අත්දැකීම මත, තත්ත්වයේ ස්වභාවය ගැන නොසිතා, කොන්දේසි විරහිතව දෙවියන් වහන්සේගේ කැමැත්තට කීකරු වීමට මා නැවතත් සිත එකඟ කරගත්තෙමි. කීකරුකමේ වැදගත්කම අතිශයින්ම වටහාගත් මා හට, කීකරු වීමට අමාරු වූ කාරණාවක් පැන නැංගේය.

4 වන පරිච්ඡේදය

දෙවියන් වහන්සේගේ කැඳවීම

''ස්වාමිණි, ඔබ මා වැනි පුද්ගලයකු තෝරාග න්නේ කෙසේද?''

1978 මැයි මස දිනකදී, මා යාච්ඤාවේ යෙදී සිටියදී, දෙවියන් වහන්සේගේ හඬ මහත් ගිගුරුම් ශබ්දයකින් මෙසේ පවසනවා ඇසුණි.

''කාලය පටන් ගැන්මටත් ප්‍රථමයෙන් මා තෝරාගන්තාවූ මාගේ දාසය! වසර තුනක් පුරා මා ඔබව පවිත්‍ර කොට පිළියෙල කල අතර, දැන් දේව වචනය තුළින් ඔබ වසර තුනක් සූදානම් වන්න. මා ඔබ පාවිච්චි කරන්නෙමි. ඔබ සුභාරංචිය දේශනා කිරීමට, කඳු, ගංගා හා මුහුද තරණය කරන්නේය.මා ඔබ සමඟ වන අතර පුදුම හා ළකුණු තුළින් සියලු දේශයන්ට, මා ජීවමාන දෙවියන් වහන්සේ බව පෙන්නුම් කිරීමට ඔබ මාගේ දාසයා වන්නේ ය.''

උන්වහන්සේගේ පැහැදිලි හා ප්‍රබල හඬ මට නොනැවතී ඇසිණි.

''කාලය පටන් ගැන්මටත් ප්‍රථම මා නුඹ තෝරා ගත් අතර ඔබ මව් කුස සිටි දින පටන් මාගේ දීප්තිමත් ඇස් වලින් ඔබ රැකගෙන, මේ මොහොත වන තෙක් මමම ඔබට මඟ පෙන්වූයෙමි. ඔබේ බිරිඳ වෙළදාම් රැක බලා ගන්නවා ඇත. දැන් ඔබ මාගේ දාසයා වීමට ගමන් ආරම්භ කරන්න.'' ''ඔබ දෙපළ එකට වැඩකළ කාලයට වඩා වැඩියෙන් ඔබ උපයන්නේය. ඔබේ මුදල් පසුබිම්බයේ ඇති මුදල් කිසි දවසක හිස් නොවන අතර ඔබේ ධාන්‍ය භාජනයද කිසි දවසක හිස් නොවන්නේය. නමුත් ඔබට නිතරම ඉතා බහුලව තිබෙන්න යනවා ඇත. දිළිඳුන්ට ඔබ උදව් කරන්නේය. ඔබව ඉතාම පහත ස්ථානය කරා ගෙන ආවේ මමය. එමෙන්ම මෙතෙක් ඔබට මඟ පෙන්වූයේද මම වන අතර මින් ඉදිරියටද මා ඔබට මග පෙන්වනවා ඇත. පහත් ස්ථානයක් කරා ඔබව තැබීමේ හේතුව ඔබ තේරුම් ගන්නවා ඇත. මාගේ බලයෙන් මා ඔබව උසස්ම තත්ත්වය කරා ඔසවන්නෙමි. ඔබේ දෙමව්පියන්ටත්, දරුවන්ටත්, බිරිඳටත් ප්‍රථමයෙන් ඔබ

මට ප්‍රේම කලේය. ඔබ මට පමණක්ම ප්‍රේම කලේය. එමනිසා මාද ඔබමින්, සොලවමින්, උතුරවමින් සියක් ගුණයක් ඔබට දෙන්නෙමි.''

ශුද්ධාත්මයාණන් වහන්සේගේ පූර්ණත්වයෙන් හා අනුභාවයෙන් මා මේ වචන වලට සවන් දුන් අතර ''ආමෙන්'' කියා එය භාරගත්තෙමි. මා නැවත වරක් ඒ ගැන කල්පනා කල විට, එය ඉතාම විස්මයට පමුණුවන කාරණයක් විය. ඒ මොහොත වන තෙක් මාගේ සිහිනය වූයේ, වැඩිමහල්ලෙක්ව හා මා පෙර සිටියාක් මෙන් රෝග හා දිළිඳුකමින් පීඩා විදින අයව සොයා ඔවුන්ට උපකාර කිරීමයි. මේ වන තෙක් මා වැරදි කාරණාවක් උදෙසා යාච්ඤා කලාවත්ද? මට බොහෝ ණය ගෙවීමට තිබුණු අතර දවස් පතා ණය නොවී ජීවත්වීම අසීරු කටයුත්තක් විය. මට හොඳ මතක ශක්තියක්ද නොවීය. එසේ නම්, මා පූජක විද්‍යාලයේ දේවධර්ම ශාස්ත්‍රය හදාරන්නේ කෙසේද? මගේ පවුලේ අයට කුමක් සිදු වේවිද? මගේ මනසේ නිරන්තර කනස්සල්ල හා සිතුවිලි පැන නැගින. මා සිටින තත්වයට අනුව, මෙයට කීකරු වීම අසීරු නමුත්, ඒ අවස්ථාවේ ඇසුණු බලවත් වචන නිසා අකීකරු විය නොහැකි විය. මට සිතන්නට පුළුවන් වූයේ ''මෙය ඔබේ කැමැත්ත නම්, නැවතත් මට ඔබේ හඬ අසන්න සලසන්න.'' යන්න පමණයි.

මා මේ පිළිබඳව මගේ බිරිඳ සමඟ කථාබස් කර ගත් අතර වෙළඳසැලේ සියලු වැඩ කටයුතු භාරගෙන කරගෙන යාම සම්පූර්ණයෙන්ම ඇ පිට තැබුවෙමි. ''දෙවියන් වහන්සේගේ හඬ ඇසීම මා වරදවා අවබෝධ කර ගත්තා විය හැකිද? වරදින්නට වූ යම් දෙයක් ඇද්ද?'' දෙවියන් වහන්සේගේ හඬ ඇසීම ගැන මා සැක කිරීමට පටන් ගත්තෙමි. මා නැවතත් දෙවියන් වහන්සේට යාච්ඤා කරන්න පටන් ගත්තෙමි. ''දෙවියන් වහන්ස, මා සභාවේ වැඩිමහල්ලෙක් වීමට ඔබට යාච්ඤා කලා, නමුත් ඔබ පවසන්නේ මා ඔබේ දාසයා විය යුතුයි කියා ! මා මොන තරම් කුළැටි පුද්ගලයෙක්ද? අන් මනුෂ්‍යයන් ඉදිරියේ දේශනා කිරීම මට සිතා ගන්නවත් බැහැ මා දැනටමත් වයසැති පුද්ගලයෙක්, මට දැඩි මතක ශක්තියක්වත් නැති අතර මා හොඳ විභාග ලියන්නෙකුද නොවේ. නමුත් මේ අඩුපාඩුකම් මැද, ඔබට මා ඔබේ දාසයා වීමට අවශ්‍ය නම්, කරුණාකර තව එක වරක් මට ඔබේ හඬ අසන්න සලසන්න'' යැයි මා උන්වහන්සේගෙන් ඉල්ලුවෙමි.

එවිට, මා නැවතත් දෙවියන් ගේ හඬ අසන පිණිස යාච්ඤා මධ්‍යස්ථාන වෙත ගියෙමි. මා සතියක් යාච්ඤා කල නමුත් පිළිතුරක් නොවීය. හොඳින් අනාගත වාක්‍ය ප්‍රකාශ කිරීමෙහි ප්‍රසිද්ධ දේවගැතිවරුන් කිහිපදෙනෙක් අතරටද මා ගිය නමුත්, තවමත් මට අනාවැකි පිළිතුරක් නොලැබිණි. පාලකයෙක් ලෙස,

උන්වහන්සේගේ දාසයා වීම සැබවින්ම දෙවියන් වහන්සේගේ කැමත්ත ද යන්න දැන ගැනීමට මා කඳුකරය තුළ යාච්ඤා ස්ථානයකින් තවත් යාච්ඤා ස්ථානයක් වෙත තැනින් තැන ගොස් හදවත වේදනාවෙන් දවස් ගත කරමින් පසුවීමි. මාස තුනක් ගත විය. මා මුළුමනින්ම බලාපොරොත්තු අත්හැර දමා නැවත ගෙදර ගියෙමි. සෙනසුරාදා දිනක මා හමුවීමට සභාපාලකවරයා අප වෙළඳසැල වෙතට පැමිනියේය. නියෝජක යාච්ඤාව කිරීමට මගේ වාරය එළඹ තිබුනු නමුත්, එය කිරීමට මා තුළ කිසි විශ්වාසයක් නොවීය. ''පාලකතුමනි, මාස ගණනාවක මගේ යාච්ඤාවට මට පිළිතුරු ලැබිලා නැහැ. ඇත්තෙන්ම මට මේක ඉරිදා දේව මෙහෙයේදී කරන්න බැහැ.'' යැයි මම එකහෙළාම ඔහුට පැවසුවෙමි. ඔහු කථාකොට ''උපස්ථායක, කොහොම වුනත් ඔයා මේක කරන්නම ඕනේ'' යැයි මට පැවසීය.

දෙවියන් වහන්සේගේ හඬ ඇසීම

නියෝජක යාච්ඤාව මා කල යුතුම බව පාලකවරයා පැවසුවද හදවතින්ම මට එයට ''ආමෙන්'' කීමට නුපුළුවන් විය. එදා දවසේ වෙළඳ සැලේ වැඩ අවසන් කල අපි කඩය වසා ආවෙමු. එදින තද වරුෂාව නිසා, අප සභාවට නොගොස් නිවසේ යාච්ඤා කිරීමට තීරණය කර ගත්තෙමු. මහ රෑ අප බිම මත රෙද්දක් එලා, දණින් හිඳ දෙවියන් වහන්සේට යාච්ඤා හා ප්‍රශංසා කලෙමු. මා දෑස් වසා යාච්ඤා කලමුත්, එකවිටම දර්ශනයකින් මෙන් සිවිලිම විවෘතව, ස්වර්ගය දෙසින් ආලෝකයක් වැගිරෙන්නට විය.

වහලය නැති වී ගොස්, විශාල විවෘත වීමක් මට දැනෙන්නට විය. ඒ සමගම එළිදරව්ව පොතේ සඳහන් ආකාරයට ගෞරවාන්විත සහ මහත් ජල ඝෝෂාවක ශබ්දය මෙන් ඉතා පැහැදිලිව හා නිශ්චලව මට උන්වහන්සේගේ හඬ ඇසෙන්නට විය. ''හෙට නියෝජක යාච්ඤාව කරන්න.'' එය පිළිතුරක් වුවද, එය මගේ දාසයකු වීම පිළිබඳ යාච්ඤාවට, සම්පූර්ණයෙන් වෙනස් පිළිතුරක් විය. මෙවර ඇසුනු ඒ හඬ උණුසුම්, පහසු සහ බල සහිත වූ අතර අකීකරු වීමට නොහැකි විය. තවද, එය ප්‍රේමයෙන් හා දේව කරුණාවෙන් පිරී තිබුනේය.

මට තවමත් ඒ හඬ පැහැදිලිව දැනෙන නමුත්, එය වචනයෙන් ප්‍රකාශ කල නොහැකිය. මට ඒ හඬ අසුනු පමණින්, සියලු බලාපොරොත්තු රහිත භාවය හිම මෙන් දියව ගියේය. සියලු මාංශික සිතුවිලි පහව ගොස්, ශුද්ධාත්මයෙන් මා පූර්ණ වුයෙමි. මා මොන තරම් ශුද්ධාත්මයෙන් පිරී ගියද කියතොත්, මගේ ශරීරය පුළුන් මෙන් ඉතා සැහැල්ලුව පියාසර කල හැකි බවක් මට හැඟී ගියේය. අවශ්‍ය නම් වහලය පසුකර යාමටද හැකි බව මට හැඟුණේය. මගේ

හදපත්ලෙන්ම ප්‍රීතිය, ස්තූතිය හා සතුට උතුරා ගැලුවේය. ස්වාමීන් වහන්සේ නැවත එන දවසේ අපි මෙවැනි ආකාරයට ඇදගනු ඇති බව මා මාතුළම සිතා ගත්තෙමි ! මා දෑස් විවෘත කල විට ඒ එළිය නැති වී ගොස් තිබුනු අතර සිවිලිම ද පෙර තිබූ ආකාරයටම විය.

අසලින් වාඩි වී සිටි මගේ බිරිඳට එම හඬ නෑසුනු නමුත්, ඇයද ශුද්ධාත්මයෙන් පූර්ණව සිටි අතර, දීප්තිමත් එළිය තුළ මා දෙවියන් වහන්සේගේ හඬ අසන බව ඈ දැන සිටියාය. අපි මුළු රාත්‍රිය පුරා ප්‍රශංසා කර යාච්ඤාවෙන් දෙවියන් වහන්සේට මහිමය දුනිමු.

ශුද්ධාත්මයෙන් පූර්ණවීම

පසුවදා උදෑසනින් මා සභාව වෙත ගොස්, දේව මෙහෙයේ අනුපිළිවෙල පරීක්ෂා කලෙමි. දේව මෙහෙය උදෙසා යාච්ඤා කිරීම තවමත් මට පැවරී තිබිණි. පෙර දින රාත්‍රියේ අත්දැකීමෙන් පසු, මා හිඳගත සිටියද, මගේ ශරීරය තවමත් පාවෙන ස්වරූපයක් මට හැඟුණේය. එය මොන තරම් විස්මය ජනක පුදුමයක්ද ! මා මයික්‍රෆෝණය තුළින් යාච්ඤා කිරීමට ආරම්භ කල මොහොතේ පටන්, මගේ තොල් තවදුරටත් මගේ නොවීය. ශුද්ධාත්මයාණන් වහන්සේ මුළුමනින්ම මගේ හදවත සහ සිතුවිලි ග්‍රහණය කර තිබුනු සේක. ශුද්ධාත්මයාණන් වහන්සේගේ ආනුභවය තුලද, මා තවමත් වෙව්ලුම් සහිතව යාච්ඤා කරන්නට වීමි. පැහැදිලි දිව්‍යඥානය තුල ජලගැල්මක් සේ යාච්ඤාව මගේ මනසට ආ අතර, මට උවමනා වුවද එය නතර කිරීමට මට නුපුළුවන් විය.

එම යාච්ඤාව මටම පුදුම දනවන සුළු වූයේ, සභාවට තරවටු කරමින් මා මෙසේ යාච්ඤා කල නිසාවෙනි. ''දෙවියන් වහන්සේගේ කොටස සොරකම් කරන්නාවූ, ඔබට දුක් වේ ! දෙවියන් වහන්සේට ස්තූතිවන්ත නැති මුරණ්ඩු හදවත් ඇති මනුෂ්‍යය ඔබ දෙවියන් වහන්සේ කෙරෙහි විශ්වාස කරන්නේ යැයි කියන නමුත්, ඔබේ විශ්වාසය නිෂ්ඵලය.''

විනාඩි දහයකට අධික කාලයක් යාච්ඤා කල මා, යන්තම් මාව පාලනය කර ගත්තෙමි. එවැනි මොහොතක යමෙක් විනාඩි තුනකට වඩා යාච්ඤා කලේ නම්, එය දීර්ඝ යාච්ඤාවක් බව අඟවන මැසිවිලි හඬ ඇසිනි. යාච්ඤාවෙන් අනතුරුව මගේ අසුන වෙත ආ මුත්, මට පාලකවරයා දෙස කෙලින් බැලීමට නොහැකි විය. කුමක් කල යුතුද යන්න මා නොදැන සිටියෙමි. මට සිතීමට හැකි වූයේ මෙපනකි. ''දැන් කුමක් වෙයිද, උපස්ථායකුට සභාවේ සියලු සෙනගට තරවටු කරන්න මොන ධෛර්‍යයක්ද!''

නමුත් දේව මෙහෙය අවසන් වූ සැනින්, පාලකවරයා මවෙතට පැමිණ ''ඔබේ යාච්ඤාව මාව ස්පර්ශ කලා'' යැයි පැවසීය. ඔහු සාමාන්‍යයෙන් කිසිවෙකුට ඔහුගේ මතය ප්‍රකාශ නොකළ නමුත්, මා තවම ලැජ්ජාවෙන් නිශ්ශබ්දව හා ඉක්මණින් පිටත් වීමට උත්සාහ කළෙමි. නමුත් බොහෝ දෙනා මට ආචාර කොට ''උපස්ථායක, ඔබ ශුද්ධාත්මයෙන් පූර්ණව සිටියා. ඔබ කල යාච්ඤාව මාව ස්පර්ශ කලා'' යැයි පැවසීය.

කීකරුකම කරන කොට ගෙන පමණයි

අවසාන වශයෙන් මට සහතික කමක් ලැබුනා දෙවියන් වහන්සේ ඔහුගේ දාසයා වීමට සැබැවින්ම මා කැඳවූ බවට, ''දෙවියන් වහන්ස, ඔබ මාව ඔබේ දාසයා කොට කැඳවූ බැවින්, මා ඒ අනුව යන්නම්. නමුත් දෙවියන් වහන්ස, මගේ සිතේ තිබෙන අනෙක් කාරණා වන දේවධර්ම පාසැල, මගේ මතක ශක්තිය හා අන් හැම දෙයක් ගැන ඔබ බලාගත මැනව'' යැයි මා උන්වහන්සේට පාපොච්චාරනය කලෙමි.

වයස අවුරුදු තිස්හයේදී, දෙවියන් වහන්සේ මා ඔහුගේ දාසයා වීමට කැඳවා ඇති බව ඒත්තු ගත් සැනින් මා කාමරයක් කුලියට ගෙන තනිවම ජීවත් වීමට පටන් ගත්තෙමි. එය මගේ නිවසේ සිට විනාඩි පහක දුර විය. මා නිරාහාරයෙන් හා විමසිල්ලෙන් බයිබලය කියවූ අතර මට ක්‍රියාකාරී හා ප්‍රබල මතක ශක්තියක් දෙන ලෙසට යාච්ඤා කළෙමි. දෙවියන් වහන්සේගේ දාසයා හැටියට උන්වහන්සේගේ කැමැත්ත අනුව පමණක් ගමන් කිරීමට මා සිත සාදා ගත්තෙමි. මගේ පවුලේ අයගෙන් වෙන්ව සිටීම මට අමාරු කාර්යයක් වූ නමුත්, මාංශයේ ලැදියාවක් හා ආශාවන් කුරුසපත් කිරීමට මට අවශ්‍ය විය. ඒ දින වල මා සහභාගී වූ ඔක්සූ සොං සභාවේ මගේ පාලකවරායාගෙන් මා උපදෙස් ලබා ගත්තෙමි. සං කියූල් ශුද්ධත්වය-දේවධර්ම පූජක විද්‍යාලයට ඇතුල් වීමට තීරණය කල මා ප්‍රවේශවීමේ විභාගයට පාඩම් කිරීමට පටන් ගත්තෙමි.

අවසාන වශයෙන්, කාලය එළඹ මා විභාගයට වාඩිවීමි, ඍජුවම බයිබලය සම්බන්ධ මාතෘකා ආවරණය කරමින්, මා ප්‍රශ්න වලට පිළිතුරු ලිව්වෙමි. අනෙක් මාතෘකා සම්බන්ධ තිබූ ප්‍රශ්න වලට අපහැදිලි පිළිතුරු ලිවීමට අකමැති වූ මා, මගේ නම පමණක් ලියා හිස් පිළිතුරු කඩදාසිය භාර දුන්නෙමි. සම්මුඛ සාකාච්ඡාවේදී පූජක විද්‍යාලයේ පීඨාධිපති මා අමතා, බයිබලය සම්බන්ධ කාරනා විභාග පත්‍රය හැර අනෙක් පිළිතුරු පත් හිස්ව භාර කලේ ඇයිදැයි ඇසීය. මගේ මතක ශක්තිය නැතිවීමේ ක්‍රියාවලිය, පිළිවෙලින් මා ඔහුට පැහැදිලි කලෙමි.

''මතක ශක්තිය නැතිව ඔබ පාලකවරයෙක් වෙන්නේ කෙසේද?'' යැයි ඔහු

මගෙන් ඇසීය.''

''මගේ ජීවිතය මේ ආකාරයට ගමන් කරන්න දෙවියන් වහන්සේ මාව පෙළඹුවා'' යැයි මම පිළිතුරු දුනිමි.

''හොඳයි, ඔබට බයිබල් විභාග පත්‍රය සඳහා සම්පූර්ණ ලකුණු 100 ක් ලැබී තිබෙනවා'' යැයි ඔහු හඬ නගා පැවසීය.

බයිබල් විභාග පත්‍රය සඳහා සීයයට සියයක් ලකුණු ගත් එකම පුද්ගලයා මා විය. මා හට සම්පූර්ණ ලකුණු 100 ක් ලැබුණු බැවින් විභාගයෙන් සමත්ව, පූජක විද්‍යාලයට ඇතුල් වීමට මා සුදුස්සෙක් විය. විභාගය සමත් වී පූජක විද්‍යාලයට ඇතුල් වීම සම්බන්ධව තිබී කනස්සල්ලට ප්‍රතිවිරුද්ධව මා සැබැවින්ම ප්‍රවේශවීමේ විභාගයෙන් සමත් විය.

දෙවියන් වහන්සේ අප වපුරන දේ කපා ගැනීමට ඉඩ හරියි

පූජක විද්‍යාල ජීවිතය

දෙවියන් වහන්සේගේ දාසයන්, සෙසු ලෝකය හා සමඟ හඳුනාගත හැකි වෙනසක් ඇති ජීවිතයක් ගත කළ යුතුයි. නමුත් පූජක විද්‍යාලයේ මගේ පංතියේ තැනැත්තන් ලෝකය දෙසට නැඹුරුව සිටියෝය. පංති අවසානයේ ඔවුන් කෝපි කඩයට ගොස් ලෝකයේ දේවල් පිළිබඳ කථා බස් කලෝය. නිවාඩු දිනයන්හිදි යාච්ඤාවෙන් හිඳ දේව වචනය කියවනවා වෙනුවට ඔවුන්, සතුටු වන ආකාරය ගැන කථා කලෝය. නිකරුනේ කාලය නාස්ති නොකර යාච්ඤාවට සිත යොමු කරන ලෙස මා නිතර අවවාද කලද, ඔවුන් කිසි කෙනෙක් ඊට සැලකිල්ලක් දක්වූයේ නැත. ස්වභාවයෙන්ම මා තනි වූ අතර මගේ පංතියේ සෙසු අයගෙ න් මා වෙන් කරනු ලැබීය.

1979, වයස අවුරුදු තිස් හතේදී මා පූජක විදුහලට ඇතුලත් වූ අතර මගේ ආධුනික වසරේදී, මා යාච්ඤා කොට, ආරම්භ කිරීමට යන සභාවට නමක් දෙන ලෙස දෙවියන් වහන්සේගෙන් ඉල්ලුවෙමි. සභාවක් ආරම්භ කිරීමට, මගේ සහෝදරී මට උපකාර කරන බව කී පසු, මා නොයෙකුත් ස්ථාන බැලුවෙමි. නමුත් කිසිවක් කරගත නොහැකි විය.

ස්වර්ග රාජ්‍යයේ රැස්කිරීම, දෙවිඳුන් ප්‍රසන්න කරයි

මා වපුරන දේ කපා ගන්නත්, මගේ ක්‍රියාවලට ප්‍රතිඵල දෙන්නක් දෙවියන් වහන්සේ මට ඉඩ හරින බව මම විශ්වාස කළෙමි. එනිසා, ස්වර්ගික රාජ්‍යයේ යහපත් විපාක රැස් කිරීමට මා නිතරම උත්සහ කළෙමි. මා ඉදිකිරීම්

කම්කරුවෙකු ලෙස වැඩ කරන කාලයේදී පවා, පිබිදීමේ රැලියකදී මා අනුග්‍රහය ලදහොත්, මගේ මුළු හදවතින්ම මා ස්තුති පූජා ඔප්පු කළෙමි. මා අත මුදල් නොවී නම්, නිශ්චිත කාලයක් ඇතුලත දීමට මා දෙවියන් වහන්සේට පොරොන්දු වීමි. පොරොන්දු දීමනා දීමට මා අත මුදල් නොතිබි විට, ණයක් ගෙන හෝ පොරොන්දු වූ දෙය දෙවියන් වහන්සේට දීමට මා සහතික වීමි.

මා දෙවියන් වහන්සේ ඉදිරියට ගිය කොයි මොහොතකවත් හිස් අතින් නොගියෙමි. ආදායමක් ලැබුනු හැම විටකම දසයෙන් කොටස දියයුතු ප්‍රමාණයටත් වඩා දුන්නෙමි. මා බොහෝ විට මගේ ආදායමෙන් දසයෙන් කොටස් දෙකක් හෝ තුනක් දුන්නෙමි. දෙවියන් වහන්සේට දීම නාස්තිකාර දෙයක් ලෙස මට කිසි විටෙක හැඟුනේ නැත. එම නිසා දෙවියන් වහන්සේට දීමේදී ගණන් බැලීම මට අවශ්‍ය නොවීය.

එක් දිනක් මගේ පාලකවරයා, මගේ නිවස වෙත පැමිණියේය. අපේ ආර්ථික අපහසුතාවයන් හෝ ණයබර ගැන කිසිවක් නොදත් ඔහු සභාවට අවශ්‍යතාවයක් තිබෙන බව පැහැදිලි කොට, සභාවේ ඉදිකිරීම් කටයුතු උදෙසා වැඩි පොරොන්දු දීමනාවක් සූදානම් කල හැකිද බව ඇසුවේය. ''ආමෙන්, ඒක කරන්නම්'' කියා අපි ඊට එකඟ වීමු. අපි සතුටින් පාලකවරයා සමඟ එකඟ වීමු. අපට ණය තිබුණු නමුත්, පාලකවරයාගේ ඉල්ලීම මත අප එම පොරොන්දු දීමනාව දීමට, ණයක් ගැනීමට අපට සිදුවිය. මේ ආකාරයෙන් අපි ස්වර්ග යේ රැස් කිරීමට උත්සාහ කලෙමු. කාලය පැමිණි විට, දෙවියන් වහන්සේ ආශිර්වාදයේ දොරටු විවෘත කලේය.

කුඩා ව්‍යාපාරයකදී වුවද දෙවියන් වහන්සෙගේ කැමැත්ත කිරීම

මගේ පොත් සාප්පුවට පොත් සැපයූ එක්තරා පුද්ගලයෙක්, ඉරිදා දිනයන් හිදී මා පොත් සාප්පුව වසා තිබීම දැක විස්මයට පත්ව කිසිවෙක් පවසා ගත නොහැකි විය. මගේ පොත් සාප්පුව බංකොළොත්භාවයට පැමිණෙන බව ඔහු ප්‍රකාශ කලේය. එය කුඩා ව්‍යාපාරයක් වුවද, දෙවියන් වහන්සේ අපේ පොත් සාප්පුව ගැන ප්‍රසන්න වූ අතර, අප සබත් දවස පැවැත්වීම හා දසයෙන් කොටස් හා සම්මාදම් නියමාකාරයෙන් දීම කරන කොට ගෙන උන්වහන්සේ අපට මහත් ලෙස ආශිර්වාද කල සේක.

උදෑසන සිට සවස්වනතුරුම සාප්පුව නිතරම සෙනඟගෙන් පිරී තිබුණි. ළඟපාත පිහිටි නගර ප්‍රදේශ වලටද මෙම පුවත ආරංචිව ඔවුන් අපෙන් යමක් දැනගන්නා පිණිස ආහ. නමුත් අප ඉරිදා දිනවල සාප්පුව වසා තිබීම හා වැඩි

පහසුකම් නොමැති වීම ගැන ඔවුන් වඩා කුතුහලයට පත් වූහ. වැඩිහිටි අයට අවශ්‍ය පොත්පත් අප ළඟ නොතිබුනු අතර එහි දුම්පානයද දැඩි ලෙස තහනම් වූයේය. එම නිසා එහි හිතකර හා සුදුසු වතාවරණයක් පැවතුණු අතර බොහෝ යහපත් පාසැල් සිසුන් අප සාප්පුව වෙත පැමිණියහ.

''සාප්පුව දියුණුවීමේ රහස කුමක්ද?''

මෙම ප්‍රශ්නය ඇසූ සෑම කෙනෙකුටම අපගේ පිළිතුරු වූයේ, ඉරිදා දින සාප්පුව වසා අප සභාවට යෑම හේතුවෙන් දෙවියන් වහන්සේ එයට ආශිර්වාද කර ඇති බවයි. නමුත් නොඇදහිලිවතුන්ට මෙය තේරුම් ගැනීම තරමක් අපහසු විය. සාප්පුව පවත්වා ගෙන යන අතරේම බොහෝ පාරිභෝගිකයන්ට සුභාරංචිය ප්‍රකාශ කිරීමට අපට පුළුවන් විය. මා සභාවක් විවෘත කල මොහොතේ මා අනුව පැමිණි අයෙක්, සභාවේ යෞවන ධර්ම ප්‍රචාරක කණ්ඩායමේ මූලික සාමාජිකයෙක් වූහ.

ඉතා ඉක්මණින් ගෙවා නිමකිරීමට අසීරු වූ අපේ සියලුම ණයබර, සාප්පුව ආරම්භ කර මාස කිහිපයක් ඇතුලත ගෙවා නිමකිරීමට අපට හැකි විය. මෙය මා පූජක විද්‍යාලයට ඇතුල් වීමට පෙරාතුව සිදු විය. සියලු ණයමුදල් ගෙවූ අපිට දැන් නිදහස් ලෙස, අප යන සභාවට සම්මාදම් දීමට හැකි විය. අවශ්‍යතාවයන්ගෙන් පෙළුණු පවුල් වලට උපකාර කළෙමු. පූජක විද්‍යාල චාරිකාවේදී මහාචාර්යවරයා ඇතුළු බොහෝ සිසුන්ට හා ගීතිකා කණ්ඩායමට අප භෝජන වේල සපයා දුන්නෙමු. පූජක විද්‍යාලයේ සිටි දුප්පත් සිසුන්ට අප රහසින් උපකාර කළෙමු. අප කුලී නිවසක ජීවත් වුවද, උත්සව අවස්ථාවන් හා විශේෂ සැමරීම් වලදී, පොදුවේ මුළු නගරයේම අවශ්‍යතා බලා ගන්නා හැටියට මා මගේ බිරිඳව යොමු කලෙමි. උත්සව වලදී කෑම සපයා ගැනීමට තරම් දිළිඳු වූ නොඇදහිලිමත් පවුල් වලට පවා මගේ බිරිඳ කෑම සාදා දුන්නාය. ඒ අප ආර්ථිකමය වශයෙන් ඉතා ධනවත්ව සිටි නිසා නොවේ. අප මෙසේ කලේ ඇදහිල්ලෙන්ය. මේ ආකාරයට අප වැපුරූ කල, පසු දිනයේම වැපුරු දේ කපා ගන්නට සලසන්නා වූ දෙවියන් වහන්සේ, අපට පෙර දිනයන් වල ලැබුණු ආදායම් වලට වඩා අධික ලෙස සැපයූ සේක.

දින 200 ක සාර්ව රාත්‍රී යාච්ඤා කාල පරිච්ඡේදය තුලදී, දෙවියන් වහන්සේ මා අවදි කල සේක

ගැලවීම ලැබුවායින් පසු, මා කොයිම අවස්ථාවකදීවත් ලෝකයා සමඟ එකඟතාවයකට පැමිණියේ නැත. දෙවියන් වහන්සේගේ වචනය තේරුම් ගත්

ප්‍රමාණයේ හැටියට, මම ඉතා දැඩි ලෙස දෙවියන් වහන්සේගේ ව්‍යවස්ථාව පැවැත්වීමට උත්සහා කලෙමි. පූජක විද්‍යාලයට ගිය අවුරුදු හතර පුරාම මා සෑම රාත්‍රියකම යාච්ඤාවේ නිරත වූ අතර බොහෝ විට නිරාහාරයෙන්ද සිටියෙමි. නිවාඩු දිනයන් වල කඳු මුදුනේ යාච්ඤා කිරීමට මා පිටත්ව ගියෙමි. මගේ බොහෝ නිවාඩු කාලයන් මා ගත කලේ කඳුකරයේ යාච්ඤා ගෘහ වලය. අනෙක් අවස්ථාවන් වලදී පවා මා පොරොන්දු සර්වරාත්‍රී යාච්ඤා ඔප්පු කලෙමි. මා මධ්‍යම රාත්‍රියේ සිට උදෑසන හතර දක්වා යාච්ඤා කල අතර, මා පොරොන්දු වූ කාලයට විනාඩියක්වත් ප්‍රමාද නොවීය.

යාච්ඤාවෙන් පසු, මා තනිව මගේ කාමරය වෙත පැමිණ උදෑසන පහට පමන නින්දට ගියෙමි. නමුත් උදෑසන හත වන විට මට අවදි වන්නට සිදු විය. ඒ දිනවල ප්‍රාථමික පාසැල් ගිය මගේ දියණිය මියුං, උදෑසන 7.20 ට පමණ මගේ උදෑසන ආහාරය ගෙනාවාය. උදසන ආහාරයෙන් පසු, මා දවල් කෑමද රැගෙන විදුහල වෙත ගියෙමි. පංති අවසන් වූ පසු මා නැවත නිවසට පැමිණ ගෙදර වැඩ කලෙමි. සමහර අවස්ථා වලදී සාප්පුව බලා ගැනීමට ද මට සිදු විය. කිරීමට බොහෝ දේ තිබුනේය. මේ ආකාරයේ ජීවිතයක් මා දිගින් දිගටම ගත කල අතර මා විඩාවට පත් වීමි. උදෑසන 5.00 ට නින්දට ගොස් උදෑසන 7.00 ට අවදි වීම අපහසු විය. එවිට දෙවියන් වහන්සේ උදෑසන 7.00 ට මා අවදි කල සේක.

''තාත්තේ!'' උදෑසන කෑම රැගෙන ආ දියණිය පිටත සිට මා අමතනවා මට ඇසුනේය. ''මියුං, මේ ඔයාද?'' නිශ්චිත වශයෙන්ම මගේ දියණියගේ ශබ්දය ඇසුනු හෙයින් මා දොර හැරිය නමුත් පිටත කිසිවෙක් නොවීය. අවට දෙස බැලුවද, ඇයව මට සොයාගත නොහැකි විය. මා මුහුණ සෝදාගෙන විනාඩි 20 ක් පමණ ගත වූ පසුව මියුං පැමිණියාය. පසුවදා උදෑසන 7.00 වද ''තාත්තේ''! යැයි අමතන හඬ ඇසී මා දොර හැරියෙමි. නමුත් කිසිවෙක් නොවීය. දූතයෙක් කරනකොට ගෙන දෙවියන් වහන්සේ මා අවදි කල බව ඒ මොහොතේ මා වටහා ගත්තෙමි.

දිගින් දිගටම මෙය මෙසේ සිදු වූ අතර, ඊට තිබුනු සංවේදී භාවය මා කෙරෙන් ක්‍රමයෙන් හීන වී ගියේය. අවසානයේදී ''තාත්තේ!'' යන හඬ ඇසුනත්, මට අවදි වීමට නුපුළුවන් විය. එවිට දෙවියන් වහන්සේ වෙනත් ක්‍රමවේදයක් භාවිතා කල සේක. දොර පිටත සිටින බොහෝ මනුෂ්‍යයන්ගේ අඩි ශබ්ද මට ඇසෙන්නට විය. එය පරීක්ෂා කිරීමට දොර හැරිය කල එහි කිසිවෙක් නොවීය. හරියටම එය උදෑසන 7.00 පමණ සිදු විය.

පොරොන්දු සර්වරාත්‍රී දින 100 ක යාච්ඤා කාලය අතර වාරයේ, 90 වන දවසේදී, මගේ බිරිඳගේ පියා නැසීගිය බව මට ආරංචි විය. මොක්පෝ හි පිහිටි අපගේ දෙමව්පියන්ගේ නිවස වෙත මා බිරිඳ සමඟ ගියෙමි. එහිදි අපි එක්ව මධ්‍යම රාත්‍රියේ සිට උදෑසන හතර දක්වා යාච්ඤා කළෙමු. අවමංගල්‍යය කටයුතු අවසන් වී අපි නැවත නිවසට පැමිණ ඉතිරි පොරොන්දු යාච්ඤා දින පැවැත්වුවද, ඒ ගැන මා සැහීමකට පත් නොවීමි. දෙවියන් වහන්සේව සැබෑ ලෙස ප්‍රසන්න කිරීමට නොහැකි වූ බව මා හට හැඟී ගියේය. එම නිසා මා නැවතත් දින 100 ක පොරොන්දු සර්ව රාත්‍රික යාච්ඤාවක් පවත්වා අවසන් කළෙමි. එවිට මෙය දින 200 ක සර්ව රාත්‍රික පොරොන්දු යාච්ඤා කාලයක් බවට පත් වුයේය.

''ඔය මුදල් වැසිකිළියට වීසි කරන්න''

දෙවියන් වහනසෙගේ වචනයට විරුද්ධ කිසිම දෙයක් මා විසින් භාර නොග න්නා බව මගේ පවුලේ අය හොඳින් දැන සිටියහ. නමුත් එක්තරා ඉරුදිනක දේව මෙහෙයෙන් අනතුරුව මගේ බිරිඳ හා දියණියන් තිදෙනාට කෑමට යමක් ගැනීමට අවශ්‍ය විය. මගේ මුහුණේ ස්වභාවය කියවීමට උත්සාහ කල මගේ බිරිඳ මෙසේ පැවසීය.

''ළමයින්ට කෑමට යමක් ඉල්ලනවා. කන්න මොනවා හරි ගන්න ඕනේ.''

''දුවලාට, ඇත්තටම කන්න මොනවා හරි ඕනේද?'' මා ඇසීය.

''ඔව්!'' ඔවුන් ඉතා ආශාවෙන් පිළිතුරු දුන්නෝය.

එය ඉරිදා දවසක් බව ඔවුන් දැන සිටියද, එදා දවසට පමණක් මා ඔවුන්ට එයට ඉඩ ලබා දෙතියි ඔවුන් සිතුවෝය. ලාච්චුවෙන් මුදල් රැගෙන එන ලෙසට මා ඔවුන්ට කීවෙමි. කෑමට යමක් ගැනීමට ඔවුන් මුදල් ගෙන ආවෝය.

මා ඔවුන්ට නැවත කථා කර ''ඔය තුන්දෙනා වැසිකිළියට ගිහිං ඔය සල්ලි වීසි කරන්න.'' යැයි කීවේය. ඔවුන් වොන් දෙතුන්සීයක් ගෙන වීසි කර ආහ. (අද මුදලින් වොන් දෙතුන් දහසක් හෝ ඇමෙරිකානු ඩොලර් කිහිපයක්)

''ඔයගොල්ලෝ දන්නවාද ඇයි මම එහෙම කරන්න කිව්වේ කියලා?''

''ඔව් අපි දන්නවා'' යැයි ඔවුන් පිළිතුරු දුන්නෝය.

නැවතත් මා ඔවුන්ට කථා කරමින්'' ඉරිදා කියන්නේ සබත් දවස එදා සවසේ මිලදී ගන්නවත්, විකුණන්නවත් එපා කියලා දෙවියන් වහනසේ තහනම් කරලා තියෙනවා. දෙවියන් වහන්සේගේ අණ ඔයාලා කඩ කරනවද? මේ වගේ පරීක්ෂාවක් ඔයාලාට මැඩපවත්වන්න බැරි වුනොත්, ඒක දෙගුණ තෙගුණ වෙයි. ඒ ගැන දෙවියන් වහන්සේ සතුටු වෙන්නේ නැහැ. කෑම ඉල්ලලා දූනටමත් ඔයාලා සබත් දවස කඩකරලා තියෙන්නේ. ඒකට හේතුව, හිතෙන් පවා කෑමට යමක් ගන්න ඉල්ලු නිසා ඔයාලා ඒක කෙරුවා හා සමානයි. ඒ නිසයි මං කිව්වේ ඔය සල්ලි වීසි කරන්න කියලා.'' පසු කාලයේදී, මේ සිදුවීම ඔවුන්ගේ හදවත් වලට කා වැදී මහත් ඇදහිල්ලක් වෙත පමුනුවා ඇති බව ඔවුන් ප්‍රකාශ කළෝය.

සෙනඟ පිරී ඒම

කාර්‍යබහුල වීදියක කොනෙහි පිහිටා තිබූ අපේ සාප්පුව වෙතට පාරිභෝගිකයින් පමණක් නොව, පාලකවරුන් හා සභාවේ සාමාජිකයින් නිතරම පැමිණියෝය. පූජක විද්‍යාලයේ මා ඉගෙන ගන්නා කාලයේ එක්තරා උපස්ථායිකාවන් පිරිසක් උපදෙසක් ලබා ගැනීම සඳහා මා සමඟ වේලාවක් වෙන්කර ගත්තාය. යම් ඇදහිලිවන්තයින් පිරිසක් එක්තරා ආකාරයක ණයට දෙන සමිතියක් සභාව තුල පිහිටුවන්නට යන බව ඔවුන් කියා සිටියෝය. මා ඔවුන්ට මෙසේ පවසමින්, ඊට සම්බන්ධ නොවන ලෙස අවවාද කලෙමි.

''දෙවියන් වහනසෙගේ ගෘහය යාච්ඤා ගෘහයක් යැයි කියමින්, යේසුස් වහන්සේ, දේවමාළිගාවේ වෙළඳාම්කරුවන්ට තරවටු කලා සභාව තුල මුදල් ප්‍රතිලාභ ලබාගන්න උත්සාහ කරන කිසි දෙයක් කිරීම යුතු නැහැ. දෙවියන් වහන්සේ අපට කියන්නේ ප්‍රේමය හැරුනු කොටගෙන, කිසිවෙකුට කිසිදෙයකින් ණය නොවන ලෙසයි. ඒ නිසා සභාව තුල අපි කිසි මුදල් ගණුදෙනුවක් සිදු නොකළ යුතුයි. එකිනෙකා තුල තිබෙන බැඳීමට මුදල් පටලවාගන්නවා නම් ඒ තුළ සාතන් ක්‍රියා කරලා, අන්තිමේදී සභාව තුලත් ප්‍රශ්න හටගන්නවා.''

ඉතා ඉක්මණින්, එම ණය දෙන සමිතිය බොහෝ ප්‍රශ්ණ ඇති කල අතර සභාවද අපහසුතාවයකට පත්කළේය. මා සභාව ආරම්භ කල දින පටන්, මොනම ආකාරයේ හේතුවක් පදනම් කරගෙන වත්, කිසිම ආකාරයක වෙළඳසැලක්වත් පවත්වාගෙන යාම තහනම් කලෙමි. ඇදහිලිවරුන් අතරේ මුදල් ගණුදෙනු නොකරන හැටියට හා නිතරම ඉගැන්වූයෙමි.

මා වෙනට පැමිණි අයට, උපදෙස් සාකච්ඡාවේදී දුන් අවවාද අනුශාසනා

පිළිබඳ පුවත පැතිර ගිය අතර, උපදෙස් ලබා ගැනීමට බොහෝ දෙනා පෙළ ගැසී මවෙතට ආවෝය. හිසේ කෙස් නොමැති වූ එක් කන්තාවක්, ලේන්සුවකින් හිස අවාරණය කරගෙන මා වෙතට පිමිණියාය. නමුත් මාස කිහිපයක් යත්ම, මගේ යාච්ඤාව ලැබූ ඇයගේ කෙස් වැඩෙන්න පටන් ගත් අතර ඇය හිසේ පැළඳී ලේන්සුවද ගලවා දැමුවාය. සබත නිසි ලෙස නොපැවැත්වූවා වූ, සමහර දින වල සාස්තර ඇසීමට ගියාවූ එක් අදහිලිවන්නයෙක් විය. දිනක් ඔහු රිය අනතුරකට භාජනය වී මා වෙතට පැමිණියේය. අනතුරෙන් පසු ඔහු මහත් වේදනාවෙන් පසුවන බැව් පවසමින්, ඔහුට යාච්ඤා කරන මෙන් මගෙන් ඉල්ලා සිටියේය. මා ඒකාන්තයෙන්ම ඔහුට යාච්ඤා කිරීමෙන් පසු ඔහුගේ වේදනාව පහව ගොස් සුවය ලැබූ බව ඔහු සාක්ෂි දැරුවේය.

සබත මුළුමනින්ම පැවැත්වීමෙන්, අපි දෙවියන් වහන්සේගේ ආත්මික ආධිපත්‍ය ඒත්තු ගන්නෙමු. එබැවින් දෙවියන් වහන්සේද, සතිය පුරාවට සියලු ආකාර අනතුරු වලින් අප ආරක්ෂා කරනවා ඇත. සබත නිසි ලෙස නොපැවැත්වුවහොත් යුක්ති ගරුක දෙවියන් වහ්නසේට අපව ආරක්ෂා කිරීමට නොහැකි වේ. විශේෂයෙන් මොහු සාස්තරකරුවන් වෙතට යෑමෙන්, දෙවියන් වහන්සේ ඉදිරියේ ආත්මික අනාචාරයේ යෙදී සිටියේය. දෙවියන් වහන්සේ ඊට ද්වේශ කරයි.

මා හමුවීමට පැමිණි අයට, දෙවියන් වහන්සේගේ වචනයෙන් ඇදහිල්ල රෝපණය කිරීමට මා උත්සාහ කළෙමි. යම් ප්‍රශ්ණයකට විසඳුමක් ලැබීම සඳහා කඳුකරයේ යාච්ඤා ගෘහය වෙතට යමින් සිටි එක් පාලකවරයෙක්, යන අතර මගදී මා හමුවීමට පැමිණියේය. මා හමුවීමෙන් පසුව ඔහුට ප්‍රීතියෙන් නැවත නිවසට යා හැකි වූ අතර ඔහුට පළතුරු ලැබ ප්‍රශ්නය විසඳුනේය. මා බොහෝ මනුෂ්‍යයන්ට උපදේශ දුන් අතර පූජක විද්‍යාලයට යෑමටද මට වේලාවක් නොවීය. මා නිවසෙහි සිටි කල, උපදෙස් ලබා ගැනීමට හා යාච්ඤාව ලබා ගැනීමට අවශ්‍ය අය මගේ නිවසේ යමින් එමින් පිරුණේය. මේ හේතුව නිසා මගේ නිවාඩු කාලයන් වලදී මට කඳුකරය වෙතට යාමට සිදු විය. පූජක විද්‍යාල සිසුවකු ලෙස දේව වචනයට සිත යොමු කිරීම හා යාච්ඤා කිරීම පිණිස, මට මිනිසුන් මග හැරීහට සිදු විය.

ශුද්ධාත්ම ආනුභවයෙන් බොහෝවර නිරහාර යාච්ඤාවෙහි යෙදීම

1979 අගෝස්තු මස, දේවධර්ම පාසලේ මගේ ආධුනික වසර ගිම්හාන සෘතු නිවාඩුවේදී, මගේ සභා පාලකවරයා සමඟ කානාන් කෘෂිකර්ම පාසලේ, පාලකවරුන්ගේ ගිම්හාන පාසැලට මා සහභාගි වූයෙමි. නිල් අහස ලෙස පැහැදිලි ජලය වතුර මලකින් පැන නැංගේය. එකිනෙකාට කථා කරන්නාවූ පාලකවරුන්ගේ හඬ මට ඇසුනේය. ඔවුන් කථා කලාවූ නොයෙක් ආකාරයේ ලෞකික දේවල් ඇසීමෙන් මා මවිතයට පත් වීමි. ඒ මොහොත වන තෙක් මා සිතා සිටියේ සෑම පාලකවරයෙක්ම ස්වාමින් වහන්සේ මෙන් ශුද්ධයි කියාය. ඔවුන්ගේ කථාවන් තුළින් හුවමාරු කරගත්තාවූ බොහෝ දේ ගැන මා පුදුමයට මෙන්ම කල කිරීමටද පත් වුයෙමි.

''අපි පාලකවරුන් වුනත්, අනාචාර මනසකින් එන පව්කාර සිතුවිලි හෝ ස්වභාවය ගැන අපට කිසි දෙයක් කරන්න බැහැ. ඒ නිසා මගේ මතය හා විශ්වාසයට අනුව ඒක පාපයක් නොවෙයි.''

''ඒක ඇත්ත'' තව කෙනෙක් ප්‍රතිචාර දැක්වූයේය. ''පාපය සිදුවන්නේ ඇත්තෙන්ම ඒක ක්‍රියාවෙන් සිදුවුනාමයි. සිතුවිල්ල පමණක් එහෙනම්, ඇත්තෙන්ම පාපය වෙන්න බැහැ.''

දේව ධර්ම පාසැලට ඇතුල් වීමට ප්‍රථම, නිරාහාරයෙන් හා යාච්ඤාවෙන් හිඳ අනාචාරී මනස තුල ඇති පව්කාර ස්වභාවයෙන් ඉවත් වූ මා මෙම කථා ඇසීමෙන් තරමක් ගොළු වී ගියෙමි. පාපයේ මූලය උදුරා දැමීම හේතුවෙන්, දුෂ්ඨ සතුරා වූ සාතන්ට මා තුළට එවැනි සිතුවිල්ලක් ගෙන ඒමට නොහැකි විය. දෙවියන් වහන්සේ, අපට කාමමිත්‍යාචාරයේ නොබැඳෙන ලෙස අඬා පනවයිද, අපට එය එසේ ආරක්ෂා කල නොහැකි නම්? නිරාහාර යාච්ඤා කාල තුළින්

අපගේ පාපයන් සියල්ල ඉවත් කරන්නට හැකි බව ඔවුන් විශ්වාස කරනවා නම්, ඇයි ඔවුන් එසේ පවසන්නේ? ස්ත්‍රියෙක් දෙස කාමතෘෂ්ණාවෙන් බලන කවුරු නමුත් පාපයේ බැඳෙනු ඇතැයි යේසුස් වහන්සේ වදාල සේක. තවද කිසියම් කෙනෙකු ඇදහිල්ලෙන් සිටිනවානම්, කළ නොහැකි යමක් නැති බව එතුමන් පැවසූ සේක. යේසුස් වහන්සේගේ ශුද්ධ වූ ලේ කරනකොට ගෙන ඊට විරුද්ධව සටන් කිරීමෙන් ඒවායෙන් ඉවත් වීමට අපට හැකි වේ.

තවද, දේවධර්මාචාර්ය පාසලේ සිසුන්, මේ ගැටළුව පිළිබඳ මහාචාර්‍යතුමන්ගෙන් විමසූ විට ඔහු පැවසුවේ ඔවුන්ගේම සිතුවිලි වලින් කිසිවක් කළ නොහැකි බවයි. එනම්, සිතුවිලි පදනම් කරගෙන පාපය හට නොගැනෙන බවයි. දෙවියන් වහන්සේගේ කරුණාව හා බලය අප ලබා ගත් විට අපේ පාපයන් ඉවත් කළ හැකි බව ඇදහිලිවන්තයන්ට ඉගැන්වීමට, මම මගේ මනස සකස් කර ගතිමි.

''දෙවියන් වහන්ස ඔබට ස්තුතියි! අනාචාරි වූ මානසිකත්වය අප සිතින් ඉවත් කල නොහැකි බව මීට බොහෝ කලකට පෙර මා අසා තිබුනානම්, මම මගේ සිතුවිලි වලින් අනාචාර පාපයේ දිගටම යෙදෙන පුද්ගලයකු වීමට තිබුනා. නමුත් යාච්ඤාවෙන් සහ දේව වචනය තුළින් ජීවිතය ගෙවන්න ඔබ වහන්සේ මට ඉඩහැරියා. නිරාහාර යාච්ඤා කාල තුළින් මගේ අනාචාරි මානසිකත්වය ඉවත් කරන්න ඔබ වහන්සේ මට බලය ලබා දුන්නා. ඔබ වහන්සේට ස්තුතියි!''

නිරාහාර යාච්ඤාව දෙවියන් වහන්සේගේ කැමැත්ත බව මම දැන ගන්නට යෙදුනා

එපමණක් නොව, මම දේවධර්මාචාර්ය පාසැලට ඇතුලත් වුනු පසුවද, දින තුන්-දින හත-දින පහළොව හා දින විසිඑක ආදී ලෙස බොහෝ නිරාහාර යාච්ඤා කාල වල නිරත වීමි. මම නව ඇදහිලිවන්තයකුව සිටි කල්හි, නිරාහාරව සිටීමට හේතුව දැනුවත්ව සිටියේ නැති නමුත් මම ශුද්ධාත්මයාණන් වහන්සේගේ මඟ පෙන්වීම් අනුගමනය කරමින් නිරාහාරව යාච්ඤා කිරීම් වල යෙදී සිටියෙමි. මම උපස්ථායක ලෙස පත් වූ පසු, නිරාහාර යාච්ඤාවේ කාල ගත කල යුත්තේ ඇයිදැයි සහ එහි ප්‍රතිලාභයන් පිළිබඳව මම ඉගෙන ගතිමි. එබැවින් මා තුළ තිබූ අසත්‍යතාවන් මම සොයා ගත් කල; දින තුන්-දින පහ-දින හත ආදී ලෙස නිරාහාරව යාච්ඤාවේ යෙදී සිටියෙමි. උදාහරණයක් ලෙස, මා තුළ ස්වභාවයෙන්ම මුසාවාද පැවසීමේ පුරුද්දක් ඇති බව සොයාගත් විට, එකෙනෙහිම මම දින තුනක නිරාහාර කාලයක් ආරම්භ කළෙමි. ඒ ආකාරයෙන් නිරාහාරව සිටීම ඉතා අපහසු වූ බැවින්, මම ඉතා ඉක්මණින් මුසාවාද කීම ඉවත් කළ අතර මා තුළ තිබූ අනෙකුත් දුර්වලතාවයන්ද අත් හැරීමට මා සමත්

වුනෙමි.

නිරාහාර යාච්ඤා කාල වලින් පසුව ආහාර ලබා ගැනීම අපට ඉතාමත් වැදගත් කාරණයකි. නිරාහාර පරිච්ඡේදයක් ගත කිරීමෙන් පසුව, නැවත ආහාර ලබා ගැනීම කළ යුතුම වූ කරුණකි. එය බොහෝ විට දියරමය ආහාර වන කැඳ හෝ බාර්ලි වේ. ගත කළ නිරාහාර කාල පරිච්ඡේදය මෙන්ම මෙම ආහාර රටාව ලබා ගැනීමද ඔබ අනිවාර්යයෙන්ම සිදු කළ යුතුයි. එහි ප්‍රතිඵලයක් ලෙස ඝණ ආහාර නොගත්තා වූ බොහෝ දින ගණන් ගත කිරීමට මට සිදු විය. බොහෝ විට එහි නිරාහාර කාලය හා ආහාර ගැනීම අතරේ අඛන්ඩභාවයක් තිබිණි. ජීවිතයේ පළමුවෙනි වතාවට මම සහභාගි වූ පිබිදීමේ රැස්වීමේදී, නිරාහාර යාච්ඤා කාලයක් පිළිබඳ මම දැනුවත්ව සිටි නමුත්, නැවත ආහාර ලබා ගැනීම පිළිබඳව උගත්තේ නැත. ඇත්ත වශයෙන්ම නිරාහාරව සිටීමට හේතුව මම නොදත්තෙමි. එනමුත් ශුද්ධාත්මයාණන් වහන්සේගේ මඟ පෙන්වීම තුළින් දින හතක නිරාහාර කාලයක් ගත කිරීමට, පොරෝනයක් හා බයිබලයක් රැගෙන චන්ග් ගේ කන්දට යෑමට මම අධිෂ්ඨාන කර ගතිමි.

යාච්ඤා මධ්‍යස්ථානයේ සිට කෙටි දුරක් පසුකරන විට, තනිව යාච්ඤා කරන පුද්ගලයන් සඳහා වූ පුද්ගලික යාච්ඤා කුටි දක්නට තිබිණි. එය තෙතමනය සහිත ස්ථානයක් වූ අතර එහි පොළොව මත සිදුරු සහිත දැවමය ඵලකයන් දක්නට තිබිණි. ඒනිසා, එහි කෘමින් විය. මා මොරගසමින් යාච්ඤා කළ අතර දින හතේ නිරාහාර කාලය ඒ ස්ථානයේ සිටම අවසන් කළෙමි. එම යාච්ඤා කාලය අවසන් වීම ගැන මම ප්‍රීති වීමි. මා බස් නැවතුම් පොළට පැමිණි විට පදික වේදිකා වෙළෙන්දකු බදින ලද අල තීරු සහ බනිස් විකුණමින් සිටි බව දුටිමි. බනිස් කිහිපයක් මිලට ගත් මම නැවත නිවස කරා පැමිණුනෙමි.

''දයාබාර බිරිඳ මට කෑමට යමක් දෙනවාද''

මගේ බිරිඳ මට කෑමට යමක් පිළියෙල කළාය. මා එයට යාච්ඤා කරමින් ''මම විශ්වාස කරනවා මෙය හොඳින් ජීරණය වේවි කියා'' මා බත් බඳුන් දෙකක්ම ආහාරයට ගතිමි. එය මගේ කුසට ඉතාමත් අපහසුතාවයක් වෙන්නට තිබුනි. නමුත් එය මනාව ජීර්ණය විය. ඔසන්රි යාච්ඤා මධයස්ථාන, පාජු ක්යෝන්ග් ගි ඩු හි ස්ථාපිත කර ඇති බව මට පසුකාලයකදී දැනගන්නට ලැබුනේය. මමද, එහි නිරාහාරව සිට යාච්ඤා කිරීමට ගියෙමි. තෙදිනක නිරාහාර කාලය තුළදී මම රැස්වීමක ''නැවත ආහාර ලබාගැනීමේ'' අත්‍යවශ්‍යතාවය පිළිබඳ ඉගෙන ගතිමි. අප කැඳ සහල්මය හුළුකැන්, එළවළු වැනි සුළු ආහාර අනුභවයට ගත යුතු බව පාලක තුමන් පැවසුවේය. නමුත් මා ඊට වෙනස් ආකාරයේ අදහසක් දැරුවෙමි. නිරාහාර කාලයෙන් පසු නිවසට පැමිණි මා ''මම විශ්වාස

කරනවා එය හොඳින් ජීරණය වේවි'' කියා යාච්ඤා කරමින් සාමාන්‍ය පරිදි බත් ආහාරයට ගත්තෙමි. නමුත් එකවරම මගේ මුහුණ ඉදිමීමට පටන් ගත් අතර තවත් බොහෝ ශාරීරික අපහසුතාවයන් මගේ ශරීරය පුරාවටම ඇතිවුණි. මා දණ නමා ඒ පිළිබඳ යාච්ඤාවේ යෙදුනෙමි. ශුද්ධාතයාණන් වහන්සෙගේ හඬ මට ඇසුණි.

''ඔබ ආහාර නැවත ලබා ගැනීම පිළිබඳ නොදැනුවත්ව සිටි විට ඔබේ ඇදහිල්ල දෙස බලමින් මම ඔබව ආරක්ෂා කළා. නමුත් දැන් ඔබ ආහාර නැවත ලබා ගැනීම පිළිබඳව දැනුවත්ව සිටිනවා එවිටත් ඔබේ අහංකාරය නිසා ඔබ එයට කීකරු වුයේ නැත.'' උන්වහන්සේ වදාල සේක. මම උගත් දේ ක්‍රියාවට නොනැගීම පිළිබඳව මම සම්පූර්ණයෙන්ම පසුතැවීමට ලක් වූ අතර ඒ මොහොතේම මම තවත් නිරාහාර යාච්ඤා කාලයක් ආරම්භ කලා.

නිරාහාර යාච්ඤාවේ ප්‍රතිලාභයන්

අපගේ යාච්ඤාවන් වලට පිළිතුරු ලබා ගැනීමට ඉතාමත් වැදගත් අංගයකි නිරාහාර යාච්ඤාව. තවද එහි, මහත් වූ ප්‍රතිලාභද තිබෙනවා. පළමුව, නිරාහාරව සිටීමද, පසුව නිශ්චිත කාලයක් යනතුරු අපගේ ශරීරයට බල කිරීමකින් තොරව නැවත ආහාර ලබා ගැනීමද ඉතා අපහසු කාර්යකි. නිරාහාර යාච්ඤා තුළින් අපගේ මාංශමය ස්වභාවයන් වලින් ඉවත් වීමට සහ අපට අපගේ ජීවිත පාලනය කර ගැනීමට අවශ්‍ය ශක්තිය ලබා ගැනීමකට අප පැමිණෙනවා. එමෙන්ම අපගේ ආත්ම ඉතාමත් ක්‍රියාකාරී ස්වභාවයට පැමිණෙන අතරම ආත්මික මනුෂ්‍යයකු ලෙස අප ගොඩනැගීමට එය උපකාරී වේ. තවද, ශාරීරිකව අපගේ උදරයන්ට විවේකී බවක් ලැබෙන අතර එය අපේ සෞඛ්‍යමය තත්වයට ඉතාමත් හිතකර වේ. මනසද ඉතාමත් පැහැදිලි භාවයකට පත්වන අතර එය මානසික හා ශාරීරික සෞඛ්‍යයට ඉතාමත් හිතකර වේ. අපගේ ආත්මික ජීවිතය ක්‍රියාකාරී වීමත් සමගම, අපට ශුද්ධාත්මයාණන් වහන්සේගේ ශක්තිය ලබා ගැනීමට පුළුවන් වෙනවා. ජවලිත යාච්ඤාවන් මගින්, අපගේ විවිධාකාර වූ ගැටළු වලට පිළිතුරු ලබාගත හැකි අතර, පරීක්ෂාවන් වලට නොපැමිණීමට මෙම යාච්ඤා ඉවහල් වේ. සියල්ලෙහිම යහපත පිණිස දෙවියන් වහන්සේ ක්‍රියා කරන සේක.

මා ආහාර ගන්නා ආකාරයට සම වන අයුරින්ම නිරාහාර යාච්ඤාවේ යෙදුනෙමි. නමුත් මම නිරාහාර යාච්ඤා කාලයකට ඇතුල් වීමට තීරණය කලේ නම්, කිසිදු ආකාරයකින් මගේ මනස වෙනස් කර නොගතිමි. අප දෙවියන් වහන්සේ ඉදිරියේ ගන්නා තීරණ වෙනස් නොකරන විට, අපට දෙවියන්

වහන්සේ සමග විශ්වාසයෙන් සිටීමට පුළුවන. නිරාහාර යාච්ඤා කාල තුළින් අපි පිළිතුරු ලැබූ විට, අප ඇදහිල්ල පිළිබඳව සහතික කිරීමක් ලබා ගන්නා අතර අපගේ ජීවත තුළ ධෛර්යය හා ශක්තියද ගොඩනැගෙනු ඇත. එබැවින්, එය කිතුණු ජීවිතයේ සැබෑ අත්දැකීම ලැබීමට කෙටි මගක් වන අතර ඇදහිල්ල තුළ ජයග්‍රාහී ජීවිතයක් ලැබීටමද කදිම මාර්ගයකි. එහෙයින් නිරාහාර යාච්ඤාව දෙවියන් වහන්සේගේ කැමැත්ත වන අතර දේව රාජ්‍යත්, ධර්මිෂ්ඨකමත් සම්පූර්ණ කර ගැනීමට එය ඉතාමත් හොඳ මගකි.

නිරාහාර යාච්ඤාවක් ඔප්පු කරන ආකාරය

නිරාහාර යාච්ඤාව යනු ජලය හැර වෙන කිසිදු ද්‍රව්‍යයක් ශරීරයට ලබා නොගනිමින් යාච්ඤාවේ යෙදීමයි. නාමිකව එය එක්තරා ආකාරයක අධිෂ්ඨානශීලිත්වයක් ඇති යාච්ඤාවකි. එනම්, මම දුර්වල වෙනවා නම් දුර්වල වුනාවේ. එබැවින්, දින 10 ට වඩා දිගුකාලීනව නිරර්ථක ලෙස නිරාහාරව සිටීම කිසිසේත්ම සුදුසු නැති අතර යෝග්‍ය සැලකිලිකමක් ඇතිව දෙවියන් වහන්සේගේ කැමැත්ත අනුගමනය කරමින් ශුද්ධාත්මයාණන් වහන්සේගේ මඟ පෙන්වීම අනුව නිරාහාරව සිටීම වැදගත් වේ.

යෙසායා 58:6 පවසන අයුරුනම් "මා විසින් තෝරාගත් උපවාසය නම් දුෂ්ඨකමේ විලංගු මුදා හැරීමත්, වියගහේ බැලුම් ලිහීමත්, බලහත්කාරය විඳින්නන් නිදහස් කර ගැනීමත්, සියලුම වියගස් නුඹලා විසින් කඩා දැමීමත් නොවේද? දුෂ්ඨකමේ වලංගු ලෙස මෙහි සඳහන් වන්නේ, දේව වචනයට එරෙහිව ක්‍රියාත්මක වීම නිසා අප ජීවිත වලට ඇතිවන්නාවූ ගැටළු වේ. එසේ නම්, දෙවියන් වහන්සේ ප්‍රසන්න වන ආකාරයේ නිරාහාර යාච්ඤාවක් අපි පිළිගැන්වුවහොත් අපගේ ගැටළු වලට විසඳුම් ලැබෙනවා ඇත. නමුත් සමහර මිනිසුන් ඔවුන්ගේම වූ සිතුවිලි මාලාවන් තුළ දින 40 නිරාහාර යාච්ඤා කාලයන් වල නිරතව දේව මඟ පෙන්වීමක් නැති බැවින් ඔවුන්ට ආරක්ෂාවරණයක් නොමැතිව ගැටළු වලට මුහුණ දේ. එසේ නම් දෙවියන් වහන්සේගේ ඇස් ඉදිරියේ ප්‍රසන්න වන්නේ කෙබඳු නිරාහාර යාච්ඤාවක්ද?

පළමුව, අප එය නොවෙනස්වන හදවතකින් කළ යුතුයි.

නිරාහාරව සිටින කාලය, අප එක්වරක් තීරණය කළහොත්, එය කිසිසේත්ම අතර මගදී වෙනස් නොකළ යුතුයි. එහි දුෂ්කර තාවය හේතුවෙන් අතරමගදී නැවැත්වීම හෝ මඟහැරීම කිසිසේත්ම නොකළ යුතු කරුණකි. නොවැලැක්විය හැකි හේතුවක් නිසා ඔබට එය නැවැත්වීමට සිදු වෙනවා නම්, දෙවියන් වහන්සේ

ඉදිරියේ දුන් පොරොන්දුව ඉටු කිරීමක් ලෙස, නැවතත් ඔබ අනිවාර්යයෙන්ම සම්පූර්ණ නිරාහාර කාලය මුල පටන් ආරම්භ කල යුතු වේ. ඔබ දෙවියන් වහන්සේ ඉදිරියේ පොරොන්දුවක් තබමින්, එය නොයෙකුත් හේතුන් නිසා වෙනස් කරනවා නම් දෙවියන් වහන්සේ ඔබව විශ්වාස කර ඔබට ප්‍රේම කරන්නේ කෙසේද? අප කිසියම් වූ දෙයක් දෙවියන් වහන්සේ ඉදිරියේ තීරණය කරනවා නම් අප එය ආරක්ෂා කළ යුතුයි. එසේ කිරීමෙන් ශාන්ති ගුණය ගැන අපට ඉගෙනීමට හැකි වන අතර දෙවියන් වහන්සේ සමඟ විශ්වාසය ගොඩ නගාගැනීමට හැකි වනු ඇත. තවද එමගින් දෙවියන් වහනසේගේ කැමැත්ත අනුගමනය කළ හැක.

දෙවනුව, අප නිරාහාරයෙන් සිටින විට යාච්ඤාවෙන් සියල්ල මොර ගැසිය යුතුයි.

සමහර මිනිසුන්, හරි ආකාරව යාච්ඤා නොකරන අතර නිරාහාර කාල තුලදී නින්දට වැඩි ප්‍රවණතාවක් දක්වනවා. මේ ආකාරයේ නිරාහාරයන් අර්ථ රහිත වේ. යාච්ඤාවෙන් අප සියල්ලම කියා පෑවොත් පමණක් නිරාහාර යාච්ඤා කාලය තුලදී දෙවියන් වහන්සේ අපට කරුණාව දී, නිරාහාරව සිටීමටද අපට ශක්තිය දේ. එපමණක් නොව අපගේ යාච්ඤා වලට පිළිතුරත් එතුමන්ගේ ආශිර්වාදයත් එමගින් දෙනු ලැබේ.

අප දිනකට තෙවරක් ආහාර නියමිත අයුරින් ගනු ලබන ආකාරයට, නිරාහාර කාල තුලදී අඩු තරමින් දිනකට තෙවරක් හෝ යාච්ඤාවෙන් සිටිය යුතුයි. මේ ආකාරයෙන් සිටීමෙන් අපට ආත්මික වූ දිව්‍ය භෝජනය සපයා ගත හැකි අතර ශුද්ධාත්මයාණන් වහන්සේගෙන් පූර්ණවීම හේතුකොට ගෙන නපුරා අපගෙ න් පලා යනවා ඇත. දිගුකාලීන යාච්ඤා කාලයක් නම්, දිනකට පස් වතාවක් පමණ අනිවාර්යයෙන් යාච්ඤාවේ යෙදීමෙන් දෙවියන් වහන්සේගේ ආත්මික භෝජනය ලබා ගත හැකි වේ. එපමණක් නොව අපගේ නිරාහාරය පිටස්තර ක්‍රියාවට පමණක් සීමා නොවිය යුතුයි. අප හද පත්ලෙන්ම අපගේ හදවත ඉරාගෙන යාච්ඤාවේ යෙදනවා නම්, දෙවිඳුන්ගේ කරුණාව සහ බලය ලැබීමට හැකිවනු ඇත (යොවෙල් 2:12-13).

තෙවනුව, අප කිසිදු විනෝදාස්වාදයක් නොලැබිය යුතුයි.

"අප නිරාහාරයෙන් සිටියි. නමුත් ඔබ නොබැලුවොත්; අපේ ප්‍රාණ වලට පීඩා කරගත් නමුත් ඔබ නොසලකා සිටින්නේත් මක්නිසාදැයි කියති. බලව,

නුඹලාගේ උපවාස දවසේදී නුඹලා සැප ගනිති. නුඹලාගේ සියලුම වැඩද කරවා ගනිති.'' යැයි යෙසායා 58:3 දක්වා ඇත. ඔබ රූපවාහිනි නැරඹුවහොත්, ඔබ කුපිත වුවහොත් ඔබ අන්අයව නිරාහාර කාලය තුලදී අපවාදයට ලක් කළහොත්, දෙවියන් වහන්සේ ඊට ප්‍රසන්න නොවෙති. එනිසා ඔබ කිසිදු පිළිතුරක් බලාපොරොත්තු නොවිය යුතුයි. එබැවින් අප විනෝදාශ්වාදයෙන්, අර්ථ විරහිත සංවාද වලින්, අසත්‍යවාදී දේ වල නිරත වීමෙන් මිදිය යුතු වේ. මෙවැනි ආකාරයේ හදවතකින් පමණක් දෙවියන් වහන්සේව ප්‍රසන්න කළ හැකිවේ.

සිව්වනුව, අප යාච්ඤාවේ යෙදෙන විට පළමුව දේවරාජ්‍ය හා ධර්මිෂ්ඨකම වෙනුවෙන් යාච්ඤා කළ යුතුයි.

අප කරන යාච්ඤාවන් අපගේ තෘෂ්ණාවන් වලට ලොල් කමින් යාච්ඤා කෙරේ නම්, දෙවියන් වහන්සේ අපගේ යාච්ඤා භාර නොගනී. ප්‍රතිඵල වශයෙන් අපට පිළිතුරු ලැබිය නොහැකි වේ. අනෙක් අතට නිරාහාර කාලය අපගේ ශරීරයට අහිතකර වීම පමණක්ම විය හැකි බැවින්, අප ඉතාමත් ප්‍රවේසම් විය යුතුයි. අප අපගේ යසස, ලෞකික ආධිපත්‍ය, ඥානය වෙනුවෙන් යාච්ඤා නොකළ යුතුයි. නමුත් දෙවිඳුන් උදෙසා ශුද්ධ වීමටත්, උචිත භාජනයක් වීමටත් යාච්ඤා කල යුතු වේ. අප බොහෝ ආත්ම වල ගැලවීම උදෙසා යාච්ඤා කල යුතු වේ. දෙවිඳුන්ගේ බලය නිරන්තරව ලැබීමටත් යාච්ඤා කළ යුතු වේ. දෙවියන් වහන්සේගේ රාජ්‍යයත්, ධර්මිෂ්ඨකමක් පිළිබඳව යාච්ඤාවේ යෙදෙන විටත්, පාලකවරුන් හා දේව සභාව උදෙසා යාච්ඤා කරන විටත්, දෙවියන් වහන්සේ ප්‍රීතිමත්ව අපගේ යාච්ඤාවන් භාරගන්නවා ඇත.

පස්වනුව, අප ආත්මික ප්‍රේමයෙන් යුතුව යාච්ඤා කළ යුතුයි.

''බඩගිනි ඇත්තනට නුඹේ කෑම බෙදා දීමත්, ගෙයක් දොරක් නැති අසරණයන් නුඹ විසින් නුඹේ නිවසට පැමිණවීමත්, නිර්වස්ත්‍ර කෙනෙක් දුටු විට ඔහුට ඇඳුම් දීමටත්, නුඹේම නෑසියන්ගෙන් නොසැඟවී සිටීමත් නොවේද?'' යන්නෙන් සොයන 58:7 හි දැක්වේ. දෙවියන් වහන්සේගේ දරුවන් උන්වහන්සේට යාච්ඤා කරන පිණිස නොකා නොබී සිටීම ගැන උන්වහන්සේ දයාබරව කනස්සලු වෙනවා. ඔවුන් සත් පුරුෂභාවයෙන් ක්‍රියාකරමින් අන් අයට ප්‍රේමය දක්වනවා නම්, දෙවියන් වහන්සේගේ ඇස් හමුවෙහි ඔවුන් කෙතරම් මනහර වේද? එබැවින් දෙවියන් වහන්සේ ප්‍රීතිමත්ව, නිරාහාර යාච්ඤාව පිළිග නු ලබමින් කඩිනමින් පිළිතුරු දෙනු ලැබේ.

සයවනුව, නැවත ආහාර ලබා ගැනීම අප යෝග්‍ය අයුරින් කළ යුතුයි.

නිරාහාර කාලය අවසන් කළ පසුව, අප නිරාහාරව සිටි කාලයට සමාන වන පරිදි නැවත ආහාර ලබාගැනීමෙන් නිරාහාර කාළය සම්පූර්ණත්වයට පැමිණෙයි. අප නියමිත ආකාරයෙන් නැවත ආහාර ලබා ගැනීම කළ විට අපට ආත්ම දමනයක් කර ගැනීමට හැකියාව ලැබෙනවා. සත්තකින්ම එය අපගේ ශරීරයට සෞඛ්‍ය හිතකර වන අතර අප ආත්මිකවද පැහැදිලි දර්ශනයක් කරා එළඹෙනු ඇත.

සමහර අප පවසනවා ''මට ශක්තිමත් උදරයක් තිබෙනවා එනිසා මට නිසි ආකාර නැවත ආහාර ලබා ගැනීමක් අනවශ්‍යයි'' කියා නමුත් මෙය ඉතා වැරදි මතයකි. අප නියමිත ප්‍රමාණයට ප්‍රතිසාධන (ආහාර නැවත ලබා ගැනීම්) කළ විට, දෙවියන් වහන්සේ අපගේ දුර්වල වූ උදරයන් ශක්තිමත් කරන අතරම, සුළු රෝගයන් හා මේ කාල පරිච්ඡේදය තුල වූ අසනීප තත්ත්ව සුව කරනු ඇත.

අපගේ නිරාහාර කාලය මැනවින් සම්පූර්ණ කර තිබුනත්, අප නියමිත ප්‍රතිසාධන ආහාර ලබා නොගන්නෙහි නම්, අපට අපගේ ජවය අවශ්‍ය ප්‍රමාණයට නොලැබී යන අතර අපගේ ශරීරය දුබල වී, අපට යම් යම් ගැටළු ද පැන නැගේ. තවද ප්‍රතිසාධන පරිච්ඡේදයේදී, අප කාර්‍යයන් හීවත්, ව්‍යායාම් වලවත් දැඩි පරිශ්‍රමයකින් නොයෙදිය යුතුයි. එසේම නිරාහාර කාලය අවසන්ව, පරීක්ෂා වලට මුහුණ පෑමට සිදුවිය හැකි බැවින්, ඒ පිළිබඳව නිරාහාර කාලය තුළදී යාච්ඤාවෙන් සිටීම සුදුසු වේ.

යෝග්‍ය ප්‍රතිසාධන ආහාර

ප්‍රතිසාධන අවධියේදී, අප පමණ ඉක්මවමින් ආහාර ලබා ගතහොත් අපගේ මුහුණ ඉදිමෙනු ඇත. එය අපගේ උදරයට සුදුසු නොවේ. එහෙයින් අප පරීෂාකාරී විය යුතුයි. සාමාන්‍යයෙන් අප දිනකට තුන්වරක් ආහාර ලබා ගනී. නමුත් අප ප්‍රතිසාධන ආහාර ගන්නා විට මෘදු දියාරු සහල් කැඳ කෝප්පයක ප්‍රමාණයට දිනකට හතර වරක් ලබා ගත හැක.

මස්, බිත්තර, පාන්, කාබනේට් මිශ්‍රිත බීම වර්ග හා ඝන ආහාර, එනම් තෙල් සහිත, මිරිස් සහිත, ලුණු මිශ්‍රිත, ඇඹුල් යානාදී ආහාර වලින් අප වැලකිය යුතුයි. කුළුබඩු හා පිට අඩංගු ආහාර වලින්ද අප වැළකිය යුතු වේ. එළවළු වර්ග ආහාරයට ගැනීම වඩා යෝග්‍ය වේ.

තෙදිනක නිරාහාර කාලයට පසුව, අපට සහල්මය කැඳ ලබාගත හැක. නමුත් දිගු කාලීන නිරාහාරයකට පසුව, උදරය, අළුත උපන් බිළිඳෙකුගේ උදරය හා සමාන ආකාරය පත් වෙනවා. එනිසා දින දෙකක් යන තුරුවත් ඉතාමත් දියාරු ජලය මෙන් සෑදූ සහල්මය සූප් ලබා ගැනීම කළ යුතු වේ. එය දිනකට හතර වරක් ලබා ගන්න. ඇතැම් විට ඇපල් පල්පය හැර ඇපල් යුෂය දිනකට හතර වරක් ලබා ගැනීම යෝග්‍ය වේ.

දින තුනකට හෝ හතරකට පසු තරමක් ඝන සහල්මය සූප් පානය කිරීමට හැකියාව ඇත. කල් යත්ම, සහල් පිටි හෝ පිසූ වට්ටක්කා කැඳ සෑදීමට උපයෝගී කර ගත හැකි අතර ප්‍රමාණයද වැඩි කල යුතුයි. අමතර ආහාර සඳහා මස් වර්ග අනුමත නොකළ යුතු අතර පිට එකතු කිරීමද සුදුසු නොවේ. අපට මස් වර්ග අවශ්‍ය නම්, කුඩා මාළු කැබැල්ලක් ලුණු මද වශයෙන් මිශ්‍ර කර ලබා ගත හැක. තවද එළවළු සමඟ වූ සමහර සූප් වර්ග යෝග්‍ය වේ. විශේෂයෙන්ම පොතු ඉවත්කරගත් තල, සහල් කැඳ සෑදීමේදී යොදාගත හැක. අපට අවශ්‍ය ජවය ඉතා ඉක්මණින් නැවත ලබාගත හැකි මෙම ප්‍රතිසාධන ක්‍රියාවලිය නිසා අප සෞඛ්‍ය සම්පන්න වන බවද අපට වටහා ගත හැක.

ශුද්ධාත්මයාණන් වහන්සේගේ මග පෙන්වීම අනුව යාච්ඤා කිරීම

මා අන්තර්වර්තිකයෙක්ව සිටියෙමි. ඉතා කිට්ටුවෙන් මා අසල, යමෙකු සිටින විට මට ශබ්ද නගා යාච්ඤා කිරීමට නොහැකි වීම හෙයින් මා සැමවිටම රාත්‍රී කාලයන් හි තනිවම යාච්ඤා කිරීමට යෙදුනෙමි. මා යාච්ඤා කිරීමට ආරම්භ කර මිනිත්තු තිහක් පමණ ගත වූ පසු, ශුද්ධතාමයාණන් වහන්සේගේ පූර්ණත්වය හා ආනුභවය මා කරා පැමිණ, එමගින් දෙවියන් වහන්සේ සමඟ ගැඹුරු ආත්මික සම්බන්ධතාවයකට පැමිණීමකට හැකි වූයේය. සමහර අවස්ථා වලදී ශුද්ධාත්ම ආනුභාවය බලවත්ව මා කරා පැමිණි විට අන්‍යභාෂාවෙන් දෙවිඳුන්ට ප්‍රශංසා කිරීමට හා සමහර අවස්ථා වලදී ශුද්ධාත්මයාණන්ගේ ක්‍රියාවට අනුව නැටීමද ''හලේලූයා'' කියමින් දෙවියන් වහන්සේට ප්‍රශංසා කිරීමටද යෙදුනෙමි.

මම ප්‍රධාන වශයෙන්ම මගේ දේවස්ථානයේ පාලකවරයා, අනෙකුත් පාලකවරුන්, වැඩිහිටියන් හා දේවස්ථානයේ පිබිදීම උදෙසාත්, අනෙක් ආත්ම උදෙසාත්, අනෙකුක් දෙවස්ථාන සඳහාත්, අපගේ දේශය උදෙසාත්, සියළු මිනිසුන් වෙනුවෙනුත් යාච්ඤා කළෙමි. මගේ යාච්ඤා කාලය අවසානය කරා එළඹෙන විට, මා සැකෙවින් මගේ පවුල වෙනුවෙනුත්, මගේ ව්‍යාපාරය සඳහාත් යාච්ඤා කළෙමි. කාලය ලැබෙන හැම අවස්ථාවකම මම යාච්ඤා මධස්ථානය වලට ගොස් අලුයම් යාච්ඤා රැස්වීම් වලට සහභාගි වුයෙමි. පසු කාලීනව

මම කඳු මුදුනට ගොස් යාච්ඤා කළෙමි. එහිදී දහවල් ආහාරය ලබා ගැනීමට ගත කරන කාළය අපතේ යවන සුළු ක්‍රියාවක් යැයි සිතූ මා සැමවිටම මගේ පොරෝනයද රැගෙන අලුයම පිටත්ව ගිය අතර දහවල් ආහාරය මග හැරියෙමි. සවස් කාලයේදී, යාච්ඤා මධ්‍යස්ථානයේදී රාත්‍රී ආහාරය ලබා ගත් අරතම එහි පැවැත්වෙන රැස්වීමටද සහභාගි වීමි. බලවත් ආශාවන් මා තුළ ඇති වුවහොත් රාත්‍රියේදී ද නිරාහාරව සිටීමට මට පියවර ගතිමි.

''එළෙසම, ආත්මයාණන්වහන්සේත් අපගේ දුර්වලකම් වලදී, උපකාර කරන සේක. මක්නිසාද යුතු ලෙස යාච්ඤා කරන්ට අපි නොදනිමුව නමුත් ආත්මයාණන් වහන්සේම කිය නොහැකි කෙඳිරිගෑම් වලින් අප උදෙසා මැදහත්කම් කරන සේක. ඒ ආත්මයාණන් වහන්සේ, දෙවියන් වහන්සේගේ කැමැත්ත ලෙස ශුද්ධවන්තයන් උදෙසා මැදහත් කරන බැවින්, සිත් විමසන තැනැත්වහන්සේ, උන්වහන්සේගේ අදහස කුමක්දැයි දන්නා සේක්'' (රෝම 8:26-27).

එවකට මම ශුද්ධාත්මයාණන් වහන්සේ පිළිබඳව නොදැන සිටි අතර, මම එතුමන්ගේ මඟපෙන්වීම් අනුව යාච්ඤාවේ යෙදුනෙමි. දෙවිඳුන් හදවත විමසයි. ඒ ශුද්ධත්මායාණන් මා තුල යාච්ඥාවෙන් සිටිය බැවින්, මම එතුමන්ගේ ඥානය අනුව යාච්ඤා කළෙමි.

දෙවියන් වහන්සේගේ හස්තය මගින් දේවස්ථානයේ ආරම්භය සූදානම් කිරීම

ඇදහිල්ලෙන් පරීක්ෂාවන් ජය ගැනීම.

මගේ පවුල තුළ ඉතාමත් පරිපූර්ණ ඇදහිල්ලක් ඇතිකර ගැනීම උදෙසා, දෙවියන් වහන්සේ ඇදහිල්ලේ පරීක්ෂාවන් අනුමත කළ සේක. 1980 දී මගේ කනිටු දියණිය, සුජින් සය වයසැති විය. ඇය ඇගේ සහෝදරියක් සමඟ වීදියෙහි ඇවිදිමින් සිටි අතර එහි උසස් පාසැල් පිරිමි ළමුන් කිහිපදෙනෙක් බෝලයක් සමඟ සෙල්ලම් කරමින් සිටියෝය. එහි සිටි එක් පිරිමි ළමයෙකු එක්වරම හැරී, බෝලය අල්ලා ගන්නා පිණිස සුජින් මතට පැන්නේය. බිම ඇද වැටුණු ඇය, සිමෙන්ති කානුවක හිස වැදීමත් සමඟ සිහි නැති විය. එම සිසුන්ගේ දෙමව්පියන් පැමිණ සුජින් රෝහල වෙත ගෙන ගියෝය.

මගේ බිරිඳ මෙම පුවත කණ වැකුණු සැනින් රෝහලට ගියාය. වෛද්‍යවරු, සුජින් මහ රෝහලට ගෙන යන ලෙස පැවසුහ.ඔහු පවසා සිටියේ, ඇගේ මොළය සැළකිය යුතු ප්‍රමාණයකින් හානි වී ඇති බවත්, චිත්තමය වූ හැකියාවන් වලට යම් කිසි ගැටළු කාරී තත්ව ඇති විය හැකි බවය. එපමණක් නොව, ශල්‍ය කර්මයක් සිදු කළ හොත්, මනාසිකව අංගවිකල භාවයකට පත්විය හැකි බවද පැහැදිලි කළේය.

මම වෙළඳ සැලෙහි සිටියෙමි. සුජින් සිහිමුළා තත්වයකට පත්ව ඇති බව මට දැනගන්නට ලැබිණි. නමුත් යාච්ඤාව මගින් ඇය සුවකල හැකි බවට මට විශ්වාසයක් තිබූ බැවින්, මහ රෝහලට යාම වෙනුවට මම ඇයව නිවසට කැඳවාගෙන ආවෙමි.

ඒ සිසුවාගේ මව කුමක් කිරීමට ඇත්තේදැයි නොදැන උන්නාය. ඇය ගෘහ

සේවිකාවක් ලෙස සේවය කරමින් සිටි අතර, ඇයද අප මෙන්ම මූල්‍යමය වශයෙන් ඉතා දරුණු තත්වයකට පත්ව සිටියාය.

මම ඇය සහනයෙන් සිටීමට සැනසූ අතර මම මගේ දෑත් සූජින් වෙත යොමු කරමින් යාච්ඤා කළෙමි. ඇය විටින් විට විලාප තබන්නටත්, උමතුවෙන් සිටින්නටත් වුනි. එපමණක් නොව ඊළඟ දිනයේදී ඇය අවදි වූයේද නැත. මමත් මගේ බිරිඳත් මම රාත්‍රිය පුරාවටම යාච්ඤාවේ යෙදුණි. එම බදාදා දිනයේදී මම නිවෙසින් පූජක විද්‍යාලය කරා යමින් සිටියෙමි. හදිසියේම සූජින්ගේ පැහැදිලි හඬ මෙසේ පවසනවා ඇසුණි. ''තාත්තා අද සභාවට යන දවසක් නොවේද?'' ඇය ප්‍රකෘති සිහියට පැමිණ තිබිණ.

''දෙවිඳුනි ඔබට ස්තුති! ඔබ වහන්සේ මගේ යාච්ඤා වලට පිළිතුරු දෙමින් සූජින් හට සිහිය නැවත ලබා දුනි'' එම පන්ති වලට සහභාගී වී නැවත නිවසට පැමිණෙන විට, බදාදා දේව මෙහෙය සඳහා සූජින් නිවසින් පිටත්ව තිබිණි.

මගේ දෙවන දියණිය ට්‍රක් රථයක ගැටීම.

1981 දී, දෙවැනි දියණිය මික්යුන්ග් පාරේ ගමන් කරමින් සිටියදී හදිසි අනතුරකට ලක් වූවාය. මික්යුන්ග් බසයෙන් බැස, මාර්ගය හරහා මාරු වෙමින් සිටියාය. ට්‍රක් රථ රියැදුරා ඇය දැක තිබුනේ නැති අතර, ඇයව ට්‍රක් රථයේ ගැටිණි. ඇය විසි වී ගොස් බිම වැටිණි. මිනිසුන් එම ස්ථානයට රැස් වූ අතරම, ට්‍රක් රථ රියදුරා ඇයව රෝහල වෙත ගෙන ගියේය.

මගේ බිරිඳ රෝහලට පැමිණි විට, මික්යුන්ග් ගේ මුහුණ ඉදිමී තිබුනු අතර ඇයට නිකට දෙකක්, ඇති මෙන් දිස් විය. ඇගේ මුඛයේ ඇතුළත ඉරී තිබුණි. එට ඉතාමත් භයානක විය. වෛද්‍යවරු පැවසුවේ ඇයට රෝහලේ නේවාසිකව ප්‍රතිකාර ගැනීමට සිදුවන බවයි. නමුත් මගේ බිරිඳ ඇයව නැවත නිවසට කැඳවාගෙන ආවාය. මික්යුන්ග් සම්පූර්ණයෙන්ම රුධිරයෙන් වැසී සිටි අතරම, ඇයට ඇගේ දෑස් විවර කර ගැනීමට නොහැකි විය. ඇගේ මුහුණ ඉතා විරූපව තුවාල වලින් හා තැලීම් වලින් පිරී තිබිණි.

ඇයට ආහාර පවා ගැනීමට අපහසු විය. ඇය අපහසුතාවෙන් හෝ කිරි හා සුප් වර්ග, බටයක් ආධාරයෙන් බීමට හසුරුවා ගත්තාය. මා ඇගේ මුඛය විවෘත කර මදක් ඇතුලත බැලීමී, එය භයානක විය. මම මගේ අත මික්යුන්ග් මත තබමින් ඕනෑකමින් යාච්ඤා කළෙමි. එපමණක් නොව, සියළුම තුවාල සමග ඇය පාසැල් ගියාය. ඇගේ ගුරුතුමිය කලබල වී ඇයට රෝහල්ගත වන ලෙස

පවසා ඇත. මමත් මගේ බිරිඳත් මුළු රැය පුරාවටම නිරාහාරව සිට යාච්ඤා කළෙමු. මියුන්ග් පාසල් කටයුතු වල නොකඩවා නිරත වෙමින් සිටි අතර, එක් දිනක් ඇගේ මුහුණ නිල් පැහැ ගැන් වී තිබුනේ තැලුමකට ලක් වු ලෙසය. දින පහකට තුවාල කබොල්ල වැටී තිබුනු අතර ඇය සම්පූර්ණයෙන්ම සුව වී තිබිණි. ඇගේ මුඛය නියමිත පිහිටීමට පැමිණ තිබුන අතර, ඉදිමී තිබූ ස්වභාවය පහව ගොස්, මුඛයේ අභයන්තරයද සම්පූර්ණයෙන්ම සුව ව පැහැදිලිව තිබුණි.

එම වසරේ ගිම්හාන ඍතුවේදී, මියුන්ග්ගේ ගුරුතුමියගෙන් අපට ලිපියක් ලැබුණි. ඇය දෙවියන් වහන්සේ ජීවමාන බව ප්‍රත්‍යක්ෂ වශයෙන් අවබෝධ කරගත් බවත්, වෛද්‍ය ප්‍රතිකාර හෝ ඖෂධ රහිතව මියුන්ග් ඉක්මණින් සුව වූ බැවින් දෙවිඳුන්ගේ බලය සුවිශාල බව ඇය පවසා තිබුනි. එතැන් පටන් ඇය දේවස්ථානයට යාම අරඹන බව, ඇගේ ලිපියේ අවසානයේ පවසා තිබුනි.

මගේ බිරිඳ පසුතැවිලි වීමෙන් පසුව අපගේ වැඩිමහල් දියණිය සුවවීම

1981 දී මගේ වැඩිමහල් දියණිය මියුන්ග් මූලික පාසැලක අධ්‍යාපනය ලබමින් සිටියාය. මගේ ගිම්හාන නිවාඩු කාලයේදී, මම ඔසාන්රි යාච්ඤා මධ්‍යස්ථානයේ නිරාහාර කාලයකට සහභාගී වී, නැවත පැමිණෙමින් සිටියෙමි. මියුන්ග් ගේ ශරීරය පුරා බිබිලි දමා ඇති බව මම දුටුවෙමි. අන්නාසි ගෙඩියේ පොත්ත මෙන් දරුණු කුෂ්ඨයක් සමෙහි ඇති වී තිබිණි. එම දැඩි ගොරෝසු ස්ථාන වලට යටින්, කැඩුණු සමෙහි එම කුෂ්ඨය පැතිරී ගොස් තිබිණි. ඇගේ සම ඉරිණු තැන් වලින් දියර වැන්නක් පහළට වැගිරෙමින් තිබිණි. එය ඉතා දරුණු විය. ඇගේ ශරීරය මදක් හෝ සෙලවුනොත් ලේ වහණය වන බැවින්, මියුන්ග් හට කාමරයේ මුල්ලකට වී සිටීමට සිදු වූවාය. දෙවියන් වහන්සේ ඇයව සුවකරන බවට, මගේ බිරිඳ ඇදහිල්ලෙන් සිටි බැවින්, ඇයව රෝහල් ගත කිරීමක් හෝ ඖෂධ තැවරීමක් නොකළාය. මම මියුන්ග් වෙනුවෙන් යාච්ඤාවේ යෙදුනි. නමුත් ඈ සුව නොවුණි. පසු දිනයේදී මම ඇය වෙනුවෙන් නැවත යාච්ඤා කළෙමි. එහිදී ද කිසිදු උන්නතියක් දක්නට නොලැබිණ.

''බලව, ගලවන්නට බැරි ලෙස ස්වාමින් වහන්සේගේ අත කොට වෙලාවක් නැසෙන ලෙස උන්වහන්සේගේ කන බිහිරි වේලාවත් නැත. නමුත් නුඹලාගේ අපරාධම නුඹලා සහ දෙවියන් වහන්සේ අතරේ වෙන්වීමක් කළේය. උන්වහන්සේ නොඅසන ලෙස නුඹලාගේ පාපද, උන්වහන්සේගේ මුහුණ නුඹලාගෙන් සැඟවූවේය'' (යෙසායා 59:1-2).

මම නැවත හැරී මගේ ජීවිතය දෙස බලමින් මගේ ජීවිතයේ මම පසුතැවිලි

නොවූ කිසියම් කරුණක් ඇත්දැයි සොයා බැලුවෙමි. නමුත් මට එවන් කිසිවක් පිළිබඳ සිතා ගත නොහැකි විය. මට විශ්වාසයි මියුත්ග් අවකල් ක්‍රියාවෙන් ගත කළ කිසිදු සිදුවීමක් නොමැති බව, ඇය නිරතුරුවම යහපත් ගැහැණු ළමයකුව සිටියාය. ඇගේ අධික කාර්ය බහුලත්වය හේතුකොටගෙන අලුයම යාච්ඤා රැස්වීම කෙරෙහි ඇය අලස කමක් දැක්වූ බව මගේ බිරිඳ මට පැවසූවාය. තවද ඒ පිළිබඳව ඇය දෙවිඳුන් ඉදිරියේ පසුතැවිලි වූවාය. ඇය පසුතැවිලි වූ පසුව, මම මියුත්ග් වෙනුවෙන් යාච්ඤාවේ යෙදුනෙමි. එවිට දෙවියන් වහන්සේ එතුමන්ගේ ක්‍රියාව මේ අවස්ථාවේදී පෙන්වූ සේක. දරුණු කුෂ්ඨයත් සමඟ තිබූ සමත්, පහළින් කහ පැහැතිව ආසාදිතව තිබූ කොටසත්, එක් රැයකින් සුදු පැහැති වූ අතර තුවාල කබල් ද වැටී තිබුණි. නිවාඩු සමය අවසන් වීමට ප්‍රථම ඇය සම්පූර්ණ සුවය ලබා තිබුනි.

අප දෙවිඳුන් තුළ සම්පූර්ණයෙන්ම විශ්වාසය තැබූ කල, එතුමන් අපව කිසිදු අපහසු තත්වයන්ට වලට පත්වීමට ඉඩ තැබුවේ නැත. මෙය අපගේ ඇදහිල්ල වර්ධනය කිරීම උදෙසා පැමිණි පරීක්ෂාවක් බව, අප ඉතා ප්‍රත්‍යක්‍ෂ වශයෙන් දැන ගත් අතර, මෙයත් දෙවියන් වහන්සේ යෝබ්ව වඩා පරිපූර්ණ කිරීම සඳහා ශරීරයේ බිබිලි වලින් ඔහුව ප්‍රසාදය කිරීම හා සමාන විය. අපද දෙවියන් වහන්සේ අප හට දැක් වූ ප්‍රේමය ගැන ස්තුති කළෙමු. දේවස්ථානය ආරම්භයට ප්‍රථම මගේ දූවරුන් තිදෙනා හරහා පරීක්ෂාවන් පමුණුවමින් අපගේ ඇදහිල්ල විශාල කිරීමට දෙවිඳුන් ඉඩ හැරිය සේක.

මා කළ යුත්තේ කුමක්ද?

මා සෑම දේදීම දෙවියන් වහන්සේට කෘතඥතාවය පළ කර අතර උන්වහන්සේගේ සැලැස්ම විමසීමෙන් හා එය පිළිපැදීමෙන් ප්‍රීතිය ලබා ගතිමි. බයිබලය කියවන විට, දාවිත් සෑම දෙයකදීම දෙවිඳුන් මත රඳා පවතින ආකාරය දැක, එම වචනයෙන් වඩාත් ස්පර්ශ වුණි.

''ඉන්පසු දාවිත් ස්වාමින් වහන්සේගෙන් විචාරමින්ඃ මා යුදාහි යම් නුවරකට යන්ටදැයි ඇසුවේය. ස්වාමින් වහන්සේඃ යන්නැයි ඔහුට කී සේක. මා කොතැනට යන්ට දැයි දාවිත් ඇසුවේය. හෙබ්‍රොන්ටයි උන්වහන්සේ කී සේක'' (2 සාමුවෙල් 2:1).

''දාවිත් ස්වාමින් වහන්සේගෙන් විචාරමින් ඃ මා පිලිස්තිවරුන්ට විරුද්ධව යන්ට ද? ඔබවහන්සේ ඔවුන්ව මා අතට පාවා දෙන සේක් දැයි ඇසුවේය. ස්වාමින් වහන්සේ ඃ යන්න, මක්නිසාද මම සැබවින්ම පිලිස්තිවරුන් නුඹ අතට පාවා දෙන්නමියි දාවිත්ට කී සේක'' (2 සාමුවෙල් 5:19).

දාවිත් සෑම කුඩා දෑ පිළිබඳව පවා දෙවියන් වහන්සේගෙන් ඇසූ සේක. එය කුඩා දරුවකු තම දෙමව්පියන්ගෙන් කළ යුත්තේ කුමක් දැයි විමසනවාක් මෙනි. දාවිත් විමසූ අතරම දෙවියන් වහන්සේ විසින් මග පෙන්වන ලදී. දාවිත්, දෙවියන් වහන්සේගෙන් විමසූ සෑම අවස්ථාවකම, කළ යුත්තේ කුමක් දැයි උදාර පියෙකු ලෙස දෙවියන් වහන්සේ පිළිතුරු දුන් සේක. මමද සෑම කාර්යයකදීම දෙවියන් වහන්සේගේ කැමැත්ත විමසුවේය. උන්වහන්සේද පැහැදිලිව ශුද්ධාත්මයාණන් වහන්සේගේ හඬ ඇසීමට මට සැලැස්සූ සේක.

දින 40 නිරාහාර යාච්ඤා කාලය

1981 දී ශීත ඍතුවේ නිවාඩු සමයේ, මා පූජක විද්‍යාලයේ දෙවැනි වසරේ උපාධි අපේක්ෂකයකු ලෙස සිටි විට, දෙවියන් වහන්සේ මගේ හදවත දින හතලිහක නිරාහාර කාලයක් වෙත යොමු කළ සේක. යාච්ඤා මධ්‍යස්ථානයකට යාම සඳහා, මගේ බයිබලය සමඟ ගීතිකා පොතද, දේශනා පොත් කිහිපයක්ද සූදානම් කළෙමි. මම පිටත් වෙන්නට ආසන්නව තිබියදී, ශුද්ධාත්මයාණන් වහන්සේලේ ප්‍රබල හඬක් මට ඇසුණි.

''බයිබලය හා ගීතිකා පොතට අමතරව කිසිදු පොතක්, කියවීම සඳහා නිරාහාර යාච්ඤාවට ගෙන නොයන්න.''

මා කඩිනමින් බයිබලය හා ගීතිකා පොතට අමතරව ලබා ගෙන තිබූ පොත් පත් ඉවත් කළෙමි. පසුව ඔසාන්රි යාච්ඤා නිවසේ පැවති යාච්ඤා මධ්‍යස්ථානයට ගියෙමි. තවමත් නිවාඩු සමය බැවින්, එහි දහස්ගණනින් ඇදහිලිවන්තයන් වූහ. අවුරුදු හැටක් ඇතුළත ඇති වූ දරුණුම ශීත කාලය එය විය. යාච්ඤා මධ්‍යස්ථානයේ වූ සියලුම තිල නමස්කාර සේවයන් වලට මම සහභාගී වූ අතර දිනකට තෙවරක් (අලුයම, පස්වරුව, රාත්‍රී 11) යාච්ඤා කිරීම සඳහා මා නිශ්චය කර ගතිමි. යාච්ඤා කුටියට ගොස් මා දණ ගැසූ කළ, මට අධික ශීතල දැනුනි නමුත් මා කිසිදු යාච්ඤා සැසිවාරයක් එක් දිනක්වත් කඩ නොකරමින් යාච්ඤාවෙන් සියල්ල මොර ගැසුවේය.

යාච්ඤා කුටිය, අයිස් කැටයක් මෙන් මිදුනු පිනි වලින් පිරී තිබුණි. නමුත් මම විනාඩි 30-40 ක කාලයක් බලවත් පරිශ්‍රමයකින් යුතුව යාච්ඤා කළ පසු, පැය දෙකක් පුරාවට යාච්ඤාවෙන් මොරගැසීමට දෙවිඳුන් මට කරුණාව දුන් සේක. මම නව ඇදහිලිවන්තයෙකුව සිටියදීම, දින 5, දින 7, දින 15 සහ දින 20 ආදී ලෙස බොහෝ නිරාහාර යාච්ඤා කාළ වල යෙදුනි. මම නිතර නිරාහාර යාච්ඤාවේ යෙදුනු අතර, පූජක විද්‍යාලයේ කටයුතු වලටද

සහභාගි වුණි. දෙවියන් වහන්සෙගේ අපකාරය මට ලැබුනහොත්, දින 40 ක නිරාහාර යාච්ඤාවේ යෙදීම මට පහසුවේයැයි මම සිතුවෙමි. මම දේව රාජ්‍ය හා ධර්මිෂ්ඨකම වෙනුවෙන්ද, දේව වචනය මා හට පැහැදිලි කරන මෙන්ද යාච්ඤා කළෙමි. දෙවියන් වහන්සෙගේ සේවකයකු ලෙසට හා කැඳවූ නමුත්, මට මාගේ ශක්තියෙන් කිසිදු දෙයක් කර ගත නොහැකි විය. මම අප්‍රමාදව දෙවියන් වහන්සේට සේවය කිරීම උදෙසා, උන්වහන්සේගේ බලය ඉල්ලා යාච්ඤා කළෙමි. තවද, දේවස්ථානයක් ආරම්භ කිරීමට මම යාච්ඤා කල අතර උන්වහන්සේ ලොව පුරා දූත මෙහෙවරක් ඉටුකිරීම සඳහා මට සිහිනයක් දුන් සේක.

''රෝග හා දිළිඳු කමින් පීඩා විඳින බොහෝ ආත්ම වෙති. ඔබේ දේවස්ථානය එම අවශ්‍යතාවලින් පෙලෙන්නන් හට උපාකර කෙරේවා මිනිසුන්ව ආත්මිකව හා ශාරීරිකව සුව කරමින්ද, මෙම සුභාරංචිය දේශනා කිරීම සඳහා මුළු ලොවටම සාක්ෂියක් වී, ලොව පුරා දූත මෙහෙය සම්පූර්ණ කළ යුතුයි. ඔබේ දේවස්ථානය නැගී සිටිමින් බැබලේවා මා ඔබව තෝරා ගතිමි. ඔබට ආරම්භයේ සිට අවසානයේ දක්වාම මග පෙන්වමි. දේවස්ථානයක් ආරම්භ කළ විට ඔබ මෙය කරමින්ද මෙය කරන්නටද, වග බලා ගන්නවා ඇත.''

මම වේදනා වලින්ද රෝග වලින්ද බොහෝ කලක් දුක් විඳි බැවින්, රෝග වලින් පීඩිත අය පිළිබඳව තේරුම් ගතිමි. නොඇදහිලිවන්තයන් තුළ ඇදහිල්ල ඇති කිරීමටද, බොහෝ මනුෂ්‍යයන්ගේ පීඩිත හා දුබලතාවයන් සුව කිරීමටද, ආසාධරකම් හේතුවෙන් පාපය තුළ සිර වී සිටින මනුෂ්‍යයන් නිදහස් කිරීමටද, සීමා රහිත වූ සුවිශාල බලය දෙවියන් වහන්සේගෙන් ලබා ගැනීමට මට අවශ්‍ය වූ බැවින්, මා යාච්ඤාවේ යෙදුනෙමි.

''දෙවියන් වහන්ස මට ඔබවහන්සේගේ බලය ලබා දෙන්න. එවිට මගේ සෙවනැල්ල හෝ වස්ත්‍ර ස්පර්ශ වන ජනයා සුව වේවි. ඔබේ වචනයෙන් ආඥා දීමෙන්, සතුරු යක්ෂයා පලා යනු ඇත.''

මා ඉතා ජ්වලිතව යාච්ඤාවේ යෙදුනු කල, සතුරු යක්ෂයා පලවා හැරීමට ආධිපත්‍ය ලබා දෙන බවට පොරොන්දු එතුමන්ගෙන් මා ලැබුවෙමි; මගේ සිහිනය වූයේ දෙවියන් වහන්සේගේ සුවිශාල බලය ලබමින්, සුභාරංචිය දේශනාකිරීමටත්, දෙවියන් වහන්සේව නොහඳුනන පිරිස් අතරේද, රෝගීව දිළිඳුකමින්, කනස්සලුකමින් සිටින්නන් වෙත ඇදහිල්ල ඇති කිරීමටත්, ලොව ඕනෑම තැනක සුභාරංචිය දේශනා කිරීමටත්, වර්ධනය වීමටත් දේවස්ථානයක් පිහිටුවීමයි. ලොව පුරා දූත මෙහෙවර කිරීමේ සිහිනය සම්පූර්ණ කර ගනු

පිණිස, මා හට සීමා රහිත වූ දෙවිඳුන්ගේ බලය අවශ්‍ය වුණි. එබැවින්, දෙවියන් වහන්සේ හඳුනාගනිමින් උන්වහන්සේගේ ප්‍රේමය ලැබූ මොසෙස්, යොෂුවා, එළියා, එළීෂා, පේත්‍රුස් හා පාවුල් සතු වූ හාස්තම්, පුදුම ළකුණු, පුදුම දේ කිරීමට අවශ්‍ය බලය ඉල්ලමින්, මා මහත් වූ ආශාවෙන් යාච්ඤා කළෙමි.

තවද, දෙවියන් වහන්සේගේ සේවකයකු ලෙස, ලෞකික දෑ පරදවන්න අවශ්‍ය බලය හා අධිපත්‍ය පමණක්ම නොව ශුද්ධාත්මයාණන් වහන්සේගේ දීමනා දොළොස ඉල්ලමින්ද මම යාච්ඤාවේ යෙදුනෙමි. නමුත්, සයවෙනි දිනයේ සිට, දෙවියන් වහන්සේ මා පිළිගත්තේ නැත. තවදුරටත් එතුමන් මට උපකාර නොකළ බැවින් සතුරාගේ පීඩා හා බාධා පැමිණෙමින් තිබුනේය. හත්වෙනි හා අටවෙනි දවස් පසුවෙමින් යද්දී, ඉස කරකැවිල්ලක් හා අත් පාද වල මස් පෙරලීමක් ඇති විය. සිහි විකල් වේගෙන එන බවක් දැණුනු මා හොඳ සිහියෙන් සිටීමට බලවත් පරිශ්‍රමයක් දැරුවෙමි. රාත්‍රියේ නිදාගැනීම පවා මට අපහසු විය. කවරෙකු හෝ මට බත් කැවීමට උත්සහා දරනවා මම සිහිනයකින් දුටුවෙමි. මා අවදී වූ පසු එවැනි සිහිනයක් දැකීම පිළිබඳ වඩාත් පසුතැවිලි වුනෙමි.

නිරාහාර කාළය නතර කිරීමට මා සිතූ නමුත්, එමගින් දෙවියන් වහන්සේව අගෞරවයට පත් වනු ඇතැයි මට සිතුනි. එසේ, මම ඒ අවස්ථාවේදී නතර වූයේ නම් සියල්ලක්ම නැවත මුල සිට ආරම්භ කිරීමට සිදුවනු ඇත. එමනිසා සියලු වේදනාවන්ට විරුද්ධව සෑම දිනම මම සටන් කළෙමි.

දින නවයට පසු එම ලක්ෂණ නැවතුනි දින විස්සකට පසු මට බයිබලය කියවීමට තරම්වත් ශක්තියක් නොවිණි. එබැවින් සභා පාලක තුමන්ගේ දේශනා ග්‍රන්ථ කිහිපයක් මා විසින් මිලට ගතිමි. මම එහි පරිච්ඡේද දෙකක් කියවූ අතර ඉන් මතුවට එය කියවීමට මා හට තවදුරටත් ශක්තියක් නොවීය. මම යාච්ඤා කුටියට ගියමුත්, මොර ගසා යාච්ඤා කිරීමට අවශ්‍ය බලය මට නොලැබුණි. යාච්ඤාව සඳහා බලවත් පරිශ්‍රමයක් දැරීමට මට සිදු විය. මා යාච්ඤා කලෙමි. ''දෙවියන් වහන්ස මට යාච්ඤාවෙන් මොර ගැසීමට අවශ්‍ය බලය ලබා දෙන්න.''

කොපමණ වේලාවක් ගත වූයේ දැයි මා නොදැන සිටි නමුත්, මහත් පරිශ්‍රමයකින් යාච්ඤාවේ යෙදෙන්න මා උත්සහා ගත් මොහොතක, මගේ හදවතට තට්ටු කරමින් නගන හඬක් මට ඇසුණි. ''මම ඔබට පැවසුවා බයිබලය හා ගීතිකා පොත හැර කිසිදු පොතක් ගෙන යන්න හෝ නොකියවන්න කියා.

ඔබ මිනිසකු විසින් ලියූ ග්‍රන්ථයක් කියෙව්වේ මන්ද?'' ඒ හඬ අසීමත් සමඟ මගේ සිහිය මට නැවත ලැබුණි. මම මෙසේ පැවසුවෙමි.

''දෙවියන් වහන්ස, මා එය ගැන නිවැරදි යැයි සිතුවෙමි. නමුත් මම අකීකරු වුනෙමි. කරුණාකර මට සමාව දෙන්න.'' මා හට බයිබලය කියවීමට අපහසු වූ බැවින් වෙනත් පොතක් කියවීම සුදුසු බව මම සිතුවෙමි. එය අකීකරුකමක් යැයි වටහා ගත් මා, ඒ ගැන බලවත් ලෙස පසුතැවිලි වුණෙමි. පසුව, මට තව ශක්තියක් හා යාච්ඤාවට බලය ලැබුණි.

28 වන දිනයේදී, මම සම සහ අස්ථි පමණක් ඇත්තකුමෙන් විය. මගේ ශරීරයේ බර සැලකිය යුතු ප්‍රමාණයකට අඩු වී තිබුණි. 30 වන දිනයේදී මගේ (බඩවැල) අතුණු වියැලී සිරවී තිබුණි. එබැවින් ජලය පහළට ගමන් කිරීම පවා අපහසු වූ අතර පුරවා දමා ඇති බවකුත්, අජීර්ණ ගතියකුත් මට දැණුනි. මම වතුර ස්වල්පයක් බිව් විට, එය නැවත ඔක්කාරයට පැමිණි යේය. මම වමනය කල විට එහි මැරුණු, කලු පැහැති රුධිරය විය. උදරයේ වූ නහරයන් බිඳී ඇති නිසාවෙන් එසේ සිදුව, වියළි රුධිරය වමනය සමඟ පිටතට පැමිණෙන්නේ යැයි මම සිතුවෙමි.

32 වන දිනයේදී, මූලික පාසලේ ඉගෙනුම ලබන මගේ වැඩිමහල් දියණිය, මා බැලීමට පැමිණියාය. මිනිසුන් කිහිපදෙනෙකු සමඟ මා එක් කාමරයක් බෙදා ගත් බැවින්, මා වමනය දමන විට එය ඔවුනට අපහසුතාවයක් වේවි යැයි සිතුවෙමි. මම දියණිය සමඟ නැවත නිවසට පැමිනුණෙමි. නිවස ආසන්නයේ කුලියට ගත් කාමරයේ මම මගේ නිරාහාර යාච්ඤාව දිගටම පැවැත්වීමි. එය මගේ කමැත්තට එරෙහි සෘජු අරගලයක් වුණි. නමුත් 39 වන දිනයේ රාත්‍රී 11 ට පමණ, හාස්කමක් ලෙසින් සියලුම වේදනාවන් අතුරුදහන් විය. එතැන් පටන් දෙවියන් වහන්සේ මට බලය ලබා දුනී. ලෙඩින් සුව වූ පුද්ගලයකු ලෙස සම්පූර්ණ බලය/ශක්තිය මට තිබුණි. එබැවින් මා නාගත් අතර මගේ ඇඳුම් මාරු කර ගතිමි. මධ්‍යම රාත්‍රීයේදී මට ස්තුති දීමේ යාච්ඤා කාලයක් පැවැත්වූ අතරම මගේ නිරාහාර කාලය අවසන් කළෙමි.

රාජාලියෙකු උන්ගේ පැටවුන් පුහුණු කරනවා සේ

පසුව, දින 40 නිරාහාර යච්ඤා කාලයේදී දෙවියන් වහන්සේ මා පිළිනොගත්තේ ඇයි දැයි මට කුතුහලයක් විය. ඒ වන තුරු මා කිසිදු අපහසුතාවයකින් තොරව නිරාහාර යාච්ඤාවන් වල යෙදුනෙමි. ඊට හේතුව, දෙවිඳු මා පිළිගනිමින් මට උපකාර කල නිසාවෙනි. එබැවින් මා යාච්ඤාවෙන් සිටියදී දෙවියන් වහන්සේගෙන් විමසා සිටියේ, මගේ වෑයමෙන් හා වේදනාවෙන් නිරාහාරව පැවැත්වීමට සිදු වූයේ ඇයිද යන්නය. දෙවියන් වහන්සේ මට මෙලෙස පැවසූ සේක.

''මගේ මුහුණ ඔබගෙන් නොසඟ වූයේමි. නමුත් මා ඕනෑකමින්ම ඔබව පුහුණු කළෙමි. මාගේ උපකාරය ඇතිව ඔබ ලෙහෙසියෙන් අවසන් කළ නිරාහාරය සහ ඔබගේ ශක්තිය හා ඉවසිලිවන්තව දරාගැනීමෙන් කලා වූ නිරාහාරය ඔබ සැසඳුවහොත්, ඔබ ලබා ගන්නා බලයේ වෙනස බොහෝ වර බලවත් වන්නේය.''

මාගේ ශක්තියෙන් හා කැමැත්තෙන් සම්පූර්ණ කලා වූ මෙම නිරාහාරය තුළ මට මහත් ප්‍රබලතාවයක් හා දරාගැනීමක් ලබා ගත හැකි වූ අතර ඕනෑම ආකාරයක, අපහසුතාවයක් ජය ගැනීමටද මට පුළුවන් විය. මෙම වචන ඇසුනු කෙනෙහිම මට ද්විතීය කථාව 32:11-12 පදයක් මතක් විය.

''රාජාලියා උගේ කැදැල්ල අවුස්සා, උගේ පැටවුන් පිට තටු ගසමින්, උගේ පියාපත් විහිදුවා, උන් අරන් උගේ පියාපත් පිට උසුලන්නාක් මෙන්, ස්වාමීන් වහන්ස් පමණක්ම ඔහු ගෙන ගිය සේක.''

රාජාලියෙන් කඳු බෑවුම් වල තම කූඩු තනා ගනිති. උන්ගේ පැටවුන් යම් තරමකට වැඩුනු පසු, උන්ගේ මට පැටවුන්ව කූඩුවෙන් පිටතට තල්ලු කර දමයි. පැටවුන් බිමට අත් හැරෙන කල, ඔවුන් නොමැරී බේරීමට ඉබේටම තටු ගසති. මෙම පුහුණුවෙන් යොවුන් රාජාලීන්, ජීවිත අරගලයේදී ශක්තිමත් වී නොනැසී පැවත ඉහළ අහසේ පියාසාර කරති. රාජාලියෙකු කටුක ලෙස තම යෞවනයන් පුහුණු කරන්නා සේ, මාව දුෂ්කර ලෙස පුහුණු කලා වූ දෙවියන් වහන්සේගේ ප්‍රේමය ගැන හැඟුණු මට, මගේ දෑසට කඳුළු ඉනීම වළක්වාගත නොහැකි විය.

5 වන පරිච්ඡේදය

සභාවේ ආරම්භය

වසර තුනක් පුරාවට දෙවියන්වහන්සේගේ වචනයෙන් සූදානම් වීම

මා නුඹ පවිත්‍ර කළ සේක

'වසර තුන' යන්නෙන් අදහස් වන්නේ කුමක්දැයි මම කල්පනා කළෙමි. 1974 ජූලි 9 වන දින මගේ පියාගේ උපන්දිනය දවසේ, මාත් මගේ බිරිඳත් අතරේ දික්කසාදය ආරම්භ වීමේ සිද්ධිය සිදුවිය. එමෙන්ම, 1977 ජූලි 10 දින අප ආර්ථික ස්ථාවරත්වයක් ඇතිව, ක්‍යුම් හෝ ඩොං වෙළඳ පොලේ වෙළඳ සැලක් ආරම්භ කළෙමු. එක දවසක වෙනසක් වත් නොවී එය හරියටම වසර තුනක් විය. පූජක විද්‍යාලයේ කාළය වසර හතරක්ය. වසර තුනක් පුරා මා දේව වචනයෙන් සූදානම් වූවායින් පසුවද, පුදුම හා ලකුණු තුලින් මා නුඹ සමග සිටිමියි යන්නෙන් දෙවියන් වහන්සේ පැවසුවේ ඇයි දැයි මුලින් මට තේරුම්ගත නොහැකි විය. නමුත් ඉක්මනින්ම මා මේ වචන වල තේරුම වටහා ගතිමි. 1982 පෙබරවාරි මස මේසාත් ඉල්මන් දේවස්ථානයේ පාලකවරයාගේ ඉල්ලීම මත, මම එහි පිබිදීමේ රැස්වීමකදී දේශනා කළෙමි. මා පූජක විද්‍යාලයේ කනිෂ්ඨ වසර අවසන් කලේද 1982 පෙබරවාරි මසය. එමනිසා එයද මා පූජක විද්‍යාලයට අතුලත් වී වසර තුනකට පසු සිදුවිය.

සභාවේ වැඩිමහල්ලෙක් මට කථාකොට:
''පාලක තුමනි, කරුණාකර මගේ සභාවට අවිත් පිබිදීමේ රැස්වීමකදී දේශනා කරන්න.''

''මම තවම පාලක වරයෙක් හැටියට පත්වෙලා නැහැ. මම පූජක විද්‍යාලයේ ශිෂ්‍යයෙක් විතරයි. මම කොහොමද පිබිදීමේ රැස්වීමක කතාකරන්නෙ?''

''නැහැ මම ටික කාලෙක ඉඳන් මේ රැස්වීම ගැන යාච්ඤා කළා ඒවෙලේ දෙවියන් වහන්සේ ඔයාව මගේ මනසට ගෙනාවා. ඔයා මේ රැස්වීමෙදී කථා කරන එක දෙවියන් වහන්සේගේ කැමැත්තයි.''

''එහෙනම්, මම ඒ ගැන යාච්ඤා කරලා ඔබට පිළිතුරක් දෙන්නම්.''

එය, ප්‍රථම පිබිදීමේ රැස්වීම වූ නිසාත්, මා තවමත් පූජක විද්‍යාල ශිෂ්‍යයකුව සිටි නිසාත්, මට ඒ පිළිබඳ වැඩි ආත්ම විශ්වාසයක් නොතිබිණි. ඔසාන්රි යාච්ඤා ගෘහයේදී දින තුනක් නිරාහාරයෙන් සිටීමෙන් අනතුරුව, මම නිර්භීතකමටත්, ධෛර්‍යභාවයටත් පැමිණියෙමි. මා නිවසට පැමිණීමෙන් පසු, පිබිදීමේ ර ස්වීමේදී දේශනා කරන පණිවිඩය සූදානම් කරන පිනිස දණ ගසා යාච්ඤා කළෙමි. ඒ මොහොතේදී, පැහැදිලි දිව්‍යඥාණයෙන්, දෙවියන් වහන්සේ මට බයිබල් පද හා විස්තර සහිත මාතෘකා ඇතුලත් පණිවිඩ එකොළහක් දුන් සේක. ඊට, අලුයම් කාල රැස්වීම් වලට අදාළ පණිවිඩ ද ඇතුලත් විය. දෙවියන් වහන්සේගේ මෙවැනි දිව්‍යඥානය පිළිබඳ කලින් කියවා තිබූ පොතක් මාගේ මතකට ගෙන ආවේය. ''ඔබ මෙම පොත කලින් කියවා ඇත. දැන් එය ආදර්ශයක් ලෙස දෙන්න'' මා විස්මයට පත් විය. දෙවියන් වහන්සේට කල නොහැකි කිසිවක් නැති බව මා නැවතත් වටහා ගත්තෙමි. සෑම දේශනයක්ම, හඳුන්වා දීමේ සිට අවසානය දක්වා වූ සියල්ල මා පිළියෙල කර අවසන කර ගතිමි. දෙවියන් වහන්සේගේ කරුණාව තුළ මා පිබිදීමේ රැස්වීමේදී කථා කළ අතර, එය මෙහෙය වුයෙමි. සියලු සාමාජිකයන් මට ස්තූති කර, ඔවුන් බලවත් කරුණාව ලැබූ බව ප්‍රකාශ කළෝය. කළින් ඔවුන් අත් නුදුටු, ජීවමාන වචනය ඇසූ බව ඔවුන් සාක්ෂි දරුවෝය. එය ඔවුන්ගේ ආත්ම වෙනස් කළ අතර ඔවුන්ගේ ප්‍රශ්ණ වලටද විසඳුම් ලැබිණි.

මේ රැස්වීමේ ආරම්භයත් සමඟම, පිබිදීමේ රැස්වීම වල කථා කරන මෙන් බොහෝ සභාවන් වලින් මට ආරාධනා ලැබුනේය. සෑම අවස්ථාවකදීම, දේශනා කිරීමෙන් පසු ශුද්ධාත්මයාණන් වහන්සේ බලවත් සුළිසුළඟක් මෙන් දෙවියන් වහන්සේගේ ''පුදුම හා ලකුණු'' වලින් ක්‍රියා කළ සේක. දෙවියන් වහන්සේගේ සේවකයා වීමට උන්වහන්සේ මා කැඳෙව් විට, උන්වහන්සේ පවසා සිටියේ ''වසර තුනකට, එසේ නම් දැන්, දේව වචනයෙන් වසර තුනකට ඔබව සූදානම් කර ගන්න'' ලෙසයි.

ඵලදායි සේවයක් පිණිස

පූජක විද්‍යාලයේ ජ්‍යෙෂ්ඨ වසරේ මගේ පන්තියේ අනෙක් අයද සභාවන් ආරම්භ කිරීමට සූදානම් වූහ. සභාවක් ආරම්භ කිරීමෙහි ලා අවශ්‍ය දැනුම හා තොරතුරු ලබා ගැනීම පිණිස, ඔවුන් ඉතා කාර්යබහුලව, සභා වර්ධනය පිළිබඳ සම්මන්ත්‍රණ වලට සහභාගී වු අතර පිබිදීමේ රැස්වීම් පිළිබඳවද විෂය අධ්‍යනයන් වල නිරත වූහ. මගේ පන්තියේ අනෙක් ළමුන් මට අවවාද දුන්නෝය. ''පාලකතුමනි, නිතරම කඳුවල සිට නිරාහාරව යාච්ඤා කරලා, කොහොමද ඔබ බලවත් සේවයක් කරන්නේ ? ඇයි ඔබ අපිත් එක්ක ඇවිත් ගොඩක් දේ ඉගෙන නොගන්නේ?'' සැබැවින්ම, සභාවක් ආරම්භ කිරීමෙහි ලා අවශ්‍ය දැනුම හා තොරතුරු ලබා ගැනීම ඵලදායි ක්‍රියාවක්, නමුත් මගේ අභිප්‍රාය ඊට වෙනස් විය.

මට අවශ්‍ය වූයේ බයිබලයේ සඳහන් වන දෙවියන් වහන්සේගේ සභා වර්ධනය ක්‍රමවේදය ඉගෙනීමට මිස, මනුෂ්‍යයන්ගේ ක්‍රමවේද ඉගෙනීම නොවේ. මා බයිබලය කියවත්ම, ඇදහිල්ලේ පියවරුවන් වන පේත්‍රුස් හා පාවුල්, හැම මොහොතකම යාච්ඤා කිරීමට නිතරම උත්සාහ කළ අය බව දුටුහ. බයිබලය මෙනෙහි කිරීමෙන් මා දේවවචනය තේරුම්ගත් අතර, උත්සහාවන්තව සුභාරංචිය දේශනා කළෙමි.

ක්‍රියා 8:26 මෙසේ සඳහන් වේ. ''ශුද්ධාත්මයාණන්ගේ මඟපෙන්වීම යටතේ පිලිප් කාන්තාර ප්‍රදේශයට ගිය අතර එහිදී, ඉතියෝපීය රට වැසියන්ගේ කන්දකී නම් බිසව යටතේ බොහෝ බලය ඇත්තාවූද, නපුංසක වූ ඉතියොපීයයෙක් හමු විය. ඔහු, ඇගේ මුළු වස්තුවේ භාණ්ඩාගාරිකයාද වූහ. මේ නපුංසකයා යෙසායගේ පොත කියෙවූ අතර ඔහුට දෙවියන් වහන්සේගේ වචනය තේරුම් ගැනීමට අවශ්‍ය විය. එසේ, පිලිප් ඔහුට යේසුස් වහන්සේ ගැන උගන්වා ඔහු බෞතීස්ම කළේය. එමෙන්ම, පාවුල්ටද ආසියාවේ වචනය කියා දෙන්ට උවමනා වූ නමුත්, ශුද්ධාත්මයාණන් වහන්සේ ඔහුට එහි යාමට ඉඩ නොදී, මකිදෝනියට යෑමට මඟ පෙන්වූ සේක (ක්‍රියා 16:6-10).

දේවවචනය මෙනෙහි කිරීමෙන් හෙළිදරුව් වූ කාරණය වුයේ, දෙවියන් වහන්සේ විසින්ම උන්වහන්සේගේ සේවකයන්ට මඟ පෙන්වන බව හා ඔවුන්ට පෙරටුව යන බවත්‍ය. ඵලදායි සේවයක් සඳහා දෙවියන් වහන්සේ සමඟ ගැඹුරු සම්බන්ධතාවයක් පවත්වාගෙන, උන්වහන්සේගේ කැමැත්ත අනුගමනය කිරීම වඩා වැදගත් බව මා වටහා ගත්තෙමි. හැකි හැම විටකම යාච්ඤා කිරීමටත්, ආත්මිකව උන්වහන්සේගේ වචනය තේරුම් ගැනීමටත් මා උත්සහා කළේ ඒ නිසාවෙනි.

මගේ බිරිඳ ප්‍රේමයෙන් අන්‍යයන් ගැන සැලකීම

1982 මාර්තු මස, දින හතළිහක නිරාහාර යාච්ඤා කාලය අවසන් වී, මා නැවත ආහාර ගැනීමේ ක්‍රියාවලියද අවසන් කළ පසු, නව අධ්‍යයන වසර ආරම්භ විය. නව වසරේදී, මා සහභාගී වූ සභාවේ, සෛල කණ්ඩායම ප්‍රතිසංවිධානය කෙරිණි. මගේ බිරිඳ සෛල සේවා නායිකාව වූ අතර උපස්ථායිකා ඒජා ආන් සෛල නායිකාව ලෙස පත් විය. අප්‍රේල් මස වන විට සාමාජිකයන්ගේ ගණන විසිපහ දක්වා වැඩි විය.

මගේ බිරිඳ ඉතා කාර්‍යශීලිව මනුෂ්‍යයන්ට සුභාරංචිය පැවසූ අතර, ඇදහිලිවන්තයන් ගැන සැලකූහ. එමෙන්ම ඇය, උපස්ථායිකා එජා ආන් සමග දිනපතා නිවසේදී යාච්ඤා කිරීමට කාලයක් නියම කර ගත්තාය. මේ යාච්ඤා කාලය කරණකොටගෙන පවුල්වල ප්‍රශ්ණ විසඳුනු අතර බොහෝ පවුල් වල සාමාජිකයන්ද සුභාරංචිය ඇසූහ. එබැවින් එහි මහත් පිබිදීමක් විය. තවද, මගේ බිරිඳ කෑම පිසීමට දක්ෂ බැවින්, ඇය සෑම යාච්ඤා රැස්වීමකදීම රසවත් කෑම පිස ඇදහිලිවන්තයන්ට පිළිගැන්වූවාය.

ඉරුදින උදෑසන, අපි අපේ දියණියන් තිදෙනා අත, පණිවිඩයක් ලියා එක් එක් නිවසක් වෙත යැව්වෝය. ''අද සභාවට යන දවසයි. එනිසා කරුණාකර උදෑසන 10.00 ට අපේ නිවස වෙත පැමිණෙන්න.'' ඔවුන් උදෑසන 10 වන විට නොපැමිණියහොත්, මගේ කුඩා දියණියන් නැවතත් ඔවුන්ගේ නිවෙස් වෙත ගොස්, දොරට තට්ටු කරනු ලැබුවේ, ඔවුන් සියලු දෙනා එක්ව සභාව වෙත යන පිණිස උනන්දු කරවීමටය. සමහර අවස්ථාවන් වලදී, ඔවුන්ට මගේ දියණියන්ව ප්‍රතික්ශේප කළ නොහැකිව, ඔවුන් පැමිණියෝය. මෙලෙස, ඉරිදා දිනයන් වල මගේ සෛල සේවයෙන් ඇදූහිලිවන්යන් තිහක් පමණ එකමුතුව සභාවට සහභාගී වූහ. මගේ බිරිඳ ප්‍රේමයෙන් ඔවුන් රැක බලා ගත් අතර, ඒ ආකාරයෙන් ඇය පාලකවරයෙකුගේ බිරිඳක් ලෙස ඇයව පුහුණු කර ගත්තාය.

ඩොලර් හතක් සමඟින්

විස්මයජනක යමක් සිදුවිය

මා පූජක විද්‍යාලයේ ජ්‍යෙෂ්ඨයකු බවට පත් වූයේ මාර්තු 1 දිනය. එවකට, පාරිභෝගිකයන්ගෙන් නිතරම පිරිගිය මගේ වෙළඳසැල, හදිස්සියෙන්ම එහි සියලු පාරිභෝගිකයන් නැති වී ගිය තත්වයකට පත් විය. එය සම්පූර්ණයෙන්ම හිස් වී ගියේය. මුලදී, දෙවියන් වහන්සේට විරුද්ධ පාපයේ පවුරක් අපතුළ ඇත්දැයි යන්න ගැන මා ආපසු හැරී බැලුවද, හෙට වන විට මේ සියල්ල යහපත් වේ යැයි පසුව සිතුහ. නමුත් එය එසේම සිදුවිය. මාත් බිරිඳත් යාච්ඤා කළ අතර කිසි පිළිතුරක් නොවීය. අපට කිසි අදායමක්නොවූ හෙයින්, වෙළඳ සැල් මාසික කුළිය, රක්ෂිත තැන්පත් මුදලින් අඩු කරනු ලැබීය. පසු කලකදී, මෙය දෙවියන් වහන්සේගේ පෙර සැලැසුමක් බව අප දැනගත්තෙමුව. ජූලි මස 25 වන දින, සභාවක් ආරම්භ කරන පිණිස, අප වෙළෙඳසැල වසා දැමූහ. ඒ වන විටත් සියලු රක්ෂිත තැන්පත් මුදල ගෙවී ගොස් තිබිණි. සියලු බදු ගෙවීමෙන් අනතුරුව, අප අත ඉදිරි වූයේ ඇමෙරිකානු ඩොලර් 7 ක් පමණි. දෙවියන් වහන්සේ අප ලෝකයෙන් උපයාගත් සියල්ල ශූන්‍ය බවට හැරවූ සේක.

රෝගී මනුෂ්‍යාගේ පැමිණීම

මියුන්ග්ගේ මව නිතරම සතුටින් ඉන්නේ ඇයි?

මා මරණය බලා සිටියා වූ එක්තරා කාලයක, මාගේ සියලු රෝග වලින් මා සුවවීමේ සාක්ෂිය දකිමින්, මගේ බිරිඳ ඇගේ කිතුනු ජීවිතය ආරම්භ කලාය. ඇය දැන් නිතරම සතුටෙන් හා ප්‍රීතියෙන් පිරී සිටින්නීය. හෙට දිනයේ, අපට කෑමට කිසිවක් නොතිබුනත්, අපි තවමත් ස්තුතිවන්තව සිටියෙමු. ඇය භාජන සෝදමින් හෝ වෙන යම් දෙයක්කරමින් සිටියත්, ඇය නිතරම ප්‍රශංසාවෙන් ගී ගැයුවාය. ඇයට මුණ ගැසුණු කාට නමුත් ඇ දෙවියන් වහන්සේ හමුවීම

ගැන සාක්ෂි දරමින් සුභාරංචිය ප්‍රකාශ කළාය. ඇය ඇගේ සෑම දවසක්ම ශුද්ධාත්මයාණන් වහන්සේගේ පූර්ණත්වයෙන් ගත කළාය.

සභාවේ ආරම්භයට පෙර සිටම, අප පවුල ගැන පුවත පතළ වී, මගේ යාච්ඤාව ලැබීමට පැමිණි මනුෂ්‍යයන්ගේ ගණනද බොහෝ විය. 1982 අප්‍රේල් මස, එක් ඇදහිලි වන්තයෙක් මා බැලීමට පැමිණියාය. ඇය සම සහ අස්ථි පමණක් පෙනෙන තරමට ඉතා සිහින් සිරුරක් ඇති කෙනෙක් විය. උපතින්ම ලද හෘද රෝගයක් නිසා, ඇයට වේගයෙන් ඇවිදීමට නොපුළුවන් වූ බව ඇය පවසා සිටියාය.

''පාලකතුමනී, මගේ දරුවා ඉපදී දින තුනකට පසු මගේ ශරීරය ඉදිමී මගේ තත්ත්වය අයහපත් බවට පත් වුනා. මට දරුවව වඩා ගන්නවත් බැහැ.''

''ඇදහිල්ලෙන් සුවය ලබන්න. දෙවියන් වහන්සේ ඔබව සුව කරයි.''

එක්වරක් පමණක් යාච්ඤාව ලැබූ ඇය, ඇගේ හෘද රෝගයෙන් සුවය ලැබුවාය. ඇය දැනට සභාවේ යච්ඤා කණ්ඩායමේ භක්තිවන්ත සාමාජිකාවක්ව සිටින ජ්‍යෙෂ්ඨ උපස්ථායිකා සොන්ග් ජා කිම්ය. තවත් දවසක, මැදිවියේ පසුවූ කාන්තාවක් මගේ වෙළඳ සැල වෙත පැමිණියහ. අප පවුල ගැන තොරතුරු ඇයට දැන ගන්න ලැබී, මා සොයාගත් ආකාරය ගැන ඇය කියා සිටියාය. ඇයට වයස අවුරුදු විස්සට වැඩි දියණියක් සිටි අතර, ඇගේ උකුල් ඇටය සන්ධි පැන තිබුනාය. ඇගේ පාද දිගින් වෙනස් වී තිබීම නිසා, ඇයට නියම ලෙස ඇවිදින්නට නොහැකි වූවාය. ඇය විඳී වේදනාව, ඇයට නිර්වින්ද ප්‍රතිකාර (නිදි පෙති ප්‍රතිකාර) කරන තරමටම උත්සන්න වූවාය. දැන් ඇය මෝෆීන් වලට (නිදිපෙති) ඇබ්බැහිව, එය තවදුරටත් ක්‍රියා නොකරන තත්ත්වයට පත් විය. ඉතා සැර වේදනානාෂක පෙති පවා ඇය තුළ ක්‍රියා නොකළාය. ඇගේ නිවසේ නමස්කාර මෙහෙයක් පැවැත්වූහ. ඒ පවුල උදෙසා දින 21 ක් යාච්ඤා කරන පිණිස, ශුද්ධාත්මයාණන් වහන්සේ මා පෙළඹූ සේක.

ඒ වන විට, මා පූජක විද්‍යාලයේ ඉගෙනුම ලබමින් සිටි අතර සර්වරාත්‍රී යාච්ඤාවන් වලට සහභාගි වීමෙන්ද මා කාර්ය බහුලව සිටියෙමි. එසේ තිබියදීත් මා ඔවුන්ට දේව වචනය දේශානා කල අතර ඔවුන් උදෙසා දින විසි එකක් යාච්ඤා කලෙමි. එකල්හි මෙම දියණිය කෙමෙන් ඇදහිල්ල කරා පැමිණ, ඇය මෙතෙක් ලබා ගනිමින් තිබූ ඖෂධ සියල්ල අත්හැරියාය. ඇය දෙවියන් වහන්සේ කෙරෙහි පමණක් විශ්වාසය තබන්නට ඇරඹුවාය. විසි වෙනි දිනය වන විට ඇයට තිබුනාවූ සියලුම වේදනාවන් අතුරුදහන් විය. ඉන්පසු දිනයේදී ඇය මෙසේ සාක්ෂි දැරුවාය.

''සභා පාලකතුමනි, මේ නිවස ඉතාමත් පරණයි. මෙහි අටුවේ සහ සිවිලිමේ බොහෝ මීයන් සිටිනවා. එනිසා උන් හැම වේලේම එක් එක් ශබ්ද නගනවා. රාත්‍රියේදී, මේ මීයන් කාමර වලට පවා පැමිණ කලබල කරනවා. මේ හේතුව නිසා මට ඉතා අපහසු කාලයක් තිබුනා. නමුත් පසුගිය රාත්‍රියේදී මම සිහිනයක් දුටු අතර උදෑසන අවදිවන විට පුදුම සහගත දෙයක් සිදු වී තිබුණා!''

එහි බොහෝ මීයන් සිටිය බැවින් ඔවුන් මීයන් නසන වසත්, තවත් බොහෝ දේවල් මේ දෙයින් මිදීමට යෙදුවෝය. නමුත් කිසිවක් වැඩ කලේ නැත. විශේෂයෙන්ම මෙම වේදනාවන් නිසා ඇය ඉතා ඉක්මණින් භයවන, ඉක්මණින් කලබල වන නොසන්සුන් භාවයකට පත් වූවාය. මීයන්ගේ ශබ්ද නිසා ඇයට නිසි ආකාරව රාත්‍රියේදී නින්ද ලබා ගත නොහැකි විය. නමුත්, රාත්‍රිය මුළුල්ලේ ඇය මාගේ යාච්ඤාව ලබන ආකාරය සිහිනයෙන් දුටුවාය. විවිධ ප්‍රමාණ වලින් යුක්ත වූ මීයන් රංචු වශයෙන් එළියට ඇදෙන්නට වුණි. අවසානයේදී ඉතා විශාල රජෙක් මෙන් දිස් වූ මීයෙක්ද එළියට ඇදුනි. ඉන්පසු ක්ෂණිකයෙන්ම ඇට තිබූ සියලුම වේදනාවන් අතුරුදහන් විය. සැබෑ ස්වභාවයද එයම විය. අටුවේ වූ සියලුම මීයන් පළා ගොස් තිබුනේය. මෙම සහෝදරිය දෙවියන් වහන්සේගේ බලවත් ක්‍රියාව පිළිබඳව මවිතයට පත් වූ අතර, ඇගේ හැඟීම් සැඟවීමට ඇයට නොහැකි විය. කිහිප දිනකට පසු, මෙම තරුණ දියණියගේ මව, මා වෙතට පැමිණි මෙසේ පැවසුවාය. ''මාගේ දුව මරණයට පත්වෙන්නයි යන්නේ, කරුණාකර ඉක්මණින් පැමිණ ඇයට යාච්ඤා කරන්න!''

ඇගේ නිවසට මා ළඟාවන විට රාත්‍රියේ මධ්‍යම කාලය ළඟා වී තිබුණි. ඇගේ දියණිය වේදනාවෙන් ඇඹරෙමින් බිම වැතිර සිටියාය. ඇය තෙදිනක නිරාහාර යාච්ඤා කාළයක යෙදී තිබුණි. නිරාහාරයෙන් පසු, ඇය දින තුනක් සඳහා සුදුසු පරිදි ප්‍රතිසාධන ආහාර ලබා ගැනීම අත්‍යවශ්‍ය වූ නමුත්, ඇය බඳින ලද කුකුල් මස් නිරාහාර කාලය අවසන් වූ විට ලබා ගෙන තිබුණි. එබැවින් ඇයට දරුණු අජීර්ණයක් වැළඳී තිබුණි. මගේ අත ඇය මත තබා යාච්ඤා කල කල්හි ශුද්ධාත්මයාණන් වහන්සේගේ ආනුභාවයෙන්, ඇගේ උදරයේ තිබුනා වූ කටුවක් මා දුටු අතර, එය සෙමෙන් දිය වී යන අයුරු මා දුටුවෙමි. යාච්ඤාව අවසන් වූ වහාම, ඇය ආහාරයට ගෙන තිබූ දෙය වමනය කළාය. ඇය එක් දීර්ඝ හුස්මක් ගත් අතරම ඇගේ මුහුණ සාමාන්‍ය තත්ත්වයට පත් විය.

පවිත්‍ර බඳුනක් නිර්මාණය කිරීම

මා නිරන්තරයෙන්ම නිරාහාරව යාච්ඤාවේ යෙදුනු අතර මගේ උපරිම උත්සාහයෙන්ම, සෑම ආකාරයක යක්ෂ බල මා තුලින් තුරන් කරමින්, දෙවියන් වහන්සේගේ අණ ආරක්ෂා කර ගැනීමට උත්සුක වීමි. මා ශුද්ධාත්මයාණන් වහන්සේගේ ඵල නවය ලැබූ අතර මා තුළ ශුද්ධාත්මයාණන් වහන්සේගේ බලයත් දීමනාවත් හොඳින්ම පෙන්නුම් කරන බව මා සොයා ගතිමි. මේ කාලය අතර තුර දෙවියන් වහන්සේගේ කැමැත්ත පැහැදිලිව අවබෝධ කරගැනීමට මා වසර හතක් පමණ යාච්ඤා කරමින් සිටියදී, දෙවියන් වහන්සේ විසින් අනාවැකි කියවන්නියක් මා වෙතට එවූ සේක. කාන්තාවක් මා වෙතට පැමිණ මෙසේ පැවසුවාය. ''සභාපලකතුමනි, මධ්‍යම රාත්‍රියේදී කව්රු හෝ කෙනෙක් මගේ නම කියාල තුන්වරක් කථා කලා. ඒනිසා මා ඇස් අරින්න උත්සහා කලත්, ඇස් ඇරීමට අපහසු තරම් දීප්තිමත් ආලෝකයක් තිබුනා. දෙවියන් වහන්සේ මට දර්ශනය වෙමින් මෙසේ පැවසුවා. ''මම ඔබව තෝරා ගතිමි. සියලු ජාතීන් ඔබව දැනගන්නා පිණිස, ඔබව මාගේ සාක්ෂිය ලෙස මුළු මහත් ලෝකයටම තබමි'' මට මේ කිසි දෙයක් තේරුම් ගන්න බැහැ.''

ඒ වන විට ඇය උත්පත්ති පොත හෝ මතෙව් සුභාරංචිය පිළිබඳවත් දැන නොසිටියාය. නමුත් යාච්ඤාවෙන් ඇගේ උදරාබාධයක් සුව වී තිබුණි. සභාවේ ආරම්භය උදෙසා අප යාච්ඤා රැස්වීම් පවත්වන විට, දෙවියන් වහන්සේගේ වචනය ඇගේ මුවින් පැමිණියා. තවද මා ඉතාම පුදුම වූයේ දෙවියන් වහන්සේගේ සේවකයෙකු ලෙස මා කැඳවූ අවස්ථාවේ ඇසූ වචනය, නැවතත් මා ඇසු බැවිනි. ''ඔබ ශුද්ධාත්ම දීමනා දොළොස මාගෙන් ඉල්ලුවා නොවේද? මම ඔබට ඒ සියල්ලම දෙමි. ඒනිසා ස්තුති දීමේ යාච්ඤාවක් කියන්න.''

තවදුරටත්, මෙම කාන්තාව විසින් පැවසු අනාගත වාක්‍ය හරහා මා පමණක්ම දැන සිටියා වූ කරුණු පිළිබඳව දෙවියන් වහන්සේ මට කථා කලසේක. සමහර කරුණු මගේ බිරිඳ පවා නොදැන සිටි ඒවා විය. මේ තුළින් දෙවියන් වහන්සේ මට අනාගත වාක්‍ය පැවසීමේ දීමනාව දී ඇති බව මා දැනගත්තේය. එය සත්‍ය වශයෙන්ම දේව හඬ බව දැනගැනීමට උන්වහන්සේ මට ඉඩ හළ සේක. ඒ වනතුරුම, 'කොරින්ති 12 පරිච්ඡේදයේ සඳහන් ශුද්ධාත්මයාණන් වහන්සේගේ දීමනා නවයද, ඇතුලත් දීමනා දොළොස පිළිබඳවද, ඉදිරිය දැක්මේ දීමනවාද, දිව්‍යම දැක්ම සහ ප්‍රේමයේ දීමනාවද මම උන්වහන්සේගෙන් ඉල්ලමින් සිටියෙමි.

අනාගත වාක්‍යය කීම යනු?

දේව හඬ ඇසිය හැකි විවිධාකාර ක්‍රම පිළිබඳව බයිබලය අපට පවසනවා. දෙවියන් වහන්සේ විසින්ම නගන හඬක්ද තිබේ. තවද ශුද්ධාත්මයාණන්ගේ හඬද ඇත. එසේම සමහර වේලාවන් හිදී මනුෂ්‍යයකු ලෙස පෙනී සිටින දේවදූතයකු මාර්ගයෙන්ද දෙවියන් වහන්සේ අපට කථා කරයි. අනාගත වාක්‍ය හරහාද දෙවියන් වහන්සේ අපට කථා කරනු ඇත.

''ස්වාමින් වහන්සේගේ අත මා පිටට පැමිණ, ස්වාමින් වහන්සේගේ ආත්මයෙන් මා පිටතට පමුණුවා, සමභූමිය මැද සිටෙව්වේය. ඒක ඇටවලින් පිරීතිබුනේය. උන්වහන්සේ ඒවා අතරේ වටකර එහාමෙහා යන්ට මට සැලැස්සු සේක. එවිට සමභූමිය මතුපිටට ඒවා බහුලව තිබෙනවා දුටිමි. ඒවා හොඳටම වියළී තිබුනේය. එවිට උන්වහන්සේ මනුෂ්‍ය පුත්‍රය, මේ ඇට ජීවත් වේ දැයි මාගෙන් ඇසූ සේක. මමදෑ ස්වාමි වූ දෙවියන් වහන්ස, එය දන්නේ ඔබ යැයි උත්තර දුනිමි. උන්වහන්සේ නැවත මට කථාකොටඃ නුඹ මේ ඇට කෙරෙහි අනාගත වාක්‍ය කියමින් ඒවාට මෙසේ කියාපන්න-වියළි ඇට, ස්වාමින් වහන්සේගේ වචනය අසාපල්ලා. මේ ඇටවලට ස්වාමි වූ දෙවියන් වහන්සේ මෙසේ කියන සේකඃ මෙන්න නුඹලා ජීවත් වන ලෙස, මම නුඹලා තුලට ආත්මය පමුණුවන්නෙමි. මම නුඹලා පිට නහර තබා, නුඹලා කෙරෙහි මාංස හටගන්වා, නුඹලා සමින් වසා, නුඹලා ජීවත් වන ලෙස නුඹලා තුල ආත්මය තබන්නෙමි. නුඹලා මා ස්වාමින් වහන්සේ බවත දැන ගන්නවා ඇත කියා කියාපන්නැයි කීය. එවිට මට අණකළ ලෙස මම අනාගත වාක්‍ය කීමි. මා අනාගත වාක්‍ය කියද්දී ශබ්දයක් ද භූමිකම්පාක්ද විය. එක එක ඇටය ස්වකීය ඇටවලට ලංවිය'' (ඒසකියෙල් 37:1-7).

''මක්නිසාද, යේසුස් වහන්සේගේ සාක්ෂිය අනාගත වාක්‍යයේ ආත්මයයයි මම කීවේය'' (එළිදරව් 19:10).

අනාගත වාක්‍යය යනු තවත් අයකුට කථා කිරීමකි. අනාගතවක්තෘවරු අතරේ මිනිසුන් වෙනුවෙන් හෝ දෙවිඳුන් වෙනුවෙන් කථා කරන අයද ඇත.

ඒසකියෙල් 37 වන පරිච්ඡේදයේදී අප දකින්වා දෙවිඳුන්ගේ ආත්මය ඒසකියෙල් සමඟ සිටි බවත්, දෙවිඳුන් ඒසකියෙල්ගේ මුඛයෙන් කථා කල බවත් දෙවියන් වහන්සේ මනුෂ්‍යයකුගේ මුඛයෙන් කථා කල බැවින්, එම වදන් විධානාත්මක ස්වරූපයක් දැරුවේය. අනාගත වාක්‍යය පැවසීම මිනිසුන් මගින් නොකෙරේ. නමුත් එය දෙවියන් වහන්සේගේ ආත්මයෙන් වන ලද්දකි. නාමිකව ශුද්ධාත්මයාණන් වහන්සේගෙන්ය. ශුද්ධාත්මයාණන් වහන්සේ දෙවිඳුන්ගේ

කැමැත්ත ප්‍රකාශ කිරීමට යන්නේ මිනිසාගේද එකඟත්වයෙනි. එහෙයින් එය දෙවියන් වහන්සේ ඒත්තු ගැන්වූ සහතික කල සත්‍ය වචනයකි. එසේ නම් අනාගත වාක්‍යයේ ආත්මයක් යනු කුමක්ද?

ඔබ ශුද්ධාත්මයාණන් කරන කොටගෙන සත්‍ය ප්‍රකාශ කළහොත්, ඔබ යේසුස් වහන්සේට, එනම් සත්‍යයට සාක්ෂියක් වේ. ශුද්ධාත්මයාණන් කරනකොටගෙන සත්‍ය පවසන්නා යේසුස් වහන්සේගේ ආත්මයට සාක්ෂි දරණ බැවින් ඔහු අනාගත වාක්‍ය පවසන්නකු බවට පත් වේ. එය අනාගත වාක්‍ය පැවසීමේ ආත්මය වේ. එනම් අනාගතවකතෘ වූ එසිකියෙල් දෙවියන් වහන්සේගේ වචනයට කීකරු වී අනාගත පවසන කිසියම් මනුෂ්‍යයකු සිටිනවා නම්, අපට බොහෝ එළිදරව්වීම් දැනගත හැක.

ඔබ ශුද්ධාත්මයාණන් කරන කොට ගෙන සත්‍ය ප්‍රකාශ කළහොත්, ඔබ යේසුස් වහන්සේට එනම් සත්‍යයට සාක්ෂියක් වේ. ශුද්ධාත්මයාණන් කරන කොට සත්‍ය පවසන්නා යේසුස් වහන්සේගේ ආත්මයට සාක්ෂි දරණ බැවින් ඔහු අනාගත වාක්‍ය පවසන්නකු බවට පත් වේ. එය අනාගත වාක්‍ය පැවසීමේ ආත්මය වේ. එනම් අනාගත වක්තෘ වූ ඒසිකයෙල් දෙවියන් වහන්සේගේ වචනයට කීකරු වී අනගාත වකාය පැවසුවාක් මෙන්, දෙවිඳුන්ගේ වචනයෙන් අනාවැකි පවසන කිසියම් මනුෂ්‍යයකු සිටිනවා නම්, අපට බොහෝ එළිදරව් වීම් දැනගත හැක.

යේසුස් වහන්සේගේ නැමත්ත නම්, අප විවිධ වු එළිදරව් වීම් ලබා ගැනීම බව ශු. මතෙව් 11:27 දන්වා ඇති බව අපට පෙනේ. ''මාගේ පියාණන් වහන්සේ විසින් සියල්ල මට භාර දෙන ලද්දේය. පියාණන් වහන්සේ මිස අන් කිසිවෙක් පුත්‍රයා හඳුනන්නේ නැත. පුත්‍රයාත්, පුත්‍රයා විසින් යමෙකුට පියාණන් වහන්සේ එළිදරව් කරන්ට සතුටු වන්නනේද, ඔහුත් හැර අන්කිසිවෙක් පියාණන් වහන්සේ හඳුනන්නේ නැත.'' තවද පාවුළුතුමා 2 කොරින්ති 12:1 පවසන පරිදි ''පාරට්ටු කිරීම ප්‍රයෝජන නැති නමුත් එය මට ඕනෑ කෙරේ. නමුත් ස්වාමින් වහන්සේගේ දර්ශනයන් ද, එළිදරව් කිරීම් ද කියන්නෙමි.''

පාවුළුතුමන්ට මෙන් දෙවියන් වහන්සේගේ එළිදරව් කිරීම් අපටද ලබා ගැනීමට හැකි නම්, අපට පැහැදිලිව දෙවිඳුන්ව හඳුනාගත හැකි වන අතර, ඉදිරියේ පැමිණෙන්ට නියමිත දෑ අපට දැනගත හැකි වේ. අප ඉදිරියේ දී සිදුවීමට යන්නා වූ දේ දන්නවා නම් පමණක්, අපට දෙවියන් වහන්සේ සොරෙකු මෙන් නැවත පැමිණෙන දිනයට සූදානම් විය හැක.

සභාවේ ආරම්භයට පිළිතුරු ලැබීම

ඔවුන්ට ඔබව පිටමං කිරීමට අවශ්‍යය

මා සභාවක් ආරම්භ කිරීමට කටයුතු සූදානම් කරමින් සිටියදී, අපට යාච්ඤා රැස්වීම් කිහිපයක් පවත්වන්ට තිබිණි. උපස්ථායිකා ඒයිජා ඒහන්සේගේ නිවසේ සුවකිරීමේ රැස්වීමක් තිබුනු අතර එම නිවස මිනිසුන්ගෙන් පිරී ඉතිරී තිබුනි. දෙවන යාච්ඤා රැස්වීම මගේ වෙළඳ සලේදී පැවැත්විණි. බාහුවක් කැඩී වාත්තුවක් පැළඳ සිටි එක් මනුෂ්‍යයකු, මෙහිදී සුවය ලබා එම වාත්තුව ඉවත් කළේය. දරුවකු පිළිසිඳ ගැනීමට අවස්ථාව නොලද කාන්තාවක් පැමිණ යාච්ඤාව ලබා ගත්තාය. ඉතාම ඉක්මණින් ඇය ගැබ්ගෙන ඇතිබව මට දැනගන්නට ලැබුණි. තෙවන රැස්වීම කඳුකර ස්ථානයක පැවැත්වුණි. ඒ සඳහා මිනිසුන් 40 කට වඩා පැමිණ තිබුණි. ඔවුන්ගෙන් සමහරෙක් දේවධර්ම පාසලේ සිසුන් හා සභාපාලකවරු විය. කොඳු ඇට පෙලෙහි ශල්‍යකර්මයක් කර තිබූ කාන්තාවක් එහි සිටියාය. නමුත් නැවතත් ඇයට එම අසීරු වේදනා තත්වයට මුහුණ පෑමට සිදුවිය.

මෙම තත්ත්වය නිසා ඇය ඉතාම දරුණු අවස්ථාවකට ලක් වී සිටිය නුමුත්, ඇයට තවදුරටත් යාච්ඤා රැස්වීමට සහභාගි වීමට අවශ්‍ය විය. එහි වූ එක් සාමාජිකයෙකු ඇයව ඉතා පරෙස්සම් සහගතව කඳු මුදුනට ගෙන ඒමට උපකාර වුණි. යාච්ඤා සැසිය අනරතුර දී මා ඇයට යාච්ඤා කළේය. ඇය එම කඳු මුදුනේදී සම්පූර්ණ සුවය ලැබූ අතර, තනිවම නැවත කඳු මුදුනේ සිට පහළට බැස ආවාය!

සතරවෙනි යාච්ඤා රැස්වීමද කඳු මුදුනක පැවැත්වුණි. එයට දේව ධර්ම පාසලේ බොහෝ සිසුන් පැමිණ තිබුණි. දෙවියන් වහන්සේගේ වචනය අප කරා පැමිණියේය.

''මේ රැස්වීමෙන් පසු ඔබට පරීක්ෂාවක් ඇත. නමුත් කලබල නොවන්න. මා

තුළ ඇදහිල්ලෙනුත් යාච්ඤාවෙනුත් සිටින්න. මම ඔබට ප්‍රති උපකාර කරමින් ආශිර්වාදයද ලබා දෙන්නෙමි.''

ඉතා ඉක්මණින් මා කරා පරීක්ෂාවක් පැමිණියාය. 1982 ජූනි මස වර්ෂාර්ධයේ අවසාන විභාග තිබූ අතර මම නැවත නිවස කර පැමිණියෙමි. නමුත් එක්තරා මහාචාර්‍යවරයෙකු මගේ නිවස වෙත පැමිණියේය. මෙවැනි ආකාර සිදුවීම් සාමාන්‍යයෙන් සිදු නොවන බව මා දැන සිටියෙමි. ඔහු මෙසේ කියමින් ඇරඹුවේය. ''මම බොහෝ සෙයින් යාච්ඤා රැස්වීම් තිබූ කඳු මුදුන් වලට සහභාගීව යාච්ඤා කර තිබෙනවා. ඒ නිසා ආත්මික ලෝකය ගැන මට දැනුමක් තිබෙනවා. ඔබ ශුද්ධාත්මයෙන් පූර්ණව, ශුද්ධාත්ම දීමනා වලින් බොහෝ ආශිර්වාද ලබා ඇති කෙනෙක් බවද මා දන්නවා. ඔබ සභාවක් ආරම්භ කිරීමට නියමිතව තිබෙන බැවින් යක්ෂයා ඔබට විරුද්ධව සිටිනවා. සභාපාලකතුමනි, මම සිතනවා, ඔබ සභාවක් ආරම්භ කිරීමේ අදහස අත්හැරියොත්, එය ඉතාම හොඳයි. අද අපට මහාචාර්‍යවරුන්ගේ රැස්වීමක් තිබුනා. ඔවුන්ගේ අවශ්‍යතාවය ඔබව නෙරපා දැමීමටයි. මම දන්නවා ඔබ එවැනි ආකාරයක පුද්ගලයකු නොවන බව නමුත්....''

සභාව ආරම්භ කිරීමට බාධාකාරී වූ සතුරු යක්ෂයාගේ ක්‍රියා කලාපය

ඔහුගේ විස්තරාත්මක පැහැදිලි කිරීමට මා සවන් දුන්නෙමි. මගේ උපදේශක මාහාචාර්යවරයා පමණක් නොව මගේ සභාවේ සභා පාලකවරුන්ට පවා මා ගැන වැරදි අවබෝධයක් ඇති විය. ඔවුන් මගෙන් මෙසේ විමසූහ, ''සභාපාලකතුමනි, කන්ද මුදුනේ තිබූ යාච්ඤා රැස්වීමේදී, ඔබ ක්‍රිස්තුස්ය කියා ඔබ ප්‍රකාශ කලාද? ඔබ සමග තව කාන්තාවක් රැගෙන ඇගේ අත් අනෙක් සභාපාලකවරුන් මත තබන්ට සැලැස්වූවාද?''

''මම ක්‍රිස්තුස්ය කියා, මා කොහෙත්ම පැවසුවේ නැහැ. කිසිම විටෙක කාන්තාවකගේ අත් සභාපාලක වරු මත තබන්ටද මා සැලැස්සුවේ නැහැ.''

රැස්වීම් වලදී, මාගේ යාච්ඤාව හරහා බොහෝ සුවවීම් සිදුවිය. මෙයට ඊර්ෂ්‍යයා වූ, මාගේ සමකාලීනයෙකු, අසත්‍ය වූ චෝදනා ගොනුකරමින්, මේ ආකාරයේ ප්‍රකාෂණ ඇතුලත්කර, වාර්ථාවක් සකසා මගේ උපදේශක මාහාචාර්‍යවරුන්ට සපයා දී තිබුණි. එනම් ''සභාපාලක පෙරරොක් ලී කරන්නාවූ දේ තුළින් පක්ෂවාදී භේද ඇතිවෙනවා. ඔහු පවසනවා ඔහු ක්‍රිස්තුස් බව.''

සම්පූර්ණයෙන්ම අසත්‍ය වූ කටකතා, ඉතාම කුඩා කාලයක් තුළ පැතිරුණි.

තවදුරටත්, මා හට අවුරුදු හතරක් ඉගැන්වූ මහාචාර්‍යවරුන් පවා මෙම කටකතා හේතුකර ගනිමින්, මගෙන් කිසිවකුත් නොවිමසා, මා පිටුවහල් කිරීමට තීරණය කිර තිබුණි. නමුත් තවමත්, මම කිසිදු පුද්ගලයෙකුට කථා කරමින් මගේ නිර්දෝශී භාවය පිළිබඳ ආයාචනා ඉදිරිපත් නොකලෙමි. එය ඉතා අපහසු අවස්ථාවක් බව මට හැඟුනද, දෙවියන් වහන්සේට යාච්ඤා කලවිට, උන් වහන්සේ මට පැවසුවේ ස්තුති දීමෙනුත් ප්‍රිතියෙනුත් එම පුද්ගලයන් උදෙසා ප්‍රේමයෙන් යාච්ඤා කරන ලෙසයි.

සැප්තැම්බර් මස නව වර්ෂාර්ධය ආරම්භ විය. මා පාසැලට ගිය විට මගේ සමකාලීනයන්, මගේ ප්‍රශ්නය පිළිබඳ තර්ක කරන ආකාරය මට ඇසුණි. ඔවුන් පැවසුවේ මා පිළිබඳ අසත්‍ය තොරතුරු ගොනුකල සමකාලීනයා, ඔහුගේ පශ්චාත්තාපය කරණ කොට ගෙන, මෙම වර්ෂාර්ධය සඳහා පාසැලේ ලියාපදිංචි නොවී ඇති බවයි. තවද මා හට ඔහුට විරුද්ධව කිසි අමනාපයක්වත් වැරදි අවබෝධයක්වත් නොවූ බැවින් ඔහුව ගොස් මුනගැසී, මෙම වර්ෂාර්ධයට ලියාපදිංචි වන ලෙසට ඔහුව බලවත් ලෙස උනන්දු කලෙමි. දෙවියන් වහන්සේ සියල්ලෙහිදීම හරි ආකාරයෙන් ක්‍රියාකල අතර උන්වහන්සේ සියල්ලක්ම මෘදුව විසඳා දුන් සේක. මා පිළිබඳව අසත්‍ය චෝදනා තැබූ පුද්ගලයා පවා අලෝකය වෙතට යොමුකල සේක. මා සභාව ආරම්භ කළ පසු ස්ථාපනය කිරීමේ මෙහෙයක් පැවැත්වුණි. වරක් මා පිළිබඳ වැරදි අවබෝධයක් ඇතිකර ගත් මහාචාර්‍යවරු, තවත් බොහෝ මහාචාර්‍යවරු ද ඊට සහභාගී වුණි. අපි එක්ව, එය සැමරීමු. උපාධි ප්‍රධානය කිරීමේ කාලය එළඹී විට මහාචාර්‍යවරු සඳහා ස්තුති දීමේ උත්සවයක්ද අප සභාවේ පැවැත්විණි.

පිළිතුරක් ලැබීම ''මන්මින් 'සියලු මැවිල්ලේ' සභාව''

මා දේවධර්මාචාර්‍ය විද්‍යාලයට ඇතුල්වන විට තරමක් වයස්ගතව සිටි බැවින්, සභාව ඉතා ඉක්මනින් ආරම්භ කිරීමට මට අවශ්‍ය විය. මම තවදුරටත් තරුණ පුද්ගලයකු නොවූ බැවින්, මගේ ආධුනික වයසේ පටන්ම සභාවට අවශ්‍ය නම පිළිබ,ව මා යාච්ඤා කල නමුත්, ඒ සඳහා කිසිඳු පිළිතුරක් නොවිණි. නමුත් සභාව ආරම්භ කිරීමට බොහෝ ආසන්නව තිබියදී ක්ෂණිකව පිළිතුරු පැමිණුනි.

''මන්මින් සභාව' ලෙස එය නම් කරන්න. වේලාව පැමිණි කල ඔබ වන්දනා ගමනක යෙදෙන විට ඔබ තේරුම් ගනීවි ''මන්මින්'' නම ලබා දුන්නේ ඇයි කියා.''

පසුව 1989 දී, මා ශුද්ධවූ දේශයට වන්දනා ගමනක යෙදුනෙමි. කුරුසියේ සැලැස්ම සම්පූර්න කිරීමටත්, සියලු මනුෂ්‍යයන්ගේ හා ජාතීන්ගේ ගැලවීම උදෙසා, ගෙත්සෙමනේදී යේසුස් වහන්සේ දාඩිය රුධිරය බවට පත් ව පොළවට පතිතවන තෙක් යාච්ඤා කළ සේක. මෙම ස්ථානයේකදී මම ''සියලු ජාතීන්ගේ සභාව'' ඉතා උසස් වූ හැඟීමෙන් දුටුවෙමි. දෙවියන් වහන්සේ, මුළු මිනිස් වර්ගයාටම සමාව දීමට සියලු ජාතීන් උදෙසා කැපකිරීමක් ලෙස උන්වහන්සේගේ පුත්‍ර වූ යේසුස් වහන්සේව එවූ සේක. දෙවියන් වහන්සේට අවශ්‍ය වන්නේ අවසාන කාලයේදී උන්වහන්සේගේ පූර්ව සැලැස්ම සම්පූර්ණ කරගැනීම හා ශුද්ධ වූ සභාරංචිය තුළින් ලොක මෙහෙවර ඉටුකරගැනීමයි. එබැවින් දෙවියන් වහන්සේ අපට ''මන්මින් 'සියලු මැවිල්ලේ' සභාව'' ලෙස තේරම් වූ නම දුන් සේක.

මෙම සභාව ආරම්භයේදී, අප එය ''මන්මින් සභාව'' ලෙස නම් කල නමුත්, අප බොහෝ ශාඛා සබාවන් ආරම්භ කිරීමට අපේක්ෂා කල බැවින් එය ''මන්මින් ජුන්ග් ඇන්ග් (ප්‍රධාන) සභාව'' ලෙස නැවත නම් කලෙමු.

ඇයි ඔබට දුෂ්කරවූ මාර්ගයෙන්, එය කිරීමට අවශ්‍ය වන්නේ?

''සභාපාලකතුමනි, ඇයි ඔබට සාභාවක් ආරම්භ කිරීමට අවශ්‍ය වන්නේ? සභාවක් ආරම්භකිරීම දුෂ්කර බව ඔබ දන්නවාද? බොහෝ වසර ගණනාවක් යන තුරු ඔබට කැඳමය ආහාර පමණක් ලබා ගැනීමට ස්දුවේවි. ඔබේ දරුවන්ට හොඳින් ඉගෙනීමට ඔබට අවශ්‍ය නැද්ද? මේ දිනවල ඇදහිලිවන්තයන් ඊ ස්කිරීමට අපහසු බව ඔබ දන්නවාද? උපදේශය නොනවත්වා පැවතුනි. ඔබ දන්නවාද මේ දිනවල අකීකරු ඇදහිලිවන්තයන් කොපමන සිටිනවාද කියා? මෙම සභාවේ හිඳ සේවය කිරීමට අපට ඉඩහරින්න.'' ''සභාපාලක තුමනි ඔබ නව සභාව ආරම්භ කළ විට, ඔබට බොහෝ කඳුළු වගුර වන්නට වේවි.''

මම සභාව ආරම්භ කිරීමට මත්තෙන්, මගේ උත්සහය නැවැත්වීමට බොහෝ පිරිසක් උත්සාහ දැරූහ. මෙම ගැටළු බොහෝ නව සභාවන් වලට තිබුනා වූ කාරණාවන්ය. සමහර සභාපාලකවරු ගොඩනැගිලි හා පහසුකම් වලට ණය ලබා ගනිමින් සභා ආරම්භ කළෝය. නමුත් සභාව අපේක්ෂිත ආකාරයට වර්ධනය නොවීමෙන් ඔවුන්ට ණය ගෙවා ගැනීමට නොහැකිව පීඩා විඳින්නට සිදුවිය. ඔවුන් බොහෝ දෙනා මංමුලාව, බලාපොරොත්තු රහිතව, අසරණභාවයෙන් පෙළෙමින් පසුවූහ. නමුත් මම සර්වබලධාරී වූ දෙවියන් වහන්සේ පිළිබඳව ඇදහිල්ලෙන් සිටි බැවින්, මගේ හදවත කිසිවිටෙකත් සෙලවුණේ නැත. මට උපදෙස් ලබා දුන් අයගේ මුහුණට එකරවම මා එකඟ නොවූයේ, ඔවුන්ව

අපහසුතාවයට පත්කිරීමට අවශ්‍ය නොවූ නිසාය. ''මා සභාවක් ආරම්භ කළ විට එය සමෘද්ධිමත් වී කිසි ගැටළුවක් ඇති නොවන්නේය. මා බොහෝ ආත්ම ගලවනු ලබන අතර සභාව ඉක්මණින් වර්ධනය වන්නේය. ඒ හෙයින් අපි දෙවියන් වහන්සේට මහත් මහිමක් ලබා දෙන්නෙමු.'' යැයි මා මටම කියා ගතිමි.

පිලිප්පි 4:13 දෙවියන් වහන්සේගේ වචන වලින් මා සහනයට පත්වූයෙමි. ''මා බලවත් කරන්නාවූ තැනැන්වහන්සේ තුළ මට සියල්ල කළ හැක'', තවද ශු.මතෙව් 9:29 පවසන පරිදි අපගේ විශ්වාසයේ ප්‍රකාරයට අපට සිදුවන බවද, ශු.මතෙව් 13:8 සඳහන් ලෙස අප වපුරන කල, එකෙන් සියයක්ද, එකෙන් සැටක්ද, එකෙන් තිහක්ද බැගින් එල දෙන බව දෙවියන් වහන්සේගේ පොරොන්දු වචනයෙන් මට සහතිකයක් ලැබිණි. ඔබ දෙවියන් වහන්සේගේ විශ්වාසවන්ත දාසයන් දෙස බැලු කල, දෙවිඳුන් ඔවුන් සමඟ සිටී බැවින් මෝසෙස් හා අපොස්තුළු පාවුල් යන අය දෙවිවරුන් මෙන් මිනිසුන් දුටු බව නික්මයාම 7:1 සහ ක්‍රියා 14:11 දැක ගත හැකි වේ.

දෙවිඳුන් අප සමග නම්, අපට කල නොහැකි දෙයක් නැත. මම එය විශ්වාස කළෙමි. දෙවියන් වහන්සේගේ සේවකයකු ලෙස, මා දේව වචනය දෙස අවධානය යොමු කර, යාච්ඤාවෙන් උන්වහන්සේගේ කැමැත්ත අනුග මනය කරන්නේ නම් දෙවියන් වහනසේ මට පිළිතුරු දී, සියලුම මුල්‍යමය ගැටළු වලින්ද, සභාවද, එහි සේවකයන් ද රැක බලා ගන්න බව මම විශ්වාස කළෙමි. මා බලවත් කරන්නාවූ තැනැන්වහන්සේ තුළ මට සියල්ල කල හැකි යන විශ්වාසය මත මට දර්ශනයක් තිබුණේය. මා තුළ තිබුනා වූ දර්ශනය හා සිහිනය ගැන මම සවිස්තරාත්මකව යාච්ඤා කල අතර, මාගේ තොල් වලින් එය ප්‍රකාශ කළෙමි.

ශුද්ධාත්මයාණන්ගේ මග පෙන්වීමට අවනත වීම

1982 මැයි මාසදී, දෙවියන් වහන්සේ, හිරු මතුපිටින් දැවෙන කල මා සභාවක් ආරම්භ කරන බව පැවසූ සේක. තවද උන්වහන්සේ සෝල් නගරයේ ඩොංජැක් දිස්ත්‍රික්කයේ ශිංඩේබෑන්ග් හි උප නගරයක් වෙත මට මග පෙන්නූ සේක. ඒ වන විට මෙම ප්‍රදේශය ගැන මින් පෙර මා කවරදාවත් අසා නොතිබුනි. එම ප්‍රදේශය මා නොදැන සිටි බැවින්, බොහෝ මිනිසුන්ගෙන් එම නගරයට ළඟ විය හැකි ක්‍රමය පිළිබඳව මා විමසුවෙමි. මක්නිසාද, එම ප්‍රදේශයේ එකල්හිදී හරි ආකාරව ගොඩනැගී නොතිබුනු බැවින්, එහි ගොඩනැගිලි බොහෝමයක් නොවිණි. වාහන තද බදයද අවම විය. එහි සම්පූර්ණ වර්ග අඩි 900 පමණ වූ

ස්ථානයක් තිබුණේය. මාසික කුලිය වොන් 150,000 (ඇ.ඩො. 150) ද, ඇප මුදල ලෙස වොන් මිලියන 3 ක් (ඇ.ඩො. 3,000) ක් විය. මම කොන්ත්‍රාත්තුව අත්සන් තැබීම සඳහා අයිතිකරුව මුණ ගැසිනි. එහිදී ඔහු කුලී මුදල වොන් 120,000 ක් දක්වා අඩු කලේය.

සභාවේ ආරම්භය උදෙසා දෙවියන් වහන්සේ මුදල් සූදානම් කිරීම

සභාවේ ආරම්භය සඳහා අවශ්‍ය වූ මුදල් උපස්ථායිකා එහ්ජා එහන් මගින් දෙවියන් වහන්සේ අපට ලබා දුන් සේක. ඇය දිනකට පැය 5 ක් යාච්ඤාව සඳහා යෙදුවාය. ඇගේ පුත්‍රයා රිය අනතුරකට ලක් වූ බැවින් වොන් මිලියන 3 ක වන්දි මුදලක් ලැබී තිබුනි. සභාවේ ඉදකිරීම් සඳහා මෙම මුදල් දෙවියන් වහන්සේට පිළිගැන්වීමට ඇය පොරොන්දු වී සිටි නමුත් ඇගේ නොඇදහිලිවන්ත සැමියා වෙනත් කාරණයකට මෙම මුදල වියදම් කළේය. ඒ පිළිබඳව බලවත් කනස්සල්ලක් නිරතුරුවම ඇගේ හදවතේ විය. ඇය සැමවිටම සභාව ගොඩනැගීම සඳහා වොන් මිලියන 3 ක් දිය යුතුයැයි සිතමින් පසුවුවාය. ඒ අතරතුර කාලයේදී ඇයට මගේ පවුල මුණ ගැසී සභාව ඇරඹීමට මා සමග එකතු වුවාය.

ඇගේ සැමියාගේ ලී පඩු කර්මාන්තශාලාව පාඩු ලබමින් තිබූ බැවින්, ඇගේ නිවස උකස් තබා තිබුණි. ඔවුන් එම ණය මුදල නොගෙව්වේ නම්, එම නිවස ඉතා අඩුමිලකට විකිනීමට සිදුවනු ඇත. එබැවින් වොන් මිලියන 20 කට (ඩොලර් 20,000) නිවස විකිණීමට සූදානම් කෙරුණි. නමුත් කිසිවෙකු ගෙය බැලීමට තරම්වත් උනන්දු නොවිණි. ඔවුන් එම මුදල වොන් මිලියන 15 දක්වා අඩු කලද, නිවස මිලදී ගැනීමට කිසිවෙකු පැමිණියේ නැත. ඒ අතරතුරදී උපස්ථායිකා එහ්ජා ඒහන් වෙත සමගැක් කඳු මුදුන් යාච්ඤාවේදී දෙවියන් වහන්සේගේ වචනය පැමිණි සේක. ''තෙදිනක නිරාහාර කාලයකින් පසු ඔබේ නිවස විකිණීමට කටයුතු කරන්න. ඔබේ ඇදහිල්ලේ ප්‍රමාණයට එහි මිල ගණන වැඩි කරන්න. මම එහි ක්‍රියාකරන්නෙමි. වැඩිකල මුදල් ප්‍රමාණයෙන් වොන් මිලියන 3 ක් සභාව ආරම්භ කිරීමට භාවිතා කරන්න.''

ඔවුන් ඔවුන්ගේ නිවස විකිණීමට කටයුතු සූදානම් කළෝය. නමුත් වසර කිහිපයක් යනතුරු කිසිවෙකුත් මෙම නිවස මිලදී ගැනීමට නොපැමිණි නිසා, එහි මිළ ගණන් ඉහළ දැමුවහොත් දේපලකරුවන් ඔවුන්ට සිනාසේවී යැයි ඔවුන් සිතුහ. උපස්ථායිකා එහ්ජා එහන් ඉතාම සැලසුම් සහගතව ඒ පිළිබඳව සිතා අවසානයේදී වොන් මිලියන 3 ක් එකතු කර, නිවස වොන් මිලියන 18 කට විකිණීමට දැමුවාය. දේපළ වෙළඳාම් කරුවන්ට දවල්තරු පෙනිණි. ඇය දේපළ

වෙළඳාම් කරුවන්ගේ කාර්යාලයේ සිට නැවත නිවස කරා පැමිණෙන විට, යමෙක් ඇයගේ පසුපස විත් නිවස දෙස බැලුවාය. ඔහු තමාගේ කැමත්ත සරිලන නිවස හමු වූ පව පවසා වොන් මිලියන 18 කට කොන්ත්‍රාත් අත්සන් කළේය. තම ඇදහිල්ල මීට වඩා තිබුනා නම්, මෙම නිවස වොන් මිලියන 20 කට විකිණිය හැකි බව සිතා ඈ කණගාටු වූවාය. දිගු කාලයක් පුරා නොවිකිණු ඇගේ නිවස විකිණීමට දෙවියන් වහන්සේ ක්‍රියා කල සේක. ඇය තම පවුල සඳහා වූ ණය තුරුස් ගෙවූ අතර සභාව ආරම්භ කිරීමට අවශ්‍ය මිලියන 3 ද ලබා දුනි.

මිනිසුන් කෙරෙහි විශ්වාසය තැබීම පිළිබඳව මුළුමනින්ම හදවතෙන් පසුතැවිලි වීම

සභාවේ ආරම්භය උදෙසා මා සූදානම් වෙමින් සිටියදී, මා වටා මිනිසුන් 40 කු පමණ සභාව ආරම්භයේදීම සිටී වී යැයි මා සිතුවේය. මා හට ඇති ආදරයත්, මා හැඳිනීමත් නිසා ඔවුන් සහභාගි වේ යැයි මා සිතුවෙමි. නමුත් යථාර්ථය ඊට වඩා හාත්පසින්ම වෙනස් විය. 1985 ජූලි මස 25 වන දිනදී, සභාව ආරම්භ කිරීමේ මෙහෙය අප පැවැත්වෙමු. නමුත් අනපේක්ෂිත ලෙස මා බලාපොරොත්තු වූ කිසිදු මනුෂ්‍යයෙකු ඊට සහභාගි නොවීය. සහභාගි වන බව මා හට දැන්වූ මාගේ සහෝදරියන්ද නොපැමිණියෝය. දෙවිඳුන් ඔවුන්ව නැවැත්වූවා යැයි මා වටහා ගත්තෙමි. සහෝදර සහෝදරියන් කෙරෙහි මාගේ විශ්වාසය තැබීම දෙවියන් වහන්සේට අවශ්‍ය නොවීය. ''දෙවියන් වහන්ස, ඔබට ස්තුති, මා සහෝදර සහෝදරියන් කෙරෙහි විශ්වාසය තැබීමට ආශා කරන බව ප්‍රත්‍යක්ෂ කර දුන්නාට. මනුෂ්‍යයා කෙරෙහි රඳා පැවතීම ගැන මට කරුණාකර සමාව දුන මැනවි. දැන් මම ඔබවහන්සේගේ කැමැත්ත හඳුනා ගතිමි. මම කිසි මනුෂ්‍යයකු කෙරෙහි විශ්වාසය නොතබන අතර ඔබ වහන්සේ ගැන පමණක් සැමවිටම විශ්වාස කරමින්, සෑම දෙයක්ම යාච්ඤාවෙන් කරමි.''

යන ලෙස මා යාච්ඤා කළෙමි. ආරම්භක මෙහෙයෙන් පසුවත්, මා තවමත් මිනිසුන් කෙරෙහි විශ්වාස කරන බව මා වටහා ගතිමි. මා දෙවියන් වහන්සේ ඉදිරියේ තදබල ලෙස පසුතැවිලි වුනෙමි. සභාවට සාමාජිකයන් එවන ලෙසට මා යාච්ඤා කල අතර, සෑම සතියකම දෙවියන් වහන්සේ විසින් කැඳවූ ඇදහිලිවන්තයන්ගෙන් දේවස්ථානය පිරුණි.

කිසිවක් නැතිව පටන් ගැන්ම

වැඩිහිටියන් නවදෙනෙකු සමඟ දරුවන් සතර දෙනෙක්

අපි ආරම්භක මෙහෙයේ යෙදෙන විට, ගොඩනැගිල්ල තවමත් සම්පූර්ණ කර නොතිබුණි. එහි ජනෙල්, වීදුරු, තහඩු නොවීය. අල්තාර නොවිණි. බිම් ආවරණ නොවිණි. එය මඩු බිමක් මෙන් විය. තිබූ ඉඩ කොටස තිරයක ආධාරයෙන් අපි දෙකඩ කළෙමු. එක් කොටසක් මගේ නිවස ලෙස වෙන් කළ අතර, අනෙක් ඉඩ ප්‍රමාණය දේවස්ථානය හා යාච්ඤා කුටිය ලෙස වෙන් කරන ලදී. මගේ පවුලේ උදවිය ද ඇතුලත්ව, දේවස්ථානයේ ආරම්භක මෙහෙය සඳහා වැඩිහිටියන් නවදෙනෙකුත්, ළමයින් සතර දෙනෙකුත් සහභාගී විය. මගේ පවුලේ සාමාජිකයන් හැරුණු විට සහභාගී වූවන් ස්වල්පයක් විය. ''ඇදහිල්ල මහත්ම වටිනාවූ ධනයයි.'' යන මාතෘකාව යටතේ මම දේශනා කළෙමි. මන්මින් ජුන්ඇන්ග් සභාවෙහි ඉතිහාසය කිසිවක් නොමැතිව ආරම්භ කල එකක් විය. ඒ මන්දයත්, අප සභාව ආරම්භ කලා පමණි. අපට මුදල් නොතිබුණි. නමුත් අපට බොහෝ වියදම් තිබුණි. එසේ වුවද මම කිසිදු විටෙක මගේ ඥාතියකුගෙන් හෝ වෙනත් අයකුගෙන් මුදල් ලබා නොගතිමි. මම දෙවියන් වහන්සේට යාච්ඤා කිරීම පමණක් කළෙමි. දෙවිඳුන් මට නොසැපයුවේ නම් නිරාහාරව සිටීමට පවා මා සූදානම් වුනි. අපට ආහාරයට කිසිවක් නොතිබුණු විට කිසියම් හෝ කෙනෙකුගෙන් දැතින් දෙවිඳුන් අපට ආහාර සපයා දුන්සේක. මුළු ගිම්හාන ඍතුව තුළම මා අසා කරන පැණි කොමඩු මට කා හැකිය.

දිනකට පැය පහක් හයක් පමණ එකමුතුව යාච්ඤා කිරීම

ආරම්භක මෙහෙයෙන් පසු, සතිපතා දසයෙන් කොටස වොන් තිස්දහසේ සිට හතළිස් දහස දක්වා විය. නමුත් එම මුදල දේවස්ථානයේ මාසික කුළිය ගෙවීමට පවා ප්‍රමාණවත් නොවීය. සාමාජිකයන් හතර පස් දෙනෙක් එක්ව

පැය පහක් හෝ හයක් පුරාවට යාච්ඤා කල අතර ඔවුන් දහඩියෙන් උණුසුම් වී ගියෝය.

සභාවේ වැඩි සාමාජික පිරිසක් නොවූ හෙයින් ඔවුන් බැහැ දැකීමට යාමද අවශ්‍ය නොවීය. අපි යාච්ඤා කුටිවල යාච්ඤා කල අතර දහඩියෙන් පෙඟී ගියෙමු. යෙරමියා 33:3 හී ''මට යාච්ඤා කරපන්න එවිට මම නුඹට උත්තර දී, නුඹ නොදන්නා මහත් වූ ආමරු දේ නුඹට පෙන්වන්නෙමි'' යයි පවසයි. අප යාච්ඤාවෙන් මොරගැසූ විට, දෙවියන් වහන්සේ අපට ඇදහිලිවන්තයන් හා අත්‍යවශ්‍ය දේත් දුන් සේක.

''දෙවිඳුනි, අපට මයික්‍රොෆෝනයක් ලබා දෙන්න''

සතියක් පුරා යාච්ඤා කිරීමෙන් පසුව අපට මයික්‍රෝෆෝනයක් ලැබුණි. ඊළඟ සතියේදී අපට දුරකථනයක් අවශ්‍යව ඒ වෙනුවෙන් අප යාච්ඤා කල අතර අපට එයද ලැබුණි. එවකට සභාවෙහි බොහෝ සාමාජිකයන් නොසිටි බැවින් දෙවියන් වහන්සේ සිකුරාදා සර්ව රාත්‍රික මෙහෙයේදී ක්‍රියා කල සේක. අනෙකුත් සභාවල සාමාජිකයන් අපගේ සිකුරාදා සර්ව රාත්‍රික මෙහෙයට සහභාගී වීම තුළින් මහත් වූ කරුණාවක් ලැබුවෝය. තවද ඔවුන් එකින් එක්කෙනා සභාවට අවශ්‍ය දෑ අපට ලබා දුන්නේය. මේ අයුරින් තිරරෙදි, අල්තාර කුඩුව, පියානෝවක්, ඉලෙක්ට්‍රොනික ෆෑන්ද, කුරුසියක් ඇති සන්ටාකාරයක්ද අපට ලබා දුනි. සභාව ආරම්භ කර දෙමසක් යන විට අපට අවශ්‍ය සියලු දේ ලැබුනෝය.

දේව දාසයන් වචනය මෙනෙහි කරමින් යාච්ඤාවේ නිරත විය යුතු බව ක්‍රියා පොතේ සඳහන් වෙයි. එබැවින් සභාව නඩත්තු කිරීම ඇතුළු අනෙකුත් සියලුම කාර්යන් සභාවේ සාමාජිකයන්ට භාර දුන් මා වචනය පිළිබඳ එතරම් නොදන සිටි බැවින්, දෙවියන් වහන්සේගේ කැමැත්ත පිළිබඳව මා අවබෝධ කරගත් දෙය, ශුද්ධාත්මයාණන් වහන්සේ කරණකොට ගෙන සිකුරාදා සර්ව රාත්‍රි මෙයෙන් වලදීත්, ඉරිදා මෙහෙයන් වලදීත් දේශනා කළෙමි. මා හොඳ කථිකයෙකු නොවුවද, ශුද්ධ වූද, ආත්මික කරුණු අඩංගු වූද දේශනාවන් කල බැවින්, අසන්නන් ජීවනයද ඇදහිල්ලද ලබා ගත්තේය. වචනය අනුගමනය කලා වූ ක්‍රියා ද විය. ඇදහිලිවන්තයන් වචනය තුල පැවැත ඔවුන්ගේ ඇදහිල්ල වර්ධනය කරගත් අතර ඔවුන්ගේ යාච්ඤාවලට පිළිතුරු ලබා ගත්තෝය. සභාව ආරම්භයේ පටන් සෑම සතියකම නව ඇදහිලිවන්තයන් දෙවියන් වහන්සේ අප සභාවට එකතු කල අතර, ඇසූ දේව වචනය කරනකොට ගෙන ඔවුන් ජීවනයට පැමිණුනාහ. සිකුරාදා සර්ව රාත්‍රික නමස්කාර මෙහෙයේදී දෙවිඳුන්ගේ බලවත් හාස්කම් දුටුඅය කරුණාව ලැබූ අතර ඔවුන්ගේ ඇදහිල්ල වැඩි කර ගත්තෝය.

බයිබලයෙන් පිළිතුරු සෙවීම

මුල් සභාවන් යේසුස් වහනසේ විසින්ම ඉගැන්වූ අපෝස්තලුවරුන්ගෙන් ගොඩනැගුණු බැවින්, ස්වාමින් වහනසේගේ කැමැත්තට අනුව ඔවුන් ක්‍රියා කල අතර දෙවියන් වහන්සේ ඔවුන් ගැන ප්‍රසන්න වූ සේක. තවද දෙවියන් වහන්සේ විසින් ගැලවෙන්නාවූ අය දවස්පතා සභාවට එකතු කල සේක. මාගේ අරමුණු හා අදර්ශය වූයේ ආදී සභා පිළිවෙත රැකගෙන ස්වාමින් වහන්සේ නැවත පැමිණෙන තෙක් එය පැවැත්වීමයි. දෙවියන් වහන්සේට ඕනෑ කරන හොඳම සභාව නම් විශාල ගොඩනැගිල්ලක් හෝ සාමාජිකයන් රැසක් ඇති සභාවක් නොව, නමුත් මුල් සභාව පිළිඹිමු කරන සභාවකි. දෙවියන් වහන්සේව ප්‍රසන්න කරන්නාවූ කැමැත්ත අනුගමනය කල මුල් සභාවන් වල නිදසුන් අප ආදර්ශයට ගැනීමෙන්, දෙවියන් වහන්සේ අපට ආශිර්වාද කර සභාවට ස්ථිර උන්නතියක් ලබා දෙනු ඇත.

''එවිට සියලු දෙනා කෙරෙහි භය පැමිණුනේය. බොහෝ පුදුම ද හාස්කම් ද ප්‍රේතයන් කරණකොට ගෙන කරන ලද්දේය. අදහාගත් සියල්ලෝ එක්ව සිට සියලු දේ පොදුවේ තබා ගත්තෝය. ඔවුහු තමුන්ගේ ගම්බිම් සහ දේපල විකුණා එකිනෙකාට වුවමනාව තිබුනු හැටියට සියල්ලන්ට බෙදා දුන්නෝය. තවද ඔවුහු දවසින් දවස නොකඩවාම එක්සිත්ව දේ මාළිගාවේ සිටිමින්, ගෙදර දී රොටී කඩමින්, ප්‍රීතියෙනුත් අවංක සිතිනුත් කෑම කමින්, දෙවියන් වහන්සේට ස්තුති ප්‍රශංසා කරමින් සෙනගට ප්‍රිය උපදින ලෙස ක්‍රියාකරමින් පසු උනෝය. ස්වාමින් වහන්සේ වනාහි ගැලවෙන්නා වූ අය දවස්පතා ඔවුන්ට එක් කළ සේක'' (ක්‍රියා 2:43-47).

සෑම දිනකම දේවමාළිගාවේ එක්රැස් වීමට උත්සහ ගත් මුල් සභාව ආදර්ශයට ගනිමින් අප සෑම දිනකම යාච්ඥා රැස්වීම් පැවැත්වූ අතර ප්‍රේමයේ රොටිය නැමැති දේව වචනය බෙදා ගෙන, (ශු.යොහාන් 6:48) එහි පැවැතුණෙමු. පුදුම හා ළකුණු පෙන්නුම් කරමින් දෙවියන් වහන්සේ අප සමග සිටි අතර සතිපතා නව සාමාජිකයන් ඇතුලත් වීමෙන් සභාවද ඉතා ඉක්මණින් වර්ධනය විය.

වචනය මත පමණක් රඳා පැවතීම

සභාව ආරම්භ කිරීමෙන් පසු සෑම සතයක්ම අරපරෙස්සම් කිරීමට අපට සිදු විය. නමුත් ශු.ලූක් 6:38 සඳහන් පරිදි ආශිර්වාද ලැබීමේ රහස මා දැන සිටියෙමි. ''දීපල්ලා, එවිට නුඹලාටත් දෙනු ලැබෙන්නේය. ඔව්හු ඔබමින් සොලවමින් උතුරුවමින් නුඹලාගේ ඔඩොක්කු වලට හොඳාකාර මැන දෙන්නෝය.

මක්නිසාද නුඹලා යම් මිම්මකින් මැන දෙන්නහුද, එයින්ම නැවත නුඹලාටත් මැද දෙනු ලැබෙන්නේ යැයි කී සේක.''

මෙම වචනය පදනම් කරගෙන මම දිළිඳුන්ට උපකාර කිරීමට උත්සාහ කළෙමි. ඒ කාලයේදී දේවදර්ම පාසැල් සිසුන් දස දෙනෙක් අප සභාවේ සිටි අතර ඔවුනට උපකාර කිරීමට අපට සිදුවුණි. දේවස්ථාන කුලිය වූ වොන් 120,000 (ඩොලර් 120) පවා ගෙවීමට අපට අපහසු වුණි. සභාව ආරම්භ කර දෙසතියකට පසු එකතු කර ගත්තාවූ පඬුරු දීමනා අප ළඟ තිබුනු අතර, දෙවියන් වහන්සේ අපට ආශිර්වාද කරනු ඇත යන ඇදහිල්ල මත, අප නිකායේම නව සභාවන් වෙත එම පඬුරු වලින් කොටසක් ගෙන අපි යැවීමුව. සභාව ස්ථාපනය කිරීමේ මෙහෙය පටන්ම, අප අයත් වු නිකායේ දේවධර්ම පාසැල් ගොඩනැගිල්ල සෑදීමට, සෑම ඇදිහිලිවන්තයෙක්ම වොන් මිලියනයක් දීමට පොරොන්දු වූහ. දේව වචනය මත උපරිම ක්‍රියාකිරීමෙන් අප, අන් අයට උපකාර කරන්නාවූ සභාවක් විය.

මා සභාව ආරම්භ කල විගසම, අපට අනුගමනය කිරීමට සුදුසු බයිබලය ආදර්ශ සභාවක් සෙව්වෙමි. එය ක්‍රියා පොතෙහි වූ මුල් සභාව විය.

''නුඹලා ලකුණුද පුදුමද නුදුටුවොත් කිසිසේත් විශ්වාස කරන්නේ නැත''

සංස්ථාපන මෙහෙය

සංස්ථාපන මෙහෙය වෙනුවෙන් මා යාච්ඤා කරමින් සිටි විට, දෙවියන් වහන්සේ මෙලෙස මට වචනයක් දුන් සේක. ''සියලු අස්වැන්න හොඳින් පැසුනු පසු, ප්‍රථම තුෂාර සමයට පෙර සංස්ථාපන මෙහෙය පිළිගන්වන්න.'' එබැවින්, 1982 ඔක්තෝම්බර් 10 වන, අප සංස්ථාපන මෙහෙය පැවැත් වූ අතර ඒ වන විට සාමාජිකයන් 100 කට වඩා අපට සිටියෝය. සභාවෙහි ආරම්භයේ පටන්ම, දෙවියන් වහන්සේ අපට බොහෝ ඇදහිලිවන්තයන් එක් කල අතර ඒ වන විටත් සභාව ඉතා කුඩා විය. සිකුරාදා සර්ව රාත්‍රික දේව මෙහෙයේදී වර්ග අඩි 540 පමණ ප්‍රමාණයක, සාමාජිකයන් 100 ට වඩා සිටි අතර බොහෝ අය යාච්ඤා කුටි වලත්, පඩි පෙල මතත් සිටගෙන සහභාගි වූහ. එබැවින් සංස්ථාපන මෙහෙයෙන් පසු අප යටි මහල ද කුලියට ලබා ගතිමු.

ස්ථාපිත කිරීමේ මෙහෙය

මා නත්තල් උත්සවය පිළිබඳව යාච්ඤාවෙන් සිටි විට, දෙවියන් වහන්සේ, බයිබලීය නාට්‍යයක් රඟ දැක්වීමට අවශ්‍ය බොහෝ දක්ෂ පුද්ගලයන්ව අප වෙත එවූ සේක. එබැවින් ඉතා හොඳ උත්සවයක් පැවැත්වීමට අපට හැකි විය. මල් සැකසුම් පිළිබඳ හොඳ හැකියාවක් තිබූ පුද්ගලයෙකුද, නර්තන හැකියාව ඇති දක්ෂ නර්ථන ශිල්පියෙකු ද දෙවියන් වහන්සේ අපට ලබා දුන් සේක. ඇය ඇතැම් නර්ථන අංග සහ හස්ත චලිතයන් ද සබත් පාසැල් දරුවන්ට ඉගැන්වූවාය. ඉතා ඉක්මණින්ම, සාමාජිකයන්ට තමන්ට අවශ්‍ය අංග සකසා ගැනීමට හැකියාව ලැබුණි. ඒ දින වලදී, මා හට උදෑසන යාච්ඤා මෙහෙයන් ඇතුළුව, විවිධ වූ මෙහෙයන් වලදී දේශනා 10 කට වඩා එක් සතියකදී දේශනා කිරීමට සිදු විය. තවද එය උපාධි ප්‍රධානයට පෙර වූ බැවින්, මා හට දේවධර්ම පාසැලට යෑමටද තිබුණි. තවද, අප සෑම විටම රාත්‍රී යාච්ඤා කාල පැවැත්වූ අතර උදෑසන 4.00 ට අළුයම යාච්ඤා මෙහෙයද මා පැවැත්වූවෙමි. බොහෝ සුව වීම් සිදුවන බව දනවන ප්‍රවෘත්තිය පැතිරෙත්ම, රට පුරා සිටි බොහෝ රෝගීන් අප වෙත පැමිණි අතර, මා ඔවන් එකිනෙකා වෙනුවෙන් දිනකට බොහෝ වාරයක් යාච්ඤා කළෙමි.

පවුලෙහි වෙනසක් සිදුවීම

යන්ග්සක් කිම් මහතා, යේසුස් වහන්සේව හඳුනා ගැනිමට පෙර, බොහෝ ලෙස බීමට ඇබ්බැහි වූවෙකි. ඔහුගේ කැස්ස නොනැවතී පැවතී බැවින් ඔහු රෝහලට ගියේය. ඔහුගේ රෝග විනිශ්චය වූයේ වසා පද්ධතියේ ක්ෂය රෝගය පැතිර ඇති බවයි. ඔහුට සැත්කමකට භාජනය වීමටත්, වසරක් පුරා විවේකිව සිටීමටත් සිදු වූ හෙයින් ඔහුට එය දරා ගැනීමට නොහැකි විය. ඔහුගේ බිරිඳ දරු ප්‍රසූතියෙන් පසුව පිත්තාෂයේ ඉදිමුමකින් රෝගීව සිටියාය. ඇය බොහෝ සෙයින් සිත අධෛර්‍යයට පත්ව සිටි අතර, වරෙක ජීවිතය හානි කර ගැනීමට උත්සාහ කළාය. නමුත් වාසනාවකට මෙන් ඇය බේරුණි. 1982 ඔක්තෝම්බර් මස දී, යන්ග්සක් කිම් අප සභාව පිළිබඳ පුවත අසා පැමිණ, සභාවෙහි සාමාජිකයෙකු වුනේය. ඔහු දින 10 ක නිරාහාර කාලයක් හා අළුයම් යාච්ඤා කාලයක් ගත කිරීමටත් භාර විය. ඔහු දරුණු උණ රෝගයෙන් පෙළුණු අතර කැස්සකින්ද පීඩා වින්දේය. නමුත් අනෙක් බොහෝ රෝගී පුද්ගලයන් සුවවෙන බව දකිමින්, ඔහුගේ සුවය උදෙසා වූ ඇදහිල්ල ඔහු වැඩි කර ගත්තේය. මා නිරන්තරයෙන් ඔහු උදෙසා යාච්ඤා කළෙමි. 10 වන දිනය වන විට ඔහුගේ උණ තත්වය අඩු වූ අතර කැස්ස ද නතර විය. ඔහුගේ සුවය පිළිබඳව ඔහුට සහතිකයක් තිබුණු අතර ඔහු නැවත රෝග විනිශ්චයක් ලබා ගත්තේය. ඔවුන් පවසා සිටියේ තව දුරටත් ඔහුට ක්ෂය රෝගය නොමැති බවයි. ශුද්ධාත්ම ගින්නෙන් එය සම්පූර්ණයෙන්ම සුව වී තිබුණි. එතැන් පටන් ඔහුගේ බිරිඳ ද

අප සභාවේ සාමාජිකවක් වූ අතර ඇගේ පිත්තාශය ඉදිමීමේ රෝගයෙන් ඇයද සුවය ලැබුවාය. ඔවුන්ගේ දියණියද නිරෝගී වුවාය. දෙවියන් වහන්සේගේ කරුණාව ගැන ස්තුති දීමෙන් යුක්තව, යන්ග්සක් කිම් දේව ධර්ම පාසලේ ඉගෙනීම ආරම්භ කළේය. දැන් ඔහු සභා පාලකයකු ලෙස සේවයේ යෙදී සිටියි.

බයිබලයේ වූ ආශ්චර්යමත් ළකුණු ක්‍රියා කල සිකුරාදා සර්ව රාත්‍රි යාච්ඤා මෙහෙය

සිකුරාදා සර්ව රාත්‍රික යාච්ඤා මෙහෙය රට පුරා වූ මිනිසුන්ගෙන් පිරී පැවතුනි. එය අන්තර් කිනාය මෙහෙයක් මෙන් විය. පටු වූ දේවගෘහය මිනිසුන්ගෙන් පිරී ඉතිරී පැවතුණි. ශුද්ධාත්ම ගින්න මහත් ලෙස පැවති අතර සිවිලිමද වතුර බිංදු වලින් වැසී තිබුනි. සහභාගී වුවන් ඉතා උද්යෝගයෙන් දෙවියන් වහන්සේට ප්‍රශංසා කරමින් යාච්ඤා කල අතර, රාත්‍රි 11ට ආරම්භ වූ මෙහෙය උදෑසන 6 වන තුරුම පැවැත්විනි. සෑම සිකුරාදා සර්ව රාත්‍රික මෙහෙයකදීම, සුව වූ බොහෝ රෝගීන් නැගිට ඇවිදමින්, උඩ පනිමින් සිටිනු දැකීමෙන් වඩ වඩා සෙනඟ සභාවට පැමිණුනි.

රෝහල් වලින් මරණයට පත්වීමට ආසන්න බව ප්‍රකාශ කල බොහෝ රෝගී-න්, අප සභාව වෙත පැමිණ ඉතා ඉක්මනින් සුවය ලැබූ අතර කිහිලිකරු ආධාරයෙන් සිටියවුන් ඇවිදින්නටත්, පනින්නටත් වුණි. අන්ධයන් පෙනීම ලැබ ගොළුවූවන් කථා කළහ. දරුවන් ලැබීමට අපොහොසත්ව සිටිය වුන්ට දරු ඵල ලැබුනි කැඩුනු හස්තයක් ඇත්තෙකු යාච්ඤාවෙන් සුවය ලබා තම අත නිදහසේ හසුරුවන්ට පටන් ගත්තේය.

ලියුකේමියා රෝගියෙකු සුවකිරීම

දිනක්, සැදු මැලි වූ මුහුණකින් යුත් ස්ත්‍රියක් මාගෙන් යාච්ඤාව ලබා ගැනීමට පැමිණියයා. ඇය පැවසුවේ, අගේ වෛද්‍යවරයා පැවසූ අකාරයට තවත් දින 15 ක් පමණක් ඇය ජීවත් වන බවයි. මේ ඇයගේ ජීවිත කථාවයි. ඇය සබත් පාසැල් යන අවධියේ පටන් කිතුනුවකු වූ නමුත්, ජීවිතයේ එක්තරා අවස්ථාවකදී ඇයට නොහැදිලිවන්තයකුගෙන් විවාහ යෝජනාවක් ලැබුනි. ඇය ඇදහිලිවත්තයකු සමග පමණක් විවාහ වන බව පැවසූ පසු ඔහු දේවස්ථානයේ සාමාජකිත්වය ලබා යම් කාලයකට පමණක් සභාවට පැමිණ ඇත.

ඇයගේ සැමියා යහපත් කිතුණු ජීවිතයක් ගත කරනු ඇතැයි ඈ සිතුවාය. නමුත් මාස කිහිපයකට පසු ඇගේ නැන්දම්මා ඇයට බෞද්ධාගම වැළඳගන්නා

ලස බලකර ''අපේ පවුල පරම්පරා ගණනාවකටම බෞද්ධ පවුලක්, ඒ නිසා ඔයත් බෞද්ධාගමට පැමිණිය යුතු'' යැයි පැවසුවාය. ඇගේ නැන්දම්මාගේ බසට ඇය අවනත නොවූ බැවින්, ඇගේ සැමියාද බලකර සිටියේය. ඔහු ඇයට පහර දෙමින් හිරිහැර කළේය. පවුල තුල කිසියම් ගැටළුවක් වූ විගසම, ඔවුහු ඇයට දෝෂාරෝපණය එල්ල කළෝය.

බොහෝ වාර වලදී ඇයව නිවසින් පන්නා දමා ඇතිමුත් ඒ සියල්ල ඈ ඉවසා දරාගත්තාය. ඇගේ සැමියා වෙනත් ස්ත්‍රියක් සමඟ සම්බන්ධතාවයක් පටන් ගත් දා සිට ඇයට එය දරාගත නොහැකිව සභාවට යෑමද ඇය නතර කළාය. තමා සභාවට යා යුතු බව ඇය දැන සිටි නමුත්, කළකිරීමෙන් ඇය තවදුරටත් සභාවට යෑම නවතා තිබුනද අගේ සැමියා තවමත් අනියම් සම්බන්ධතාවය පවත්වා ගෙන යමින් ඇයට පහර දීමෙන් හිරිහැර කළේය

ඇය ලියුකේමියා රෝගයෙන් පීඩා විඳිමින් සිටියද, අගේ සැමියාවත් නැන්දම්මාවත් ඇය ගැන නොසැලකුවෝය. ඇයව රෝහල වෙත ගෙනයාමටවත් ඔවුන් ක්‍රියා නොකලහ. ඇය රෝගී බවේ අන්තයට ගොස් මරණාසන්නව සිටින බව රෝහලෙන් ප්‍රකාශ කල පසු ඇය අප සභාව ගැන පුවත අසා, දෙවියන් වහන්සේ කෙරෙහි එල්ලී සිටීමේ අන්තිම බලාපොරොත්තුව ඇතිව මගෙන් යාච්ඤාව ලබා ගැනීමට පිමිණියාය. දෙවියන් වහන්සේ මෙම කාන්තාව සුව කළ සේක. ටික කලකට පසු ඇය නැවත මා වෙත පැමිණියේ නිරෝගී මුහුණකින් යුක්තවය තවද ඇය මට ස්තුති කර නැවත ඇගේ නිවස කරා ගියාය.

එකිනෙකට වෙනස් වූ පුදුම ලකුණු වර්ග දෙක

යේසුස් වහන්සේ රෝගී වූ අය සුවකළ අතරම, මළවුන් හට නැවත ජීවිතය දුන්සේක. උන් වහන්සේ තම මෙහෙය තුලදී විවිධාකාර ආශ්චර්යයන් සිදුකල සේක. ''නුඹලා ලකුණුද පුදුමද නුදුටුවොත් කිසිසේත් විශ්වාස කරන්නේ නැත'' (ශු. යොහාන් 4:48) ආශ්චර්යය යන් දෙවියන් වහන්සේගේ ක්‍රියාවකි. ආශ්චර්‍යක් යනු කාළගුණය හෝ වෙනත් ඕනෑම දෙයක ඉක්මන් වෙනසක් අති කරන හේතුකාරකයක් හෝ ක්‍රියාවක් වේ. යොෂුවාගේ කාලයේදී, ගිබියොන්ට විරුද්ධව යුද්ධයක් තිබුණු අතර එහිදී සූර්‍යයා මධ්‍යගතව පිහිටි තිබුනි. (යොෂුවා 10:13). යෙසායගේ කාලයේදී හිරුගේ ඡායාව අංශක 10ක් පසු පසට ගිය අතර (2 රාජාවලිය 20:11) ගමන් කරන්නාවූ තරුවක් පිටුපස ශ්‍රාස්තවන්තයන් තිදෙනෙක් බෙත්ලෙහෙමට ගියෝය (ශු. මතෙව් 2).

ලකුණු නම් දෘෂ්‍ය වූ සළකුණක් හෝ සාධකයක් ඇති දෙවියන් වහන්සේගේ

ක්‍රියාවකි. ලකුණු වල ක්‍රියාත්මක විමේදී දෙවි පියාණන් වහන්සේ ප්‍රධාන ස්ථානය ගන්නා සේක මෙම ලකුණු නම් පරණ ගිවිසුම කාළයේ සිදුවුනු ඒවා සහ එලිදරව්ව 15:1 සඳහන් කර ඇති ඒවා වේ. ශු. මාර්ක් 13:22 මෙසේ සඳහන් කරයි. ''මක්නිසාද බොරු ක්‍රිස්තුවරුද බොරු අනාගතවක්තෘවරුද නැගිට පුළුවන්නම් තොරාගත්තවුන් මුළා කරන පිණිස ලකුණුද පුදුමද දක්වන්නොය.'' මෙම පදයේ දක්වෙන පරිදි ''පුළුවන්නම්'' යනුවෙන් ප්‍රකාශ කරන්නේ (ක්‍රියා කිරීම) සැබැවින්ම යථාර්ථයේදී කළ නොහැකි බවයි. නාමිකව, බොරු ප්‍රොපේතවරු හට ලකුණු ඉදිරිපත් කිරීමට කිසිදු බලයක් නැත එහෙත් ''පුළුවන්නම්'' දෙවියන් වහන්සේගේ සෙනඟ වන තොරාගත්තවුන් මුළා කරන පිණිස ඔවුන් එසේ කිරීමට උත්සහ දරනු ඇත. දෙවියන් වහන්සේගේ ලකුණු සඳහා උදාහරණ නම් මිසරයට පැමිණි වසංගත 10 (ද්විතීය කථාව 6:22) සහ අහසට නැගී ගිනිදැල්ල වේ (විනිශ්චකාරයාගේ පොත 13:19-20)

ස්වාමීන් වහන්සේ හා ශුද්ධාත්මයාණන් වහන්සේ එක්ව ප්‍රධාන තැන ගෙන සාක්ෂි සාධක තබා යන්නා වූ ලකුණු ඇත. නව ගිවිසුම තුළ මෙවැනි ආකාර ලකුණු බොහෝ සෙයින් දැකිය හැක. යේසුස් වහන්සේ කල ලකුණු වලට උදාහරන නම් වතුර මිදියුෂ බවට හැරවීම, රෝගීන් සුව කිරීම හා මළවුන් නැගිටවීමයි. අන්ධයන්ට පෙනීම, බිහිරන්ට ඇසීම හා ගොළුවන්ට කථාකිරීම යනාදිය වේ. මේවා මිනිසුන් විසින් කිසි කලෙකත් කළ නොහැකි හාස්කමේ ලකුණු වේ (ශු යොහාන් 6:2). යේසුස් වහන්සේ දෙවියන් වහන්සේගේ වචනය දේශනා කල පසු හාස්කම් ඉදිරිපත් කළේ, ඒවා ඇස්වලින් දැක පිළිගන්නා අය දේව වචනය සම්පූර්ණ සත්‍ය බව විශ්වාස කරන පිණිසය සැබැවින්ම සාක්ෂි නොදැක විශ්වාස කිරීම වඩා ආශිර්වාදලත් නමුත්, නොදැක සත්‍යය විශ්වාස කිරීමද අපහසු වූ කරුණකි. පාපය වැඩි වශයෙන් පැතිර පවතිද්දී, මිනිස් හදවත් ඉතා මුරණ්ඩු වී සත්‍යය ඇදහිල්ලක් ඔවුන් තුල ඇතිකර ගැනීම අපහසු වේ. අද කාළයේදී සුභාරංචිය පැතිරවීමටත්, ආත්ම ගලවා ගැනීමටත් ලකුණු හා හාස්කම් දක්වීම ඉතා වාසිදායක හා කාර්යක්‍ෂම වේ.

විශ්වාසය කළා වූ අය තුල පුදුම ලකුණු පවතිනවා ඇත

බයිබලයේ සඳහන් වන හාස්කම් හා ලකුණු අදටද ක්‍රියාත්මක වන බව පැවසීම, සමහර ඇදහිලිවන්තයන් විශ්වාස නොකරන අතර එය අමුතු දෙයක් යැයි ඔවුන් සිතයි. සමහරෙක් සැකමුසු සිතිවිලි ඇතිව ''මම ඇදහිල්ලෙන් යාච්ඤා කල නමුත්, ඇයි දෙවියන් වහන්සේගේ ක්‍රියාව සිදු නොවෙන්නෙ?'' යැයි සිතයි. නමුත් යේසුස් වහන්සේ ඒකාන්තයෙන්ම මෙසේ පැවසූ සේක. ''අදහන්නන්ට ඇත්තා වූ ලකුණු නම්: ඔවුහු මාගේ නාමයෙන් යක්‍ෂයන් දුරුකරන්නෝය,

අන් භාෂා වලින් කතා කරන්නෝය, සර්පයන් අල්ලා ගන්නෝය, යම් මරණීය විස ජාතියක් බීවත් එයින් කිසිසේත් ඔවුන්ට අනතුරක් නොවන්නේය, ඔවුන් රෝගීන් පිට අත් තැබූ කල්හී, ඔව්හු සුවය ලබන්නෝය'' (ශු.මාර්ක් 16:17-18). ''අදහන්නන්ට'' යනුවෙන් මෙහි සඳහන් කරන්නේ සම්පූර්ණ වූ ආත්මික ඇදහිල්ල ඇති අයයි රෝම 12:3. හී ඇදහිල්ලේ තරම මැන බලන මිනුමක් ගැන සඳහන් වේ. මෙය බීජයක් මෝදු වෙමින්, වර්ධනය වී පූදිමින් හට ගන්නා ක්‍රියාවලියකට සමානය. එක්තරා අවස්ථාවක අප තුල තිබෙන ඇදහිල්ලේ බීජය අප එය රැකබලාගන්නා ආකාරය අනුව, විවිධාකාරයෙන් වර්ධනය වෙනවා ඇත. එමනිසා එක්කෙනාගෙන් එක්එකනාට ඇදහිල්ලේ මිනුම වෙනස් වේ. දේව වචනය තුල පවතිමින් අපගේ සිත්, සත්‍ය වූ සිතකට වෙනස් කරගන්නා ප්‍රමානය අනුව, දෙවියන් වහන්සේ අපට ඉහලින් යන්නා වූ ආත්මික ඇදහිල්ල ලබාදෙන සේක. (හෙබ්‍රව් 10:22) එහෙයින් යේසුස් වහන්සේගේ හදවතට සමානව තිබෙන සම්පූර්ණ වූ ඇදහිල්ල අප ප්‍රගුණ කරන්නේ නම් පුදුමද ලකුණුද අප තුල පවතිනවා ඇත.

එනම් යේසුස් වහන්සේගේ නාමයෙන් අප යක්ෂයන් දුරු කරන අතර අන් භාෂාවන්ද කථා කරනවා ඇත සර්පයා අතින් අල්ලා ගැනීම යනු සාතන්ගේ ක්‍රියා දේව වචනයේ බලය කරනකොටගෙන බිඳ හෙළීමයි. තවද සම්පූර්ණ ඇදහිල්ල තුල පවතින්නා වූ අය කිසි රෝගයකින්වත්, විස බීජයකින්වත් හානියකට නොපැමිණෙන අතර ඔවුන් නොදැනුවත් කමෙන් මරණීය විස පානය කලද, ඔවුනට කිසි අනතුරක් සිදු නොවනු ඇත. මක්නිසාද, දෙවියන් වහන්සේ විසින් ශුද්ධාත්ම ගින්නෙන් එය දවාලන බැවිනි. අපෝස්තුළු පාවුල් තුමන් මෝල්ටාවේදී සර්පයකු විසින් දශ්ඨ කරනු ලැබීම එවැනිම සිදුවීමකි (ක්‍රියා 28:5). නමුත් යමක් විස බව දනිමින්, ඔබ දෙවියන් වහන්සේව සෝදිසි කරනවා නම් උන්වහන්සේට ඔබව ආරක්ෂා කල හැකි නොවනු ඇත. තවද සම්පූර්ණ ඇදහිල්ල ඇතිව, අප සුව කල නොහැකි රෝග වලට යාච්ඤා කිරීමෙන්, දෙවියන් වහන්සේගේ බලය කරනකොට ගෙන අපට සුව වීමේ ක්‍රියා පෙන්නුම් කල හැක.

''අන් භාෂා'' යනු කුමක්ද?

''අන් භාෂාවක්'' ලෙස මෙහිදී හැඳින්වෙන්නේ කුමක්ද? අන් භාෂාවෙන් කථාකිරීම, දෙවියන් වහන්සේ විසින් තම දරුවන් සියලු දෙනාටම ලබා දීමට කැමැති ශුද්ධාත්ම දීමනාවකි (කොරින්ති 14:5). සාමාන්‍යයෙන් අපි අපේ භාෂාවෙන් දෙවියන් වහන්සේට යාච්ඤා කරනු ඇත. මෙය හදවතේ යාච්ඤාවයි. සමහර අවස්ථාවලදී අප අන් භාෂාවෙන් යාච්ඤා කිරීම ආත්මයේ

යාච්ඤාවයි (1 කොරින්ති 14:15).

අප පව්කාරයන් බව අවබෝධකරගෙන, පසුතැවිලි වෙමින්, මුළු හදවතින්ම යේසුස් වහන්සේව පිළිගත් විට, දෙවිඳුන් ශුද්ධාත්මයාණන් වහන්සේව දීමනාවක් ලෙස අපට දෙනු ලබන අතර බොහෝ අවස්ථාවලදී, අන්‍ය භාෂාවෙන් කථා කිරීමේ හැකියාවද, එක් ශුද්ධාත්ම දීමනාවක් ලෙස දෙනු ලැබේ. අප ශුද්ධාත්ම අලේපය ලද විට, ආදම්ගේ මුල් පාපය කරනකොට ගෙන මැරුණාවූ අපේ ආත්මය නැවත පණ ලබනවා ඇත. අප අන්‍ය භාෂාවෙන් කථාකිරීමේ දීමනාව ලද හොත්, අපේ ආත්මය එයින් යාච්ඤා කරනවා ඇත. එබැවින් කිතුනුවෙකු ලෙස අන්‍ය භාෂාවේ දීමනාව ලැබ එයින් යාච්ඤා කල විට අපට මහත් බලවත් දේ යාච්ඤාවෙන් ලැබෙනු ඇති අතර, අපේ ආත්මයද සමෘද්ධිමත් වනු ඇත.

මා නව ඇදහිලිවන්තයෙකුව සිටියදී, මගේ මුළු හදවතින්ම සර්ව රාත්‍රික යාච්ඤා කාල වලදී යාච්ඤා කළෙමි. තවද මා ආත්මයෙන් පූර්ණව යාච්ඤා කිරීම ඇරඹූ විට එනම් අන්‍ය භාෂාවෙන් යාච්ඤා කරන විට, යාච්ඤාව ඉදිරියටත් පසු පසටත් මාරු කරන විට, ආත්මයාණන්ගේ ආනුභාවයෙන් අන්‍ය භාෂාවලින් ගීතිකා ගැයීමට මා ඇරඹුවෙමි. මා වඩා ගැඹුරින්, අන්‍ය භාෂාවෙන් ප්‍රශංසා ගී ගායනා කලවිට, බොහෝ අවස්ථාවල නොදැනුවත්වම මාගේ දෑත් ඉහළට එසවී නොයෙකුත් නර්තනයන් දක්වූයෙමි. මෙතැන් පටන් මා යාච්ඤාවේ ගැඹුරුම මට්ටම් වලට ගිය විට, මා තම අන්‍ය භාෂාවලින් කථා කලෙමි. නව අන්‍යභාෂාවලින් කථා කිරීම්, බලවත් වූ යාච්ඥාවකි.

යේසුස් ක්‍රිස්තුස් වහන්සේගේ නාමයෙන් මා අණකළ විට

එළදාවවත් පරීක්ෂා නොකරන්න

වසර 2,000 ට පමණ ප්‍රථම, යේසුස් වහන්සේ විසින් මේ පොළවේ පෙන්නුම් කලාවූ දෙවියන් වහන්සේගේ බලවත් ක්‍රියා අදටත් ඇදහිල්ලෙන් යාච්ඤා කරන්නන් තුල සිදු වීම ගැන අප මොනතරම් ස්තුති වන්ත වෙමුද? මා නව ඇදහිලිවන්තයෙකුව දේව වචනය පිළිබඳව හොඳ අවබෝධයක් නොමැතිව සිටි කාලයෙහි ප්‍රොපේතවරු හා අපොස්ළුවරු විසින් කලාවූ දෙවියන් වහන්සේගේ බලවත් ක්‍රියා කිරීමට, බලය ඉල්ලමින් ගණනය කල නොහැකි තරම් යාච්ඤාවන් කර ඇත. සභාව අරඹන අවදිය වනවිට 'විශ්වාස කලා වූ අය තුල ලකුණු' ඒ වන විටත් සිදුවෙමින් පැවතිනි.

1982 දී සභාව ආරම්භ කල කාලයේදීම, අපට වොන් තිස්, හතලිස් දහසක (ඩොලර් 30-40) මුදල් ප්‍රමාණයක් පඩුරු ලෙස සතිපතා එකතුව තිබුණි. අල්තාරය සැරසීමට මල් සැකසුම් කිහිපයක් අපට අවශ්‍යව තිබුනද, එය කිරීමට හැකියාව තිබූ කෙනෙකුවත්, එය කිරීමට ප්‍රමාණවත් මුදලක්වත් අප සතුව නොතාබිණි නමුත් අගොස්තු මාසයේදී, කිසියම් කෙනෙකු බොහෝ කොළ ඇති කුඩා ගසක් පෝච්චියක් සමඟ රැගෙන ආවේය. අපට සැරසීමට මල් සැකසුම් නොතිබුන ද, එම පැල කරන ලද ගස තිබුනි. එය ඉතා අලංකාර වූ අතර වටිනා එකක් විය. නමුත් දෙසතියකට පමණ පසු මෙහි කොල කහ පාටට හැරෙමින් ගස මැලවෙන්නට පටන් ගත්හ. අලංකාර වූ ගස මැලවී යනු දැකීම මට ඉතා කනගාටුදායක විය. මළ අයෙකුට නැවත ප්‍රාණය දීමට දෙවියන් වහන්සේට හැකිනම්, මේ ගසට මා යාච්ඤා කලහොත් උන්වහන්සේ අසාවිද? මේ සිතුවිල්ල මාගේ මනසේ ක්ෂණයෙන් ඇදී යද්දීම ඒ ගස මත මා දෑත් තබමින් ''යේසුස් ක්‍රිස්තුස් වහන්සේගේ නාමයෙන් නැතව පණ ලබන්න'' යි

යාච්ඤා කළෙමි.

ඊළඟ දවසේදී, අළුයම යාච්ඤාව මෙහෙයවීමට මා දේවස්ථානයට පැමිණි විට කහ පැහැති වූ ගස නැවත කොළ පැහැයට හැරී තිබුනි ඊට පසු දිනයේදී එම ගස නැවුම් කොළ පැහැයෙන් වූ පත්‍ර වලින් යුක්තව සම්පූර්ණයෙන්ම නැවත ප්‍රාණවත් වී තිබිණි. මෙය දුටු සාමාජකයනුත්, මමත් එක්ව දෙවියන් වහන්සේට ප්‍රශංසා කලෝය. මැළවුනු ගසක් නැවත පණ ලැබීම පිළිබඳව මා ඉතා ප්‍රසන්නව ප්‍රීතිමත්ව සිටියෙමි. සැප්තැම්බර් මාසය පමණදී සභාවට කපුරු මල් බඳුනක් පිරිනැමුණි. මේ අලංකාර වූ මල් බඳුන දෙස බලමින්, මේ මල් වලට පරවෙන්නට මා යාච්ඤා කළහොත්, එය එසේ වේවි දැයි පරීක්ෂා කිරීමට මා සිතුවෙමි. යේසුස් වහන්සේ අත්තික්කා ගසට ශාප කලවිට එය වියැලුණි. එසේ නම්, මෙම කපුරු මල් වලට පරවෙන්නට මා යාච්ඤා කර අණ කළහොත් එය සිදු නොවේවිද?

අත්දැකීම් ලබන පිණිස මම යාච්ඤා කරමින් එම කපුරු මල් වලට පරවෙන්නට නියොග කළෙමි. නමුත් මාගේ හදවතේ ඉතාම අසහනකාරී හැඟීමක් විය. එම සන්ධ්‍යාවේදී මා යාච්ඤා කරමින් සිටින විට දෙවියන් වහන්සේගේ වචනය මා කරා ඉතා රළු තරවටුමය ස්වරූපයකින් පැමිණි සේක. නමුත් කිසිවෙකු මම එම ගසට ශාප කරනු නොදුටුවෝය.

''මාගේ දාසය, ඒක පැළයක් වුවද දෙවියන් වහන්සේ විසින් ජීවය ලැබ සිටී නම්, ඔබ එයට ශාප කරන්නේ කෙසේද? ඔබ මා පරීක්ෂා කරනවාද? මගේ දාසය ඔබ නපුරක් කළෙහිය. පසුතැවිලි වන්න. ඔබට කිසිදු අවස්ථාවකදී ආශිර්වාද කිරීමත්, ශාප කිරීමත් කල නොහැක. ඔබට එසේ කලහැකි වන්නෙ ශුද්ධාත්මයාණන් ඔබ පෙළඹුවොත් පමණි.''

මා කෙතරම් මවිතයට පත්වූයේද කියතොත්, මා හට දහඩිය හටගත්තේය. ක්ෂණිකවම දින තුනක නිරාහාර කාලයක් ආරම්භ කර, ඉතා ගැඹුරින් පසුතැවිලි වූයෙමි. මෙයින් පසුව මිනිසුන් මා හට හිංසා කලද, නින්දා කලද, ශාප කලද, මම කිසි විටෙකත් ඔවුන්ට වෛර හිතකින් යාච්ඤා කිරීමට හෝ වෛර කිරීම සිදු නොකලෙමි. දේව වචනයේ සඳහන් ලෙස මා හට පීඩාකලවුන්ට මා ප්‍රේමයෙන් ආශිර්වාද කලෙමි.

ලෝක මෙහෙයුමේ කාර්‍යය

"මට යාච්ඤා කරපන්න, එවිට මම නුඹට උත්තර දී, නුඹ නොදන්න මහත්වූ අමරු දේ නුඹට පෙන්වන්නෙමි" (යෙරමියා 33:3). මෙම පදය අල්ලා ගනිමින්, යාකොබ් විසින් යබ්බොක් තොටුපළ අසලදී දෙවියන් වහන්සේ සමඟ පොර බැඳු ලෙස මමද බොහෝ යාච්ඤාවෙන් පොර බැඳුනෙමි. මා යාච්ඤාවෙන් මොර ගසමින් දෙවියන් වහන්සේගේ වචනයට කීකරු වීමක් වශයෙන් නිරාහාරව සිටිමින්, දේව වචනයට අනුව ජීවත් වීමට උත්සහා කල විට, දෙවියන් වහන්සේ, එතුමාගේ වචනය ඉෂ්ඨ කල සේක. වරින් වර දෙවියන්වහන්සේගේ හඬ මා ඇසු අතර බොහෝ බලවත් ක්‍රියාද අත් දුටුවෙමි. සමහර අවස්ථාවලදී අප රටෙහි සිදු විය හැකි දේවල් හා ලෝකය වටා සිදුවීමට ඇති දේවල් දෙවියන් වහන්සේ බොහෝ සෙයින් මට පෙන්නුම් කල සේක. අපගේ සභාව අරම්භ කල කාලයේදීම, දෙවියන් වහන්සේ අප සභාව හරහා ලෝකයේ මෙහෙයුම මහත් වූ ආකාරයකින් සම්පූර්ණ කිරීමට ක්‍රියා කරන බවත්, අපගේ සභාව උන්වහන්සේට ගොඩනගන්නා වූ විශිෂ්ඨ දේවස්ථානයක් බවත් අපට දැනගන්නට සැලැස්වූ සේක.

උන්වහන්සේගේ දාසයා ලෙස මා කැඳවූ කාලයේ පටන්, බොහෝ මනුෂ්‍යයන්ට සුභාරංචිය පැතිර වීමටත්, ආත්ම ගලවා ගැනීමටත් හැකිවන දාසයකු වන පිණිස මා යාච්ඤා කලෙමි. එවිට උන්වහන්සේ ලෝක මෙහෙවර සම්පූර්ණ කිරීමේ කාර්‍යය මා හට දුන් අතර "නුඹ කඳු ද ගංගා ද, සාගර ද හරහා යමින් ළකුණු හා පුදුම ක්‍රියා දක්වන්නේය." යන වචනයද මට දුන් සේක. තවද, තෝරාගත් සෙනඟ වන ඊශ්‍රායෙල් වැසියන් හට අන්තිම දවස්වලදී සුභාරංචිය දේශනා කිරීමේ වගකීම ද උන්වහන්සේ මා හට දුන් සේක. සුභාරංචිය, එහි වාසභූමියට නැවත හැරී එන බවත් යේසුස් වහන්සේ තමන්ගේ පෞද්ගලික ගැලවුම්කාරයානන් ලෙස නොපිළිගන්නා වූ යුදෙව්වරුන් පසුතැවිලි වන බව උන්වහ්නසේ මට දැන් වූ සේක.

විශිෂ්ඨ දේවස්ථානයක් ගොඩනැගීමේ දැක්ම

සභාව ආරම්භ කල කාලයේදී, සෑම සිකුරාදාවකවම සර්ව රාත්‍රික මෙහෙයේ දී සුව කිරීමේ සැසි වාරයක් පැවැත්වුනු අතරම, සෑම සතියකදීම එක් සාමාජිකයකු බැගින් දර්ශන දැකීමේ දීමනාව ලද්දේය. ඒ සෑම දීමනාවක්ම දෙවියන් වහන්සේගෙන් ලද්දේ දැයි පරීක්ෂා කිරීමට මා ඒ සෑම සාමාජිකයකුම පෞද්ගලිකවම පරීක්ෂා කළෙමි. දෙවියන් වහන්සේ අපට ශුද්ධාත්ම දීමනා දෙනු ලබන්නේ ඒවා අපට ප්‍රයෝජනයවත් වන පිණිසය. නමුත් සමහර අවස්ථාවලදී

මිනිසුන් දෙවියන් වහන්සේගෙන් නොව සාතන්ගේ ක්‍රියාවෙන් ලබන දර්ශන මුළුමනින්ම වෙනස් අකාරයක් ගනී. මෙම හේතුව නිසා, අප නිවැරදි ලෙස ආත්ම විමසීම කල යුතු වේ.

1982 සැප්තැම්බර් මස එක් දිනයකදී, අප ගොඩනැගීමට යන විශිෂ්ඨ දේවස්ථානය පිළිබඳ දර්ශනයක්, දෙවියන් වහන්සේ විසින් සාමාජිකයන් 17 කුට පෙන්වා තිබූ සේක. එක් අයකු වහලයද තවත් අයෙක් අභ්‍යන්තර පිහිටීමද, තව කෙනෙකු පිටුපසද, තව කෙනෙක් මාබල් කුළුනුද දුටුවෝය. හිරු එළිය හොඳින් ඇතුලට ගලා එන ආකාරයට, සිවිලීම මැද කුරුසියක් ආකාරයෙන් විවෘත කල හැකි විය. අල්තාර කුඩුව දේවස්ථානයේ හරි මැද පිහිටා තිබූ අතර එය ඉතා හෙමින් භ්‍රමණය වීමට සලස්වා තිබිණි. තවත් සාමාජිකයකු පිරී ඉතිරී ගිය දේවස්ථානය තුල මා දේශනා කරනු දුටුවේය.

අපගේ සාමාජිකයන් දුටු සියලුම දේ සම්පාදනය කරමින්, අප දක්ෂ වූ අයෙකුගේ උපදෙස් ලබාගෙන දේවස්ථානයේ ගුවන් දෘෂ්ටිය ගොඩනැගුවෙමු. දැනුදු, අපගේ සතිපතා සඟරාවේ මුල් පිටුවේ එම ගොඩනැගිල්ලේ ගුවන පෙනුම දැක්වෙන පින්තූරය සඳහන් වේ. සභාව ආරම්භයේදීම, දෙවියන් වහන්සේ අපට දුන්නා වූ සිහිනය සැබෑ කර ගැනීම පිණිස අපි ඇදහිල්ලෙන් නොකඩවා යාච්ඤා කෙරුවෙමු. අවසාන කාලයේදී විශිෂ්ඨ වූ දේවස්ථානයක් තිබීමේ වැදගත්කමත්, එය ගොඩනැගිය යුතු ආකාරයත් දෙවියන් වහන්සේ අපට විස්තර කර දුන් සේක.

මුදල් තිබූ පමණින්ම විශිෂ්ඨ දේවස්ථානයක් ගොඩනැගීම කරණකොට ගෙන, ඒ තුළින් දෙවියන් වහන්සේට උවමනා කරන ගෞරවය ලබා ගත නෙහැකිය. දෙවියන් වහන්සේට උවමනා වනුයේ, උන්වහන්සේට මහත් ලෙස ප්‍රේමකරමින්, තම හදවත් චර්මඡේදනය කර ශුද්ධ වූ හදවතක් ඇති තම දරුවන් විසින් දේව ගෘහය ගොඩනැංවීමටය.

උපන් ගමෙහි පැවැත් වූ ප්‍රථම පිබිදීමේ රැස්වීම

1983 පෙබරවාරි මාසයේදී, ප්‍රථම පිබිදීමේ රැස්වීම මගේ උපන් ගමෙහි මා අරම්භ කළෙමි. එය එහි වූ නියම්ගම් දේවස්ථානයක් වූ හේඩ් මෙයොන්හි, මුවන් ගුන් හි, ජෙන්නම් පළාතෙහි පිහිටා තිබුනි. නමුත් එම සභාවට අයිති වූ සාමාජිකයන් එයට පැමිණ නොතිබුණු අතර ඒ වෙනුවට එම ගමෙහි වූ වෙනත් මිනිසුන්ගෙන් සභාව පිරී තිබුණි. ඔවුන් සතු වූයේ අනුකම්පා සහිත කථාවකි.

අසල්වාසි ගම්මානෙහි වූ විශාල නිකායකට අයත් වූ දේවස්ථානයක් විසින් මුදල් භාවිතා කරමින් සභාවේ සාමාජිකයින් පෙළඹවීමට ලක් කල අතර, එයින් බොහෝමයක් වූ සාමාජිකයන් සභාව අත්හැරීමට ආසන්නව සිටියෝය. එබැවින්, එහි සභාපාලක තුමා සභාව අත්හැර යාමට ආසන්න වූ සාමාජිකයන් රඳවා ගැනීමට මෙම පිබිදීමේ රැස්වීම පවත්වනු ලැබුවේය. නමුත් කිසිම සාමාජිකයකු සහයෝගයෙන් වැඩ නොකළ අතර කිසිවෙකු සහභාගී වූවේවත් නැත. ඔවුන් එයට සහභාගී නොවීමට හේතුව වූයේ, ඔවුන්ගේ සභාපාලකයා විසින් ප්‍රසිද්ධ පිබිදුම්කරුවෙකුට ඊට ආරාධනා නොකිරීමයි. නමුත් ඒ වෙනුවට පිබිදුම්කරුවෙකු **(Revivalist)** ලෙසට පත් නොකෙරුණු අප්‍රසිද්ධ ''ජයිරොක් ලී'' නම් සභාපාලකවරයෙකුට ආරාධනා කර තිබීමයි.

පළමු සැසිවාරයේදීම දෙවිඳුන්ගේ බලවත් ක්‍රියා අත්දැකීමට ඇරඹුනි. අවුරුදු දහයක් පුරාවට ඇවිදීමට නොහැකි වූ, අස්ථිවල අධික වේදනාව නිසා හරිආකාර නින්දක් ලබා ගත නොහැකි වූ කාන්තාවක්, මා කල දේශනය අසා ඇදහිල්ල වැඩි කර ගත්තාය. යාච්ඤාව කරණකොට ගෙන ඇය නැගිටීමටත්, ඇවිදීමටත්, පැන නැගීමත් ආරම්භ කලාය. මෙම පුවත පලාතෙහි විවිධ වූ ගම්මාන වලට වේගයෙන් පැතිර ගිය අතරම, ඉන්පසු දින සිටම, සැතපුම් 18 ක් දක්වා වූ 56 සීමා වල සිට ඇදහිලිවන්තයන් හා සභාපාලකවරු පැමිණියෝය. විවිධ ප්‍රදේශ වලින් පැමිණි මිනිසුන්ගෙන් පිරෙමින් පිබිදීමේ රැස්වීම පැවැත් වුණි.

තම කොඳු ඇට පේළිය අංශක 90 කින් නැමුණාවූ වැඩිහිටි ස්ත්‍රියක් එහි සිටියාය. බිම පමණක් බලමින් ගමන් කිරීමට ඇයට සිදුවිය. මෙම වැඩිහිටි කාන්තාව ශීත කාලගුණයේදී පවා, සෑම අළුයම, දිවාකාල හා සන්ධ්‍යාකාල යාච්ඤා වලදී, මා හට එනම් කපීකයාට, බීම වර්ග වලින් සංග්‍රහ කළාය. ඇත්ත වශයෙන්ම ඇය රැගෙන ආවාවූ බීම වර්ගය පානය කිරීමට මා අකමැති වූ අතර, ඇයගේ උත්සාහය ගැන සිතමින් මා එය පානය කළේය. රැස්වීම අවසාන දිනයේදී ඇගේ කුදු ගැසුනු පිට සම්පූර්ණයෙන්ම කෙලින් වී තිබුණි. මීට අමතරව බොහෝ පිරිසක් දෙවියන් වහන්සේගේ සුව කිරීමේ බලය අත්දැක උන්වහන්සේට මහිමය දුන්නෝය. මෙම අවස්ථාවේදී එම සභාවට අයිති වූ සාමාජිකයන්, දෙවියන් වහන්සේගේ බලවත් ක්‍රියා ගැන අසා ඔවුන් වරදකාරී ලෙස ක්‍රියාත්මක වූ බව අවබෝධ කරගනිමින්, ඔවුන්ගේ සභා පාලකවරයා ඉදිරියේ ඔවුන් පසුතැවිලි වී, රැස්වීමේ ඉතිරි සැසිවාර වලට සහභාගි වූහ.

කාබන් මොනොක්සයිඩ් වායුවට යේසුස් වහන්සේගේ නාමයෙන් අණ කිරීම

ඒ කාලයේදී, බොහෝ නිවෙස්වල උණුසුම් කිරීම සඳහා සම්පීඩනය කරන ලද ගිනි අඟුරු කුට්ටි භාවිතා කෙරිණි. එබැවින්, ශීත ඍතුවේදී, සිදු වූ අනතුරු බොහෝය. සෑම දිනකම පාහේ විෂ වායු හේතුවෙන් මිය ගිය හෝ රෝහල් ගත කළ මිනිසුන් පිළිබඳව පුවත් අපට අසන්නට ලැබුනි. 1983 පෙබරවාරි 12 දිනදී, චන්ද්‍ර වර්ශයට ප්‍රථමයෙන් සිකුරාදා සර්ව රාත්‍රික මෙහෙයක් අපි පැවැත්වුවෙමු. ගොඩනැගිල්ලෙහි වූ යටි මහල ඒ වන විට මාගේ නිවස ලෙස භාවිතා වුණි. එහි කාමරද, සාලයක්ද, මුරකරුවන්ගේ කාමරයද, කාර්යාලයක්ද විය.

සිකුරාදා සර්වරාත්‍රික මෙහෙය ආරම්භ වීමට මදක් ප්‍රථමයෙන්, සුක් කී පාක් නම් වූ එක්තරා තරුණයෙක්, ඉරිදා මෙහෙයට පසුව නව චන්ද්‍ර වර්ෂය පැමිණෙන බැවින්, එම දේව මෙහෙයට සහභාගි වෙනවා වෙනුවට ඔහුගේ මිතුරන් හමුවීමට සිතා ගත්තේය. ඒ මොහොතේදී ඔහුට ඉතා අලස ගතියක් දැනුන අතර කුඩා නින්දකින් පසුව නැවත මෙහෙයට සහභාගී වීමට ඔහුට උවමනා විය. මාගේ නිවස පිහිටා තිබූ යටි මහලට ඔහු ගියේය. කුඩා නින්දක් ලැබීමට සිතුවද ඔහු ඉතා ගැඹුරු නින්දකට පත් විය. මාගේ නිවසේ වූ කාමරයේ, මාගේ තරුණ දූවරුන් තිදෙනා නිදමින් සිටියෝය. වර්ග අඩි 540 ක් පමණ වූ දේවස්ථානයේ, ඇදහිලිවන්තයන් 150 ක් පමණ පිරී සිටි හෙයින්, දරුවන්ට එහි ඉඩක් නොවීය. මෙහෙයට පැමිණි මිනිසුන්ගෙන් දේවස්ථානය ඉතිරී ගියෝය. ඔවුන් කුඩා යාච්ඤා කුටි වලත්, පඩි පෙලහිත් සිටියහ.

එදින අහස වලාකුලු වලින් බරව තිබුණ හෙයින්, අඟුරු වලින් නැගෙන කාබන් මොනොක්සයිඩ් වායුවට හරිආකාරව ඉහල අහසට මිශ්‍ර වීමට නොහැකිව තිබුණි. සිකුරාදා රාත්‍රි මෙහෙය, රාත්‍රි 11.00 ට ආරම්භවූ පසු උදෑසන වනතුරු පැවැති නිසාවෙන් තරුණයාත්, මගේ දියණියත් තිදෙනාත් පැය 7 කට වඩා මරණීය වූ විෂ වායුවෙන් ආවරණය වී තිබිණි. තරුණයා පැවසූ අන්දමට ඔහුට එක් වරක් සිහිය ලද අතර ඔහුගේ සිරුර දරදඬුව තිබූ හෙයින් ඔහුට එහාමෙහා වීමට නොහැකි විය. දේව මෙහෙයෙන් පසුව සාමාජිකයන් නිවෙස්කරා යමින් සිටියදී මුරකරුවා පහත මහලයට ගිය අතර, සිද්ධිය පිළිබඳව පළමු ඇසින් දුටු මුල් සාක්ෂිකරු ඔහු විය. ඔවුන්ව සොයාගත් විගසම ඔවුන් මැරිලා යැයි මොරග ෑසූ අතර දේවස්ථානයේ සිටි සියල්ලම රැස්වුනි. සිහියක් නොමැති වූ මාගේ දියණියන් තිදෙනාත්, තරුණයාත් සාමාජිකයන් විසින් දේවස්ථානයට ගෙනෙන ලදී. ඔවුන්ගෙන් ඇස් සුදු පැහැයට හැරී තිබුන අතර මුඛයෙන් පෙන බුබුළු නැහෙමින් තිබුනි.

මාගේ දියණියන් තිදෙනා අපහසුවෙන් හුස්ම ගත් අතර, තරුණයා තවදුරටකත් හුස්ම නොගත්තේය. ඔහුගේ ශරීරයද දැඩි වී තිබුණි. කාබන් මොනොක්සයිඩ් වායුවේ අන්තරාය මා හොඳාකාරව දැන සිටි නමුත් මට ඒ පිළිබඳ කිසිදු අත්දැකීමක් මින් පෙර නොතිබූ හෙයින්, මොවුන් තිදෙනා නැවත පණ ලබයි කියා මට සිදු සිතුවිල්ලක් නොතිබුනි. දෙවියන් වහන්සේ මාගේ යාච්ඤාව තුළින් ඔවුන්ව නැවත ප්‍රාණවත් කරයි යන්න මටද සිතාගත නොහැකි වූ දෙයක් වුණි. ඔවුන් රෝහල් ප්‍රතිකාර ලබා නැවත ප්‍රාණය ලැබුවද, ඔවුන් මානසිකව හෝ ශාරීරකව දුබලතාවයකට පත් වී හෝ ජීවිත කාලයටම අප්‍රාණික වී සිටිනු ඇත.

මම මාගේ සේවය ආරම්භ කළා පමණි. එහෙයින් දේවස්ථානය ආරම්භ කළ විගසම යම් අනතුරක් නිසාවෙන් කිසිවෙකු මිය ගියහොත් මා මාගේ සේවය පවත්වා ගෙන යන්නේ කෙසේද? මෙවැනි සිදුවීමක් නිසාවෙන් දෙවියන් වහන්සේට අගෞරවයක් සිදු වීම පිළිබඳව මා කිසිසේත් කැමති නොවීය. මම අල්තාරයට ගොස් යාච්ඤා කළෙමි. ''දෙවිඳුනි, ජීවය දෙන්නෙත් නැවත ගන්නෙත් ඔබ වහන්සේමය. මාගේ දූවරුන් තිදෙනා, කඳුල, දුක හෝ වේදනාව නොමැති ස්වර්ගයෙහි පියාණන් වහන්සේ සමඟ සිටින බැවින් මා ඔබට ස්තුති වන්ත වෙමි. නමුත් මේ තරුණයා සභාවෙහි සාමාජිකයෙකි. ඔහු මියැදුනහොත් එය ඔබවහන්සේ ඉදිරියෙදී අගෞරවයට හේතු වනු ඇත. කරුණාකර මෙම තරුණයාට නැවත ජීවය දෙනු මැනවි.''

මා දෙවිඳුන් හට ස්තුති දුන් පසුව, බොහෝ සාමාජිකයන් දණින් වැටී, මොවුනට නැවත ජීවය ඉල්ලමින්, දෙවියන් වහන්සේට යාච්ඤා කළෝය. පළමුව, මා මළ තරුණයා ළඟට ගොස්, මාගේ අත් ඔහු මත තබමින් මෙසේ යාච්ඤා කළේය. ''යේසුස් ක්‍රිස්තුස් වහන්සේගේ නාමයෙන් මම ආඥා කරමි. කාබන් මොනොක්සයිඩ් වායුව ඉවතට යනු පියාණෙනි මොහුගේ ආත්මය පුබුදුවමින් මහිමයට පත්වුව මැනවි'' ඉන්පසුව, මාගේ දියණියන් තිදෙනාට, එක් එක්කෙනා බැගින් මා යාච්ඤා කළෙමි. තරුණයාට යාච්ඤා කල පසුව, මාගේ බාලම දියණිය සුජින් හට යාච්ඤා කළෙමි. මා ඇයට යාච්ඤා කරමින් සිටියදී, තරුණයා නැගිට ගීතිකා කණ්ඩායමේ පුටු වලට එහායින් වූ පුටුවක ඉඳගත්තේය. ඔහු පහත මහලයේ නිදා අවදි වූවා පමණක් මිස, වෙන කිසිවක් සිදුවූ බව ඔහු නොදැන සිටි අයුරු ඔහුගේ මුහුණෙන් පෙනී ගියේය. මාගේ දෙවැනි දියණියට මා යාච්ඤා කරන විට මාගේ තෙවැනි දියණිය සුජින් නැවත සිහි කල්පනාව ලැබ නැගිට්ටාය. මාගේ දියණියන් තිදෙනාටම යාච්ඤා කර විනාඩියක් යන්නට මත්තෙන් ඔවුන් තිදෙනාම නැගිට්ටෝය. මෙය දුටු සාමාජිකයන් සියල්ලෝම ආත්මයෙන් පිරී හැඟීමකින් යුක්තව දෙවිඳුන්ට මහිමය දුන්නෝය. තරුණයාගේ

ආත්මය ශරීරයෙන් මිදී, සිදුවන සියල්ලම ගුවනේ සිට බලා සිටි බවද, මුරකරු විසින් තම ශරීරය දේවස්ථානයට රැගෙන ඇවිත් මා ඔහුට යාච්ඤා කල අයුරුද දුටු බව පසුව තරුණයා අප සමඟ පැවසුවේය.

කාබන් මොනොක්සයිඩ් වායුව මොළයේ සෛල විනාශ කරන බැවින්, පැය 7 ක් පුරාවට වායුව අග්‍රහණය කල ඔවුන් මිය යාමට ඉඩ තිබූ බව පැහැදිලිව පෙනෙන්ට තිබුණ කරුණකි. ඔවුන් රෝහල් ගතව සුවය ලැබුවද ඔවුන්ට පසුව ඇතිවන්නා වූ අතුරු ආබාධ වලට මුහුණ දීම සිදු වීමට ඉඩ තිබුණි. නමුත් දෙවියන් වහන්සේ ඔවුන්ව සුව කරමින්, ඔවුන් තුළින් සම්පූර්ණයෙන්ම වායුව ඉවත් කොට, පිරිසිදු කර සිදුවිය හැකි අතුරු ආබාධ තත්ව පවා නැති කල බැවින්, තරුණයාත් දියණියන් තිදෙනාත් කිසිදු අතුරු ආබාධයකින් තොරව නිරෝගීව දිවි ගෙවූහ. මෙවැනි වූ පරීක්ෂවක් මා වෙත පැමිණි විට, මම දෙවිඳුන් මතම යැපුනා මිස කිසි විටෙකත් ලෝකය මත නොයැපුනෙමි. මෙම පරීක්ෂාවෙන් සමත් වූපසු, මා දෙවිඳුන්ට ස්තුති දෙමින් අවබෝධ කරගත් කාරණාවා නම්, උන්වහන්සේ මට ජීවයක් නොමැති කාබන් මොනොක්සයිඩ් වායුව පවා පාලනය කිරීමට බලය ලබා දුන් බවයි.

මින් පසුව කාබන් මොනොක්සයිඩ් වායුව පලවා හැරීමට හැකි ආකාරය දෙවිඳුන් මට ඉගැන්වූ සේක. මෙම වායුව ප්‍රථමයෙන්ම මොළයේ සෛල පන නැති කරන අතර, ඉන් පසුව සිරුරේ සෑම ස්නායුවක්ම පණ නැති කරයි. මෙය ශරීරගත වන මනුෂ්‍යයකුට, පළමුව සිහි කල්පනාව නැති වන අතර, ඉන්පසුව මුළු ශරීරයම දැඩි ස්වභාවයක් ගනී. එබැවින් වායුව ශරීරගත වන ඕනෑම කෙනෙකුට ''යේසුස් වහන්සේගේ නාමයෙන් මම අණ කරනවා, වායුව නාසයෙන් පිටත්ව යනු, මුඛයෙන් පිටත් වෙනු, කනෙන් පිටත් වෙනු, සෛල වලින් පිටත් වෙනු'' යැයි කියා යාච්ඤා කරන ලෙස දෙවිඳුන් මා හට ඉගැන්වූ සේක. මෙලෙස මුළු ශරීරයම පණ නැති කරන්නා වූ වායුව, මෙම අණට යටත් වෙමින් ශරීරය නිදහස් කරමින් ඉක්මණින් පලායනු ඇත.

''දස දෙනාම පවිත්‍ර වුණා නොවේද? නමුත් නව දෙනා කොයිද?''

මම යාච්ඤා කල අතර දෙවිඳුන් මට මඟ පෙන්වූ සේක

සභාව ආරම්භ කර, පළමු වසර දෙක තුලදී ඇදහිලිවතුන් බැහැ දැකීමට යමින් ඔවුන්ව රැකබලා ගැනීම මා විසින්ම කළේය. යම් කිසිවෙකු ඉරිදා දේව මෙහෙයට සහභාගි නොවුවහොත් හෝ කිසියම් ආමරු ත්තවයක් තුළින් ගියේ නම් මා නිරාහාරව සිටිමින් සර්ව රාත්‍රිකව යාච්ඤා කර, කඳුළු සලමින් පසු තැවිලි වී, ඔවුන් වෙනුවෙන් මගේ කාර්‍යභාරය ඉටු කළේය. බොහෝ සාමාජිකයන් දේවස්ථානයේ සිට ඉතා දුරින් ජීවත් වූහ. තවද ඔවුන්ගෙන් බොහෝ පිරිසක් මූල්‍යම වශයෙන් සංවර්ධිත අය නොවූ අතර සමහරෙක් බංකොළොත් භාවයෙන් බලාපෙරොත්තු රහිතව ජීවත් වූහ.

සභාවේ සාමාජිකයත්වය සියයක් පමණ වන තුරු, ඉරිදා මෙහෙයට නොපැමිණිවුන් කවුරුන්දැයි ක්ෂණයකින් දැක ගැනීමට මට හැකි විය. මා ඔවුන් වෙනුවෙන් නිරාහාරව සිටි අතර මට ඔවුන්ව බැහැදැකීමට යා නොහැකි අවස්ථා වලදී, මා වෙනුවට වෙනත් සේවකයකු ඔවුන්ව දැකීමට යැව්වේය. මා හට පැවැරුණු කිසිදු ආත්මයක් දෙවිඳුන් ඉදිරියෙන් මග හරවා නොගැනීමට මා උත්සාහ කළෙමි.

ප්‍රේමයෙන් අවවාද කිරීම

බොහෝ අවස්ථා වලදී, මාගේ ඇදහිලිවන්තයන් යන මගට ඇතුල් වී, ඇදහිල්ලෙන් ගොඩනැංවීමේ අභිලාශයෙන් ඔවුන්ට මා ප්‍රේමයෙන් යුක්තව අවවාද හා කරුණු ගෙනහැර දැක්වුවේය. මා කිසියම් සාමාජිකයකු පිළිබඳව

විනාඩි දහයක් පමණ යාච්ඤා කල විට, ඔහු හා සම්බන්ධ ඇති පවුලේ හෝ රැකියා ස්ථානයේ තිබූ ගැටළු දෙවියන් වහන්සේ මට පෙන් වූ සේක.

එක් ඉරිදාවක, කිසිදු හේතුවක් මත හෝ දේව මෙහෙය මඟ නොහරින සාමාජිකයකු, ඉරිදා නොපැමිණියේය. ඔහු පිළිබඳ කනස්සලු නොවී සිටීමට මට නොහැකි විය. මා මෙසේ යාච්ඤා කලෙමි. ''දෙවිඳුනි, මේ අදාළ සාමාජිකයා අද දේව මෙහෙයට සහභාගී වූයේ නැත. ඔහුට සිදු වූයේ කුමක්ද?'' ඔහු ඉරිදා අවන්හලක සිටින අයුරු දෙවියන් වහනසේ මා හට පෙන්වූ සේක. ටික කලකට පසු ඔහු පිළිබඳ මා දුටුදෙය ඔහුට ප්‍රකාශ කළේය. ඒ ඔහු විසින් තරහා ඇති කර ගැනීමක් හෝ අධෛර්‍යමත් වීමක් සිදු නොවන බව දන්නා හෙයිනි. නමුත් ඉන්පසු ඔහුගේ මුහුණ රතු පැහැයට හැරුණු අතර ඔහු එම කරුණු පිළිගත්තේය.

දිනක් උදෑසන මෙහෙයට පමණක් සහභාගී වූ එක් සාමාජිකයකු සිටි අතර මට ඔහුව සවස මෙහෙයේදී සොයා ගත නොහැකි විය. සබත හරි ආකාරයෙන් ආරක්ෂා කළා වු අය අතරින්, ඔහු එක් අයකු විය. මා ඔහු පිළිබඳ යාච්ඤා කරද්දී, ඔහු විවාහ මංගල්‍යය උත්සවයක බොමින් සිටින ආකාරය දෙවිඳුක් මට පෙන් වූ සේක. ටික දිනකට පසු මා ඔහු අමතා ''කිසියම් වර්ණයක් හැඳ සිටි පුද්ගලයකු ඔබට මත්පැන් පානය කරන ලෙස කීප වරක් බල කළේය. දෙවරක් පමන එය ප්‍රතික්ෂේප කල ඔබ, ඉන්පසුව එය ගෙන බීවේය.'' යැයි ප්‍රකාශ කළේය. ඔහුගේ මුහුණ රතු පැහැගැන්වුනු අතර ඔහු ඉතාම අපහසුතාවයකට පත් විය.

කෙසේ හෝ මෙවැනි සිදුවීම් නිසා, තවමත් වරදෙහි බැඳී සිටින සාමාජිකයන් මා හට බියක් දක්වන බවත්, මා මග හැරීමට උත්සහා කරන බවත් මට දැනෙන්නට විය. පාපයේ බැඳෙමින්, වංචාකරමින්, සල්ලාලකම් කරමින්, අනාචාරකම් වල සිටින සාමාජිකයන් දුටු විට, මාගේ හදවත බිඳුනු අතර මා හඬමින් දෙවිඳුන්ට යාච්ඤා කළේය. එක් දිනක් යාච්ඤාවේදී, ස්වාමින් වහන්සේ මට කථා කරන අයුරු මට ඇසුනි.

''කිසි විටෙකත් ඔබේ සාමාජිකයන්ගේ වර්තමානය දෙස නොබලන්න. ඇදහිල්ලේ දෑසින්, ඔවුන් අනාගතයේ වෙනස් වන අයුරු බලාපොරාත්තුවෙන් දකින්න. ඔවුන් වංචා කලහොත්, ඔබ ඔවුන්ට ඇහුම්කන් දීම පමණක් කරන්න. ඊට වඩා කිසිවක් සොයා නොබලන්න. ඔබ ඔබේ සාමාජිකයන්ගේ වර්තමාන තත්වය දෙස පමණක් බැලුවහොත් ඔබේ හදවත බිඳේවි. ඔබේ ආත්මය දිරාපත් වේවි. තවද ඔබට නිරෝගීකම නැති වේවි. එපමණක් නොව ඔබ ඔබේ කාර්‍යභාරය ඉටුකිරීමටත් නොපෙලඹේවී.''

එතැන් පටන් මා සියල්ලක්ම දෙවිඳුන්ගේ අභිමුඛයේ අතහැර, මාගේ සාමාජිකයන් කරන්නේ මොනවා දැයි දැනගැනීමට යාච්ඤා කිරීම අත් හැරියෙමි.

සුවය පතමින් රටේ නන්දෙසින් පැමිණි ජනතාව පමණක් නොව, ආත්මික පිපාසයෙන් ජීවනයේ වචනය බලාපොරොත්තුවෙන් පැමිණි ජනයාද, සභාව තුළ විය. ලෝකය පසු පස නැවත ගමන්කරමින් තමන්ගේම වරප්‍රසාද අනුව පමණක් යන සෙනඟ අතරේ, තම ගැටළු නිරාකරනය වී සුවය ලැබූ පසු තම දිවිය කැප කරමින්, ස්වර්ගීය ප්‍රතිඵල ලැබීමට දෙවිඳුන්ට සේවය කල පිරිසක්ද මෙහි විය.

ප්‍රතිමාවන් ඉවතලමින් ආලෝකයට පැමිණීම

ක්‍යුන්ග්සුන් පාක් නම් වූ ඇය, පිළිම වලට වන්දනාමාන කරන පවුලක සිට සභාවට එකතු වූ අයෙකිය. ඇගේ නැන්දම්මාට මන්දබුද්ධික භාවෙයන් පෙළෙන දියණියක් සිටිය අතර, ඇයව සුවකර ගැනීම සඳහා එම මව මසකට එක්වරක්වත් මන්ත්‍රගුරුකම් කිරීමක් සිදු කළාය.

තවද, ඇය බොහෝ මන්ත්‍ර ගුරුකම් හා සුර, ගෘහ භාණ්ඩ වලද කොට්ට උර වලද, සිවිලිමට අලලා ද තැබුවාය. ඇය ඒවා නිවසේ සෑම මුල්ලකම තැබුවාය. දේවස්ථානය ආරම්භ කර වැඩි කල් යන්නට පෙර, මෙම නිවසේ නමස්කාර මෙහෙයකට මා ගිය අතර, එහිදී මට දකින්නට ලැබුනු අමනුෂ්‍යාකාර ස්වරූප ඇති මුහුණු නිසා, ''මේ නිවසේ තවත් සුර හෝ යන්ත්‍ර තිබෙනවා'' යැයි මා ඇයට කියූ අතර, ''නැහැ, සභාපාලක තුමනි, මම සියල්ලක්ම සොයා බලමින්, සියල්ලක්ම ඉවතට විසි කලා'' යැයි ඈ උදක්ම කියා සිටියාය. නැවතත් මා පැවසුවේ ''තවමත් මෙම නිවස අත් නොහරින අමුනුෂ්‍ය ආත්මයක් තිබෙනවා, අනිවාර්‍යයෙන්ම මෙහි සුර මන්ත්‍ර තිබෙනවා. සොයා බලා ඒවා පුළුස්සා දමන්න'' යි කීවෙමි.

ක්‍යුන්ග්සුන් පාක් නිවස සෝදිසි කර බැලු විට, තවත් සුර කිහිපයක්ම ඇයට සොයා ගත හැකි විය. මුළු පවුලම පිළිම අත් හැරිය අතර, සභාව තුල ලියාපදිංචි වෙමින්, ක්‍රිස්තුස් වහනසේ තුල ජීවිතයක් ගමන් කිරීමට ආරම්භ කළෝය. ක්‍යුන්ග්සුන් පාක් හට කලක් පටන් තිබූ හෘද රෝගයද සුව වුනේය. ඇගේ මවද තිබුනා වූ උදර රෝගයෙන් මිදුනාය.

උග්‍ර ලෙස ක්ෂය රෝගයෙන් පෙළුනාවූ තරුණයෙක්

පෙනහළු වල ක්ෂය රෝගයෙන් පෙළුනාවූ බොහෝ දෙනෙක් එක්ලහී සිටියහ. ක්වන්ජු වල විසූ ඩේ හී චෝ, එක් අවස්ථාවක ඔහු උසස් පාසැල් යන අවදියේදී ක්ෂය රෝගයෙන් පෙළුනාවූ අයෙකි. පොදු රෝහලෙන් ඖෂධ ලබා ගනිමින් සුවය ලබා තිබුන නමුත් ඔහු උසස් අධ්‍යාපනයට යාම ආරම්භ කල පසු, බීමටත් දුම්පානයටත් හුරු වූ අතර එම රෝගය නැවත හට ගැනුනි. නමුත් රෝගය නැවත වැළඳුනු පසු, ඖෂධ ලබා ගත්තද, ඒවා ඔහුට ක්‍රියාකාරී නොවුනි. ''හොඳයැයි කියන්නා වූ සෑම ඖෂධයක්ම'' ඇගේ පුත්‍රයාගේ රෝගය වෙනුවෙන් ඔහුගේ මව ඔහුට ගෙනත් දීමට කටයුතු කළාය. මෙම ඖෂධ අතර, සර්පයන්ද, පූසන්ද, නැවුම් පීකුදු, මිනිස් මලමුත්‍රා ද, ලාදුරු රෝගීන්ට තිබුනාවූ ඖෂධ ඇතුලත්ව තිබුනි. තවද ඔවුන් මන්ත්‍ර ගුරුකම් ද, ඇම්නියන ද්‍රව්‍ය පිරුණු කෝෂද, මෘත ශරීරයකින් ගත්වා වූ මංශද, ''හොඳ ඖෂධයක් යැයි කිසිවෙකු කියූ බැවින් ඒවා ඔහුට කැව්වේය.

1982 ජනවාරි මාසයේදී, යොන් සෙයි විශ්ව විද්‍යාලයේ, කපා වෙන්කිරීමේ රෝහලේදී, ඔහුගේ රෝග විනිශ්චය කළහ. ඔහුගේ පෙනහළු තව දුරටත් නැති වූ අතර, සුවය පිළිබඳ කිසිදු බලාපොරොත්තුවක් නොවීය. ඔහුගේ මව බලාපොරොත්තු අත් හරිමන්, ඔහුව රෝහලෙන් පිටතට රැගෙන යාමට උත්සුක වූවාය. මේ අවස්ථාවේ ඔහුගේ පවුලේ වූ මිත්තණියක් ඔහුව බැලීමට පැමිණියාය. මෙම කාන්තාව මන්මින් දේවස්ථානයට නුදුරින් ජීවත් වූවාය. ඇය කවරදාවත් සභාවට නොපැමිණිහුද, මෙහි පැමිණි රෝගීන් සුව වී යන අයුරු බොහෝ විට ඇය දැක තිබුනි. ඔවුන් නිරෝගී ශරීරවලින් ඇවිද යන බව ඇය දුටුවාය. එබැවින් ඇය ඇයගේ මුණුපුරා හට මන්මින් දේවස්ථානයට යාමට බල කර සිටියාය. 1983 මාර්තු 13 වන දින, ඩේ හී චෝ, සිකුරාදා සර්ව රාත්‍රික දේව මෙහෙයට පැමිණියේය. ඔහු සිතුවේ එය ඔහුගේ අවසාන බලාපොරොත්තුව වන බවයි. ඒ වන විටත් ඔහු බොහෝ කෘෂ වී සිටි අතර ඔහුගේ, ඇස්ද ඉදිරියට නෙරා තිබුනේය.

ඒ තත්ත්වයේ හිඳගෙනම ඔහු ඔහුගේ මව සමඟ දිනපතාම තිබුනා වූ සුවවීමේ රැස්වීම සඳහා සහභාගී වුණ අතර, ඔහු තෙදිනක් නිරාහාරව යාච්ඤා කළේය. නිරාහාරයේ තෙවද දිනේයදී, පසුතැවිලි වීමේ ආත්මයක් දෙවියන් වහන්සේ ඔහුට දෙන ලද අතර, සම්පූර්ණයෙන්ම පසුතැවිලි වීම තෙවතාවක් කරන ලදී. ඩේ හී චෝ, දේවස්ථානයට පැමිණ දින 13 ක් පමණ ගත වෙද්දී, ඔහු සම්පූර්ණ සුවය ලද බවට එත්තු ගත්තේය. උදෑසන යාච්ඤා කාලයට පසු, ඔහු නාන කාමරයට ගොස් කෙළ ගැසුවේය. එහි රුධිරය නොවීය. ඊට පෙර දිනද ඔහු

රුධිරය කෙළ ගසා තිබුණි. නමුත් එදින රුධිරය රහිත වූ පිරිසිදු කෙළ තිබුනි. හෘදයේ තිබුනාවූ දරුණු වේදනාවද නොතිබුණු අතර කෙළ හෝ රුධිරයද තව දුරටත් නොතිබුණි. පසු කාලීනව ඔහු දේවදාසයකු ලෙස හැඳින්වූ අතර, මේ වන විට අප සභාවේ සහකාර සභාපාලකවරයෙකු ලෙස ඔහු සේවය කරයි.

සියල්ලන්ගේම සුවය සඳහා මම යාච්ඤා කළෙමි

පළමුව රෝගීන් සභාව වෙත පැමිණි කල්හි, ඔවුන්ගේ ක්ෂණික සුවය පතා මම යාච්ඤා කළෙමි. දෙවියන් වහන්සේ අත්දැකීමටත්, රෝග නිසා ඇති වූ පීඩා වලින් මිදීමටත්, එය ඉතාම හොඳ ක්‍රමයක් බව මා සිතුවේය. ඉතා සරලවම ''දෙවිඳුනි, මේ රෝගීන් මෙහි පැමිණි විගසම ඔවුන්ව සුව කරන්න.'' යැයි මා යාච්ඤා කලෙමි. ඇත්ත වශයෙන්ම කියතොත්. දෙවියන් වහන්සේ මාගේ යාච්ඤාවට පිළිතුරු දුන් සේක. සභාවට පැමිණි ඕනෑම රෝගියෙකු එකෙනෙහිම සුව වුණි. නමුත් ඉතා ඉක්මණින්, වඩා වැදගත් වූ ගැලවීමේ එලය එහි නොමැති බව මා අවබෝධ කර ගතිමි. රෝගීන් බොහෝ දෙනා, ඔවුන් සුව වූ විගසම දෙවිඳුන් අත් හැරියෝය.

වරක්, එක් විවාහක යුවලක් සිකුරාදා සර්වරාත්‍රික දේව මෙහෙයට සහභාගි වූවෝය. ඔවුන් පැවසුවේ රිය අනතුරක් හේතුවෙන් තම සැමියාගේ බල නහරවල තුවාල වීමක් සිදු වී ඇති බවය. ඔහුට හරි ආකාරව ඇවිදීමට නොහැකිව තිබුනු අතරම, දේව මෙහෙයේදී ඉඳගෙන සිටීමට පවා අපහසු වන තරම් දරුණු වේදනාවක් ඔහුට විය ශුද්ධාත්මයාණන්ගේ හැසිරවීමෙන් මම මගේ දෑත් ඔහු මත තැබුවෙමි. යාච්ඤාව නිම වූ විගසම ඔහු නැගිටිමන් පැන්නේය. නමුත් මින් කාලයකට පසු ඔහු සභාවට ඒම නැවැත්වුවේය. දේවස්ථානයේ තවත් එක් සභාපාලකවරයෙකු ඔහුව බැහැ දැකීමට ගිය විට ඔහු පවසා තිබුනේ ''මම ස්තුති දීමේ චේතනාවෙන් දෙවතාවක්ම සභාවේ මෙහෙයන් වලට සහභාගී වුවා මදිද? මම සභාවට පැමිණෙන්නේ නම් කවුරුන් හෝ මා හට මුදල් දෙනවාද? '' ඒ වදන් සමගම ඔහු තවදුරටත් සභාවේ මෙහෙයන් වලට නොපැමිණියේය. ඔහු සුවයෙන් සිටින බැවින්, තවදුරටත් සභාවට පැමිණිය යුතු බව ඔහුට නොදැනුනේය. දෙවිඳුන් ඔහුව සුව නොකළා නම්, ඇවිදීමට කිසිදු හැකියාවක් ඔහුට නොතිබුනි. දෙවියන් වහන්සේ ඔහුට ජීවනයද, කරුණාවද දෙමින් ඔහුව සුව කලද, ඔහු තුල කිසිදු ජීවනයේ වචනයක් නොවුනු බැවින් ඔහු තමාගේ වරප්‍රසාද පිළිබඳ පමණක් සිතුවේය.

මාස හතකින් තම දරුවාට උපත දුන්නාවූ යුවළක් මෙහි වුණි. මාස තුනක් පුරාවට බිළිඳා රෝහලේ ආසීනකාරකයක සිටි නමුත් බිළිඳා සුව තත්ත්වයකට

පත් නොවුනි. කිසිදු බලාපොරොත්තුවක් ඉතිරිව නැති බව වෛද්‍යවරු පැවසුවෝය. තම දරුවාගේ පළමු අවුරුදු උපන් දිනයට දේවස්ථානයේ සියලුම දෙනාටම ආරාධනා කරමින් උත්සවයක් පවත්වන බව වරක් ඒ පියා පවසා සිටියේය. ඒ වන විට තමන්ට උපකාර කිරීමට වෛද්‍ය විද්‍යාවට නොහැකි බව ඒ දෙමව්පියන් වටහාගෙන සිටි අතර, දරුවාද රැගෙන දේවස්ථානයට පැමිණියෝය. යාච්ඤාව ලැබූ කුඩා දරුවා සුව වී දින 15 ක් යන විට සම්පූර්ණ නිරෝගී බව ලැබුවාය.

''සභාපාලක තුමනි බොහෝම ස්තූතියි. අපේ දරුවාගේ ප්‍රථම උපන් දිනයේදී, මම ඔබටත් සියලුම සාමාජිකයන්ටත් ආරාධනා කරමින් විශාල උත්සවයක් පවත්වනවා.''

''හොඳයි, එසේ නම් එහෙම කරන්න.''

තම දරුවා නැවත සුවය ලැබූ බැවින්, එම පියා ඉතාමත් සතුටුව, උත්සවයක් පවත්වන බව ඔහු විසින්ම යෝජනා කළේය. නමුත් හෙමින් සීරුවේ ඉරිදා දේව මෙහෙයන් මග හැරීමට ඔහු පටන් ගත් අතරම, ළදරුවාගේ ප්‍රථම උපන් දිනය දවසේදී, තම ඥාතීන්ටත්, ලෝකයෙහි දන්නා වූ මිනිසුන්ටත් පමණක් ආරාධනා කරමින් උත්සවයක් පැවැත්වුවේය.

යැන්ග් වොන් ඩු හි පදිංචිව සිටි ශරීරයෙන් ඉතා නිරෝගී වූ එක්තරා තරුණයෙක් විය. විශේෂිත වූ පුරසාරම් දෙඩීමක් ඔහු තුල විය. නමුත් ඔහු දේවස්ථානයට පැමිණ දේව වචන අසන විට කෙමෙන් කෙමෙන් පසුතැවීමට පැමිණියේය. මොහු තුල ක්‍රියා කලාවූ යක්ෂ ආත්මයන්, පලා යන ලෙස යාච්ඤාවෙන් අණ කල විට, මුඛයෙන් පෙන දමමින් ඔහු ඇඳ වැටුණි. එම යක්ෂ ආත්මය මොහුගෙන් පලා ගිය විට, ඔහු මෘදු ගති ලක්ෂණ සහිත වූ පුද්ගලයෙක් බවට පත් විය. නමුත් ඔහු, ඔහුගේ සභාවට නැවත ගිය අතර ඉන්පසු කිසිවිටෙකත් නොදක්නා ලදී. තවද, එක්තරා වැඩිමල් ස්ත්‍රියක් හට ඇගේ පෙනීම නැති වුණි. අප සභාව පිළිබඳ පුවත් ඇසූ විගසම ඇගේ පවුලේ සාමාජිකයනුත්, ඇයත් පැමිණි අතර යාච්ඤාවෙන් සුවය ලැබුවාය. සුව වූ විගසම ඔවුන් සභාවර අතහැර ගියෝය.

තවදුරටත් පව් නොකරන්න

යොහාන් සුභාරංචියේ 5:14 සඳහන් ලෙස තමන් සුව කළාවූ රෝගීව සිටි මනුෂ්‍යයෙක් දැක, යේසුස් වහන්සේ ඔහුට කියනුයේ ''බලන්න,

නුඹ සුවය ලැබුවෙහිය. නුඹට මීට වඩා නරකක් සිදු නොවන පිණිස, තවත් පව් නොකරන්න.''

ලෙසය. ඔවුන් දෙවියන් වහන්සේගේ බලයෙන් හා ප්‍රේමයෙන් සුව වූ බැවින්, ඔවුන් දෙවියන් දෙවියන් වහන්සේගේ වචනයට කීකරුව උන්වහන්සේගේ කරුනාව ගැන ස්තුති දෙමින් ජීවත් විය යුතුයි. නමුත් ඔවුන් නැවතත් පාපයට ඇලෙමින් සිටීනම් දෙවියන් වහන්සේ ඔවුන් ආරක්ෂා කරන්නේ කෙසේද? දෙවියන් වහන්සේ ඔවුන් වෙතින් තම මුහුණ හරවමින්, ඔවුන්ව ආරක්ෂා නොකරන හෙයින් සාතන්ගේ ක්‍රියාකාරීත්වයෙන් ඔවුන්ට නැවතත් රෝග වැළඳෙන අතර, ඔවුන් දෙවියන් වහන්සෙගේ කරුණාව සැහැල්ලු කල බැවින්, ඔවුන් හට පෙර තිබුනාවූ රෝග වලටත් වඩා දරුණු රෝග වැළඳෙනු ඇත.

දේව වචනය තුල පැවතීමෙන් අපට ආරක්ෂා විය හැක

එවැනිම වූ සිදුවීමක් 1982 නොවැම්බර් මස දී සිදු විය. එකල්හිදී අපගේ සිකුරාදා දේව මෙහෙය පසුදා උදෑසන 6 දක්වා පැවැත්විණි. මධයම රාත්‍රිය පසු වී මද වේලාවක් යත්ම, අවුරුදු 5 ක් පමණ වූ දූරියක් රැගත් යුවළක් දේවස්ථානයට පැමිණියෝය. තම වේදනාව දරාගත නොහැකි වූ දූරිය වේදනාවෙන් අඬන්නට පටන් ගත්තාය. ඇය බූසාන් හි ජීවත් වූ අතර, ඇයට අගනාශයේ පිළිකාවක් වැළඳී තිබුනි. වෛද්‍යවරු ඇයව ශල්‍යකර්මයකට භාජනය කිරීමට උත්සහා කලද, ඇගේ පිළිකා ගෙඩිය ඉතා විශාල වූ බැවින්, ශල්‍යකර්මය සිදු කල නොහැකි විය. තවද, එම ගෙඩිය උදරයේ වර්ධනය වෙමින් තිබූ නිසාත්, එය සුවීකරණය කිරීම භයානක විය. වෛද්‍යවරයා විශේෂිත වූ නූලක් වැනි මෘදු වයරයක් ලිහිල්ව උදරයට දමා තිබුනි. එය දැකීමට අපහසු දසුනක් විය. ඇගේ නම වොන්මී්ය. ඇය දිනකට කිහිප වරක් නිදි බෙහෙත් ගැනීමට පුරුදු වී සිටියාය. එය ඇගේ වේදනාව දරාගැනීමට තිබූ එකම ක්‍රමය විය. ඔක්සිජන් වායු ආවරණය පැළඳ සිටි ඇය, මරණාසන්නව සිටියාය. ඇගේ නැන්දනිය, පියාගේ සහෝදරිය, ඇගේ දෙමව්පියන්ට මෙසේ කියමින් පැරැත්ත කළාය. ''සහෝදරයා, සෝල්වල දෙවියන් වහන්සේගේ කරුණාව පිරුණාවූ දේවස්ථානයක් තිබෙනවා. අපි එහි ගොස් ඇයට යාච්ඤාව ලැබීමට අවස්ථාව ලබා දෙමු. දෙවියන් වහන්සේ වොන්මීව සුව කරයි.'' ඒ වන විටත් ඇගේ දෙමව්පියන් සියලු බලාපොරොත්තු අත්හැර දමා තිබූ අතරම, ඇගේ කීමට කන්දුන්නාය. ඔවුන් වොන්මීද රැගෙන සෝල් හී වූ දෙවස්ථානයට ආවෝය.

මම ඒ දියණිය වෙනුවෙන් දින 15 ක් යාච්ඤාවේ යෙදුනි. ඇය ප්‍රථම වතාවට යාච්ඤුව ලද විට ඇගේ වේදනාව ඇතුරුදන් විය. දින 3 කට පමණ පසු,

සුවයේ ලක්ෂණ දෘෂ්‍යමාන වීමට අරඹුනි. වේදනාව පහව ගිය අතර, ඉදිමුනා වූ උදරය යථා තත්වයට පත් විය. ඉන්පසුව ඇගේ දෙමව්පියන් ට ඇදහිල්ල ඇති විය. ඇතුල් කලාවූ නූලක් වැනි මෘදු වයරය, රෝහලේදී ඉවත් කරන ලෙස මම ඔවුන්ට අවවාද දුන් නමුත් ඔවුන් රෝහලට නොගිහින්, ඔවුන් විසින්ම ඇදහිල්ලෙන් එය ඉවත් කළෝය. අරුම පුදුම ලෙස දින දෙකකට පසු විවෘත වුවා වූ තුවාලය සුව වී හා වීමට දෙවියන් වහන්සේ ක්‍රියා කල සේක.

වොන් මී දරාගත නොහැකි වූ දැඩි පීඩාවකින් මිය යාමට ආසන්නව සිටියාය. නමුත් දැන් දින 10 ක් පමණ කාලයදී ඈ සුවය ලැබුවාය. ඇය ප්‍රශංසා ගීත උගත් අතර, සබත් පාසැලේදී නර්තනයන්ද ඉගෙන ගත්තාය. ඇය ඇගේ මිතුරියන් සමගින් ගයමින් නැටුවෝය. ඇය ගැන දුටුවාවූ අය සත්‍යවශයෙන්ම ඇය පිළිබඳව සතුටු වූහ. ඇය ඉතා දක්ෂ වූ අතර බොහෝ සාමාජිකයන්ගේ ආදරය ලැබුවාය. ඔවුන් දින පහළොවම දේවස්ථානයේ රැඳී සිට යාච්ඤාව ලැබ ඉන් පසු ඔවුන්ගේ ගමට පිටත්ව ගියහ. ඇගේ දෙමව්පියන් පිළිබඳ යාච්ඤා කරන විට දෙවිඳුන්ගේ වචනය මා කරා පැමිණියේය.

''ඔවුන් නැවත ගිය පසු, අනිවාර්‍යයෙන්ම දස පනත ආරක්ෂා කල යුතුයි. එවිට ඔවුන්ගේ දියණිය ඉතාම නිරෝගීව වැඩෙනු ඇත. නමුත් ඔවුන් එම දස පනත ආරක්ෂා නොකලහොත්, දෙවිඳුන් ඔවුන්ගෙන් තම මුහුණ හරවා ගනු ඇත.''

මම ඔවුන්ට මෙසේ පැවසුවේය. ''ඔබලා අනිවාර්‍යයෙන්ම දස පනත ආරක්ෂා කල යුතුයි. නිවැරදි දසයෙන් කොටස් දෙමින් දෙවිඳුන්ට හරි ආකාරව සේවය කරන්න. දරුවා සෑම විටම නිරෝගීව සිටීමට නම් ඔබලා දස පනත ආරක්ෂා කල යුතුයි.'' එවිට වොන්මීගේ පියා මෙසේ පැවසුවේය. ''බොහොම ස්තූති සභාපාලක තුමනි, සත්තකින්ම අප එය කල යුතුමයි. මම හිතනවා තවමත් දේවස්ථානයට විශාල බස් රථයක් නැතිව ඇතැයි කියා, ඒ නිසා මා නිවසට ගිය වහාම, සභාවට අවශ්‍ය කරන විශාල බස් රථයක් එවන්නම්.''

නමුත් ඉන් කෙටි කලකට පසුව, දරුවා මිය ගිය බව මට දැනගන්නට ලැබුනේය. වොන්මීගේ දෙමව්පියන් නිවසට ගිය ආරම්භයේ පමණක් දේවස්ථානයට සහභාගී වූහ. නමුත් කල්යත්ම ඔවුන් ස්වාමින් වහන්සේගේ දවස කඩ කරන බව දක්නට ලැබුණි. නමුත් එහිදි සතුටු වීමට දෙයක් තිබුණි. එනම් වොන්මීගේ ආත්මය සුරක්ෂිත වූ අතරම කිසිදු කඳුළක් දුකක් නොමැති වූ ස්වර්ග රාජ්‍යයේ සැමදාටම සතුටින් සිටින බවය.

ඔවුන්ගේ ඇදහිල්ල අනුව දෙවිඳුන් ඔවුන්ව සුව කරයි

මගේ සේවය ආරම්භයේදීම, දෙවිඳුන්ගේ කරුණාව අත්හැර දේවස්ථානය අත්හැර යන්නාවූ ජනයා දැක මගේ හදවත බැඳි තිබුනි.

''දෙවි පියාණනි, ඔවුන් ඔබව මුණ ගැසුනා. ඔබවහන්සේගේ ක්‍රියා අත්දුටුවා, සුවයද ලැබුවා. ඉතින් මෙලෙස ඔවුන් ඔබව සිතුමනාපයට අත්හරින්නේ කෙසේද?'' මම යාච්ඤාවෙන් කඳුළු වගුරුවමින් බිඳුණු හදක් ඇතිව, හිත් වේදනාවෙන් මොර ගසමින් සිටි අතර, දිනක් ස්වාමින් වහන්සේගේ හඬ මට ඇසුණි.

''මාගේ දාසය, මා ලාදුරු රෝගීන් දස දෙනෙකු සුව කල විට, නව දෙනෙක්ම හැර ගිය අතර, එක් අයෙක් පමණක් දෙවිඳුන්ට මහිමය දීමට පැමිණියේය. ඒ අයුරින්ම ඔබ පියාණන් වහන්සේගේ උපකාරයෙන් ඔබගේ ඇදහිල්ලෙන් ඔවුන්ව සුව කල විට, ඔවුන් තුළ සත්‍යාතාවයක්, ජීවනයක් නොමැති විට ඔවුන් දෙවිඳුන්ගේ කරුණාව අත්හැර දේවස්ථානය ද හැර යනවා ඇත. ඔවුන් දේව වචනය අසමින් ඇදහිල්ල ඇති කර ගතහොත් පමණක් සභාව හැර නොයනවා ඇත. ඔවුන් ඔවුන්ගේ ඇදහිල්ලෙන් සුව වූ විට කිසි විටෙකත් දේවස්ථානය හැර නොයනවා ඇත. ඔබ යාච්ඤා කල බැවින් ඔබ හරහා මම ඔවුන්ව සුව කළේය. නමුත් දැන් යාච්ඤාවේ අන්තර්ගතය මාරු කරන්න. ඔබ යාච්ඤා කල යුත්තේ ඔවුන්ගේ අදහිල්ලේ තරමට ඔවුන් සුවවන ලෙසයි.''

කිතුනු ජීවිතයක් ගත කිරීමේ පරම අරමුණ නම්, අපගේ ආත්ම වල ගැලවීමත් සහ ස්වර්ග රාජ්‍ය කරා යාමත්ය. එබැවින් වඩා වැදගත් කරුණ වන්නේ දෙවියන් වහන්සේගේ කැමැත්ත දැනගැනීමත්, ස්වර්ග රාජ්‍ය කරා එළඹීමට ඇදහිල්ල ඇති කර ගැනීමත්ය. යේසුස් වහන්සේ ලාදුරු රෝගීන් දස දෙනෙකු සුවකල විට, එක් අයෙක් පමණක් නැවත පැමිණ දෙවිඳුන්ට මහිමය දුන්නේය (ශු.ලූක් 17:11-19). අනෙක් නව දෙනාම දෙවිඳුන් අතහැර ලෝකයට ගිය අතර එක් අයෙක් පමණක් මිදීම ලැබුවේය.

මිනිසුන් දේවස්ථාන කරා පැමිණෙන්නේ, ඔවුන්ගේ කිසියම් රෝගයක් හෝ වෙනයම් කිසිදු ප්‍රශ්නයක්, මුල් කර ගෙන වුවත්, ඔවුන් නමස්කාර කරමින්, දේව මෙහෙයන් වලට සහභාගී වෙමින්, දේව වචනයට ඇහුම්කන් දෙන විට ඔවුන් ඇදහිල්ලත්, ජීවනයත් ලබනවා ඇත. දෙවියන් වහන්සේගේ කැමැත්ත නම් ඔවුන් ශුද්ධාත්මයාණන් වහන්සේ තුලට පැමිණි විට ඔවුන්ව සුව කිරීමත්, ස්වර්ගය සහ නිරය ගැන විශ්වාස කිරීමත්, හා ගැලවීම ලබන පිණිස ඇදහීමත්ය.

ඔවුන් ඇදහිල්ලෙන් තොරව සුවය ලැබුවහොත්, ඉතාමත් හොඳ සිහියක් ඇත්තා වූ අය හැර, අන් අය නැවත ලෝකයට ඇදෙනවා ඇත. අවසානයේදී ඔවුන් නොගැලවෙනවා ඇත. එබැවින් එතැන් පටන්, මාගේ යාච්ඤාව මෙසේ වෙනස් කලෙමි. ''දෙවිඳුනි, ඔවුන්ගේ ඇදහිල්ල අනුව ඔවුන් සුව කරන්න.'' දෙවියන් වහන්සේ සැබැවින්ම ඔවුන්ගේ ඇදහිල්ල දුටු විට උන්වහන්සේගේ සුවයේ හස්තය ක්‍රියාත්මක කල සේක.

කාලගුණය වෙනස් කරන්නාවූ ඇදහිල්ල

1983, අගෝස්තු පළවන දින, ප්‍රථම ගිම්හාන විවේක කඳවුර ඩේබු දූපතෙහි ඉන්චොන්හි අපි පැවැත්වූවෙමු. නමුත් මෙම විවේක කාලයට පෙර රාත්‍රියේදී ඉතා තදින් වැසි වැස්ස අතරම, ගොරවමින් විදුලි කොටන්නටද විය. ඩේබු දූපතට යන්නාවූ පාලම් ඔරුව, දූපතට යන්නේ දවසට එක්වරක් පමණි. ''මේ වර්ෂාවේ විවේක කඳවුර ගත කිරීමට යන්නේ කෙසේද? දෙවිඳුනි, කරුණාකර මෙය නවත්වන්නැයි'' මම ඉල්ලා සිටියෙමි.

අළුයම පහ වන විට දේවස්ථානයෙන් පිටත් වීමට කතිකා කරගෙන තිබූ අතරම දේවස්ථානයේ සිට තරමක් දුරින් පදිංචි ව සිටි සිසුන් කිහිප දෙනෙකු එදින රාත්‍රිය දෙවස්ථානයේම ගත කලහ. මා හට නිවසට ගොස් නිදා ගැනීමට අවශ්‍යව තිබුනද, කුණාටුවේ තද බල ශබ්දය නිසා ඊට ඉඩකඩ නොවීය. මා ඇඳේ වැතිරී සිටි අතර නිදා ගැනීමට නොහැකි විය. අළුයම තුන පමණ වන විට මම සිතින් යාච්ඤා කල අතර එවිට ''දුක් නොවන්න'' ලෙස පවසන ශුද්ධාත්මණන්ගේ හඬ මට ඇසුනි. පාන්දර හතර පමණ වන විට, මා අළුයම් යාච්ඤා කාලය මෙහෙය වීමට දේවස්ථානයට පැමිණි අතර වැඩිහිටි තරුණ සාමාජිකයන් කිහිප දෙනෙකුම එහි විය. පාන්දර 4.55 වන විට අළුයම යාච්ඤා කාලය අහවර වූ අතරම, කුණාටුව තවත් සැඩව තිබුනි. ඒ වන විටත් ගොරවමින්ද විදුලි කොටමින්ද තිබුනු අතර සැඩ වූ වර්ෂාව ජනෙල් පියන් මතට චන්ඩව පතිත වෙමින් තිබුනි. ''මේ වර්ෂාවට නවතින්න අණ කරමින් අපි යාච්ඤා කරමු.'' යැයි මා පැවසුවෙමි. ඒ වන විටත් සිකුරාදා රාත්‍රී යාච්ඤා කාල හරහා විවිධාකාරවූ පුදුම ක්‍රියා අත්දැක තිබූ වැඩිහිටි තරුණයන් හා සිසුන් හට ඉතා හොඳ ඇදහිල්ලක් තිබුනි. දේවස්ථානයේ සිටි සියලු දෙනාම මිනිත්තු දෙකක් පමණ ඉතා යුහුසුලුව යාච්ඤාවේ යෙදුනු නමුත් ගෙරවුමත් විදුලි කෙටීමක් දිගටම පැවතුනි.

''කණස්සලු නොවන්න, ඔබලාගේ බඩු බාරහිරාදියද පහළ මහලයට යන්න. කිසිවෙක් හෝ පිටියට පය තබන විට වර්ෂාව නවතිවී'' යැයි හඬක් මට ඇසුනි.

මම එය ඉතා පැහැදිලිව ප්‍රකාශ කර සිටි අතර එහි සිටි සියල්ලෝම ''ආමේන්'' කියමින් එයට ප්‍රතිචාර දක්වූහ. සියලු දෙනාම නැගිට පහළ මහලයට ගියහ. පේළියේ සිටියා වූ ප්‍රථම පුද්ගලයා පිටත පිටියට පය තැබූ විට, එකෙනහිම අධික වූ වර්ෂාව නතර වුනු අතර, ගෙරවිල්ලද, අකුණු කෙටීමද නතර විය. මෙම සිදුවීම මගින් දෙවියන් වහන්සේ අපට විශාල වූ ඇදහිල්ලක් තිළිණ කල සේක.

තේරුම් ගැනීමට අසීරු ඡේදයන් වලට පැහැදිළි කිරීම් ලැබීම හා ''කුරුසියේ පණිවිඩය''

දේවස්ථානයේ ආරම්භයෙන් පසුව, මා හට බොහෝ පුනර්රුත්ථාපන රැස්වීම් වල ඇමතීමට අවස්ථාව ලැබුණි. පැමිණ සිටි සියලු දෙනාගේම හදවත් වල ඇදහිල්ලේ එල හට ගන්නටත්, දෙවිඳුන්ගේ ප්‍රේමය දැන ගන්නටත් අවස්ථාව දෙමින්, මා විසින් දේව වචනය දේශනා කරන ලදී. කිසියම් වූ අවස්ථාවක මා විසින් රෝගීන් හට යාච්ඤා කල විට, බොහෝ පිරිසක් සුව වුනි. කොරුන් ඇවිදීමට පටන් ගත් අතර, අන්ධයන්ට පෙනීම ලැබුනි. බොහෝ අරුම පුදුම දේ සිදුවුනි. තවද දෙවිඳුන් මට බොහෝ අවස්ථාවල දී පුනරුත්තාපන රැස්වීම් වල දේශනා කිරීමට අවශ්‍ය දේ ඉගැන් වූ සේක. මම යේසුස් ක්‍රිස්තුස් වහන්සේ ගැන, දෙවි පියාණන් ගැන, සත්‍ය ඇදහිල්ල හා සාදාකාල ජීවනය, හාස්කම්, මළවුන්ගෙන් නැගිටීම, ස්වාමීන් වහන්සේගේ දෙවන පැමිණීම හා ස්වර්ග රාජ්‍යය පිළිබඳව දේශනා කෙරුවෙමි.

සාමාන්‍යයෙන් එම රැස්වීම් සඳුදා සිට බ්‍රහස්පතින්දා දක්වා පැවැත් විය. එම රැස්වීම් සවස හයට පමණ පටන් ගත් අතර දේව වචනය, හතයි තිහට පමණ ආරම්භ විය. සභා පාලකවරුන්ගේ හා සහභාගී වූවන්ගේ ඉල්ලීම පරිදි දේශනය, රාත්‍රි 11.00 හෝ මධ්‍යම රාත්‍රිය දක්වා මා පවත්වාගෙන ගියෙමි. සන්ධ්‍යා සැසි වාරයෙන් පසු, පැය 2 ක් පමණ මා නින්දට යන අතර ඉන් පසුව අළුයම දේව මෙහෙය පැවැත් වූවේය. 1983 වන විට රට පුරා තිබුනාවූ පුනරුත්ථාපන රැස්වීම් වල අමතන්නට මට අවස්ථාව ලැබුනි. එක් දිනක් ස්වාමීන් වහන්සේ මා හට කථා කරමින් පැවසුවේ පුනරුත්ථාපන රැස්වීම් ඇමතීම නවත්වමින්, කඳුකරයට ගොස් යාච්ඤාවේ යෙදෙනෙ ලෙසයි.

උන්වහන්සේට අවශ්‍ය වූයේ තේරුම් ගැනීමට අපහසු වුනාවූ බයිබල්

පරිච්ඡේදයන් මා හට පැහැදිලි කර දීමටය. වසර හතක් පුරාවට තේරුම් ගැනීමට අපහසු වුනාවූ ඒ බයිබල් පරිච්ඡේද තේරුම් ගැනීමට මා යාච්ඤාවේ යෙදුනු අතර, අවසානයේදී ස්වාමීන් වහන්සේගේ පිළිතුර මා ලැබුවෙමි. 1983 මැයි මස සිට, පුනරුත්ථාපන රැස්වීම් වල දේශනා කිරීම මා නවත්වා, යොන් ගී පළාතේ හී ක්වන්ජු හි තිබූ ක්වන්ජු යාච්ඤා මධ්‍යස්ථානයට යාමට මා පිටත්ව ගියේය. ඉරිදා සවස දේව මෙහෙයෙන් පසු, මුළු දවසම යාච්ඤා කිරීම සඳහා මම එහි ගිය අතර නැවත දේවස්ථානයට පැමිණියේ සිකුරාදා සර්ව රාත්‍රික මෙහෙය පැවැත්වීමටය. මේ ආකාරයේ වූ ජීවන රටාවක් වසර ගණනාවක් පුරාවට මා ගත කළෙමි.

සීත ඍතුවේදි සීතල සමගත්, ගිම්හානයේ දී අධික රස්නය සමගත් පොර බැදීම

ගිම්හාන ඍතුවේදී, හිරු රශ්මිය ඉතා දැඩි වූ අතර, ශීත ඍතුවේදී උෂ්ණත්වය ඍණ සෙල්සියස් අංශක 10-15 දක්වා අඩුවිය. (දළ වශයෙන් ,10 ෆැරන්හයිට්) නමුත් හමුදා බ්ලැන්කට්ටුවක එක ස්ථරයක් පමණක් ගල මත දමා, ස්වර්ග යට ඇසෙන පරිදි මා යාච්ඤාවෙන් මොරගැසුවෙමි. ශීත ඍතුවේදී පවා, මා කඳු මුදුනට ගොස් මුළු දවස පුරාවටම සවස් වන තුරු යාච්ඤාවේ යෙදුනි. සෙල්සියස් අංශක 10 ක් පහල ගිය අවස්ථා වල දී ද මා වෙව්ලුවේ නැති අතර මගේ මුළු ශක්තියෙන් ඒ අවස්ථාවලදී පොර බැදුවෙමි.

මා හට මුදල් නොතිබුනු නිසාවෙන්, සැප පහසු උණුසුම් නවාතැන් පලක නැවතීමට මා හට හැකියාවක් නොවුණි. සම්පීඩනය කරන ලද ගල් අඟුරු කුට්ටියක්, ලබා ගැනීමට පමණක් මා හට පුළුවන් විය. කාමරයේ තිබුනා වූ වාතය ශීතල විය. කාමරයේ තිබූ කඩදාසි ජනේලය ඉරී තිබූ අතර, එයින් සීත වූ සුළඟ පැමිණුනි. කාමරය තුළදී, ස්වාමීන් වහන්සේගෙන් ලද ගැඹුරු වූ බයිබල් පද වලට විශ්ලේෂණ ලිවීමට අවශ්‍ය වූ තීන්ත පමණක් මා ළඟ කාමරයේ තිබුණි. කාමරයේ සීතල අධික වූ නිසා තීන්තද මිදී තිබුණි. කෙසේ හෝ එයින් ලිවීමට නම් තරමක් එය මෘදු කර ගැනීමට සිදු විය. හරි ආකාර බ්ලැන්කට්ටුවක් මා සතු නොවූ නිසා, එක් හමුදා බ්ලැන්කට්ටුවක් මඟින් යන්තමින් මගේ සිරුර වසා ගෙන ඉතා අපහසුවෙන් නිදා ගැනීමට මා හට සිදු විය. උදෑසනින්ම අවදි වන මා අළුයම යාච්ඤා කාලය පැවැත්වීමට දේවස්ථානයට ගියෙමි. උදෑසන ආහාරය ලබා ගත් පසු නැවතත් මුළු දවසම යාච්ඤා කිරීම සඳහා මා කඳු මුදුනට ගියෙමි.

විවිධ අර්ථයන් ඇති අසීරු බයබල් පරිච්ඡේදයන් පැහැදිලි කිරීම

සමහර අවස්ථාවන්හි දී අයිස් කඩා සීතල ජලයෙන් මා සෝදාගෙන යාච්ඤා කිරීමෙන් අනතුරුව දවස පුරාම බයිබලය කියැවුයෙමි. රාත්‍රී 7.00 වන විට සෙනඟ සවස මෙයෙට සහභාගි වන බැවින් එය නිශ්ශබ්ද කාලයකි. එනිසා යාච්ඤා කුටිය තුළට යන මා දහඩිය දමමින් යාච්ඤාවෙන් අරගල කරන්නෙමි. එම දිනය තුළදී මා යාච්ඤා කළ ලෙස බයිබල් කෙටි පිරිච්ඡේද පිළිබඳව ස්වාමින් වහන්සේ මට තේරුම් කර දුන් සේක. ආරම්භක බයිබල් පරිච්ඡේද තේරුම් ගැනීම මා හට ඉතා අපහසු වූ නමුත් ඒවා පැණි වලට වඩා මිහිරි බව උන්වහන්සේ මා හට තේරුම් කරන දුන් සේක. විශේෂයෙන්ම එම පරිච්ඡේද වල අඩංගු වූයේ දෙවියන් වහන්සේගේ අප්‍රමාණ සහ සදාතන අභිමතයයි. ස්වාමින් වහන්සේ මා හට තේරුම් කර දුන් දුෂ්කර පරිච්ඡේද වලින් එකක් ගෙන බලමු. ශු. යොහාන් 2 පරිච්ඡේදයෙහි යේසුස් වහන්සේ කානාහි මංගල භෝජන සංග්‍රහයට සහභාගි වූ අවස්ථාවේ උන් වහන්සේ ජලය මිදියුෂ බවට හැරවූ සේක. සාමාන්‍යයෙන් මංගල භෝජන සංග්‍රයක දී ජනතාව බීමත්ව, අසීමිතව නිදහස් ආශාවන්හි ගැලෙන්නෝය. මිනිස් වර්ගයා ගලවා ගැනීමට පැමිණි යේසුස් වහන්සේ මෙවැනි මංගල භෝජන සංග්‍රහයටකට සහභාගි වී උන් වහන්සේගේ සේවයේ සළකුණ පෙන්වූයේ මන්දැයි යමෙක් පුදුම වනු ඇත.

මෙම මංගල භෝජන සංග්‍රහය ජනතාව කමින්, බොමින් සහ පවින් ගැලෙන අවසන් කාලය නියෝජනය කරයි. යේසුස් වහන්සේගේ මෙම පළමු සළකුණ සංකේතාත්මකව අනාගතයේ පූර්ව ලක්ෂණයක්, එනම් උන්වහන්සේගේ සේවයේ ආරම්භය සහ අවසානය පිළිබඳව විය. යේසුස් වහන්සේ කානාහි මංගල භෝජන සංග්‍රහයට ආරාධනා කරනු ලැබීම ලෝකයා උන්වහන්සේට ආරාධනා කිරීම අර්ථවත් කරන අතර එය උන්වහන්සේ කුරුසියේ ඇණ ගසා මරා දැමීම උදෙසාය. උන්වහන්සේ ඔවුනට කුරුසියේ ඇණ ගසා තමන් මරා දැමීමට ඉඩහල සේක. අවසානයේ දී ඔවුහු උන්වහන්සේ කුරුසියේ ඇණ ගසා මරා දැමූහ. ජලයෙන් සංකේතවත් කරනුයේ සදාතන ජීවිතයේ ජලය (ශු.යොහාන් 4:14) වන අතර මෙම ජලය දෙවියන් වහන්සේගේ වචනයෙන් ලැබෙන සදාතන ජීවිතයයි. යේසුස් ක්‍රිස්තුස් වහන්සේ නම් වචනයයි. එතුමා මනුෂ්‍ය ශරීරයක් ගෙන පොළොවට පැමිණි සේක. මිදි යුෂ මගින් පෙන්නුම් කරනුයේ යේසුස් වහන්සේගේ වටිනා රුධිරයයි. එය මනුෂ්‍ය ශරීරයකින් මෙලොවට පැමිණි වචනය නැමැති යේසුස් වහන්සේ, කුරුසියේ ඇණ ගසා උන්වහන්සේගේ වටිනා රුධිරය අනාගතයේ දී වගුරුවන බව සංකේතාත්මකව පෙන්නුම් කරයි. පාපයෙන් පිරුණු මොලොවට පැමිණි යේසුස් වහන්සේ උන් වහන්සේගේ ශ්‍රී ශරීරය කුරුසිය මත මුදා හැර උන් වහන්සේගේ ශ්‍රී රුධිරය සහ

ජලය සියල්ලම මුදා හල සේක. මෙම පරිච්ඡේදය ස්වාමින් වහන්සේගේ ප්‍රේමය අපට පෙන්නුම් කරයි.

ජලය මිදි යුෂ බවට පත්වීම යනුවෙන් අදහස් කරනුයේ යේසුස් වහන්සේ කුරුසිය මත හෙලන රුධිරය සදාතන ජීවිතය ලබා දෙන රුධිරය බවට පත්වන බවයි. සරණ මංගල්‍යයේදී යේසුස් වහන්සේ මිදියුෂ බවට හැරවූයේ පිරිසිදු මිදි යුෂ වන අතර එහි මිනිසුන් මත්කරවන කිසිදු ද්‍රව්‍යයක් අඩංගු නොවීය. තවද එම මිදියුෂ රස බැලූ සෙනඟ ඒවා හොඳ ඒවා බව පැවසූහ. යේසුස් වහන්සේගේ ශ්‍රි රුධිරය පානය කිරීමෙන් ඔවුන්ගේ පව් සෝදා හැර සතුටු වන බව සහ ස්වර්ග රාජ්‍යය බලාපොරොත්තු තබා ගන්නා බව මින් සංකේතාත්මකව පෙන්නුම් කෙරේ.

අවසානයේ දී එය පවසන්නේ ''යේසුස් වහන්සේ ගලීලයේ කානාහීදි තමන් ලකුණු වලින් මේ පලමුවෙනි එක කර, ස්වකීය මහිමය ප්‍රකාශකල සේක. උන්වහන්සේගේ ගෝලයෝද උන්වහන්සේ කෙරෙහි අදහා ගත්තේය'' (ශු. යොහාන් 2:11). ශුභාරංචි පොත් හතරෙහි සඳහන් වන ආකාරයට යේසුස් වහන්සේ කුරුසිය දරා ගැනීමට ''උන් වහන්සේගේ මහිමය විද්‍යාමාන කිරීම'' යන්නට සම්බන්ධතාවයක් දක්වයි. නමුත් උන්වහන්සේ මරණයෙන් තෙදිනකට පසු මරණයේ බලය බිඳ හෙලා උන් වහන්සේගේ මහිමය විද්‍යාමාන කිරීම පිණිස මළවුන්ගෙන් නැගිටි සේක. එබැවින් මෙය හුදු ප්‍රකාශයක් නොව එහි විශාල අරුතක් ගැබ්ව ඇත.

යේසුස් වහන්සේ කුරුසියේ ඇණ ගසා මරා දමූ කල ගෝලයන් නොයෙක් ප්‍රදේශයන්ට බෙදී ගිය අතර මළවුන්ගෙන් නැගිටි ස්වාමින් වහන්සේ දුටු ජනතාව යේසුස් වහන්සේ මළවුන්ගෙන් නැගිට ඇති බව පැවසුවද ඔවුන් එය විශ්වාස නොකළහ. මළවුන්ගෙන් නැගිටි ස්වාමින් වහන්සේ ඔවුන් විසින්ම හමු වූ පසු ඔවුහු එය විශ්වාස කළෝය. ගෝලයන් යේසුස් වහන්සේගේ සේවයේ පළමු සළකුණ දුටු විට උන්වහන්සේ විශ්වාස නොකළ නමුත් ස්වාමින් වහන්සේ කුරුසියේ වඳ වේදනා විඳ මරණයේ බලය බිඳ හෙළා මළවුන්ගෙන් නැගිටි පසු යේසුස් වහන්සේව විශ්වාස කළහ. යේසුස් වහන්සේ කල පළමු හාස්කම හුදෙක්ම භෞතික ලෝකයේ මංගල භෝජනයක් සැමරීම පිනිස නොවන බැව් අප දැන් තේරුම් ගත යුතුය.

''ගැලවීමේ මාර්ගය'' කාලය පටන් ගැන්මට ප්‍රථම සඟවා තිබූ රහස

යේසුස් වහන්සේගේ සේවය පිළිබඳව ලියැවුණු ශුභාරංචි පොත් හතර

කියවන විට මම දෙවියන් වහන්සේගේ කරුණාව සහ ආදරය තේරුම් ගත් අතර මාගේ නාසය බුරුල් වී කඳුළු වැගිරීමට පටන් ගත් නිසා තවදුරටත් කියවීම ඉදිරියට ගෙන යාමට නුපුලුවන් විය. යේසුස් වහන්සේ පිලාත්ගේ උසාවියේ පෙනී සිටින දසුන ආරම්භ වනවාත් සමඟම මාගේ කඳුලු වැගිරීම ආරම්භ වන්නේය. යේසුස් වහන්සේ හට කස පහර දී උන් වහන්සේගේ හිසෙහි කටුඔටුන්න පැලඳවා කුරුසයේ ඇණ ගසා මරා දැමීම පිළිබඳව කියවන විට මම දිගු වේලාවක් බොහෝ සෙයින් හැඬුවෙමි. මාගේ කඳුළු ගැලීම නවත්වා ගත නොහැකි නිසා මට බයිබලය වසා දැමීමට සිදුවිය.

මම මාවම පාලනය කර ගැනීමට උත්සහ කළද ශුභාරංචි පොත් හතර කියවීමට මට දින ගණනාවක් ගත විය. සභාව ආරම්භයෙන් වසර ගණනාවකට පසුව වුවද, බයිබලය කියවන විට මම කඳුළු සලන්නෙමි. තවද ශුද්ධ වූ රාත්‍රි භෝජනයට සහභාගි වන අවස්ථායන්හි දී ද කඳුළු සැලීමේ පෙළඹීම ආයාසයෙන් මැඩ පවත්වා ගත්තෙමි. නමුත් අවසානයේදී යේසුස් වහන්සේ කුරුසයේ මාර්ගය තෝරා ගැනීම කෙතරම් ස්තුතිවන්ත විය යුතු දෙයක් සහ ආශිර්වාදයක් ද යන්න මම සම්පූර්ණයෙන්ම තේරුම් ගත් නිසා සහ එය අප ගලවා ගැනීමේ මාර්ගය වු නිසා මගේ කඳුළු පාලනය කර ගත්තෙමි. මට දැන් බයිබලය කියැවිය හැකි අතර ශුද්ධ වූ රාත්‍රි භෝජනයට ප්‍රීතියෙන් සහ ස්තුතිපූර්වකව සහභාගි විය හැකිය. ස්වාමින් වහන්සේගේ ආනුභාවයෙන් උගන්වන ලද ''කුරුසියේ පණිවුඩය'' මා ලබා ගත් නිසා දෙවියන් වහන්සේගේ ආදාරය ගැඹුරින් අවබෝධ කර ගත්තෙමි.

1983 දී මම ක්වුං ජු යාච්ඤා කඳුකරයේ යාච්ඤා කරමින් සිටින විට ස්වාමින් වහන්සේ ''කුරුසියේ පණිවුඩය'' මා හට තේරුම් කර දුන් සේක. යේසුස් වහන්සේ අපගේ එකම ගැලවුම්කරුවා වන්නේ මන්ද, දෙවියන් වහන්සේ යහපත සහ නපුර දැන ගැනීමේ වෘක්ෂය ස්ථාපනය කළේ මන්ද, දෙවියන් වහන්සේ මෙම පොළොවෙහි මනුෂ්‍ය වර්ගයා වගා කෙරෙව්වේ මන්ද යන්න උන් වහන්සේ මා හට පහදා දුන් සේක. කාලය ආරම්භ කිරීමට ප්‍රථම මෙම ''කුරුසියේ පණිවුඩය'' සඟවා තබන ලද රහසක් බව උන් වහන්සේ මා හට පහදා දුන් සේක. උත්පත්ති පොතේද ආත්මීය රාජධානිය පිළිබඳව වාර්තා ඇති බව උන් වහන්සේ මා හට පහදා දුන් සේක.

තවද දෙවියන් වහන්සේ ''ශුද්ධාත්මයාණන් වහන්සේගේ ඵල නවය'' ''භාග්‍යවන්තයන්'' සහ ''ආත්මීය ප්‍රේමය'' තුළින් අර්ථයන් ගැඹුරින් තේරුම් ගැනීමට සහ වාර්තා කිරීමට ද දිව්‍යමය ආකාරයෙන් ඊට සහභාගී වීමට ද ඉඩ හැරිය සේක.

ආත්මික වචනයෙන් මා සෙනඟ පෝෂණය කරන්නේ කෙසේද?

මා දීර්ඝ කාලීනව එකම ස්ථානයක යාච්ඤා කළහොත් එම පුවත ව්‍යාප්ත වී සෙනඟ මාගේ යාච්ඤා ලබා ගැනීමට පැමිණෙන්නේය. මා දැන හඳුනා ගත් ජනතාව බොහෝ ගණනක් වන නිසා මා හට වෙනත් ස්ථානයකට යාමට සිදු විය. දෙවියන් වහන්සේ සමඟ සන්නිවේදනය පවත්වාගෙන යාම සඳහා අපෝස්තළු යොහාන් විසින් පත්මොස් දිවයින පිළිබඳව හෙළිදරව් පොතේ සඳහන් කර ඇති පරිදි, ලෞකික දේවල් වලින් ඈත් වූ හුදකලා පෙදෙසක් මා හට ද අවශ්‍ය විය.

එම නිසා මම ගැංවොන් ප්‍රදේශයේ ස්ථානයකට සහ ජොචිවොන් වලට ගියෙමි. උෂ්ණාධික ග්‍රීෂ්ම ඍතුවේ දී විදුලි පංකාවක්ද නොමැතිව යාච්ඤා කරන විට මා දහඩියෙන් තෙත්ව ගිය නමුත් මා තුළ අපහසුතාවයක් හෝ මැසිවිල්ලක් නොවීය.

මා හට ප්‍රශ්න 2 ක් විය. එනම්, දෙවියන් වහන්සේගේ කැමැත්ත මා සෙනඟට නිවැරදි ලෙස තේරුම් කොට ඔවුනට ආත්මීය පණිවුඩය ලාබ දී ඔවුන් සර්ව සම්පූර්ණ ඇදහිල්ලකින් යුක්තව ආත්මීයව පෝෂණය කරන්නේ කෙසේද යන්න සහ වැඩි වශයෙන් යාච්ඤා කොට දෙවියන් වහන්සේගේ බලය ලබා ගෙන අනාගතවක්තෘන් සහ ගෝලයන් විසින් ඉටු කරන ලද ලෝක දූත මෙහෙවර, මා විසින්ද විශිෂ්ට ආකාරයෙන් සම්පූර්ණ කිරීටමත්, විශාල දේවස්ථානයක් ගොඩ නඟන්නේත් කෙසේද යන්නය. මෙම ඉලක්ක සපුරා ගැනීම කේන්ද්‍ර කරගෙන සිටි නිසා මට අනෙකුත් දෑ පිළිබඳව සිතීමට කාලයක් නොවීය.

එය මාගේ උපන් දිනයට දින 2 කට පෙර 1984 මැයි මස විය. එවකට යුරීම් පොත්හි සංස්කාරක කාර්‍යාංශයේ අධ්‍යක්ෂිකා, ජ්‍යේෂ්ඨ උපස්ථායිකා ගියුම්සුන් වින්, ගැංවොන් ප්‍රදේශයේ ඇගේ ඥාතියෙකුට අයත්ව තිබෙන නිවසක් වෙත මා යොමු කල අතර ටික කලකට මම එහි ගොස් යාච්ඤා කළෙමි. එය මා ඔරුවකින් යා යුතු ස්ථානයක් විය.

සිකුරාදා දිනයේදී මා නැවත සෝල් වෙත පැමිණ, සිකුරාදා සර්ව රාත්‍රික මෙහෙයේ දි සහ ඉරිදා මෙහෙයන් වල දී දේශනා කළ යුතු වු නමුදු දෙවියන් වහන්සේ දින තුනක් නිරාහාරව සිටීමට මා හදවත පෙළඹවු සේක. දින තුනක් නිරාහාරව සිටීමෙන් පසුව දෙවියන් වහන්සේ ගැඹුරු ආත්මීය රාජධානිය සහ ස්වර්ගය පිළිබඳව දීර්ඝ ලෙස කරුණු ඉගැන්වූ සේක. මට මාගේ උපන්දිනය සාමාජිකයන් හා සමඟ ප්‍රීතියෙන් ගත කළ හැකිව තිබූ නමුත් නිරාහාරව සිටීමෙන් සහ යාච්ඤාවෙන් පසුව දෙවියන් වහන්සේගෙන් මා ලබා ගත් ඉතා

වටිනා ත්‍යාගය එයට වඩා ඉතා වටිනා සහ ප්‍රීතිදායක විය. ස්වාමීන් වහන්සේ මා හට උගන්වන ලද ස්වර්ග රාජ්‍යය පිළිබඳ අන්තර්ගතය සම්පූර්ණ පණිවුඩයක් බඳු විය. බයිබලයේ අන්තර්ගත කෙටි පරිච්ඡේද එය විසින් එකට එක් කරන ලදී. පසු කාලීනව ඉරු දින උදෑසන මෙහෙයන් හි දී මෙම පණිවුඩය මා විසින් වසර ගණනාවක් මුළුල්ලේ ලබා දුන් අතර එය ''ස්වර්ගය'' නම් කොටස් 2 කින් යුත් ග්‍රන්ථ පෙළෙහි ප්‍රකාශයට පත් කරන ලදී.

''මන්මින් දේවස්ථානයට යන්න'' යැයි වෙළඳ පොලේ අසල්වාසින්ද ප්‍රකාශ කළෝය

සභාව අසල වෙළඳ පළක් විය. මෙම වෙළඳපොල අද්දර සභාව පිහිටි බැවින් බොහෝ පිරිසකට බස් නැවතුම් පොළෙන් බැස මෙය පසුකොට සභාවට යාමට සිදුවිය. වෙළඳුන්, රථවාහන අනතුරකට මුහුණ දී ජීවිත අනතුරුදායක තත්වයක සිටින්නාක් මෙන් පෙනෙන දරුවන් රැගෙන යන මෙම ජනතාව නිතරම දුටුවෝය. වෙළඳුන් හදිසි රෝගීන් දුටු සැමවිටකම ''ඔවුන් මන්මින් සභාවේ පාලකතුමා හමු වන්න්ට යන ගමන්'' යැයි පැවසූහ. දිනකට හෝ දෙකකට පසු එම ජනතාව සුව වී වෙළඳපොලේ භාණ්ඩ මිළ දී ගන්නා විට වෙළඳුන් මහත් විශ්මයට පත් වූහ.

''ඔබ ඊයේ ගිලන් මැස්සක තබාගෙන ආ කෙනා නොවේද?''

''ඔව්, ඒ මමයි.''

''එහෙනම් ඔබ මෙසේ ඇවිදින්නේ කෙසේද?''

''මම ඊයේ යාච්ඤාවෙන් සුවය ලැබුවා.''

වෙළඳුන් මෙවැනි දෑ නිතරම දුටු නිසා දෙවියන් වහන්සේ ජීවමාන බව පිළිගත්තෝය. නමුත් අප ඔවුන්ට ශුභාරංචිය දේශනා කරන විට ඔවුන් දෙවියන් වහන්සේ ජීවමාන බව දන්නා බව පැවසූ නමුදු ඔවුන් ඔවුන්ගේ ජීවනෝපාය උදෙසා මහන්සි වන නිසා සභාවට නොපැමිණියහ. ඔවුහු සභාවට නොපැමිණිය ද රෝගියෙකු දුටු විට මන්මින් සභාවට යන ලෙද උපදෙස් දුන්හ.

ස්වාමින් වහන්සේ අප සමඟ ක්‍රියා කල සේක

දෙවන දේවස්ථානය වෙත යාම

ආරම්භක මෙහෙයෙන් වසරකට පමණ පසුව දේවස්ථානයේ ජනතාව සඳහා තවදුරටත් කිසිදු ඉඩක් නොවීය. අප නමස්කාර මෙහෙයන් සිදු කරන අවස්ථාවන්හි දී යාච්ඤා කුටි, කොරිඩෝව සහ අමුත්තන් හමුවන කාමරය පව ජනතාවගෙන් පිරී තිබිණි. නිසැකයෙන්ම කිසිදු අවකාශයක් එහි නොවීය. එම නිසා අපි විශාල ස්ථානයකට යාම උදෙසා යාච්ඤා කිරීම ආරම්භ කළෙමු.

අවම වශයෙන් වර්ග අඩි 7,000 පමණ වු ප්‍රදේශයක් අපට අවශ්‍යය වූ නමුදු අප සහා සාමාජිකයන්ගේ ඇදහිල්ල එතරම් බලවත් නොවීය. නව දේවස්ථානය උදෙසා මා යාච්ඤා කළ විට දෙවියන් වහන්සේගේ වචනය දුන් සේක. ''යන්න හිස් ස්ථානයක තාවකාලික සෙවණක් ගොඩ නඟන්න. එය බිඳ වැටෙනු ඇත. එම නිසා එය නැවත ගොඩ නඟන්න. එය නැවතත් බිඳ වැටෙනු ඇත.ඉන් අනතුරුව මගේ සැලැස්ම අනාවරණය වනු ඇත.''

1984 සැප්තැම්බර් මස වෙළඳපොළ අසල වූ තනි මහල් ගොඩනැගිල්ලක වහලය මත හිස් ස්ථානයක් තිබිණි. දෙවියන් වහන්සේ තාවකාලික සැලැස්ම ගොඩ නැගීමට පැවසූ සේක. නමුත් එය අසාර්ථක වන බව සාමාජිකයන්ට පැවසීමට උන් වහන්සේ ඉඩ නුදුන් සේක. ඇත්ත වශයෙන්ම වහලය මත ස්ථිර ගොඩනැගිල්ලක් ඉදි කිරීමට නීත්‍යානුකූලව අවසරයක් නැත. එතැන තාවකාලික ගොඩනැගිල්ලක් ඉදිකිරීම දෙවියන් වහන්සේගේ අභිමතය බව මම ඔවුනට තේරුම් කර දී ගොඩ නැගීම ආරම්භ කිරීමට ඉඩ හැරියෙමි. ගොඩනැගිලි අයිතිකරු කැමති වූ අතර ප්‍රදේශයේ රජයේ කාර්යාලයට ගොස් තාවකාලික ගොඩනැගිල්ලක් තැනීමට අවශ්‍ය අවසරය ලබා ගන්නා බව පැවසුවේය.

මනුෂ්‍යයා හිතන ආකාරයට වහලක් මත තාවකාලික සැලැස්ම ඉදි කිරීමට ඒත්තු ගන්වා එය දේවස්ථානයක් ලෙස භාවිතා කිරීම දුෂ්කර කාර්‍යයක් විය. නමුත් එය දෙවියන් වහන්සේගේ වචනය නිසා මම එකඟ වීමි. තාවකාලික ගොඩනැගිල්ල ඉදිකොට අවසන් වූ පසු එය කඩා බිඳ වැටෙන බව මම දැන සිටියෙමි. සාමාජිකයන් සිමෙන්ති ගඩොල් ඇසිරූ පසු රජයේ කාර්‍යාලයේ නාගරික කම්කරුවෝ පැමිණ එසැණින්ම එය කඩා බිඳ හෙලූහ. මෙයාකාරයෙන් සිදු වන විට සභාවේ සමහර සාමාජිකයෝ පැමිණිලි කළ අතර බොහෝ සාමාජිකයෝ සියල්ලම සිදු වුයේ යහපතට බව විශ්වාස කොට එක්සත් හදවත් වලින් දෙවියන් වහන්සේට යාච්ඤා කළහ. මේ සියල්ල දුටු ප්‍රදේශයේ නිවැසියෝ රජය මෙතරම් මේ සඳහා දක්වන්නට පටන් ගත්තෝය. වෙළඳපොලේ වෙළඳුන් පවා මන්මින් සභාව හරහා දෙවියන් වහන්සේගේ ක්‍රියාකාරකම් සිදුවන බව ඉතා හොඳින් දැන සිටියහ. මේ දුෂ්කර කාලවකවානුව ගත කරමින් සිටි අප සහා සාමාජිකයන්ගේ නව දේවස්ථානය සඳහා වූ තද ආශාව උණුසුම් වූ අතර අප හදවත් එකක් ලෙස එක්වුණි. මේ ආකාරයට දෙවියන් වහන්සේ නව ගොඩනැගිල්ල සූදානම් කරමින් සිටි සේක.

ඒ වන විට ද අප සභාවට භාවිතා කිරීමට කිසිදු ගොඩනැගිල්ලක් නොවීය. නමුත් අසල ස්ථානයක වර්ග අඩි 7,000 ක පමණ සම්පූර්ණ කරන ලද ගොඩනැගිල්ලක් තිබූ අතර එය අපට භාවිතා කළ හැකි විය. දෙවියන් වහන්සේ අපට එම ගොඩනැගිල්ලට යාමට පැවසූ සේක. ඒ අවස්ථාවේදී අපට තුන් සියයක පමණ සාමාජිකයන් පිරිසක් සිටි අතර ඔවුන්ගේ පරිත්‍යාගයන් ධර්ම දූත මෙහෙවරෙහි අවශ්‍යතාවයන් සඳහාද ප්‍රමාණවත් නොවීය. බොහෝ සාමාජිකයන් පොහොසතුන් නොවූ අතර වොන් මිලියන දෙකක් සූදානම් කර ගැනීම පවා ලෙහෙසි නොවීය. එම නිසා මා කලින් අප වර්ග අඩි 7,000 ක ගොඩනැගිල්ලකට යන ලෙසට සාමාජිකයන්ට යෝජනා කලා නම් ඔවුන් බොහෝ සෙයින් පැමිණිලි කරනු ඇත. එම ස්ථානය කුළියට ගැනීමට අපට වොන් මිලියන 40 ක් (ඇ.ඩො. 40,000) අවශ්‍ය විය. එය දේවස්ථානයක් බවට පරිවර්තනය කිරීමට තවත් වොන් 20,000 ක් අවශ්‍ය විය. අප සාමාජිකයන්ගේ ඇදහිල්ල සමඟ එය ඉෂ්ට කර ගැනීම දුෂ්කර කාර්‍යයක් විය. සාමාජිකයන් මෙම පරීක්ෂා කාලය ගත කරමින් සිටින විට නව දේවස්ථානයක් සඳහා වූ ඔවුන්ගේ පිපාසය තවත් විශාල වූ අතර දැඩි උද්‍යෝගි හදවතකින්, එක්සත් සිතිවිලි වලින් ශක්තිමත්ව ඔවුහු යාච්ඤා කළහ. නව දේවස්ථානයකට යාමට අවශ්‍ය මුදල සැනෙකින් එකතු කර ගත්තාක් මෙන් විය. අවසානයේ දී 1984 දෙසැම්බර් මස 31 වන දින ඩො ජක් ගු, ඩේ බාං ඩොං හි ගොඩනැගිල්ල කුලියට ගෙන ප්‍රථම සේවය පැවැත්වීමු. මෙවැනි පරීක්ෂාවකින් දෙවියන් වහන්සේ සාමාජිකයන්ගේ

ඇදහිල්ල වැඩි කළ සේක.

සභා සංවිධානයන් ස්ථාපිත කිරීම

දෙවියන් වහන්සේ නව සාමාජිකයන් බොහෝ පිරිසක් ඒවීමත් සමඟම සභාවේ ප්‍රමාණය සීග්‍රයෙන් වර්ධනය විය. අප සමඟ වූ දෙවියන් වහන්සේගේ බලවත් ක්‍රියා සළකුණු සහ ආශ්චර්යන් නොනවත්වාම සිදු වූ නිසා සාමාජිකයන්ගේ ඇදහිල්ල ද සීඝ්‍රයෙන් වර්ධනය විය. සමහරු සුවය ලබා ගැනීමට සභාවට පැමිණිය ද, බොහෝ පිරිසක් පිපාසයෙන් මෙන් ජීවිනයේ වචනය සොයා පැමිණියහ.

1983 ඔක්තෝම්බර් මස දී මන්මින් යාච්ඤා මධ්‍යස්ථානය පිහිටුවන ලදී. දෙවියන් වහන්සේ මගේ භාර්‍යාව වන බොන්කිම් ලී, රෝගීන් ආත්මිකව සහ ශාරීරිකව සුව කරනු සඳහා වූ දිනපතා සුව මෙහෙයන් මෙහෙය වීම පිණිස යොමු කළ සේක. යාච්ඤා මධ්‍යස්ථානයේ සභාපති වශයෙන් සේවය කිරීමට උන් වහන්සේ ඇයව පත් කළ සේක. ඇය දිනපතා සුව මෙහෙයන් මෙහෙය වූ අතර උපදේශනය, සාමාජිකයන් කරා ගොස් සොයා බැලීම සහ යාච්ඤාවන් කෙරෙහි තම අවධානය යොමු කළාය. 1984 ජනවාරි මස දී දේවරාජ්‍යය සඳහා යාච්ඤා කිරීම සහ දෙවියන් වහන්සේගේ ධර්මිෂ්ඨකම ඉටු කිරීම පිණිස ''බැතිමතුන්ගේ යාච්ඤා දූක්ම'' පිහිටුවා ගන්නා ලදී. මෙම බැතිමතුන් යාච්ඤා කිරීම පමණක් නොකළ අතර සුව මෙහෙයන් වලටද සහභාගි වී රෝගීන් හට ඔවුන්ගේ යාච්ඤා වලට උදව් කළහ. 1984 මාර්තු මස දී දරුවන් වෙනුවෙන් මන්මින් ප්‍රාථමික පාසල ආරම්භ කරන ලදී. සභාව ආරම්භ වී වසර දෙකක් ගත වූ විට සභාවේ ස්වරූපය සහ සැලැස්ම මනා හැඩගැන්වීමකින් සිදු වන්නට විය.

1985 ඔක්තෝම්බර් මාසයේ දී යාච්ඤා මධ්‍යස්ථානයේ සභාපති වශයෙන් රාජකාරී කරමින් සිටින කාලයේ, මගේ බිරිඳ කිහිප දෙනෙකු හා එක්ව රාත්‍රී යාච්ඤා මෙහෙයන් ආරම්භ කළාය. මෙම යාච්ඤා මෙහෙයන් දහසක් සාමාජිකයන් එකතු වී සෑම රාත්‍රියකම යාච්ඤා කරන වර්තමාන ''දානියෙල් යාච්ඤා මෙහෙය'' හි ආරම්භය විය. සභාපති බොන්කිම් ලී නිරාහාර යාච්ඤාව කෙරෙහි සිත යොමු කළාය. ඇය සිය පවුලෙන් තම සතුට පමණක් නොගෙන අන් ආත්මයන් සඳහා තම ජීවිතය කැප කළාය. දෙවියන් වහන්සේ, ශුද්ධාත්මයාණන් වහන්සේගේ පැහැදිලි හඬ සමඟ ක්‍රියා කොට ඇයට බලසම්පන්න ක්‍රියාවන් විද්‍යාමාන කිරීමට ආශිර්වාද කළ සේක. තවමත් ඇය දානියෙල් යාච්ඤා මෙහෙය සෑම රාත්‍රියකම මෙහෙය වන්නීය. බොහෝ සාමාජිකයෝ දෙවියන් වහන්සේගේ බලය අත්විඳ, ඔවුන්ගේ යාච්ඤා කාලය තුළදී පිළිතුරු ලද හෙයින් සභාවේ දී

ප්‍රශංසා කළෝය. ''දනියෙල් යාච්ඤා මෙහෙය'' හරහා සභා සාමාජිකයන්ගේ ආත්මයන් සාර්ථක විය. එය සභාව පිබිදීම කරා යන ශක්තිය විය. ජීවිතයේ වදන කෙරෙහි වූ දැඩි ආශාව ඇති අයවලුන් පැමිණ ආත්මික පණිවුඩ වලට සවන් දී සාමය හා සාමදානය ලබා ගත්හ. තම ප්‍රශ්න වලට පිළිතුරු සහ විසඳුම් ලැබූවන් සභාවේ රැඳුනු නිසා සභාව ස්ථිරව පැවතිණි.

මොළයේ ගෙඩියක් තිබි වෛද්‍ය ශිෂ්‍යයා

සුයොල් චෝ ක්‍රිස්තියානි පවුලක උපන්නෙකි. ඔහු නාසා ග්‍රසනිකා නම් වූ රෝගයෙන් පෙලුනි. නාසයේ වූ රුධිර වාහිනි එකතු වී ගෙඩියක් බවට පත් විය. පසුව එය මොළයේ ගෙඩියක් බවට පරිවර්තනය විය.

එකල සෝල් ජාතික විශ්ව විද්‍යාල රෝහලේ උප සභාපති සුයොල් චෝ ගේ ඥාතියෙක් විය. ඔහු පැය අටක විශාල ශල්‍යකර්මයකට මුහුණ දුන්නේය. ශල්‍යකර්මයෙන් පසුව ද නාසයේ අවහිරය දිගටම පැවතිනි. නමුත් ඔහු ශිෂ්‍යයකුව සිටින ඔහුගේ විද්‍යාලයට ගොස් ලෝකයාට මිතුරකු ලෙස සිටි නිසා මෙම ලක්ෂණ වඩාත් නරක අතට හැරිණි. ශල්‍යකර්මයෙන් මාස 3 කට පසුව ඔහුගේ නාසය හිර වී බොහෝ සෙයින් ලේ ගැලීමක් සිදු වන්නට විය. ඔහු රෝහල වෙත ගිය විට එය නැවතත් ඇති වී ඇති බව වෛද්‍යවරයා පැවසුවේය.

ඔහුගේ පෙර කළ ශල්‍යකර්මයේ දී මොළය කරා මෙම ගෙඩිය පැතිර යාමේ දැඩි හැකියාවක් ඇති බව වෛද්‍යවරයා පැවසූ අතර මෙම ගෙඩියේ මූල ඒ වනවිටද මොළය තුළට ගොස් එය මොළයේ ගෙඩියක් බවට පත් ව තිබුනි. 1984 දෙසැම්බර් මස දී වෛද්‍ය විද්‍යාවෙන් ඔහුට සුව විය නොහැකි බව ඔහු තේරුම් ගත්තේය. ඔහු සිය පවුලේ සාමාජිකයන් හා අප සභාවට පැමිණ ලියාපදිංචි වුවේය.

1985 ජනවාරි මස දී පිබිදීමේ රැළියක දී ඔහු දේව කරුණාව ලබා යම් සුවයක් ලබා ගත්තේය. එම අවස්ථාවේ දී වෛද්‍යවරු තවත් ශල්‍යකර්මයක් කළ යුතු බවට යෝජනා කළහ. වෛද්‍ය ප්‍රතිකාර මඟින් තමන් සුව වනු ඇතැයි යනුවෙන් ඔහු යම් දුරකට සිතුවේය.

නමුත් 1986 දී දසවතාවකටත් වඩා ඉතා විශාල වශයෙන් රුධිර ගැලීම් සිදු වූ නිසා දෙවියන් වහන්සේගේ කරුණාවෙන් පමණක් ජීවත් විය හැකි බව ඔහු තරයේම තේරුම් ගත්තේය. දෙවරක්ම මෙවැනි අධික රුධිර ගැලීම් සිදුවීම ඔහු මහත් වෙහෙසට පත් කළේය.

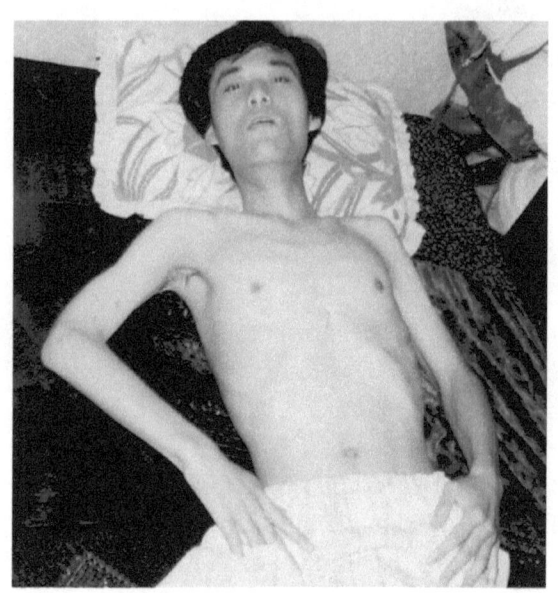

සියොල් චෝ නියුමෝනියාවෙන් පීඩා විඳිමින්

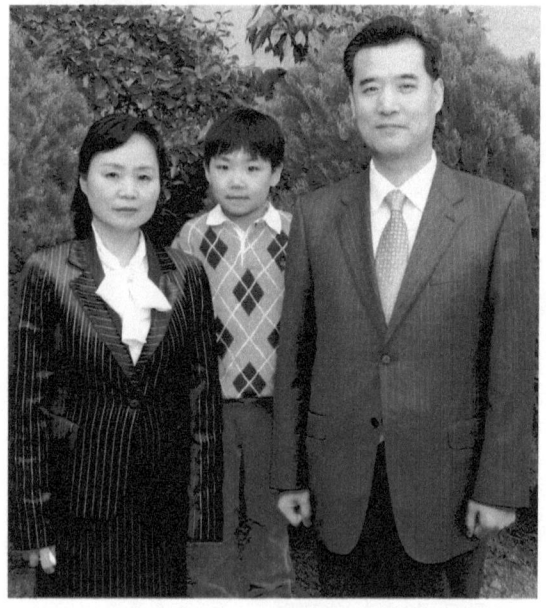

සුවපත් වූ පාලකවරයෙක් ලෙස අද

සතියේ දින වල ජෝව්වොන් හි මම යාච්ඤා කරන විට එක් දිනයක මගේ යාච්ඤාවක දී හදවතේ තදබල දුකක් ඇති වූ අතර සූයොල් චෝ ඉතාමත් අසාධ්‍ය තත්ත්වයක සිටින බවට මම තේරුම් ගත්තෙමි. මම දෙවියන් වහන්සේ සමඟ කඳුළින් යාච්ඤා කළෙමි.

එම අවස්ථාවේ දී අප සභාවේ බොහෝ සෙයින් යාච්ඤා කරන උපස්ථායිකාවක් මා යේසුස් වහන්සේගේ සළුවේ කොන අල්ලා ගෙන ඉතා ඕනෑකමින් මෙම තරුණයාගේ ජීවිතය උන් වහන්සේගෙන් ඉල්ලන අයුරු දර්ශනයකින් දුටුවාය. එයට පසුවද මෙම තරුණයා ජීවිතය අතුරුදායක අවස්ථාවක සිටින විට ශුද්ධාත්මයාණන් වහන්සේ ඒ පිළිබඳව මා දැනුවත් කල අතර මගේ යාච්ඤා ලබමින් ඔහු එහි අසාධ්‍ය අවස්ථා පසු කළේය. එතැන් පටන් සූයොල් චෝ ආත්මික ඇදහිල්ල ඇතිව සුව වුයේය.

ඔහු යාච්ඤා නොකළේ නම් සහ ශුද්ධාත්මයාණන් වහන්සේගෙන් සම්පූර්ණයෙන්ම ඔහු පිරී ගියේ නැත්නම් නාසයේ වූ ගෙඩිය ඉතා විශාල වී ඔහුගේ උගුර අවහිර වීම හෝ දිව මුඛයෙන් පිටතට පැමිණීම හෝ ගෙඩිය නාස්පුඩු තුළින් එළියට ආ හැකිව තිබිණි. එම අවස්ථාවන්හි ඔහු පසුතැවිලි වී මගේ යාච්ඤාවන් ලබාගත් නිසා ඔහු පවිත්‍ර විය. මෙම ක්‍රියාවන් තුළින් මෙම තරුණයා මාංශගත සිතුවිලි සහ පාපයන් සොයා ගෙන ''මා මිය යා යුතු නම්'', මා මිය යන්න'' යැයි සිතමින් නිරාහාරව සිටියේය.

ඔහු තමන්ව වෙනස් කර ගැනීමට උපරිමයෙන් උත්සාහ කළේය. අවසානයේ දී සම්පූර්ණ නිරෝගී මිනිසෙක් බවට පත් වුවේය. වර්තමානයේ සභයක පූජකවරයකු ලෙස අප සභාවට සේවය කරන්නේය. ඔහු සිය බිරිඳ සහ පුත්‍රයා සමඟ සතුටු පවුල් දිවියක් ගත කරන්නේය.

කාබන් මොනොක්සයිඩ් විසවීමෙන් දරදඬු වූ සිරුර

1985 පෙබරවාරි මස සෙනසුරාදා සවස මම මාගේ කාමරයේ යාච්ඤා කරමින් සිටියෙමි. දොරට පිටතින් සෙනඟකගේ කලබලයෙන් සහ එක් අයෙක් මිය ගොස් ඇති බව යමෙක් පවසනු මට ඇසුණි. යාච්ඤාවෙන් පසුව මා පිටතට පැමිණි විට කාබන්මොනොක්සයිඩ් වායුව විෂ වූ අප සභාවේ සොහොයුරියන් එහි වූවාය.

සිකුරාදා රාත්‍රී මෙහෙය අවසානයේ නැවත නිවසට ගිය ඈ අඟුරු නම් ඉන්ධන ගඩොල් පත්තු කොට නින්දට ගියාය.

නමුත් සෙනසුරාදා ප.ව. 2.00 පසු වූ විට වායු විෂ වූ ඇය සොයාගනු ලැබීය. ඇය හමුවන විට ද පැය ගණනාවක් තිස්සේ ඇය වායුව ආශ්වාස කර තිබූ නිසා ඇයගේ ශරීරය අඩපණ වී, මුඛයේ බුබුළු ද විය. ඇගේ එක් අසල්වැසියෙක් ඇය සොයා ගෙන ඒ වන විට ද ඇය මිය ගොස් ඇතැයි සිතා මගේ නිවසට රැගෙන ආවේය. ඇය සිහි මුර්ජා වී සිටි අතර ඇගේ ශරීරය දරදඬු හා ශිතල වී තිබිණි.

මම ඈ මත මගේ අත තබා ''යේසුස් ක්‍රිස්තුස් වහන්සේගේ නාමයෙන් කාබන්මොනොක්සයිඩ් වායුවට මම අණ කරනවා යන්න. ඇස් දෙකෙන්, නාස් පුඩු දෙකෙන්, මුඛයෙන් සහ ශරීරය පුර ාවූ සියළුම සෛල වලින් යන්න'' යැයි මම යාච්ඤා කළෙමි. මගේ යාච්ඤාව අවසන් වී මගේ අත ඇගෙන ගත් පසු ඇය මඳක් උණුසුම් වී සෙමෙන් ඇස් ඇරියාය. පසුව ඇගේ දරදඬු ශරීරය මිනිත්තු දෙකෙන් පමණ සම්භාහනය කළ පසු ශරීරයේ චලනයන් නැවත ලැබිණි. ඇය හිඳ ගත් අතර කිසිදු පසු ආබාධයකින් තොරවම ප්‍රකෘති තත්ත්වයට පත් වූවාය.

ඇය සොයා ගත් පසුව රෝහලකට රැගෙන ගියා නම් ඇයට ප්‍රකෘති තත්ත්වය ලබා ගැනීමේ හැකියාව ඉතා අල්ප වේ. ඇය ජීවත් වුවද ජීවිත කාලය පුරාම කම්පනයකින් සහ මොළයට හානි වීම නිසා බෙලහීනතාවයෙන් පෙළෙනු ඇත. නමුත් සර්ව බලධාරි දෙවියන් වහන්සේ මරණින් පසුව ද නැවත නැගිටීමෙන් උන් වහන්සේගේ බලය පෙන් වූ අතර මිනිත්තු දෙකකින් ඇය සම්පූර්ණ සුවය ලැබුවාය. මින්යුන් ලී නම් වූ ඇය පසුව අප සභාවේ පුජක ජොන් හවාන් චා සමඟ විවාහ වූවාය.

කරුණා කර ශින්ඩේ බෑං ඩොං වෙත යන්න

සමහර අවස්ථාවන් වල මම හුස්ම ගැනීම නතර වුවන්ට පවා යාච්ඤා කළෙමි. 1985 ජූනි මස දී උපස්ථායිකා සොක් හී චෝ ගේ දෙහැවිරිදි දියණිය වූ සයුං ආ හට යමක් සිදු වී තිබිණි. ඇගේ මව සොසේජස් පිසිමින් සිටින විට දී ඇය සිය මව වෙත ගොස් අත දිගු කළාය. මව සොසේජස් කැබැල්ලක් ඇයට දුන්නාය. නමුත් දියණිය කාමරයේ නොමැති බව දැනගෙන විගසින් වෙනත් කාමරයකට ගියවිට කියුං ආ මුඛයේ බුබුළු සහිතව සහ නිල් පැහැ ගැන්වුනු සමකින් යුක්තව හුස්ම ගැනීමට අපහසුව මිය යමින් සිටියාය.

එය මිනිත්තු දෙකත් අතර තුර දී සිදු වූ බැවින්, ඉන් ඇය පුදුමයට පත් වූවාය. දියණිය ඔසවා ගත් ඇය කුලී රියකට නැග්ගාය. සභාවේ දී සුව කළ නොහැකි රෝගීන් සුව වන අයුරු සහ මිය ගිය වුවන් නැවතත් ජීවිතය ලබා ගන්නා අයුරු අසා හා දැක තිබූ නිසා දෙවියන් වහන්සේ ඉදිරියේ ඇගේ

විශ්වාසය පෙන්වූවාය. ඇය කුලී රථ රියදුරුට ශින්ඩේ බෑං ඩොං වෙත යන ලෙස පැවසුවාය. මෙතරම් රෝහල් අවට තිබිය දීත් ඇයට ඉතා දුර ස්ථානයකට යා යුත්තේ මන්දැයි ඔහු පෙරලා ඇසුවේය.

''නෑ. ශින්ඩේබෑං හි දක්ෂ වෛද්‍යවරයෙක් සිටිනවා.''

ඇය පැමිණෙන විට මා නිවසේ සිටි නිසා ඇය වෙනුවෙන් යාච්ඤා කළ හැකි විය. කුඩා දැරියගේ හුස්ම ගැනීම ඒ වන විට ද නැවතී තිබුණු අතර කුලී රථයේ පැමිණීම නිසා ඇගේ සිරුර ද සීතල වී තිබිණි. මියගිය දැරියගේ ආත්මය නැවත ලබා දෙන ලෙස මම දෙවියන් වහන්සේගෙන් මහත් ඕනෑකමකින් ඉල්ලා යාච්ඤා කළෙමි. යාච්ඤාව අවසන් වනවාත් සමගම දැරිය අවදි වී හුස්ම ගැනීමට පටන් ගත්තාය. එතැන් පටන් කිසිදු පසු ආබාධයක් නොමැතිව ඇය සුවයෙන් වැඩෙන්නීය. වර්තමානයේ ඇය විවාහ වී වසර 3 ක් ගත වී ඇති අතර ඇගේ පියා ජොආනාම් ප්‍රදේශයේ සන්වොන් නගරයේ සන්ඩොන් මන්මින් සභාවේ පූජකයකු ලෙස සේවය කරයි.

දෙවියන් වහන්සේගේ බලයෙන් දරුණු පිළිස්සුමක් සුව වීම

1986 අප්‍රියෙල් මස 6 වන ඉරිදා දිනයේ 62 හැවිරිදි ජ්‍යෙෂ්ඨ උපස්ථායිකා යුන් ඩුක් කිම් දේවස්ථානයේ මුළුතැන්ගෙයි වැඩ කරමින් සිටිය දී අනතුරකට මුහුණ දුන්නාය. ගෑස් උඳුන මත ඉතා විශාල භාජනයක් වූ අතර නූඩ්ල්ස් සෑදීම පිණිස එහි වතුර උණු වෙමින් තිබිණි.

ඇය ලිස්සා වැටෙන්නට ගිය විට වැරදීමකින් ගෑස් උඳුන මත වූ හැඬලය අල්ලා ගත් අතර එහි ප්‍රතිපලයක් ලෙස උතුරමින් තිබූ විශාල බඳුන පෙරළිණි. උණු වතුර ඇගේ පපුව, යටි බඩ, අත් සහ පාදයන් වලට හැලී දරුනු පිළිස්සුම් ඇති කෙරීය. හිස සහ මුහුන නොපිලිස්සීමට තරම් ඇය වාසනාවන්ත වූවාය.

මෙම පුවත ඇසූ විගසම මම මුළුතැන්ගෙයට ගියෙමි. ඇය බිම වැතිර සිටින අවස්ථාවේදීම මම ඇයට යාච්ඤා කළෙමි. පිළිස්සුම් තුවාල කෙතරම් බලවත් ද යත් ඇගේ සම පිසුනු ස්වභාවයක් ගත් අතර එය ඇගේ ඇඳුම් වලට ඇලී තිබිනි. ඇය ඒ වනවිටත් මඳ සිහියකින් යුක්ත වූවාය. රස්නය ඇයට දරාගත නොහැකි වුවද මම ඇය වෙනුවෙන් යාච්ඤා කරන විට ඇගේ ශරීරයෙන් එම රස්නය පිටවෙන්නාක් මෙන් දැනුනු බව ඇය පැවසුවාය. රස්නය ඇගේ දකුණු පපුව හරහා වම් පපුවෙන් පිටතට සහ පහතට ගොස් ඇගේ ශරීරය තුළින් ගොස් දකුණු පාදයෙන් ද පිට විය.

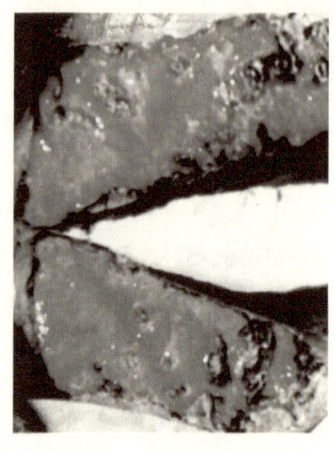

තුන්වන මට්ටම දක්වා පිලිස්සීමේ තුවාල සුවය ලැබීම

රස්නය පහව ගිය ද පිළිස්සුනු පෙදෙස් රෝස් කරන ලද මස් මෙන් දිස්වුනු අතර ඇඳුම් ඇලී තිබුණි සමෙහි මාංශ ඉරී තිබිනි. එය සැබැවින්ම අභාග්‍යසම්පන්නය. ඇය එම තත්ත්වයෙන්ම රෝහලකට ගියා නම් ඇගේ ජීවිතය පිළිබඳව සහතිකයක් නොමැත. ඇය ජීවත් වුවද ඇගේ සම සවි කිරීමට වසර ගණනාවක් ගත වනු ඇත. ශල්‍යකර්මයන් රැසක් කළ ද පසු ප්‍රතිඵල සහ කැළැල් රැසක් ඇයට ඉතිරි වනු ඇත. මගේ නිවසට ඇය කැඳවාගෙන අවුත් දිනකට වරක් මා ඇය වෙනුවෙන් යාච්ඤා කළෙමි. ඇය කිසිදු බෙහෙතක් හෝ එන්නතක් ලබා නොගත් නමුත් දෙවියන් වහන්සේගේ ක්‍රියාවෙන් ඉතා ඉක්මණින් ප්‍රකෘති තත්ත්වයට පත් වූවාය.

සම්පූර්ණයෙන් පිසුනු ස්වාභාවයක් ගත් සහ මිය ගිය සෛල, ශාක පොතු මෙන් කබොලු බවට ලත් වී නව මාංශ වැඩෙන විට එම කබොලු වැටිනි. පිළිස්සුනු ස්ථාන වල නව මාංශ වැඩුනු අතර නව රුධිර වාහිනි ඇති වී මිය ගිය සම යළි ප්‍රාණවත් විය. ඇය බැලීමට ආ සාමාජිකයන් මෙම සම්පූර්න ක්‍රියාදාමය දුටුවෝය.

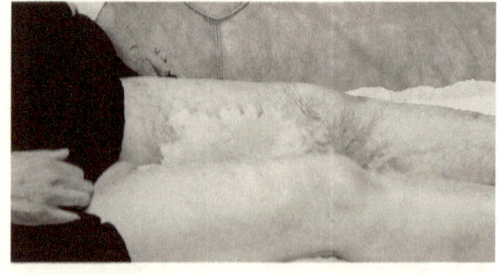

යාච්ඤාවෙන් පසු සම්පූර්ණ සුවය ලැබ අලුත් මාංශ වර්ධනය වීම

ජ්‍යෙෂ්ඨ උපස්ථායිකා යුන් ධුක් කිම් මෙම අනතුරින් මාස තුනකට පසු සම්පූර්ණ සුවය ලැබුවාය. ඇය සම්පූර්ණයෙන්ම සාමාන්‍ය තත්ත්වයට පත් වූවාය. 2010 වන විට එනම් ඇය අවුරුදු 85 ක් වන විට ද ඇය ක්‍රියාශීලිව උද්‍යෝගි ක්‍රිස්තියානි දිවියක් ගත කරන්නීය.

ගිනිවැනි ක්‍රියාවන්

මෙසේ ස්වාමි වූ යේසුස් වහන්සේ, ඔවුන්ට කථා කල පසු, ස්වර්ගයට ඔසවාගනු ලැබ, දෙවියන් වහන්සේගේ දකුණු පැත්තෙහි වාඩි වූ සේක. ඔවුහු පිටත්ව ගොස්, සියලු තැන්වලට දේශනා කළෝය. ස්වාමින් වහන්සේද ඔවුන් සමඟ ක්‍රියාකාරකමින්, ඔවුන් අතින් සිදු වූ ලකුණු වලින් වචනය ස්ථිර කල සේක. ආමේන් (ශු.මාර්ක් 16:19-20).

ගෝලයන් දේශනා කිරීමට ගිය විට ස්වාමින් වහන්සේ ඔවුන් සමඟ ක්‍රියා කල සේක. ඒ ආකාරයටම මම රෝගීන් මත මගේ අත් තබන විට ඒ වෙනුවට ස්වාමින් වහන්සේගේ ශ්‍රී රුධිරය තැවැරුණු හස්තය ඔවුන් මත තැබිණි. මා යාච්ඤා කරන විට, දර්ශන ලැබුවන් හෝ ආත්මික දූ සාක්ෂි දරුවෝ, ස්වාමින් වහන්සේ උන් වහන්සේගේ ශ්‍රී හස්තය රෝගීන්ගේ රෝගී වූ ස්ථාව වලට තබනු දුටුවෝය.

කුමන ආකාරයක හෝ නමස්කාර මෙහෙයන් වල දී මම රෝගි වූ ජනතාව වෙනුවෙන් යාච්ඤා කරන විට බොහෝ ජනතාව මගේ අත් වලින් රුස්වුනු ගින්නක් පිටවනු දුටුවෝය. මෙම ගින්න ශුද්ධාත්මයාණන් වහන්සේගේ ගින්න වූ අතර, මෙය ඇදහිල්ල අනුව සෑම සාමාජිකයකු කරාම ගොස් ලෙඩ රෝග සුවකරනු ලැබුවේය. මගේ අත් ඔවුන් මත තබා මගේ මුළු හදවතින්ම දැඩි උද්යෝගයකින් හා විශ්වාසයෙන් ඔවුන් සුව වීමට සහ ඔවුන්ගේ ප්‍රශ්න නිරාකරණය වීමට යාච්ඤා කළ විට ශුද්ධාත්මයාණන් වහන්සේගේ බලවත් ක්‍රියා මඟින් දෙවියන් වහන්සේ ඒවාට පිළිතුරු දුන් සේක.

ශුද්ධාත්ම ආනුභාවයෙන් අනාගත ක්‍රියා ප්‍රකාශ කිරීම

පාලකවරයකු ලෙස පූජක පදවියට පත් වීම

සභාව ආරම්භ කර වසර 4 කට පසුව එනම් 1986 මැයි මස දී මම පාලකවරයකු ලෙස පූජක පදවියට පත් වීමි. ජූනි මස දී අප සභාව පවරා දීමේ ආදරයේ සංකේතයක් ලෙස විශාල රන් යතුරක් මට දුන්හ. එහි තේරුම වූයේ සභාවේ පාලකවරයා ලෙස සියළුම පාලනය මට දුන් බවට සහ ඔවුන් මා විශ්වාස කරන සහ මට කීකරු වන බවයි. සභා සාමාජිකයෝ ඔවුන්ගේ විශ්වාසය සමඟ දුන් එම ත්‍යාගය මම තවමත් නිධානයක් මෙන් ආරක්‍ෂා කරමි.

පූජක පදවියට පත් වූ පසු මා දින විසි එකක දානියෙල් යාච්ඤාවෙන් දෙවියන් වහන්සේ සමඟ සන්නිවේදනය කිරීමට උත්සහා කළෙමි. හෙළිදරව් පොතේ සඳහන් වන පරිදි අවසාන දින වල දි සිදු වන දෑ පිළිබඳව ස්වාමින් වහන්සේ මා හට තේරුම් කර දීමට පටන් ගත් සේක.

1986 ජූලි මස 20 ඉරු දින උදයේ මෙහෙයේ පටන් හෙළිදරව්ව දේශන මාලාව මම ආරම්භ කළෙමි. වසර 4 ක් පුරා එනම් 1989 දෙසැම්බර් 20 වන තෙක් මෙයාකාරයෙන් දේශන මාලාව පැවැත්විණි. ආත්මීක රාජධානිය පිළිබඳව ඉතා අල්ප වශයෙන් දැන සිටියවුන් හට තවත් එය ගැන දැන ගැනීමට අවශ්‍ය වූ නිසා මෙම පණිවුඩ වලට ඉතා ආශාවෙන් සවන් දුන්නෝය.

රටපුරා පැමිණි සෙනඟගෙන් පිරුණු සිකුරාදා සර්ව රාත්‍රික මෙහෙය

අප නව ගොඩනැගිල්ලකට ගොස්, පිබිදීමේ රැළියන් පැවැත්වූ විට මුළු සභාවම නැවතත් ජනතාවගෙන් පිරුණි. පිබිදීම ඉතා වේගයෙන් වූ නිසා නව

සහා ගොඩනැගිල්ලක් ඉදිකිරීමට අපට කාලය නොමැති විය.

1987 දි ඩොංජැක් ශින්ඩේබෑං ඩොං හි ගොඩනැගිල්ලක් කුලියට ගෙන අපි එහි ගියෙමු. එය අපගේ තුන්වන දේවස්ථානය විය. තුන්මසකට පසු, නව ගොඩනැගිල්ලකට යාම සැමරීම පිණිස පැවැත් වූ පිබිදීමේ රැළිය අවසන් වූ පසු සභාව නැවතත් පිරෙන්නට පටන් ගත්තේය. ඒ වන විට ලියාපදිංචි සාමජික සංඛ්‍යාව 3,000 ඉක්මවීය. දෙවැනි සහ තෙවැනි මහල් ද සභාවන් ලෙස භාවිතා කළ ද වෙනත් ඉඩකඩ නොමැති වීම නිසා සියල්ලන් සඳහාම ඉඩ පහසුකම් සැලසීමට අපට අපහසු විය. පැමිණි සමහරුන්ට ආපසු හැරී යාමට ද සිදු විය.

1989 ජූනි මස වන විට ලියාපදිංචි සාමාජිකයන් ගණන 6,000 ක් ඉක්ම වූ අති විශාල ප්‍රමාණයේ සභාවක් දක්වා වර්ධනය වෙමින් පැවතිණි. සභාවේ ආරම්භයත් සමගම දෙවියන් වහන්සේගේ වචනය සහ යාච්ඤාවෙන් දෙවියන් වහන්සේ විසින් දෙන ලද කාර්‍යභාරය සම්පූර්ණ කිරීම ගැන පමණක් සිත යොමු කිරීමට මට අවශ්‍ය විය. එම නිසා මම සාමාජිකයන් බලා ගැනීම සහයක පාලකවරුන්ට පැවැරුවෙමි. මුල් සභාවන් වල වර්ධනය සීග්‍රයෙන් සිදු වූ බැවින් ගෝලයන්ට තවත් කාර්‍යභාරයක් ඉටු කළ යුතු බැවින්, සභාවන්හි වැඩ කිරීමට උපස්ථායකයින් හත් දෙනෙක් තෝරා ගන්නා ලදි. ගෝලයන් දෙවියන් වහන්සේගේ වචනය පිළිබඳව පමණක් සිත යොමු කළහ. (ක්‍රියා 6:3-4). එම ආකාරයටම මම සභාවේ වත්කම් පිළිබඳව සම්බන්ධ නොවී එක් එක් කාර්‍යයන් සඳහා වෙනම අංශ පිහිටුවා තැබුවෙමි.

පාලකවරන් උනන්දු කොට බලවත් සේවයක් කිරීමට වසරකට වරක් හෝ දෙවරක් පාලකවරුන්ගේ සමුළුවක් අපි පැවැත්වීමු. මට වඩා දෙවියන් වහන්සේගේ සහ සභා සාමාජිකයන්ගේ ආදරය දිනා ගත් බලවත් පාලකවරුන් වැඩි කර ගැනීමට මට අවංකවම අවශ්‍ය වූ අතර ඒ සඳහා බොහෝ සහයක පාලකවරුන් බිහි කිරීමට මම උපරිමයෙන් වැඩ කළෙමි.

ශුද්ධාත්මයාණන් වහන්සේගෙන් පිරී ගිය සිකුරාදා රාත්‍රි මෙහෙය පිළිබඳව රට පුරා හොඳින් පැතිරගිය නිසා බොහෝ ජනතාවක් ඔවුනගේ නිකායන් නොතකා පැමිණියහ. ශුද්ධාත්මයාණන් වහන්සේගෙන් පිරුණු රාත්‍රිය ගත කොට ඔවුහු ඉරිදා දිනයන් හි නැවතත් ඔවුන්ගේ සභාවන්ට ගොස් සේවය කිරීම කෙතරම් යහපතක්ද. 1986 දෙසැම්බර් 12 වන දින සිකුරාදා රාත්‍රි මෙහෙය ආරම්භ වීමත් සමගම ස්වාමින් වහන්සේ මා හට තේරුම් කර දුන් යෝබ් ගේ ග්‍රන්ථයේ කොටස් දේශනා කිරීම ආරම්භ කළෙමි. 1992 දෙසැම්බර් 11 වන සිකුරාදා රාත්‍රි මෙහෙයෙන් මෙම දේශන මාලාව අවසන් විය.

එය යෝබ් ගේ ග්‍රන්ථයේ අනෙකුත් අර්ථ කථනයන්ට වෙනස් වූ ආත්මීක පණිවුඩක් විය. යෝබ් නම් වූ පුද්ගලයාගේ හදවතේ වූ වටිනා පණිවුඩයක විග්‍රහයක් විය. එය දෙන ලද්දේ අප හදවතෙහි වූ පාපිෂ්ඨ සහ අසත්‍යය සොයා ගනු පිනිසය. 1989 පටන් ස්වාමින් වහන්සේ මිනිසා තුළ වූ ''ආත්මය, ප්‍රාණය සහ ශරීරය'' පිළිබඳව විස්තරාත්මකව ඉගැන්වීමට පටන් ගත් සේක. පසුව උන් වහන්සේ මට ''මිනුම්'' පිළිබඳව ඉගැන්වූ සේක. මම සාමාජිකයන්ට මෙම පණිවුඩ සමග ඉගැන්වීම් කරන විට ඔවුන්ගේ ආත්මික ඇස් ඇරුණු අතර මට ඔවුන්ගේ වෙනස් වීම් පැහැදිලිව දක්නට ලැබිණි. ඔවුන්ගේ ඇදහිල්ලේ තරමටම මට ඔවුන්ට නව දේවල් ඉගැන්විය යුතු විය. ඒ නිසා ආත්මික රාජධානියේ මට්ටම් තුළටද යාමට මට සිදුවිය.

එක් පුද්ගලයෙකු හෝ තිරිඟු බවට වෙනස් කරන්න

දිනක් මා යාච්ඤා කරමින් සිටින විට ස්වාමින් වහන්සේ ශෝකයෙන් මෙසේ පැවසූ සේක.

''මාගේ දාසය, මා ඔබට ඉගැන්වූ පණිවුඩ රැගත් පොත් ඉක්මණින් ප්‍රකාශයට පත් කරන්න. සැබෑ ඇදහිල්ල ඇතිව ගැලවීම ලැබීමට හැකි අය අද ඉතා අල්පව සිටිති. ඔවුන් විශ්වාස කරන්නේ යැයි කියන නමුත් නොපනත් කමින් ක්‍රියා කරති. ඔවුන් මා නැවත කුරුස පත් කරති. ඔවුන් විශ්වාස නොකරති. නමුත් ඔවුන් විශ්වාස කරන්නේ යැයි වරදවා තේරුම් ගෙන සිටිති.''

යේසුස් වහන්සේ මෙසේ ප්‍රකාශ කල සේක. ''මනුෂ්‍ය පුත්‍රයා එන කල්හි පොළවේ ඇදහිල්ල සම්බවේද?'' (ශු.ලූක් 18:8) දෙවියන් වහන්සේට උවමනා කරන්නාවූ සැබෑ ඇදහිල්ල ඇති මිනිසුන් සොයාගත නොහැකි තරමටම අද පාපය හා නොපනත්කම ජයගෙන තිබෙනවා. ගොවීන් වගාකරන කල, ඔවුන් තිරිඟු පමණක් රැස් කොට, බොල් ගින්නෙන් නිවා දමයි. එලෙසම, දෙවියන් වහන්සේට අධික බොල් ප්‍රමාණයකට වඩා සෑම තිරිඟුවක්ම අවශ්‍ය කරයි. උන්වහන්සේගේ රාජ්‍යට තිරිඟු පමණක් එකතු කරනු ලබයි (ශු.මතෙව් 3:12). ආත්මය නම් වූ දෙවියන් වහන්සේගේ හදවත සම්පූර්ණ කිරීමට අප විසින් උනන්දු කමින් යාච්ඤා කිරීම, වචනයට අනුව ක්‍රියා කිරීම, මාංශික තෘෂ්ණාවක් පහකිරීම උන්වහන්සේට උවමනා කෙරේ (1 තෙසලෝනික 5:23).

සභා සාමාජිකයන් ''ආත්මය, ප්‍රාණය සහ ශරීරය සහ ''මිනුම්'' හි පණිවුඩ ඉගෙන ගත් විට ඔවුන්ගේ පාපයන් ඉවත හෙළීමට උත්සහා කළෝය. කිසියම් පුද්ගලයෙක් අපට පාපයන් ගැන නොකීවා නම් අප පාපයන් ගැන කිසිවක්

නොදැන හෝ සුළුවෙන් ඒ ගැන දැන සිටිනු ඇත. ජනතාව ලෝකය සමඟ එකඟතාවයකට නොඑළඹීම ගැන නොදැන සිටියහොත් ඔවුන් අවසානයේ දී බේරා ගත නොහැකි කසළ වැනි අදහන්නන් වනු ඇත. එම නිසා පාලකවරුන් විසින් අදහන්නන් හට පාපයන් ගැන ඉතා හොඳින් ඉගැන්විය යුතුය (ශු.මතෙව් 3:12).

පණිවුඩ ලැබීම සඳහා දෙවියන් වහන්සේ මත පමණක් රඳා සිටීම

යේසුස් වහන්සේ උන් වහන්සේගේ ගෝලයන් යවන විට, නුඹලා පාවාදෙන කල, නුඹලා කථා කරන්නේ කෙසේද, කුමක්දැයි සිතා කණගාටු නොවෙල්ලා. මක්නිසාද නුඹලා විසින් කියයුතු දේ ඒ පැයේදී නුඹලාට දෙනු ලබන්නේය. මක්නිසාද කථා කරන්නේ නුඹලා නොව නුඹලා තුළ කථා කරන නුඹලාගේ පියාණන්ගේ ආත්මයාණෝය. යැයි කී සේක (ශු. මතෙව් 10:19-20). මම සභාව ආරම්භ කළ වසරේ දී පූජක විද්‍යාලයේ, ජ්‍යෙෂ්ඨයකු වීමි. මට පාසැල් යන අතරතුර දී නිවසේ වැඩ ද කළ යුතු විය. දිනපතා අළුයම යාච්ඤා මෙහෙය, සිකුරාදා රාත්‍රී මෙහෙය සහ ඉරිදා උදෑසන සහ සවස මෙහෙයන් සඳහා සතියකට පණිවුඩ දහයකට වඩා මා විසින් පිළියෙල කළ යුතුව තිබිණි. තව ද සාමාජිකයන් කරා ගොස් උපදෙස් ලබා දීම සහ රෝගී වූවන් සඳහා පෞද්ගලික යාච්ඤා කිරීම ආදිය නිසා මම නිතරම අවිවේකි වුයෙමි.

සටහන් පොතක මාගේ දේශනය ලියා ගැනීමට වත් මට කාලයක් නොවූ නමුත් මා යාච්ඤා කරන විට දෙවියන් වහන්සේ මාතෘකාව සහ කියවීමේ පරිච්ඡේදය මට ලබා දුන් සේක. මම ඒ පිළිබඳව යාච්ඤා කරන විට දෙවියන්වහන්සේ උන් වහන්සේගේ අනුභාවය දේශනය අතර තුර දී මට ලබා දුන් සේක. මම ධර්මාසනය මත සිටගෙන සිටින විට දෙවියන් වහන්සේගේ වචනය මගේ මනසට ගලා ආවේය.

අද, නමස්කාර මෙහෙයන් සජීවිව රට පුරා හා අනෙකුත් රට වලට චන්ද්‍රිකා හෝ අන්තර්ජාලය හරහා ප්‍රචාරය වන බැවින් කලින් මම සටහන් සූදානම් කර ගනිමි. නමුත් සභාවේ ආරම්භයේ පටන් ප්‍රචාර දේශන ආරම්භ වන තෙක්ම මම කිසිදු සටහනක් නොමැතිව දේශනා කළෙමි.

මා කිසිවක් නොවටින්නා වූ දාසයෙක්මි

1987 අප්‍රේල් මසක එක්තරා දිනයක දී කාල වේලාව මදි වී අවශ්‍යතරම් යාච්ඤා කළ නොහැකි වූ නිසා දේශනය අතරතුරදී මට දෙවියන් වහ්සේගේ

මඟ පෙන්වීම නොලැබිණි. දේශනය ද හොඳින් සිදු වන බවක් මට දැනුනේ නැත. දේශනයට පසුව මම දෙවියන් වහන්සේ ඉදිරියේ බොහෝ යාච්ඤා සමග දේශනයට සූදානම් නොවීම ගැන කණගාටු වුයෙමි. මෙවැනි අවස්ථාවකට මුහුණ දුන් සෑම විටකම දෙවියන් වහන්සේ මා සමඟ නොමැති නම් මට කිසිවක් කළ නොහැකි බව සහ මම කිසිවකු නොවන බව තරයේම වැටහිණි. දෙවියන් වහන්සේ මා අතහැර දැමුවහොත් මට කිසිදු පණිවුඩයක් බෙදා හැරිය නොහැකි වී, මා යාච්ඤා කරන විට ශුද්ධාත්මයාණන් වහන්සේ ක්‍රියා නොකිරීම නිසා මට සභා සාමාජිකයන් වෙනස් කිරීමට නොහැකි වනු ඇත. සමහර දෑ සම්පූර්ණ කිරීමට මා සමත් වුවද දෙවියන් වහන්සේ ඉදිරියේ මම කිසිදු වටිනාකමක් නැති සේවකයකු වෙමි. එහෙයින් ඉහළින් ලැබුණු බලවත් ශක්තිය දෙවියන් වහන්සේගේ ආයුධයක් ලෙස භාවිතා කළ ද මට කිසිදා ඒ පිළිබඳව අහංකාර විය නොහැක.

1987 අප්‍රියෙල් මස දී ''මරණයට ප්‍රථම සදාකාල ජීවනය රස බැලීම'' වූ මගේ චරිතාපදානයක් මුද්‍රණය කරන ලදී. මෙම ග්‍රන්ථය නැවත මුද්‍රණය වී ස්ථිර විකුණුමක් බවට පත් විය. මේ වන විට විවිධ භාෂා රැසකට පරිවර්තනය කරන ලද මෙම ග්‍රන්ථය ලොව පුරා රටවල් රැසකටම බෙදා හැර ඇත. මෙම ග්‍රන්ථය හරහා බොහෝ දෙනෙක් ජීවමාන දෙවියන් වහන්සේ, සුව කිරීමේ, යාච්ඤාවන්ට පිළිතුරු දෙන සහ ප්‍රේමයේ දෙවියන් වහන්සේ බව විශ්වාස කිරීමට ගෙන ඇත.

ජර්මනියේ ප්‍රසිද්ධ පාලකවරයකුගෙන් මෙම ග්‍රන්ථය ලබා ගත් එහි වාසය කරන සෝජුන් මැං මෙය කියවීමට පටන් ගත්තාය. ඇය තුළ මෙම ග්‍රන්ථය තදින් කා වැදිනි. කොරියාවට පැමිණි විට නමස්කාර මෙහෙයන්ට සහභාගි වීමට අප සභාවට පැමිණි ඈ ස්ථිර සාමාජිකාවක් බවට පත් වූවාය. ජීවන වදනෙන් ඇගේ ජීවිතය වෙනස් වූ බව ඇය අත් දැක්කාය. ඇය කිතුනු දහම පතුරුවා හැරීමට දැඩි උනන්දුවකින් පිරුණු අතර වර්තමානයේ වොෂිංටන් ඩී.සී. හි ධර්මදූතයෙකු ලෙස කිතුණු දහම පතුරුවා හැරීමට කැප වී ක්‍රියා කරන්නීය.

''මේ **Am** 837 **khz** ක්‍රිස්තියානි විකාශන සේවයයි. අද මෙහි ''ඔබ මා සමඟයි'' හි මන්මින් ප්‍රධාන සභාවේ දේවගැති ජයිරොක් ලී ගේ කථාව අපි ඔබට පවසන්නෙමු.''

ජූනි මස 1 දා සිට 13 දක්වා ''ඔබ මා සමඟයි'' වැඩසටහනේ මගේ ජීවිත කථාව නාට්‍යානුසාරයෙන් ප්‍රචාරය කරන ලදී. එක් මසක් උදෑසන සහ සවස ලෙස දිනකට දෙවරක් ප්‍රචාරය විය. මෙම වැඩසටහන් තුළින් රට පුරා වූ

බොහෝ ජනතාවක් මගේ සාක්ෂිය හරහා දෙවියන් වහන්සේගේ කරුණාව ලබා ගත් නිසා මගේ නම මතක තබා ගත්තෝය. සමහරු දෙවියන් වහන්සේ විශ්වාස කිරීමට පටන් ගත් බව පැවසූහ.

අගෝස්තු 18 වන දින **CBC** හි ''මා නැවුම් කරන්'' නම් වූ වැඩසටහනකට මා සහභාගි වී මගේ සාක්ෂිය දුන්නෙමි. එම අවස්ථාවේ දී දෙවියන් වහන්සේ මා සුව කළ බව නොපවසන්නැයි නිෂ්පාදක මට පැවසුවේය. අප හාස්කම් ගැන කථා කළහොත් විරෝධතා මතු විය හැකි බව හෙතෙම පැවසුවේය. මට ඒ පිළිබඳව එකඟ විය නොහැකි නිසා මම පෙරළා සිනාසුනෙමි. මේ සියල්ලටම පසුව ප්‍රචාරය කිරීමට තැටිගත කරන විට මම මාගේ කථාව සහ දෙවියන් වහන්සේ මා සුව කළ ආකාරය පැවසුවෙමි. නමුත් මෙය ප්‍රචාරය විය යුතු දිනය පසු වුවද මගේ කථාව ප්‍රචාරය නොවීය. එම නිසා මම ඒ පිළිබඳව ප්‍රචාරක ආතනනයෙන් විමසා සිටියෙමි. තැටිය විනාශ කිරීමට ආසන්නව තිබුණු නමුත් තව අයෙකුගේ සහයෙන් එය සොයා ගෙන පැයකට එය ප්‍රචාරය කෙරිණි. සත්‍යය ඒ ආකාරයෙන්ම ප්‍රචාරය වුවා නම් හොඳ බැව් මට සිතිනි.

ශුද්ධාත්ම ආනුභාවයෙන් අනාගත වාක්‍ය කීම

දෙවියන් වහන්සේ අපගේ යහපත උදෙසා ශුද්ධාත්මයාණන් වහන්සේගේ දීමනාවන් අපට දුන් සේක (1 කොරින්ති 12:7). 1 කොරින්ති 14:1-5 මෙසේ සඳහන් කරයි. ''ප්‍රේමය අනුව පලයල්ලා, ආත්මික දීමනාවලටද ආශා වෙයල්ලා. ප්‍රධාන කොට ධර්ම වාක්‍ය කියන්නට ආශා වෙයල්ලා. මක්නිසාද අන් භාෂාවකින් කථා කරන්නා මනුෂ්‍යයන්ට නොව දෙවියන් වහන්සේට කථා කරන්නේය. ඔහු ආත්මයෙන් රහස් කථා කරන නමුත් කාටවත් තේරෙන්නේ නැත. නමුත් ධර්ම වාක්‍ය පවසන්නා. වර්ධනය වීමද දනමුතු තවද සැනසීමද පිණිස මනුෂ්‍යයන්ට කථා කරන්නේය. අන්භාෂාවකින් කථා කරන්නා තමාම වර්ධනය කර ගන්නේය. නමුත් ධර්මවාක්‍ය පවසන්නා සභාව වර්ධනය කරන්නේය. නුඹලා සියල්ලන් අන්භාෂා වලින් කථා කරනවාට කැමැත්තෙමි. නමුත් නුඹලා ධර්ම වාක්‍ය කියනවාට ඊට වඩා කැමැත්තෙමි. අන් භාෂාවලින් කථා කරන්නා සභාවේ වර්ධනය වීම පිණිස තේරුම් කර නොදෙතොත්, ඔහුට වඩා ධර්මවාක්‍ය කියන්නා උතුම් ය.''

අපෝස්තුළු පාවුල් හට දෙවියන් වහන්සේගේ සියළුම දරුවන් අන්‍ය භාෂාවෙන් කථා කිරීමේ වරප්‍රසාදය ලබා ගැනීමට උවමනා වූ අතර විශේෂයෙන්ම අනාවැකි කීමේ වරප්‍රසාදය ලබා ගැනීමට අදහන්නන් දිරි ගැන්වූයේය. සමහර අවස්ථාවන් වල දී මා සහා සාමාජිකයන්ට ශුද්ධාත්මයානන් වහන්සේගේ

ආනුභාවයෙන් මහත් විශ්වාසය රෝපණය කර අධ්‍යාත්මික සහ මානසික දියුණුව ඇති කර ගැනීමෙන් කුමක් සිදු වන්නේ ද යන්න පැවසුවෙමි. ''උදෑසන යාච්ඤා මෙහෙයේ දී මම යාච්ඤා කරන විට'' දෙවි පියාණෙනි, ඊළඟ සතියේ දී නිශ්චිත සංඛ්‍යාවක් සභාව වෙත එවනු මැනවැ යි මම යාච්ඤා කළෙමි. තවද ඊළඟ සතියේ දී නිශ්චිත ජනකායක් සහභාගි වනු ඇතැයි මම අනාවරණය කළෙමි. එම අවස්ථාවේ දී සභාවේ සාමාජිකයන් ගණන ඉතා ඉක්මණින් ඉහළ යමින් පැවතිණි.

''ඊළඟ සතියේ දේව මෙහෙයේ පනහක් ජනතාව සිටිනු ඇත.''

ඊළඟ ඉරිදා මම අපගේ සාමාජිකයන්ව සහභාගි වූවන්ගේ සංඛ්‍යාව ගණනය කිරීමට යොදා ගත්තෙමි. එයි නිශ්චිතවම පනහක් විය.

''ඊළඟ සතියේ හැට පහක් ජනතාව සිටිනු ඇත.''

සෑම සතියකම සහභාගි වන්නන්ගේ සංඛ්‍යාව ඉහළ ගිය අතර මම සෑම ඉරිදාවකම අනාවැකි කීවෙමි. ඊළඟ ඉරිදා දිනයේ දී සාමාජිකයන් සහභාගි වූවන්ගේ සංඛ්‍යාව ගණනය කොට පුදුමයට පත්වූහ.

නමුත් එය අසූවක් පමණ ජනතාවක් වූ විට සති කිහිපයකටම සංඛ්‍යාව වැඩි නොවීය. මම ඒ පිළිබඳව යාච්ඤා කළ විට සතුරු යක්‍ෂයා සහභාගි වන්නන්ගේ සංඛ්‍යාව සියය ඉක්මවීමට ඉඩ නොදෙන බව තේරුම් ගත්තෙමි. මම සාමාජිකයන් සමඟ නිරාහාරව යාච්ඤා කොට සතුරු යක්ෂයා පලවා හැරිය විට එම සතියේ පටන් සංඛ්‍යාව ඉහළ යාමට පටන් ගත් අතර ස්ථාපිත කිරීමේ දිනය එනම් ඔක්තෝම්බර් 10 වන විට එහි සියයකට වඩා ජනතාවක් විය.

සමහර විශේෂ අවස්ථාවන්හි දී දෙවියන් වහන්සේ පඩුරු දීමනා වල වටිනාකම කලින් දැන ගැනීමට සැලැස්වූ සේක. සභාවේ ආරම්භයෙන් පසුව සතියකට වොන් මිලියන 6 ක් (6,000 ඩී) ලැබිණි. ලෝක මෙහෙවර කෙරෙහි අප නිතරම සිත යොමු කර සිටින නිසා ආදායමට වඩා වියදම් වැඩි විය. අපට නිතරම අවශ්‍යතාවයන් තිබූ අතර අප සභාව යහපත් මූල්‍යමය තත්ත්වයක නොතිබිණි. මම දෙවියන් වහන්සේට ඒ පිළිබඳව යාච්ඤා කළෙමි. මම මහත් උද්‍යෝගයකින් යාච්ඤා කරන විට දුෂ්කර අවස්ථාවන් විශේෂ ආකාරයකින් විසඳීමට ස්වාමින් වහන්සේ ක්‍රියා කළ සේක. ශුද්ධාත්මයාණන් වහන්සේගේ පැහැදිලි ආනුභාවය මඟින් දෙවියන් වහන්සේ පරිත්‍යාගයන් හි නිශ්චිත ප්‍රමාණය මට දැන ගැනීමට සැලැස්වූ සේක.

''ඊළඟ සතියේ දී පරිත්‍යාගයන්හි වටිනාකම වොන් මිලියන 33 ක් (රු. 33,000 **USD**) වනු ඇත.''

මට පිළිතුරු ලැබුණු නිසා සභාවේ මූල්‍ය අංශයේ වගකීම් දරන්නන් හට ඔවුන් තුළ මහත් විශ්වාසයක් රෝපණය කිරීමට නිවැරදි වටිනාකම පැවසුවෙමි. නමුත් ඔවුහු මා විශ්වාස නොකළ නිසා විශේෂ ප්‍රතිචාරයක් නොදැක්වූහ. සතියක් තුළ දී පරිත්‍යාගයන් පස් ගුණයකටත් වඩා ප්‍රමාණයකින් වැඩි වන්නේ කෙසේදැයි ඔවුහු සැක සහිත සිතිවිල්ලක් ඇති කර ගත්හ.

ඊළඟ ඉරිදා සවස මූල්‍ය කමිටුවෙ සේවකයන් පරිත්‍යාගයන් ගණනය කළ අතර එය නිශ්චිතව වොන් මිලියන 33 ක් බව ඔවුහු මට වාර්තා කළෝය. එතැන් පටන් අපට මූල්‍යමය අපහසුතාවයක් ඇති සෑම විටකම මම දෙවියන් වහන්සේට යාච්ඤා කළ අතර උන් වහන්සේ බොහෝ වාර ගණනක් ආශිර්වාද කිරීම නිසා දෙවියන් වහන්සේගේ කරුණාවෙන් අපට එම අපහසුතාවලින් මිදීමට හැකි විය. විශේෂයෙන්ම සාමාන්‍යයට වඩා වැඩියෙන් උන් වහන්සේ අපට බොහෝ වාර ගණනක් දෙන විට උන් වහන්සේ එය මට දන්වා සිටි නිසා කලින්ම මම එය මූල්‍ය කමිටුවට පැවැසුවෙමි. මෙවැනි අත්දැකීම් වලට බොහෝ වාර ගණනක් මුහුණ දුන් නිසා ඔවුන්ගේ විශ්වාසය වර්ධනය වන බව මට පෙණිනි.

කොරියාව හා ලොව තුල සිදුවෙන්ට තිබෙන දේ පිළිබඳව මට කලින් ප්‍රකාශ කිරීම

මම සෑම විටමකම මගේ යාච්ඤාවල දී හඬා වැටුණු අතර ශුද්ධාත්මයාණන් වහන්සේගේ පූර්ණත්වයෙන් ජීවත් වූයෙමි. ස්වාමීන් වහන්සේ කළින් කලට ඉදිරියට පැමිණෙන දෑ, බලවත් සහ රහස් දෑ පිළිබඳව මා දැනුවත් කල සේක. ස්වාමීන් වහන්සේ පේත්‍රුස් හට අනාගතයේ වන දෑ පැවසීම පිළිබඳ දැක්මක් ලබා දුන් සේක. (ක්‍රියා 10) ස්තේපන් දෙවියන් වහන්සේගේ මහිමය සහ ස්වාමීන් වහන්සේ දෙවියන් වහන්සේගේ දකුණු පස වැඩ සිටින බව දුටුවේය. ඒ හා සමානවම දෙවියන් වහන්සේගේ ආනුභාවයෙන් ඕනෑම දෙයක් ඉෂ්ට කර ගත හැකිය. පරණ ගිවිසුම තුළ හො නව ගිවිසුම තුළ හෝ අදත් උන්වහන්සේ එම පරිද්දෙන්ම ක්‍රියා කරනු ඇත. ආමෝස් 3:7 මෙසේ සඳහන් කරයි. ''සැබැවින් ස්වාමි වූ දෙවියන් වහන්සේ තමන්ගේ රහස තමන් මෙහෙකරුවන් වූ අනාගතවකතෘවරුන්ට එළිදරව් නොකර කිසිවක් නොකරන සේක.''

මම යාච්ඤා කරන විට දෙවියන් වහන්සේ අප සහා සාමාජිකයන්, ගැනත් අපේ රට සහ ලෝකයේ සිදුවීම් පිළිබඳවත් කලින්ම මා දැනුවත් කළ සේක.

1979 ඔක්තෝම්බර් 26 මම පූජක අභ්‍යාසයතනයේ ඉගෙනීම කරන කාලයේ උදෑසන ආරම්භවත්ම එකවරම මට අපහසුතාවයක් දැනෙන්නට පටන් ගත්තේය. මම ඒ ගැන යාච්ඤා කළෙමි. එවිට ස්වාමීන් වහන්සේ අප රටේ විශාල තරුවක් කඩා වැටෙන බව හෙළිදරව් කළ සේක. උන් වහන්සේ ජනාධිපති පාක් චං හී මිය යන බව මට දන්වා සිටි සේක. මම මගේ බිරිඳට විශාල කරදරයක් වන බව පවසා පූජක විද්‍යාලයට ගියෙමි. මගේ හදවත කරදරකාරී විය. මම දවස පුරාම කඳුළු වගුරවමින් සිටියෙමි. ඊළඟ දින උදයේ ජනාධිපති පාක් චං හී පෙරදින රාත්‍රියේ ඝාතනයට ලක්ව ඇති පුවත අපට දැන ගන්නට ලැබිණි.

ඔහුගේ මෙහෙකරුවන් වූ අනාගතවක්තෘවරුන්ට, ඔහුගේ රහස් උපදේශයන් හෙළිදරව් කරතොත් මිස

දෙවියන් වහන්සේ ලෝකයේ සිදුවීම් කෙසේ ගලා යයි ද යන්න සහ සමහර අවස්ථා වලදී ඉතා වැදගත් පුද්ගලයන් පිළිබඳව කලින්ම මට දන්වා සිටි සේක. 1984 ඉන්දියාවේ අගමැතිනිය වූ අයි.පී ගාන්ධි මිය යන බව දෙවියන් වහන්සේ මාස දෙකකට පෙර මට දැන්වූ අතර මම එය මගේ සභා සාමාජිකයන්ට දන්වා සිටියෙමි. එම වසරේ ඔක්තෝම්බර් මස ඇය සීක් ජාතිකයන් විසින් ඝාතනය කොට ඇති බැව් පුවත්පතක මම කියැවීමි.

එම වසරේම ජනාධිපති රේගන් සහ අගමැති තැචර් නැවත ඡන්දයෙන් පත් වන බව දෙවියන් වහන්සේ මට හෙළිදරව් කළ සේක. මාග්‍රට් තැචර් පිරිමින් මෙන් ලුහුව, නිහතමානිව සහ යටහත්පහත්ව දෙවියන් වහන්සේ ඉදිරියේ චෝදනා රහිතව සිටීමට උත්සාහ කළාය. ඇය ඇගේ මනස, වස්තුව හෝ බලය කෙරෙහි යොමු නොකොට ජනතාවට ආදරයෙන් සැලකුවාය. මෙම පුද්ගලයන් දෙදෙනාම ඔවුන්ගේ රටට හා ජනතාවට ආදරයෙන් සැලකූ නිසා ජනතාවගේ නොමඳ ආදරයට පාත්‍ර වුවන් බව දෙවියන් වහන්සේ මට පහදා දුන් සේක.

1985 සෝවියට් සමූහයේ කොමියුනිස්ට් පක්ෂයේ සාමාන්‍ය ලේකම් කේ.යූ. චනෙන්කෝ මිය ගියේය. නමුත් මාස කිහිපයකට පෙර එනම් 1984 දී දෙවියන් වහන්සේ ඒ පිළිබඳව දැක්මක් මට පෙන්වූ සේක. අපගේ සාමාජිකයන් තුළ විශ්වාසය රෝපණය කිරීමට, මා දුටු දෙය ඔවුන්ට පැවසුවෙමි. එයට මාස කිහිපයකට පසුව පුවත්පතක ඔහුගේ රෝගී තත්ත්වය සහ පසුව ඔහු මිය ගිය බවට පුවත් පළ විය.

6/29 කොන්දේසි ප්‍රකාශය නිකුත් කිරීම සහ ප්‍රජාතන්ත්‍රීකරණ පෙළපාලිය

1987 ජූනි මස 29 දින ප්‍රජාතන්ත්‍රික විනිසුරු පක්ෂයේ සභාපති රෝ ටේවු මහතා 6/29 කොන්දේසිය නිකුත් කළේය. 1985 පෙබරවාරි 12 වන දින මහ ඡන්දයට පසුව ජනාධිපති ඩුවාන් චන් අනියම් ආකාරයකින් ඡන්දයෙන් තේරී පත් වුණ ආකාරයෙහි වලංගුභාවය විරුද්ධ පාක්ෂිකයන් විවේචනය කොට සෘජු ජනාධිපතිවරයණයක් ඉල්ලා සිටියෝය. ඔවුහු ජනාධිපතිවරයා ඡන්දයෙන් පත් කිරීම රටේ ජනතාව සෘජුවම කළ යුතු බව තදින් කියා සිටියේය.

1987 අප්‍රේල් 13 වන දින මෙම ව්‍යාපාරයට විරුද්ධව ජනාධිපති ඩුවාන් චන් ව්‍යවස්ථාව වෙනස් කිරීම පිළිබඳව විවාද නවතා ලීම සහ වර්තමාන නීතිය අනුව රජය පවරා දීම සඳහා ''ව්‍යවස්ථාව සුරැකීම'' ඉදිරිපත් කළේය. ජූනි 10 වන දින ප්‍රජාතන්ත්‍රවාදි විනිසුරු පක්ෂ පොදු සම්මේලනය පවත්වා රෝ ටේ වු, පක්ෂයේ පොදු අපේක්ෂක ලෙස පත් කොට යුධ හමුදාමය රජය ක්‍රියාත්මක කිරීමට තැත් කළෝය. මෙම තත්ත්වය තුළ දී ජොංචොල් පාක් නම් වූ පාසල් සිසුවෙක් පොලිසිය විසින් දැඩි වද හිංසා පමුණුවීම නිසා මිය ගියේය. ජූනි 10 වන දා පටන් රට පුරා විශාල පෙළපාලියක් ආරම්භ විය. ජූනි මස 26 වන දින නගර 37 ක් පුරා මිලිනයකට අධික ජනතාවක් රාත්‍රිය පසු වනතුරු පෙළපාලි පැවැත්වූහ. පෙළපාලි පාලනය කිරීමට අවශ්‍ය තරම් පොලිස් නිළධාරින් නොමැති වීම නිසා රජය වරක් යුධ හමුදා බලය යෙදවීමට අවධානය යොමු කළහ. නමුත් අවසානයේදී මැදහත්කරුවන් දින්නෝය. ඔවුහු ජනතාවගේ ඉල්ලීම් වූ සෘජුවම ඡන්දයක් අවශ්‍ය බව පිළිගෙන මෙය 6/29 කොන්දේසිය බවට පත් විය.

1987 ජූනි 15 දා ඉන්චොන් නරගයේ බපියොං ගු හී චීල් සභාව හි මා පිබිදීමේ රැළියක් මෙහෙයවමින් සිටියෙමි. ජූනි 18 වන දින හදිසියෙන්ම දෙවියන් වහන්සේගේ ආනුභාවයෙන් දර්ශනයක් දුන් සේක. උන් වහන්සේ 6/29 කොන්දේසිය ඉදිරිපත් කරන බව සහ එහි අන්තර්ගතය මට විස්තර කළ සේක. ශුද්ධාත්මයාණන් වහන්සේගේ බලවත් ආනුභාවයෙන් රට තුළ විශාල වෙනසක් ඇති වන බව උන් වහන්සේ මට දන්වා සිටි අතර එම දේවල් ඉතා ඉක්මනින් සිදු වන බව මට තේරුණි.

ඊළඟ දිනයේ එනම් ජූනි 19 වන දින, මම විවිධ වචන වල මුල් අකුරින් සාදන ලද වචන වලින් මෙය මගේ සභා සාමාජිකයන්ට පවසා ඊළඟ ඉරු දින සතිපතා පුවත් නිවේදනයේ ද මෙම වචන මුද්‍රණය කළෙමි. මෙය සාමාන්‍ය පුද්ගලයකුට සිතිමට ඉතා අපහසු දෙයක් වූ අතර රජය රහස් සාකච්ඡා පැවැත්වූහ.

1987, ජූනි 21 සතිපතා පුවත් නිවේදන ප්‍රගතිය කලින් මුද්‍රණය කිරීම

එකල තිබූ ඒකාධිපති රජයේ දේශපාලන තත්ත්වය ගැන සැලකීමේදී විවිධ වචන වල මුල් අකුරින් සාදන ලද වචන ඊළඟ ඉරු දින සතිපතා පුවත් නිවේදනයේ ආපස්සට මුද්‍රණය කළෙමි. අප ළඟ තවමත් මෙම සතිපතා පුවත් නිවේදනය තිබේ. එම වදන හැංගුල්, කොරියන් අකුරින් විය. ''මින්, ගේ, යක්, සේ, ඩේ, ගයි, චොං, මො, රෝ, හු, ඩේ'' මෙම වචනවල අර්ථයන් මම ජූලි මස 5 ඉරු දින මෙහෙයේදී විස්තර කළෙමි.

ඉන් කියැවුනේ, ජනාධිපති (ඩේ), චන්, ජනාධිපති අපේක්ෂක (හු) ටේ වූ රෝ (රෝ) ට සහයෝගය දක්වන පිණිස ''ව්‍යවස්ථාව සුරැකීම'' නිකුත් කල බවයි. නමුත් යමෙකුට හිස මත (මෝ) වෙඩි තබා (චෝ) ඝාතනය කිරීමෙන්, ''ව්‍යවස්ථාව සුරැකීම''යන සැලැස්ම (ගයි) කඩා වැටෙනු ඇත. ජනාධිපති (ඩේ) ගේ බලපෑම (සේ) දුර්වල වී (යක්) ගියේ ජනතාවගේ විරෝධය සහ 6/29 කොන්දේසි ප්‍රකාශය නිකුත් කරන ලෙස ජනතාව කල බලවත් ඉල්ලීමය. ඍජු ඡන්දයක් පැවැත්වීමට, ව්‍යවස්ථා සංශෝධනයක් (ගේ) සිදු වන අතර එය ප්‍රජාතන්ත්‍රීකරණයේ ආරම්භය වේ (මින්).

ඔබගේ දැන ගැනීම පිණිස 6/29 කොන්දේසි වල අඩංගු කොන්දේසි මෙසේය.

1. ව්‍යවස්ථානුකූල සංශෝධන තුළින් 1988 පෙබරවාරි මස දී සාමකාමී රජය පවරා දීම.
2. ජනාධිපතිවරණ ඡන්ද නීති අපක්ෂපාති සහ සාධාරණ ලෙස කළමණාකරනය කිරීම.
3. පොදු සමාව සහ ඩේජු කිම් මහතා ගේ නිතිමය බැඳීම.
4. මහජනතාවට ගෞරවයෙන් සැලකීම සහ මහජනතාවගේ අයිතින් වැඩි දියුණු කිරීම.
5. කථා කිරීමේ නිදහස ලබා දීම.
6. ස්වරාජ්‍යය, විද්‍යාල වල නිදහස සහ අධ්‍යාපනයේ ස්වයං පාලනය.
7. විවිධ පක්ෂ වල නීති වගකීමෙන් ඉටු කිරීම.
8. විශ්ලේෂණය කළ හැකි සමාජ පවිත්‍රතාවය සඳහා නීති

ජනාධිපතිවරණ ඡන්දයේ ප්‍රතිඵල

1987 දෙසැම්බර් මස දී 13 වන ජනාධිපතිවරණයට පෙර මම ඒ සඳහා යාච්ඤා කළෙමි. ''දෙවියන් වහන්ස, ඔබගේ කැමැත්ත කුමක්ද? ඔබගේ කැමැත්ත පරිදි

වඩාත් සුදුසු ජනාධිපතිවරයා කවුද? සැබැවින්ම ජනාධිපති වන්නේ කව්ද?''

අපේක්ෂක ටේවු රෝ එම ඡන්දයෙන් ජනාධිපති වන බව දෙවියන් වහන්සේ මා හට දක්වා සිටි සේක. ඉන් පසු අපේක්ෂක යංසම් කිම් මලින් සැරසූ මෝටර් රියකින් රෝ මහතාට පසුව චොං වා ඩේ එනම් ජනාධිපති මාළිගයට යනු සහ අපේක්ෂක ඩේ ජං කිම් මාළිගය තුළට මලින් සැරසූ මෝටර් රියෙන් යනු මට පෙන්වූ සේක.

යං සම් කිම් සහ ඩේජං කිම් එක්සත් වුවහොත් අපේක්ෂක යං සම් කිම් පළමුව ජනාධිපති වන බව සහ ඊළඟට ඩේ ජං කිම් ජනාධිපති වන බවත් දෙවියන් වහන්සේ මට පහදා දුන් සේක. ස්වාමීන් වහන්සේ මෙම දැක්ම මට පෙන්වන විට දෙවියන් වහන්සේගේ කැමැත්ත මෙම අපේක්ෂකයන් දෙදෙනා එක්සත් වීම වුවත් මෙම ඡන්දයේදි මොවුන් එක්සත් නොවන නිසා අපේක්ෂක ටේවු රෝ ජනාධිපති වන බව උන් වහන්සේ මට පහදා දුන් සේක.

තවද අපේක්ෂක රෝ අපේක්ෂක ඡන්ද සංඛ්‍යාවට වඩා ලබා ගන්නා බවත්, දෙවනුව අපේක්ෂක යං සම් කිම්, තෙවනුව අපේක්ෂක ඩේ ජං කිම් සහ සිව්වෙනුව අපේක්ෂක ජොං පිල් කිම් ඡන්ද සුළු ප්‍රමාණයක් ලබා ගන්නා බව දෙවියන් වහන්සේ මට දන්වා සිටි සේක. අපේක්ෂක යං සම් කිම් සහ ඩේ ජං කිම් එක්සත් වන ආකාරය සහ එය එසේ වුවහොත් අපේක්ෂක යං සම් කිම් ප්‍රථමයෙන් ජනාධිපති වන ආකාරය විස්තරාත්මකව උන්වහන්සේ මට දන්වා සිටි සේක.

මම මෙම විස්තර ලිපියක ලියා මගේ සභාවේ සාමාජිකයකු අත සැංඩෝ ඩොං හි පිහිටි අපේක්ෂක යං සම් කිම් ගේ නිවසේදී ඔහුට ලබා දෙන ලෙස යැව්වෙමි. එම සභා සාමාජිකයා අපේක්ෂක යං සම් කිම් ගේ නිවසට යන විට ඔහුගේ ඡන්ද ව්‍යාපාරයක කථාවකට ගොස් සිටි අතර එම ලිපිය ඔහුගේ බිරිඳට දුන්නේය. ඇය එතැනදීම එය කියවා ඇගේ සැමියාට එම ලිපිය දෙන බව පැවසුවාය. අප සභාවේ එම ලිපියේ පිටපතක් තවමත් ඇත. අවසානයේ දී මෙම අපේක්ෂකයන් දෙදෙනා එක්සත් නොවූ නිසා ටේවු රෝ ජනාධිපති ලෙස තේරී පත් විය.

6 වන පරිච්ඡේදය

සභාවේ වර්ධනය
සහ පරීක්ෂණය

කථා කිරීමේ අයිතිවාසිකම නැතිවීම යන සභාපතිගේ කැඩුණු මිටිය

සත්‍යයෙන්ම, මාගේ දේවස්ථානය අයත් නිකාය වූයේ එක්සත් කොරියා ශුද්ධ වූ සභාවයි. සභාව ආරම්භයේ පටන්ම මාගේ නිකාය සමඟ එකට සමඟිව වැඩ කිරීමට මට හැකි උපරිමයෙන්ම ක්‍රියා කල නිසා මගේ සභාව අඛණ්ඩව වර්ධනය විය.

තවත් නිකායන් සමඟ එක්සත් වීමෙන් පසු

නමුත් 1988 දෙසැම්බර් 13 වන දින අප නිකාය සහ ඇන්යැන්ග් හි කොරියා ශුද්ධ වූ සභාව ඒකාබද්ධ වූ නිසා අපි ඇන්යැන්ග් නිකාය හා සංස්ථා ගත වීමු. එවකට පාලක ටේක් ගූ සෝන්, මාගේ පූජක අභ්‍යාසයතනයේ මහාචාර්යවරයා, එක්සත් කොරියා ශුද්ධ වූ සභාවේ සභාපති වූ අතර ඔහුගේ යෝජනාවක් මත සභාවන් සියල්ල ඒකාබද්ධ විය. මේ අවස්ථාව වන විට මාගේ සභාව මහත් වර්ධනයක් වෙමින් පැවතිණි. අපගේ පස්වැනි ශාඛාව සුමෝන් හිදී ස්ථාපනය කරන අවස්ථාවේ දී, නිකායේ මහ සභාව අප ශාඛා සභාවේ නාමයට විරෝධය පල කළෝය. ඔවුන්ට ගැටළුවක් වී තිබුණේ මන්මින් යන නාමය අප ශාඛා සභාවට යෙදීමයි. අපට නාමය "සුවෝන් ඩේක්වූ සභාව" යනුවෙන් වෙනස් කරන්නට සිදු විය.

1989 දෙසැම්බර් හිදී, මට මහා සභාවෙන් නිල ලිපියක් ලැබිණි. පරීක්ෂණයක් තිබෙන බැවින් ඒ සඳහා උදෑසන 11.00 ට පැමිණෙන ලෙස දන්වා තිබිණි. දෙසැම්බර් 18 දින මම සභා කාමරයට උදෑසන 10.30 ට ළඟා වූ නමුත්, දහවල වන තුරුත් කිසිදු වෙනසක් සිදු නොවීය. දහවල අවසන් වූ පසු මා රැස්වීම් කාමරයට කැඳ වූ අතර මම එහි ගියෙමි. එහි මහ සභාවේ පාලකවරු සය දෙනෙක් සිටියහ. ඔවුන් මා දුටු විගසම, ක්ෂණිකව ප්‍රශ්න ඇසීම ආරම්භ කළහ.

ආරම්භය යාච්ඤාවකින් හෝ නමස්කාර සේවයකින් වෙතැයි මා සිතුවේ එය පාලකවරුන්ගේ රැස්වීමක් බැවිනි. නමුත් එය එසේ නොවුනු නිසා මා කළකිරුනි. ඔවුහු ප්‍රශ්න හා චෝදනාවන් එල්ල කිරීමට පටන් ගත්හ.

''යේසුස් වහන්සේ, වසර 3 කින් හෝ 4 කින් නැවත පැමිණෙන බව ඔබ පවසා තිබෙනවා කියා මට දැනගන්න ලැබුනා. එය සත්‍යයක්ද?''

''මම එවැනි දෙයක් කිසිවිටෙකත් කීවේ නෑ.''
''නුඹ පවසන්නේ බොරුවක්, නුඹ බොරුකාර පාලකවරයෙක්.''

මම එම ප්‍රශ්න විලන් ගොළු ගැහුනෙමි. විස්තර කිරීමක් අනවශ්‍ය බවත්, මා කළ යුත්තේ, 'ඔව්' හෝ 'නැහැ' යන්නෙන් පිළිතුරු දීම පමණක් බවත් ඔවුහු මට පැවසූහ.

''නුඹ මේ ආකාරයට මනාව බොරු කියනවා. එම නිසයි නුඹ දහස් ගණන් සාමාජිකයන්ව රවටන්නේ. නුඹ හිතනවාද, බොරු කියමින් අපටත් විශාල සභා සාමාජිකයන් සංඛ්‍යාවක් තබා ගන්නට නොහැකි බව ඔබට හෙළිදරව් කිරීම් ලැබෙන බව ඔවුන් පවසනවා. ඒ නිසා නුඹට බයිබලයේ පොත් 66 ට වඩා වෙනත් වචනයක් තිබෙනවාද?''

''එය කවදාවත් සිදු වුනේ නැහැ.''

''බොරුකාරයා, ඔබ සභාවේ සාමාජිකයන් රැකියාවට යාමෙන් වැලැක්වූවා. ශිෂ්‍යයන්ට ඉගෙන ගන්නට එපා කිව්වා.''

''මම එය කිසිදා කලේ නෑ.''

''ඔබ අල්තාරය මත මායාකාර රැඟුමක් රඟ දැක්වූවා.''

''මම එවැනි දෙයක් කිසිදා කලේ නෑ.''

මෙම අයුක්ති සහගත ප්‍රශ්න ඇසීම දිගටම කැරිණි. වරදවා වටහා ගැනීම නිසා එම ප්‍රශ්න සියල්ල පැන නැගී තිබිණි. ඔවුහු මට එම චෝදනා පැහැදිලි කිරීමට කිසිම අවස්ථාවක් උදා කර නොදුන්නෝය. මගෙන් ප්‍රශ්න කරමින් සිටි ''නැමැති පාලක'' යනුවෙන් මා හඳුන්වන එක්තරා පාලකවරයෙක් කළින් සූදානම් කරගෙන පැමිණි රීති නවයක් මා හට දුන්නේය. මෙය නඩු විභාගයක

කොටසක් බව මම දැන නොසිටියෙමි. මෙම රීති නවය මාගේ දේවස්ථානය වෙත යවා තිබිණි. මා මෙම රීති නවය නිවැරදි නොකලහොත් ප්‍රශ්න කිරීමේ රැස්වීමේ විනිශ්චය අනුගමනය කරන බව ඔවුන් පැවසූහ. මෙම රීති වලට ඇතුලත් දෑ; මාගේ සාක්ෂි නිබන්ධන විකිණීම තහනම, මරණයට ප්‍රථම සාදාකාල ජීවනය රස විඳීම, මාගේ දේශන ශබ්ද පටි විකිණීම තහනම්; මන්මින් යන නම අප ශාඛා දේවස්ථාන ස්ථාපනය කරන විට භාවිතා කිරීම තහනම්; සහ බැතිමත් රැඟුම් (ප්‍රශංසා ගීත වලට රඟන රැඟුම්) තහනම්. මේ සියල්ල මා හට පිළිගත නොහැකි විය.

මෙම නිල ලිපිය සැලකිල්ලට ගනිමින්, ඊට විස්තරාත්මක පැහැදිලි කිරීමකින් මම පිළිතුරු ලීවෙමි. මේ ලිපිය ලිවීමට හේතුව, දෙවියන් වහන්සේගේ වචනයට එපිටින් යන කිසිම දෙයක් මා හට සොයා ගත නොහැකි බැවි මම මේ ලිපියට එකතු කලෙමි. එහෙත් යම් වැරැද්දක් ඇතොත් මාහට දන්වන ලෙසට මම ඔවුන්ට පැවසීමි. මාස කිහිපයක් ගත වූ පසු මහා සභාවෙන් මා හට පිළිතුරක් ලැබුණු අතර එහි ලියැවී තිබුනේ මාගේ ප්‍රති උත්තරය භාර ගැනීම ඔවුන් හේතුවක් නැතිවීම ප්‍රතික්ශේප කිරීමට තීරණය කළ බවයි.

කථා කිරීමේ අයිතිය අහිමි කිරීම

නිකායේ මහා සභා රැස්වීම අප්‍රියෙල් 30 සිට මැයි 1 දක්වා පුරා දින 2 ක් පැවැත්විණි. මම සභාවේ නියෝජික මඬුල්ලේ සාමාජිකයෙක් වූ බැවින් මම එයට සහභාගි වුනෙමි. මාගේ දේවස්ථානයේ ජ්‍යෙෂ්ඨයන් දෙදෙනෙක් එහි සිටි තවත් සමාජිකයන් වූහ. නමුත් අපට මාගේ නම සඳහන් කළ අසුනක් සොයා ගත නොහැකි විය. සභාවෙන් මා නෙරපා හැරීමට එකඟ සැලැස්මක් ඇති බව මම තේරුම් ගතිමි. මම එහා මෙහා මාගේ නම සොයමින් වෙහෙසුන නමුත් මට එය සොයා ගත නොහැකි විය. මගේ නම සාමාජික මඬුල්ලේ ලැයිස්තුවේද නොතිබිණි. අසුනක් නොමැති කමින් තේරුම් යන්නේ මට කථා කිරීමට ද අයිතියක් නොමැති බවයි. නමුත් මට ඔවුන්ට සත්‍යය දක්වා සිටීමට අවශ්‍ය නිසා මම පිටුපස ආසනයක සිට රැස්වීම නැරඹුවෙමි.

මැයි 1 වන දින සභා රැස්වීම ආරම්භ වූ විට මගේ නම සඳහන් විණි. ප්‍රශ්න කිරීමේ කමිටුවේ ප්‍රධානියා" පාලකතුමා, මා අපවාදයට ලක් කරමින් කථා කිරීම ආරම්භ කළේය. සභාව ඉදිරියේ මාගේ හඬ නැගීමේ අයිතිය ඔවුන් වැලැක්වූ අතර පෙර සකස් කල න්‍යාය පත්‍රය අනුව රැස්වීම ඔවුන් දිගටම පැවත්වූහ. මා ගැන කථා කල දෑ වල අන්තර්ගතය අසත්‍යය වුනු අතර එය මෙසේය.

"පාලක ජයිරොක් ලී ස්වාමින් වහන්සේගේ නැවත පැමිණීමේ දිනය දන්නා

බව පැවසූවා. ඔහුගේ සාක්ෂි නිබන්ධන පොතේ කිසියම් පිටුවක එය ලියැවී තිබෙනවා.''

''ස්වාමින් වහන්සේ නැවත පැමිණීමේ දිනය මා දන්නා බවක් මම කිසිදා කීවේ නැත. මම නියමිත දින නොදන්නා අතර ඇත්ත වශයෙන්ම එවැනි දෙයක් මාගේ සාක්ෂි නිබන්ධන පොතේ ලියැවී නැත. ''එම අවස්ථාවේදී මගේ පොත කියවාබැලීමට සහභාගී වූවන්ට නොහැකිවීම නිසා ඉදිරිපත් කල දෑ එම මොහොතේදී ඔවුන් විශ්වාස කල අතර ඔවුන්ට කැමැත්ත පල කිරිම සඳහා සහභාගී වන්නට සිදු විය.'' පාලක ජයිරොක් ලී ඉතාමත් වැරදි නිසා අපි ඔහු කිතුණු සභාවෙන් නෙරපා හරිමු. කරුණාකර ඔබ එකඟ වන්නේ නම අත් ඉහළට ඔසවන්න.''

මෙම රැස්වීම අතරවාරයේ දී කිතුණු සභාවෙන් මා නෙරපා හැරීම සඳහා කැමැත්ත සම්මත කර ගැනීමට සිදු විය. තුන්සියයක් වූ සාමාජික මඩුල්ලෙන් වැඩි සාමාජික පිරිසක් තම අසුන් වලින් ඉවතට ගිය අතර අනුවක් පමණ සාමාජික පිරිසක් පමණක් ඉතිරිව සිටියහ. ඔවුන් අතරින් තිහක් පමණ සාමාජික පිරිසක් අත් එසවූ අතර, ඔවුන් මීට පෙර සිටම එය එසේ කිරීමට එකඟ වී තිබුණි. අපේ පිරිස අත් ඉහළට එස වූ සාමාජිකයන්ගේ ගණනය ගත්තෝය. එය සාමාජිකයන් තිහක් විය. නමුත් සභාපති සාමාජිකයන් හතලිස් අට දෙනෙක් ඔවුන්ගේ අත් ඉහළට එය වූ බවත්, එය අඩකට වඩා වැඩි නිසා මෙය සම්මත වූ බවත් ප්‍රකාශයට පත් කළේය. ඉක්බිති ඔහු කුඩා මිටියෙන් තට්ටු කළේය. මා කිතුණු සභාවෙන් නෙරපා හැර තිබුණේ තුන්සියයක් වූ සාමාජික පිරිසෙන් 30 ක් පමණ පිරිසක් එකඟ වූ විටකය.

කැඩුනු මිටිය

නමුත් සභාපති කුඩා මිටියෙන් තට්ටු කල විට, එය කරින් ගැල වී ගොස් බිමට පතිත විය. ප්‍රත්‍යක්ෂයෙන්ම එය අසාමාන්‍ය දෙයක් විය. දෙවියන් වහන්සේගේ විනිශ්චය තුළ නඩු තීන්දුව නිවැරදි නොවන බව කුඩා මිටිය කරෙන් ගැලවී යාම දුටු පමණින්ම අපට හැඟිණි. ගොටුවට හසු වූ පුද්ගලයා වශයෙන් මා හට වචනයක් හෝ පැවසීමට අවකාශයක් නොලැබිණි. එම අවස්ථාවේ දී වැඩිහිටි බෝවාස් ජන්ග්හෝ ලී හට කථා කිරීමට ස්වල්ප වේලාවක් ලැබුනු අතර ඔහු ද ''මේ වනනෙක් කියූ සියල්ල අසත්‍යය, එකවරක් හෝ ඇහුම්කන් දීමෙන් තොරව ඔබ ඔහුව විනිශ්චය කරන්නේ කෙසේදැයි'' ප්‍රශ්න කළේය. තව ද ''ඔහු මෙතැන පෙනී සිටින අතර අප ඔහුට ඇහුම්කන් නොදෙන්නේ මන්දැයි?'' විමසා සිටියේය.

''එසේ නම් අප ඔහුට කථා කිරීමට අයිතිය දෙන්නට ඔබ නැවත ඔබේ අසුනට යන්න.''

නමුත් පොරොන්දු වී තිබියදීත්, මා වෙනුවෙන් නැගී සිටීමට සභාපති මට අවස්ථාවක් නුදුන්නේය. වැඩිහිටි ලී ඔහුගේ ආසනය වෙත නැවත පැමිණි පසුත් මටකථා කිරීමට අවස්ථාවක් නොලැබුණු අතර ඔහු ශබ්ද නගා වාද කිරීමට පටන් ගත්තේය.

''සභාපතිතුමනි, මම මාගේ ආසනය වෙත නැවත පැමිණියේ ඔබ පාලක ජයිරොක් ලී සහ කථා කිරීමේ අයිතිය දෙන බව කී නිසයි. නමුත් ඇයි ඔබ එම අයිතිය ඔහුට නොදෙන්නේ?''

සභාපතිවරයා වැඩිහිටි ලී ගේ විරෝධය අවැදගත් ලෙසට නොසලකා හැරියේය. සියල්ල ඉතා වේගයෙන් හමාර විය. මට සිදුවූ අවඥාවට විරෝධය දක්වමින් කථා කිරීමට අවස්ථාවක් ලැබෙන තුරු උදයේ සිට පුරා පැය හතක් මට ඉඳගෙන සිටීමට සිදු විය. නමුත් අවසාන මොහොත වන තුරුත් මට එය නොලැබිණි. මරණීය දණ්ඩනය ලද වරදකරුවකුට වුවද තමා වෙනුවෙන් නැගී සිටීමට අවස්ථාවක් ලැබේ. ඒකාධිපති පාලනය හෝ කොමියුනිස්ට් වාදී පක්ෂයක නඩු විභාගයක දී වුවද සැකකරුවාට ඇහුම්කන් දෙනු ලැබේ. නමුත් මට කථා කිරීමට අවස්ථාවක් නොලැබිණි. එසේ වුවත් අයුතු ලෙස මා නිකාය තුල අමතක කර දමනු ලැබීය.

බයිබලයෙන් උගන්වන නඩු කීම

ජ්‍යෝෂ්ඨයකුට චෝදනා කරන විට අවම වශයෙන් සාක්ෂිකරුවන් දෙදෙනෙකුවත් සිටිය යුතු බව බයිබලයෙහි උගන්වනු ලබනවා (1 තිමොති 5:19). දෙවියන් වහන්සේගේ දාසයෙකු, පාලකයකු වශයෙන් මා වෙනුවෙන් පෙනී සිටීමට ඔවුන් ප්‍රත්‍යක්ෂ ලෙසම මා හට අවස්ථාවක් ලබා දිය යුතු විය. නමුත් ඔවුහු වචනයක් වත් ප්‍රකාශ කිරීමෙන් මා වැලැක් වූ අතර මා ඒක පාර්ශවිකව වරදකරු කළහ. එය වඩා නරක අතට හැරවීම පිණිස ඔවුන් කල චෝදනා අසත්‍ය වූ අතර හුදෙක්ම ගොතන ලද ඒවා විය.

සාවුල් රජ දාවිත් පසුපස හාඹායන විට දාවිත් කෙරෙහි ඔහු ඊර්ෂ්‍යාවෙන් පසු විය. වරක් දාවිත් හට සාවුල් රජ මරා දැමීමට අවස්ථාවක් ලැබුනද ඔහු එසේ නොකළේය. ''ස්වාමින් වහන්සේගේ අභිෂේක කලත් තැනැත්තා වන මාගේ ස්වාමියාට විරුද්ධව මේ දේ කිරීමෙන්, එනම් මාගේ අත දිගු කිරීමෙන්

ස්වාමින් වහන්සේ මා වලක්වන සේක්වා. මක්නිසාද, ඔහු ස්වාමින් වහන්සේගේ අභිෂේකලත් තැනැත්තාය.'' වරක් දෙවියන් වහන්සේගේ ආලේපය ලැබුවද උන් වහන්සේ විසින් සාවුල්ව අත් හරින ලදී. දෙවියන් වහන්සේට පමණක් උන්වහන්සේ විසින් ආලේප කරන ලද උන් වහන්සේගේ දාසයන් ගැන කටයුතු කල හැක. නමුත් ඔවුහු ඔවුන්ගේ අභිමතයට මා කිතුණු සභාවෙන් නෙරපූහ.

එක් වරක් ''ඔව්'' කීමෙන් මට එය වැළැක්විය හැකිව තිබුණි

සභාවේ සිටි සමහර පාලකවරු මා ගැන දුක් වූ අතර ඔවුන් මට මෙසේ අවවාද දුන්නෝය. පාලකතුමනි, ඔබගේ සභාව ක්‍රමයෙන් වර්ධනය වන බැවින් ඔබ ඊර්ෂ්‍යාවට බඳුන් වී තිබෙනවා. අනෙකුත් ජ්‍යෙෂ්ඨ පාලකවරුන් කියනා ලෙසට වරක් හෝ ඔව් යැයි නොපවසන්නේ මන්ද? එක වරක් ඔව් යැයි පවසන්න ! ඔවුන් පැවසුවොත් කෝලා යනු ඇපල් යුෂෙන් සාදා ගන්නා පානයක් කියා ''ආමෙන්'' යැයි පවසන්න. ඇපල් යුෂෙන් සාදා ගන්නා පානය කෝලා යැයි කීවොත් එයටද ''ආමෙන්'' යැයි පවසන්න. මෙම අධර්මිෂ්ඨකම සමඟ එකඟතාවයකට නොඑළඹුන නමුත් නිවැරදි මාර්ගය අනුගමනය කළෙමි. අධර්මිෂ්ඨකම සඳහා එකඟතාවයකට නොඑළඹුන නිසා දානියෙල් සිංහ ගුහාවකට දැමූ අවස්ථාව මට සිහි විය. දානියෙල්ගේ මිතුරන් තිදෙනා දැවෙන උඳුනක් ඇතුළට දමනු ලැබූ විට පවා ඔවුන් එකඟ නොවූ බව සිතුවෙමි. මෙවැනි දෑ ගැන සිතෙන විට මම ලෝකයා ගැන විශ්වාසය රඳවා නොගත් අතර දෙවියන් වහන්සේ කෙරෙහි පමණක් විශ්වාසය රැඳෙව්වෙමි.

මෙම ප්‍රවෘත්තිය අප සභාව පුරා පැතිරී යනවාත් සමඟම සිය ගණනක් අප සාමාජිකයෝ මා කිතුණු සභාවෙන් නෙරපා හැරීමට කටයුතු කළ පාලක දෙදෙනා වෙත විරෝධය පෑමට ගියහ. තවත් සත්‍ය දත් පාලක පිරිසක් එම පාලක දෙදෙනාට කථා කොට තම විරෝධය දැක්වූහ. පසුව නිකායේ ශ්‍රේෂ්ඨාධිපතිවරයා කථා කොට ඔහු හමුවන්නැයි පැවසුවේය. ''සිදුවුන සියල්ල නොසිදුවුණ ලෙසට නොසලකා හරින්නම්. මට එක දෙයක් පවසන්න'' යැයි පැවසුවේය. ''එවිට ඔබගේ නම ආපසු පදවියට පත් කරන අතර මේ සියල්ල සිදු වීමට පෙර තිබූ මුල් සම්බන්ධතාවයට නැවත යා හැකිය. රීති නවයට 'ඔව්' යැයි පවසා පිළිගන්න.'' නමුත් මා හට අසත්‍ය දෑ වලට එකඟ විය නොහැක. මා කිතුණු සභාවෙන් නෙරපා හරිවී යැයි යන බියට මම කොහෙත්ම අසත්‍ය දෑ සමඟ එකඟතාවයකට නොඑළඹෙන්නෙමි. සතිය පුරාවට මා දුකින් සහ වේදනා සහගතවය සිටි නිසා මාගේ බර කිලෝ හතරකින් අඩු විය. ඔවුන්ගේ තනිමතයට මා වරදකරු කළ එම පාලකවරුන් දෙදෙනා ගැන සිතීම වේදනා සහගත වූ නමුත් මම ඔවුන්ට අනුකම්පා කළෙමි. මා පාලක 'ණී යනුවෙන්

හඳුන්වන මෙම පාලකවරුන් දෙදෙනාගෙන් එක් අයෙක්, නිකායේ එක සභාපතිවරයෙක් වූ අතර ඔහු ''මන්මින් ප්‍රධාන සභාව බයිබලයට අනුව ධර්ම විරෝධි,'' යැයි නිතර පැවසුවේය.

මම ''ස්වර්ගය යුක්තිය ප්‍රකාශ කරයි.'' (ස්වර්ගය ධර්මිෂ්ඨකම අවධාරනය කරයි) යනුවෙන් පොතක් මුද්‍රණය කර, නිකායන් නොසලකා හරිමින්, කොරියාව පුරාම වූ සභාවන් වලට යැව්වෙමි. මෙය සිදු වූ පසු මා යාච්ඤා කරන විට දෙවියන් වහන්සේ මෙම වචන මට පැවසූ සේක.

''ඔබ ඔබ විසින්ම නිකායෙන් පිටතට පැමිණීම තෝරා ගත යුතුව තිබුණා. මෙසේ කිරීමෙන් කිතුණු සභාවෙන් නෙරපීමේ අවධානයෙන් ඔබට මිදීමට තිබුණා. නමුත් ඔබේ පැත්තෙන්, නිකායේ විශ්වාසය කඩ නොවන පිණිස, ඔබ එසේ තෝරා ගත්තේ නැහැ. මට අවශ්‍ය වන්නේ මෙවැනි දාසයන් හා දරුවන් පමණයි. ඔබ නිවැරදි මාර්ගය තෝරා ගත් අතර ඔබ ඉක්මණින්ම සභා සමාගම් වල මුලසුන හොබවනු ඇත.''

දෙවියන් වහන්සේ නව නිකායන් ස්ථාපනය කිරීමට මඟ පෙන්වූ අතර ඉන් අයුක්තිසහගත තහනම් වලකා ගැනීමටද දෙවියන් වහන්සේගේ රාජ්‍යයට අපගේ මුළු, ශක්තියෙන් වැඩ කිරීමටද, 1991 ජූලි පළවැනි දින කොරියාවේ එක්සත් ශුද්ධ වූ සභාවේ මහා සභාව ස්ථාපනය කළ අතර මා එහි සභාපති වශයෙන් තේරිපත් වීමි. විශාල පරීක්ෂාවන් පසු කල පසුව දෙවියන් වහන්සේ බලවත් ශක්තිය පිරිනමන බව මට තේරුණි.

රට පුරා පිබිදීමේ රැළි පැවැත්වීම

මා පාලකයකු ලෙස 1986 දී පූජක පදවියට පත් වූ දා පටන්ම රට පුරා විවිධ ප්‍රදේශ වල පිබිදීමේ රැස්වීම් සඳහා ආරාධනා කරනු ලැබිණ. 1987 පටන්ම සෑම මසකම ජෝහැං සහ ඩේගු නගර ද ඇතුළුව අන්තර් නිකායන් හි පිබිදීමේ රැළි මම පැවැත්වීමි. යමක් ඉල්ලා දෙවියන් වහන්සේට යාච්ඤා කිරීම ගැන සහ ජේසුස් වහන්සේ අපගේ එකම ගැලවුම්කරුවා වන්නේ ඇයිදැයි මම බොහෝ විට කථා කළෙමි. මෙම මාතෘකා දෙක (කුරුසියේ පණිවුඩය) යන ග්‍රන්ථයේ ආවරණය කරන ලද ඒවා විය.

මෙම රැළිවල දෙවැනි සහ තෙවැනි දිනයන්හි පාලකවරු දේව කරුණාව ලැබූහ. මෙසේ වූයේ දෙවියන් වහන්සේගේ වචනයේ අඩංගු අධ්‍යාත්මික අර්ථය දේශනා කරන ලද පණිවුඩය තුළින් ඔවුන් තේරුම් ගත් නිසාය. රැස්වීමේ ආරම්භයේදී මෙන් නොව ඔවුහු නිහතමානි ආකල්ප ඇතිව මා හට ස්තුති කළෝය.

ජ්‍යේෂ්ඨ උපස්ථායිකා බූනහාන් චෝ ස්නායු ඉදිමීමේ රෝගයෙන් සුවවීම

1990 මාර්තු මස දී ඩේගු හි සභාවකින් ලද ආරාධනාවන් අනුව මම එහි ගියෙමි. එහි දී මා හට ජ්‍යෙෂ්ඨ උපස්ථායිකා බූන්හාන් චෝ ඇයගේ නිවසේ දී මුණ ගැසීමට හැකිවිය. ඒ වන විට ඇය හැත්තෑ හත් වන වියේ පසුවූ අතර ස්නායු ගැංගේලියාවේ ඉදිමුම් රෝගයෙන් බොහෝ සේ වේදනා විඳිමින් සිටියාය. එකල ඇගේ මුණුබුරා වූ උපස්ථායක ජූන්හා හ්වැං, ජින්හේ නගරයේ යුධ හමුදාවේ වෛද්‍ය නිළධාරියකු වශයෙන් සේවය කළේය. ඔහු ඒ වන විට කොරියා විශ්ව විද්‍යාලයේ වෛද්‍ය විද්‍යාව සඳහා ආචාර්ය උපාධියක් ලබා ගැනීමේ වැඩ කටයුතු වල නිතරව සිටියේය. උපස්ථායක ජූන්හා හ්වැං තුල

අවංක විශ්වාසයක් වූ අතර සිය මිත්තණිය රැක බලා ගැනීම පිණිස කිහිප වතාවක්ම නිවාඩු ගත්තේය. ඇය සමහර අවස්ථා වල දී අප සභාවට සහභාගි වූයේ ජීවමාන දෙවියන් වහන්සේගේ වචන කෙරෙහි වූ දැඩි ආශාව නිසාමය. ජ්‍යෙෂ්ඨ උපස්ථායිකා බූන්හාන් චෝ ගේ සම මත බිබිලි මතුව තිබූ අතර ඒවා පිපිරීමේ අතුරු ඵලයක් ලෙසින් ඇගේ හන්දි ඉදිමීමේ රෝගය උත්සන්න විය. ඇතුලාන්ත ස්නායු වලටද වෛරසයක් පැතිර ගිය අතර ඉන් හටගත් දැඩි වේදනාව නිසා ඇය දිවා රෑ කෑ ගැසුවාය. ඇයට එහා මෙහා වීමටවත් නොහැකි වූ අතර සෑම විටකම දිගා වී සිටියාය. ඇගේ බාහු හැකිලුනු අතර ඇයට ආහාර ගැනීම සහ නිදා ගැනීම මහත් වෙහෙසකර විය. ඇය සම සහ ඇටකටු පමණක් සහිතව සිටියාය. තමා ඉක්මණින්ම මිය යාවි යැයි ඇය බලාපොරොත්තු ව හුන්නාය. සත්‍යයෙන්ම ඇයට සාත්තු කළ ඇගේ පවුලේ සාමාජිකයෝ ද බොහෝ සේ වේදනාවට පත් ව සිටියහ.

මම ඇය මත මගේ අත තබා ඇය වෙනුවෙන් යාච්ඤා කළෙමි. යාච්ඤාව අවසන් වූ පසු ඇය අනපේක්ෂිත ලෙස ''යක්ෂයා එළියට යනවා'' යැයි කෑ ගසා ඇගේ දකුණු අත ඉහළට එසවූවාය. දකුණු උරහිස සහ බෙල්ලේ දකුණු පස ස්නායු ගැංගේලියාවේ ඉදිමීමේ රෝගයෙන් පෙළුණු නිසා ඇයට දකුණු අත සෙලවීම ඉතා අපහසු විය. නමුත් විගසින් හිඳ ගත් ඇය තමා රෝගී කළ යක්ෂයා තමා කෙරෙන් පහව ගිය බව තේරුම් ගත්තාය. ඇය සම්පූර්ණ සුවය ලැබුවාය. ඩේගු හි ක්යොංබුක් ජාතික විශ්ව විද්‍යාලයේ මහාචාර්යවරයෙකු වන ඇගේ බෑණා ඇතුළු ඇගේ දරුවන්ට ඇයට උපස්ථාන කරන්නට අවශ්‍ය වූ නමුත් ඇය සෝල් වෙත පැමිණ සභාව අසලින් කුඩා නිවසක් කුලියට ගත්තාය. ඇය කාලයක් ශුද්ධ වූ ආත්මයෙන් පිරුණු නිරෝගී ක්‍රිස්තියානි ජීවිතයක් ගත කළාය.

ඩේගු එක්සත් පිබිදීමේ රැස්වීමට එරෙහිව පැමිණි බාධක නොසලකමින්

1990 මැයි මස 4 වන දින ඩේගු නගරයේ ජූආම් කඳුකරයේ යාච්ඤා මධ්‍යස්ථානයේ සමුළුවක් ඇමතීමට මට ආරාධනා කරනු ලැබීය. එය පවත්වන ලද්දේ කියොං සෑං ප්‍රාදේශීය දූත මෙහෙවර සංගමය විසිනි. විශාල සෙනඟක් එතැන සිටි අතර ඔවුන් පහළ අල්තාරය මත සහ ඉහළ අල්තාරය මත පවා වාඩි වී සිටියහ. එසේ වුවද, ශුද්ධ භූමිය තුලට සියල්ලන්ටම ඒමට නොහැකි විය. පිටත සිට මෙහෙයට සහභාගි වන්නන් සඳහා අපි ජනෙල් රාමු ඉවත් කළෙමු. ගීතිකා කණ්ඩායටම පවා ඇතුලට ඒමට නොහැකි වූ අතර ඔවුන් හට පිටත සිට ගායනා කිරීමට සිදු විය. දෙවියන් වහන්සේගේ කරුණාව තුළ, වැඩි පූජකවරු

පිරිසක් සහභාගී වූ අතර සුවවීම් ගණනාවක් සිදු කෙරිණි. මෙය ඉතාමත් සාර්ථක වූ සමුළුවක් බැවින් එහි සංවිධායකවරයා ඊළඟ වසරේදී මෙයට වඩා විශාල සමුළුවක් පැවැත්වීමට කටයුතු කළේය. ඔවුහු ඩේගු හි ගෘහස්ථ ක්‍රීඩාංගණය කුලියට ගත්තෝය. දූත මෙහෙවරට සම්බන්ධ සංවිධාන රාශියක් ඔවුන්ගේ යාච්ඤා මඟින් මෙම සමුළුවට සහය පළ කළහ. මා වැරදිකරු කළ නිකාය මෙම සමුළුවට බාධා කිරීමට උත්සාහ කළෝය.

මෙම සමුළුවට හරියටම සතියකට පෙර සිකුරාදා, සර්ව රාත්‍රී මෙහෙයේදී දෙවියන් වහන්සේගේ වචන මා මතට පැමිණියේය. එය සියළුම සභා සාමාජිකයන් හට සම්මුති ශාලාවෙන් යක්ෂයා පලවා හැරීමට ඉදිරි ඉරිදා දිනය පුරාවටම නිරාහාරව සිටින ලෙස ඉල්ලීමක් කරන ලෙසය. ඒ වන විටත් ඩේගු හි කුමක් සිදු වන්නේද යන්න ගැන මම නොදැනුවත්ව සිටියෙමි. ඩේගු වෙත ගිය සභා සේවකයන්ගෙන් වාර්තාවක් මා හට සෙනසුරාදා දින ලැබුණු අතර ඉන් කුමක් සිදු වන්නේද යන්න සොයා ගතිමි.

මා වරදකරු කළ නිකාය විසින් සංවිධායක කමිටුවේ සභාපතිවරයා, මාධ්‍යය ප්‍රකාශන සමාගම සහ අනෙකුත් සම්බන්ධ සමාගම් වෙත නිල ලිපියක් යවා තිබිණි. ධර්ම විරෝධි සහ කිතුණු සභාවෙන් නෙරපා හැර ඇති අයෙක් බැවින් මා වරදකරුවකු බව සඳහන් කොට නිල ලිපියක් එවීමෙන් සමුළුව කඩාකප්පල් කිරීමට ඔවුහු උත්සාහ දැරුවෝය. ඉන්පසු මෙම සමුළුවට සහයෝගය දක් වූ නිකායේ සභාවක 'ත්' නම් පාලකවරයෙක් ඔවුන්ගේ සෑම සභාවකටම දේවගැති ජයිරොක් ලී ධර්ම විරෝධි බැවින් මෙම සමුළුවට සහයෝගය දක්වන්නා වූ සියළුම දෙනාද ධර්ම විරෝධි ලෙස වරදකරුවන් වන බව දන්වා නිල ලිපි යැව්වේය. මේනිසා මෙම සමුළුවට යාච්ඤා මඟින් සහය දැක්වූ සමාගම් රැසක් සහ පාලකවරන් හට තවදුරටත් උදව් කිරීමට නොහැකි විය. සාවද්‍ය කටකථා රැසක් පැතිරෙන්නට වූ අතර සමුළුව නොපවත්වන බව සඳහන් කටකථාවක් ද ඒ අතර විය.

1991 මාර්තු මස 18 වන දින සමුළුව ආරම්භ වූයේ අප සභාවේ තත්ත්වය සහ සත්‍යය පැවසීමට අවස්ථාවක් ලබා නොදුන් මොහොතකය. විශ්වාස කර සහය දැක්වූ සමාගම් ඉවතට හැරුණු අතර, ඔවුහු අප ප්‍රතික්ෂේප කළෝය. පාලකවරු රැසක්, නිකායේ පීඩනය නොසලකා, සමුළුවේ ඉදිරි වැඩ කටයුතු සඳහා සහභාගී වූහ. එය කෘතඥ විය යුතු දෙයකි. දෙවියන් වහන්සේ අප සභා සාමාජිකයන්ගේ හදවත් මෙහෙය වූ නිසා ඔවුහු සමුළුවට සූදානම් වීමට ඩේගු කරා ගියහ. අනපේක්ෂිතව එය අපගේ සභාව මඟින් පවත්වන ලද්දාක් වූ නමුත් බොහෝ පිරිසකගේ සහභාගිත්වය ඇතිව දේව කරුණාව සහිතව නිමා විය.

සතුරු යක්ෂයා විසින් මෙම සමුළුව නැවැත්වීමට කටයුතු කිරීම සහ පැමිණි විශාල විරෝධයන් වූ නමුත්, දෙවියන් වහන්සේ මිනිසාගේ මනස සහ සැලසුම් දන්නා නිසා උන්වහන්සේ පෙරදීම නිරාහාරව සිටීමට සහ යාච්ඤාවට ඉඩ හැරිය සේක. අවසානයේ දී ඔහු සියල්ලම යහපත් ලෙස සිදු කළ සේක.

ඇදහිල්ල හරහා අළුත් දේවස්ථානයකට මාරු වීම

1987 මාර්තු මස දී අපගේ දේවස්ථානය තුල වර්ධනය වන සභා සාමාජිකයන් හට ඉඩ සපයා දීමට අප අපොහොසත් වූ නිසා නව සහ විශාල ස්ථානයන් උදෙසා අපි යාච්ඤා කළෙමු. අපගේ සභාව ආරම්භ කළ ශිංඩේබැං 2 ඩොං හි ඉදිකෙරුණු නව ගොඩනැගිල්ලක් වූ අතර අපි එහි දෙවන සහ තෙවන මහල් කුළියට ගත්තෙමු.

අප්‍රියෙල් 13 සිට 17 දක්වා, නව ගොඩනැගිල්ලකට මාරු වීමේ සැමරීමක් වශයෙන් පිබිදීමේ සමුළුවක් පැවැත්වීමු. එහි මාතෘකාව වූයේ, ''මට ස්වාමිනි, ස්වාමිනියි කියන සියල්ලෝම ඇතුල් නොවන්නේය'' යන්නයි. මම කරුණාව, ශුද්ධාත්මය, ඇදහිල්ල සහ සාදතන ජීවිතය ගැන දේශනා කළෙමි. පිබිදීමේ සමුළුවට මාස තුනකට පසු දේවස්ථානයේ වර්ග යාර 1600 ක් පමණ ප්‍රමාණයන් ජනතාවගේ පිරී ගියේය.

අපි යාච්ඤාවෙන් මොර ගැසූ කළ

අද මෙන්, දිනපතාම පැය තුනක් දානියෙල් රාත්‍රී යාච්ඤා සමුළුව තුළ දී අපගේ සභාවේ සාමාජිකයෝ යාච්ඤා කළෝය. ශබ්දය පිටතට යාම වැළැක්වීමට අපි ජනෙල් රාමු වලට ස්ටයිරෝෆෝම් යෙදූ නමුත් සමහර ශබ්ද පිටතට යාම අපට වළක්වා ගත නොහැකි වූයේ ගොඩනැගිල්ල ඒ සඳහා සුදුසු ආකාරයට නිමවා නොතිබුණු නිසාය. වාසනාවකට මෙන් සභාව ඉදිරිපස වූයේ ජනාවාසයක් නොව වෙළඳ පොළකි. වරක් එම ප්‍රදේශය සඳහා වූ ශෘහස්ථ රැස්වීමකදී අප සභාවෙන් නිකුත් වන ශබ්දය සම්බන්ධව එන්තරා පුද්ගලයෙක් අපගේ රැස්වීමේදී යමක් එකතු කළේය. නමුත් එක්තරා කාන්තා සංවිධානයක සාමාජිකාවක් ඔවුන් උෟෂ්ණ සෘතුවේදී පවා ජනෙල් වසා ගෙන සිටින බව

සහ ජනෙල් රාමු වලට ස්ටයිරෝෆෝම් පවා දමා තිබෙන බව පැවසූ අතර, යාච්ඤා කරන හඬ ඇයට දරු නැළවිල්ලක් ආකාරයට ඇසෙන බව ද කීවාය. ඔවුහු නැවත ඒ ගැන කථා නොකළහ. වරක් එක් නගරවැසියෙක් පොලිස් ස්ථානයකට පැමිණිල්ලක් කළේය. පැමිණිල්ල භාරගත් පොලිස් නිලධාරියා, නුඹ නිදියන අතරවාරයේදී මොවුන් ජාතිය වෙනුවෙන් නිදි නොලබා යාච්ඤා කරනවා. නුඹට ඇති ප්‍රශ්නය කිමෙක්දැයි? ඇසුවේය. පැමිණිල්ල කළ පුද්ගලයාට කිසිවක් කියා ගත නොහැකි විය.

දේව කරුණාවෙන් උග්‍ර අවස්ථාවකින් ජය ගැනීම

එකල සියල්ල සිදුවූ ආකාරය ගැන සෑහීමකට පත්ව අප එතැන සිටීම දෙවියන් වහන්සේට වුවමනා වූයේ නැත. උන් වහන්සේ අප විශාල වූ ස්ථානයක් කරා යෑමේ උත්සාහයක් සඳහා පරීක්ෂාවක් පැමිණීමට ඉඩ හල සේක. 1988 අප්‍රියෙල් මස දී ප්‍රධාන දේවස්ථානය පමණක් නොව කාර්යාල, තරප්පු පෙළ සහ කොරිඩෝවේ පවා නමස්කාර මෙහෙයන් සඳහා සහභාගිවන්නන්ගෙන් පිරී තිබිණි. එම අවස්ථාවේ දී එම ගොඩනැගිල්ලේම පතුල් මාලයෙහි සුපිරි වෙළඳ පොළවල් විය. නමුත් ඔවුන්ගේ වෙළඳාම් පහත බැස තිබූ හෙයින් වෙළඳසැල් එකින් එක වැසෙමින් පැවතිණි. පතුල් මාලය මිළ දී ගැනීමට ගිවිසුමක් තිබූ නමුත් එකවරම වෙළඳපොළෙහි වූ වෙළඳුන් සහ නිවැසියන් මෙයට විරෝධය පෑහ. ඔවුහු සභාව සියළුම වෙළඳුන් මෙම ස්ථානයෙන් පළවා හරින බවට සාවද්‍ය කටකථාවක් පැතිරුවෝය.

මෙම ජනතාව, ඉරිදා දිනවල දී යකැදුරන් හා සම්බන්ධ සිරිත් සභාවේ ගේට්ටුව ඉදිරිපිට පැවැත්වූ අතර ඔවුන් පාරම්පරික කොරියානු බෙර මඟින් විශාල ශබ්දයක් ඇති කළහ. අප පොලිසියට කථා කල නමුත් ඔවුන් පැමිණ පරීක්ෂා කලේ සියල්ල සිදු වී හමාර වූ පසුවය. නගර සභාව මෙය පසුපස සිටියේය. මෙම අවස්ථාව වන විටි විරුද්ධ පක්ෂයේ සාමාජිකයෙක් වූ ී.. මහත්මයා අප සභාවට කිහිපවරක් පැමිනි නිසා ඔහු හා මා අතර මිත්‍රත්වයක් විය. ඔහු ඡන්දයට පෙර මා ලවා යාච්ඤා කර ගත් අතර ඔහු ඡන්දයෙන් තේරි පත්විය. බහුතර පක්ෂයේ අපේක්ෂයා ඡන්දයෙන් පරාජය වූ අතර, අප සභාව විරුද්ධ පක්ෂයට සහය දුන් නිසා ඔහුට ඊළඟ ඡන්දයේදී ජයග්‍රහණය ලැබීමට අපහසුවේ යැයි සිතුවේය. එම නිසා අප සභාව ඉවත් කිරීමට දිස්ත්‍රික් ආණ්ඩු කාර්යාලය සහ පොලිස් දෙපර්තමේන්තුව හා එක්ව බලපෑම් කළේය. මෙම තත්ත්වය තේරුම් ගැනීමට මට කාලයක් ගත විය. සභා සේවකයන් තවදුරටත් මෙය දරාගත නොහැකිව විරෝධය පෑමට දිස්ත්‍රික් ආණ්ඩු කාර්යාලයට යෑමට අවශ්‍ය බව කීවෝය. ඔවුන්ට නීත්‍යානුකූල පියවරක් ගැනීමට අවශ්‍ය වූ නමුත්

කිසිවක් කිරීමෙන් මම ඔවුන් වැළැක්වීමි. දුෂ්ටකම, යහපත්කමින් පරාජය කරන ඇයුරු දෙවියන් වහන්සේගේ වචනයෙන් පමණක් ඔවුන්ට එත්තු ගැන්වූයෙමි.

සභා සාමාජිකයෝ මගේ වචනයට අවනත වූහ. ඔවුහු ප්‍රදේශයේ නිවැසියන්ගේ විරෝධතා විඳ දරා ගනිමින් ඔවුනට සේවය කිරීමට උත්සහා කළෝය. කාලය ගතවෙත්ම විරුද්ධකම් වල ප්‍රබලත්වය ද වැඩිවිය. ප්‍රාදේශීය උප කොට්ඨාශ කාර්යාලය, දිස්ත්‍රික් ආණ්ඩු කාර්යාලය, ප්‍රාදේශීය කොට්ඨාශ නියෝජිත, කාන්තා සංවිධානයේ සභාපති සහ වැඩිමහළු වැසියන් පවා නමස්කාර මෙහෙයන් කඩාකප්පල් කිරීම සඳහා එතැනට රැගෙන එන ලදි. ගිනි නිවන හමුදාව අපගේ පහසුකම් සෝදිසි කිරීමට සෑම දිනකට පැමිණීමට අපට මහත් කරදරයක් විය.

මම දෙවියන් වහන්සේ ඉදිරිපිට දණ ගසා යාච්ඤා කළෙමි. දිනක් අප සභාව පලවා හැරීමට අවශ්‍යවූවන්ට මා හමුවීමට අවශ්‍ය බව මට දැනගන්නට ලැබුණි. මා ප්‍රාදේශීය උප කොට්ඨාශ කාර්යාලයේ රැස්වීම් කාමරයට ගිය අතර එම ප්‍රදේශයේ විවිධ අංශ නියෝජනය කරමින් දස දෙනෙකුට වැඩි නියෝජිත පිරිසක් එහි වූහ.

''පාලකතුමනි, අප බේරා ගන්න. අපි බොහෝ සේ විඳවමින් සිටින්නෙමු. අප අපායට වැටෙනවාක් මෙන් දැනෙනවා.'' යැයි ඔවුහු කෑ ගසන්නට වූහ. ඔවුනට පිළිතුරු වශයෙන්, අපට ද මෙතැනින් ඉවත්ව යාමට අවශ්‍ය නමුත් මේතරම් විශාල ස්ථානයක් සහ මුදල් නැති බව මම ඔවුනට පැවසීමි. ''පාලකතුමනි, දේවස්ථානය වෙනත් ස්ථානය කට රැගෙන යාමට ඔබට කොපමණ මුදලක් අවශ්‍ය දැයි'' ඔවුහු විමසූහ.

ඔවුහු මට ඔවුන්ගේ කථාව පැවසූහ. මම දෙවියන් වහන්සේ ඔවුන් තුළ ක්‍රියා කරන ආකාරය දුටුවෙමි. අප සභාව එම ස්ථානයෙන් ඉවත් කිරීමට කළ විරෝධතාවය සඳහා ප්‍රමුඛත්වය ගත් පුද්ගලයන් රැසක් එකවරම රෝගී වූ අතර සමහරෙක් විවිධ රෝගාබාධ වල ගොදුරු වූහ. මෙම සිදුවීම ගැන කටකථා වේගයෙන් පැතිරිණි. සමහරු මෙම පුවත ඇසීමට පවා බියවූහ. අපට විරුද්ධව නැගී සිටියවුන්ට ඔවුන් අපායට වැටෙනවාක් මෙන් දැනෙන්නට විය. ඔවුන් හට මා මුණ ගැසීමට අවශ්‍ය විය. ඔවුහු අපට වොන් මිලියන තුන්සියයක් (ඇ.ඩො. 300,000) දුන්නෝය. එය අපට දේවස්ථානය වෙනත් ස්ථානයකට රැගෙන යාමට අවශ්‍ය වූ මුදල විය. ඒ වන විට ඇ.ඩො. දස දහසක පමණ මුදලක්වත් අප සතුව නොතිබුණ අතර මෙය ඉතා විශාල ප්‍රමාණයක් විය.

අබිමෙලෙක් විසින් සාරා ආබ්‍රහම්ගේ සොහොයුරිය යැයි සිතා ඇය රැගෙන

යන විට දෙවියන් වහන්සේ ඔහුට සිහිනෙන් දර්ශනය වී සාරා යනු ආබ්‍රහම්ගේ බිරිඳ බැවින් ඇය ආපසු යවන ලෙසට අණ කළ සේක. අබිමෙලෙක් සාරාව තනිවම නොව බැටළුවන්, ගවයින් සහ දාසයන් ද සමඟ ආබ්‍රහම් වෙත යැව්වේය. (උත්පත්ති 20), දෙවියන් වහන්සේ ක්‍රියා කළ පසු ආබ්‍රහම් දුෂ්කර අවස්ථාවෙන් මිදුණු අතර ඉතා හොඳින් සලකනු ලැබීය. මේ ආකාරයටම අප සභාව ද දෙවියන් වහන්සේගේ මැදිහත් වීම නිසා දුෂ්කර අවස්ථාවෙන් මිදුණි.

දෙවියන් වහන්සේ විසින් සූදානම් කලා වූ භූමිය අප ඉදිරියේ විය

වර්ග අඩි 54,000 ක් ඉක්ම වූ භූමියක් අප හට ලබා දෙන මෙන් අපි දෙවියන් වහන්සේට යාච්ඤා කළෙමු. සභාව අසල වූ වර්ග යාර 6,000 ක් පමණ වූ ගොඩනැගිල්ලට යාම සඳහා අප බොහෝ සේ යාච්ඤා කළෙමු. නමුත් 1990 එක්තරා දිනයක බොරමේ ප්‍රදේශයේ පිහිටුවා තිබූ ගුවන් හමුදා ඇකඩමිය එතැනින් ඉවත් කර ගන්නා බව නිවේදනය කළ අතර එම ස්ථානය විශාල පිට්ටනියක් බවට පත් විය. සෝල් නගර සභාව මෙම භූමිය පෞද්ගලික ආයෝජනයින්ට විකිණීමට සූදානම් විය. දෙවියන් වහන්සේ බොරමේ ප්‍රදේශයේ අප සභාවට භූමි ප්‍රමාණයක් සූදානම් කර ඇති බව මම තේරුම් ගත්තෙමි. එහි වාසි රැසක් විය. ශිංඩේබෑං ඩොං හි සභාව පිහිටුවා ගැනීම ඒ සඳහා දෙවියන් වහන්සේ කළ මඟ පෙන්වීමයි. අපි බොරමේ ප්‍රදේශයට යාමට දෙවියන් වහන්සේට යාච්ඤා කරන විට, උන් වහන්සේ අපට ''මා ඔබට භූමිය දී තිබේ. යන්න එය ගන්න. ඔබගේ මුළු සභාවම ඇදහිල්ල පෙන්විය යුතුය. ඔබ ආශිර්වාද ලත් භූමිය ජයගත් පසු මම සියල්ලම භාර ගතිමි'' යි පැවසූ සේක. අප සභාව ද වෙන්දේසියට සහභාගි වූ නමුත් අප සභා සාමාජිකයන් තුල වූ ඇදහිල්ල සමඟ, භූමියෙන් වර්ග යාර භාර දහසක් වත් ඒ අවස්ථාවේදී මිළ දී ගැනීමට අපට අපහසු විය. ඔවුන්ගේ ඇදහිල්ල පෙන් වූ සාමාජිකයන් ගණන අල්ප විය.

දෙවියන් වහන්සේ ඊශ්‍රායලයේ ජනතාව කානාන් දේශය වෙත මඟ පෙන්වූ නමුත් ඔවුන් කීකරු නොවූ නිසා ඔවුන්ට එම භූමියට යාමට නොහැකි විය. ඔවුන්ගේ දරුවන්ට පමණක් එම භූමියට යා හැකි විය. අවශ්‍ය වූ පරිදි ඇදහිල්ල අප නොපෙන්වූ නිසා දෙවියන් වහන්සේ ශුරෝ ඩොං හි දෙවැනි ස්ථානයකට අපට මඟ පෙන්වූ සේක. කාර්මික ප්‍රදේශයක ගොඩනැගිල්ලක් දෙවියන් වහන්සේ අපට සූදානම් කළ අතර එය වාර්ග යාර දස දහසක් පමණ විය.

අළුත් දේවස්ථානය උදෙසා සැමරුමේ උත්සවය සහ නොකැඩී කරදර ඒම

ගුරෝ කාර්මික සංකීර්ණය කොරියාව කාර්මිකරණය කරා මෙහෙය වූ ස්ථානය විය. එකල එහි බොහෝ කර්මාන්තශාලා විය. අපගේ හතර වන දේවස්ථානය වන ගුරෝ ඩොං දේවස්ථානය ඇත්තෙන්ම ශින් ඒ ඉලෙක්ට්‍රොනික්ස් යන සමාගම විය. මෙම සමාගම ණය ගෙවා ගත නොහැකිව වැසී යාමට පෙර මම එහි අයිතිකරු හමු වී තිබුනෙමි.

''ජ්‍යෙෂ්ඨ පාලකතමනි, මම මෙම වැඩබිමේ මන්මින් ප්‍රධාන සභාවේ දේවස්ථානය ගොඩ නගනවාට කැමැත්තෙමි'' යැයි ඔහු මට පැවසුවේය. එය මට ඔහු මුණ ගැසුන ප්‍රථම අවස්ථාව වූ අතර ඔහුගේ වැඩබිමේ අප සභාව ගොඩ නැගීමට ඔහුට අවශ්‍ය විය. මම ඔහුගේ වචනය විශ්වාස කළ අතර ''ආමෙන්'' යැයි කියා ප්‍රතිචාර දැක්වීමි. පසුව ශින් ඒ ඉලෙක්ට්‍රොනික්ස් ආයතනය ණය ගෙවා ගත නොහැකිව වැසී ගියේය. එහි අයිතිකරු එක්සත් ජනපදයට පැන ගියේය. ජ්‍යෙෂ්ඨ උපස්ථායිකා වන ශින් ඒ හියුන් මෙම ස්ථානයේ ප්‍රධාන විධායක නිළධාරිනිය වශයෙන් පත්වූවාය. නමුත් අති විශාල ණය ප්‍රමාණය, කම්කරු වැඩ වර්ජන සහ සේවකයන්ගේ නොගෙවූ වැටුප් ඉල්ලීම් නිසා ඇය පීඩාකාරි කාලයක් ගත කළාය. එම නිසා ඇය මෙම සමාගම් වැඩබිම ප්‍රසිද්ධ දේවගැතිවරුන් ගෙන් කෙනෙක් දෙවියන් වහන්සේගේ රාජ්‍යයක් උදෙසා භාවිතා කිරීම පිණිස යාච්ඤා කළාය. එකල ''මා ප්‍රේම කරන ආචාර්ය ජයිරොක් ලී හට භූමිය ලබා දෙන'' ලෙස ඇයට දෙවියන් වහන්සේගෙන් පිළිතුරක් ලැබුණි. අවසානයේ දී අවට සෝදිසි කිරීමකින් පසුව ඇයට මා හමුවිය. ඇයගේ ඇමතුම ලද පසු ඇය පිබිදීමේ රැස්වීම් පවත්වන ස්ථානයට ගොස් සිරිත් ලෙස ආචාර කළෙමි. එම ස්ථානය යොංඩැන් වූ අතර එය 1974 දී ඇගේ සභාවේදී දෙවියන් වහන්සේ මඟින් සුව වීම මා අත්විඳි ස්ථානය විය. ඉන් පසුව මා හට ඇය මුණ ගැසුනේ එක් වරක් පමණි. එම හමුවෙන් පසු නැවත අප මුණ නොග

ඇසුණු නිසා ඇයට මාව කිසිසේත්ම මතකයේ වූයේ නැත.

ඇය මා සොයා ගැනීමට ගත් ක්‍රියා මාර්ග පැහැදිලි කළාය. දෙවියන් වහන්සේ මා හදවත ස්පර්ශ කළ අතර අපි එම වැඩබිම මිලයට ගැනීමට තීරණය කළෙමු. අපට වොන් බිලියන දහයක් (ඇ.ඩො. මිලියන 10) අවශ්‍ය වූ අතර කම්කරුවන්ගේ ගැටළු ක්ෂණිකව නිරාකාරණය කිරීමට අපට වොන් බිලියන දෙකක් (ඇ.ඩො. මිලියන 2) ක් අවශ්‍ය විය.

නව දේවස්ථානයේ සැමරුම් උත්සවය

1991 පෙබරවාරි මස 10 වන දින ගුරෝ ඩොං යාමට ශිංඩේබැං සභාවෙන් පිටත් වීමු. අපි සිහිපත් කිරීමේ මෙහෙයක් පැවැත්වීමු. අපි ණය සහ නොගෙවූ වැටුප් ද ගෙවා නිම කළෙමු. ඉන්පසු එම ගොඩනැගිල්ල සභා ගොඩනැගිල්ලක් ලෙස ප්‍රතිසංස්කරණය කිරීම ආරම්භ කළෙමු.

අප මෙහි පැමිණෙන විට අප සතුව තිබුණේ පරණ ගොඩනැගිල්ලෙන් ලැබුණු වොන් මිලියන තුන්සියය (ඇ.ඩො. 300,000) ක් පමණි. සැබෑ තත්ත්වය ගැන සලකා බලන විට සාමාජිකයන් රැසකට මඟ පෙන්වමින් පියවරක් වත් ඉදිරියට යාමට අපට හැකියාවක් නොවීය. දෙවියන් වහන්සේ අපට මඟ පෙන්වන නිසා විශ්වාසිව අපි අඛණ්ඩව ඉදිරියට ගියෙමු. අප එහි පැමිණ වසරක් ගත වූ පසු බැංකුව නැවත එය වෙන්දේසියට දැමූ අතර අප සතුව මුදල් නොතිබිණි. ''ඔබ සහ ඔබගේ සභාව සමාගමේ කම්කරුවන් හා සම්බන්ධ ප්‍රශ්න ඇතුළු දුෂ්කර අවස්ථාවන් දැනටමත් විසඳා තිබෙනවා. මෙය සභාවක් ලෙස ප්‍රතිසංස්කරණය කිරීමටද ඔබ විශාල මුදල් ප්‍රමාණයක් වැය කොට තිබෙනවා. නමුත් මෙම ඉඩම ලාභ ලැබීමේ අදහසින් ආයෝජනය කරන්නේ කව්රුදැයි නුඹ සිතන්නේද යි බැංකුව විසින් අසල ලදී. මිළ පහත ගිය විට වැඩබිම අපට මිළට ගන්නැයි ඔවුහු පැවසුවෝය. නමුත් සත්‍යය වෙනස්ය. එක්තරා සාමග මක් ඔවුන්ගේ නිශ්චල දේපල ආයෝජන සැලසුමේ කොටසක් ලෙස මෙම වැඩබිම මිළ දී ගත්තේය. ගොඩනැගිල්ල අත්හැර යන ලෙස ඔවුන් අපෙන් ඉල්ලුවෝය. ඇත්තෙන්ම අපට යාමට වෙනත් ස්ථානයක් නොවූ අතර අපට වෙනත් ස්ථානයකට යාමටද නොහැකිය.

1992 පෙබරවාරි මස 15 වන දින, මෙම වැඩබිම මිළයට ගත් සමාගම විසින් රැගෙන ආ සියයක් පමණ වූ බලහත්කරුවෝ සභාවට අයිති දේවල් එළියට දැමූහ. ඔවුන් නවතාලීමට තැත් කළ සභා සේවකයන් පිරිසකට ද ඔවුහු පහර දුන්හ. ඇත්තෙන්ම එම සමාගම අප නීතිය කඩකළ බවට සාපරාධී නඩුවක් ද අපට විරුද්ධව ගෙන ආහ. මේ සියල්ල අතරතුරදී, දෙවියන් වහන්සේ සභාවට

ප්‍රේම කිරීමට සහ තවත් බොහෝ යාච්ඤා කිරීමට අපට මඟ පෙන්වූ සේක. මෙම වැඩබිම මිළට ගත්තවුන්ගේ හදවත් උන්වහන්සේ ස්පර්ශ කළ නිසා ඔවුහු අප සමඟ නව ගිවිසුමකට අත්සන් කළහ. අපි වැඩබිම සඳහා මුදලක් ගෙවීමට නැවත පටන් ගත්තෙමු.

සෝල් සුභාරංචි රැළියට විරුද්ධව පැමිණි බාධා

1992 මැයි මස 18 සිට 21 දක්වා ''1995 ජාතිය නැවත එක්සත් කිරීම සහ සංවත්සර උද්යෝගි ව්‍යාපාර සංවිධායක කමිටුව'' මඟින් ''සොල් සුභාරංචි රැළිය'' අප සභාවේදී පවත්වනු ලැබීය. මේ සඳහා ''ද කුක්මින් ඉල්බෝ'' පෙරදිග විකාශන සමාගම, ක්‍රිස්තියානි විකාශන මණ්ඩලය, ද ක්‍රිස්ටියන් නිව්ස්පේපර්, ද කොරියා වර්ඩ් නිව්ස් පේපර් සහ පොලිසියේ දේවගැතිවරයාගේ කාර්‍යාලයද සහයෝගය දැක්වූහ. සතුරු යක්ෂයා මෙම සමුළුව අවලංගු කිරීමට නැවතත් නැගී සිටියේය.

මෙයට සහභාගි වූ ප්‍රසිද්ධ පාලකවරුන් අතර පාලක හියොං ග්‍යුන් ශින් සහ ජේකුල් හොං ද සිටියෝය. ඔවුන් දෙදෙනාද සමුළුව ඇමතීමට නියමිතව සිටියේය. ඔවුන්ට සමුළුව ඇමතීමට ඉඩ නොදෙන බලවේග ඇති විය. නැවතත් මා ධර්ම විරෝධී බවට සහ නිකායේ කිතුණු සභාවෙන් නෙරපා හැර ඇති බවට වූ එම ඉතිහාසය ඇතැමුන් පවසන්නට වූහ. ඔවුන් දෙදෙනා මෙම සමුළුව ඇමතුවහොත් අනාගතයේදී අසතුටුදායක තත්ත්ව වලට මුහුණ දීමට සිදු වනු ඇත. නමුත් මෙම කථිකයන් දෙදෙනා මා දෙවියන් වහන්සේ කෙරෙහි ආදරයෙන් යුක්තව, විශ්වාසය අනුගමනය කරන පාලකවරයෙක් බැව් දන්නා නිසා ඔවුන් ඒවාට අවනත නොවූහ. සමුළුව ශුද්ධාත්ම බලයෙන් සාර්ථකව පැවැත්විණි. කොරියානු ක්‍රිස්තියානි පුනරුද සමාගම මඟින් එම වසරේ සැප්තැම්බර් මස 14 සිට 17 දක්වා සෝල් වැසියන්ගේ පිබිදීමේ රැළිය පැවැත්වූ අතර පූජක ජොංමන් ලී ඇතුළු පාලකවරුන් අට දෙනෙකු මෙම සමුළුව ඇමතුහ.

ඇන්යැන්ග් ශුද්ධ වූ නිකාය සමඟ සාමාදන වීම

1992 පෙබරවාරි මස දී කොරියාවේ ක්‍රිස්තියානි ශුද්ධ වූ සභාව ඇන්යැන්ග්, මා වරදකරු කල නිකාය විසින් අප සභාව නිදහස් නිකායක් ලෙස පිහිටුවා ගැනීම සහ ඉතා වේගයෙන් වර්ධනය වීම නිසා අප සභාවට විරුද්ධව පියවර ගත්හ. එම නිකායේ සභාපති වූ **Y** නම් පාලකවරයා ක්‍රිස්තියානි උපදේශක සභාවට සහ මුද්‍රණාලයට කිහිපවරක් සාවද්‍ය කටකථා පැතිරුවේය. මෙවැනි පැතිරෙමින් තිබෙන අපවාද කථා නිසා නින්දා කිරීමක් පමණක් නොව ශුභ

ආරංචිය දේශනා කිරීමේ සේවයට ද ඉතා විශාල පළුදුවීමක් සිදුවිය. අප සභාවේ නියෝජිතවරුන් මඟින් Y නම් පාලකවරයාට එරෙහිව අපහාස කිරීම යන චෝදනාව යටතේ නඩු පැවරීමට අපි අවසානයේ දී තීරණය කළෙමු.

Y නම් පාලකවරයාට දඬය ගෙවීමට සිදු වූ අතර ඔහු හිරයට දැමීමට සූදානමක් විය. බලාපොරොත්තු සුන් කරගත් ඔහු පූජක අභ්‍යාසයතනයේ මහාචාර්ය වරයා පාලක ජෙක්ගු සෝන් හරහා නඩුව අවලංගු කරන්නැයි කිහිප වතාවක් ඉල්ලා සිටියේය. Y නම් පාලකවරයා සභාවේ සමාගම් සමඟ සබඳතා අත් හරින බව සහ ඔහුගේ දේවගැති සේවය ගැන පමණක් සිත යොමු කරන බව පැවසූ නිසා මෙම නඩුව අවලංගු කර යළි සමාදාන වන ලෙසට පාලක ජෙක්ගු සෝන් අපගෙන් ඕනෑකමින් ඉල්ලා සිටියේය.

Y නම් පාලකවරයා මැදිවිය ඉක්ම වූ පුද්ගලයෙක් වූ අතර මම ඔහුට අනුකම්පා කළෙමි. පාලක ජෙක්ගු සෝන් ගේ නඩුව ඉවත දැමීමට වූ ඉල්ලීම මා පිළිගත් අවස්ථාවේදී මෙම නඩුව භාරව සිටි නීතිඥයා මෙම අදහසට තදින්ම විරුද්ධ විය. අප මෙම අවස්ථාවේදී නඩුව අතහැරීම නුසුදුසු බවත් ඔහුගේ පෙර ක්‍රියාකාරකම් ගැන විමර්ශනයක් කළ බවත් නීතිඥයා පැවසුවේය. මූලිකවම මෙම ප්‍රශ්නය නිරාකාරණය නොකළහොත් ඔවුන් මෙය නැවත කරන බවත් ඔහු අවධාරණය කළේය. මම නීතිඥයාගේ අකැමත්ත නොසලකා අන්‍යෝන්‍ය සහයෝගීතාවයේ ලියැවිල්ල අත්සන් කොට නඩුව අත්හැරියෙමි.

1993 අප්‍රියෙල් මස 20 වන දින අපි දෙදෙනාම මුණ ගැසී ලියැවිල්ල අත්සන් කළෙමු. එම ලිපිය තවමත් අප ළඟ තිබේ. Y නම් පාලකවරයා ලියැවිල්ල අත්සන් කළේ සභාවට අදාල නරක දේ පතුරුවා හැර ආචාර්ය ජයිරොක් ලී සහ මන්මින් ජූ ඇං සභාවට අපහාස කළ නිසා එයට සමාව අයදිමින්ය. තවද අනාගතයේ දී මෙවැනි ක්‍රියා වලින් වැළකී සිටීමට උපරිම උත්සාහ දරණ බවත්, ඔහුගේ දේවගැති ධූරය ගැන පමණක් සිත යොමු කරන බවත් පැවසුවේය. අපි නඩුව අත් හැරිය අතර ඔහුට සමාව දුන්නෙමු. නමුත් නීතිඥයා අනාවැකි පළ කළ ආකාරයටම අපට ස්තුති කරනවා වෙනුවට ඔහු අප සභාව කඩාකප්පල් කිරීම නොනැවැත්තුවේය. තමා නිකායේ සභාපති වශයෙන් සමාව නොඉල්ලූ අතර එය පෞද්ගලික මට්ටමෙන් කළ බව ඔහු නිදහසට කරුණු වශයෙන් කීවේය.

බයිබලයට අනුව මිත්‍යාවදය

වේගවත් පිබිදීමක් වූ නිසා මා හොඳින් දන්නා කෙනෙකු බවට පත්විය. කොරියාවේ ක්‍රිස්තියානි ශුද්ධ වූ සභාවේ දෝෂාරෝපණය නිසා සමහරු මා ධර්ම විරෝධියෙකු ලෙස සිතන්නට පටන් ගත්හ. කිසිදා මා මුණ නොගැසුන, මගේ පණිවුඩ වලට කිසිදා සවන් නොදුන් හෝ කිසිදා අප සභාවට නොපැමිණි පුද්ගලයෝ ඔවුන් වටා සිටින අනෙක් අයගේ කථා විශ්වාස කරන්නට වූහ. යේසුස් වහන්සේට බොහෝ සේ අදරය කළ අපෝස්තුළු පාවුල් ශුභ ආරංචිය දේශනා කරමින් යන විට ඔහුට දුර්ජනයෙක්, කැරලි උපදවන්නෙක් සහ නාසරීයන්ගේ ලබ්දියේ නායකයෙක් ලෙස අප්‍රසාදය පළ කළ අතර ඔහුගේ ජීවිතය පීඩාකාරි සහ පහතට හෙලනු ලැබීය (ක්‍රියා 24:5).

බයිබලයට අනුව ලබ්ධිය යන වචනය නිර්වචනය කිරීම අප මෙතැනදී සලකා බැලිය යුතුය. 2 පේත්‍රුස් 2:1 මෙසේ සඳහන් කරයි. මෙහි දී ජේසුස් ක්‍රිස්තුස් වහන්සේ ''ඔවුන් මිලේට ගත් ආචාරින්වහන්ස යනුවෙන් හඳුන්වනු ලබයි. ජේසුස් වහන්සේ කුරුසියේ ඇණ ගසා මරා දැමීම, මළවුන්ගේ නැගිටීම සහ ගැලවුම්කරුවාණන් ලෙස සිය කාර්‍ය්‍ය නිම කිරීමට ප්‍රථම බයිබලයෙහි මිත්‍යා ලබ්ධිය යනුවෙන් වචනයක් සඳහන් නොවේ. පරණ ගිවිසුමේ සහ ශුභාරංචි පොත් හතරෙහි එනම් ශු මතෙව්, ශු මාර්ක්, ශු ලූක් සහ ශු.යොහාන් යන්නෙහි මිථ්‍යා ලබ්ධිය යන වචනය සඳහන් නොවන්නේ මෙම හේතුව නිසාය.

ශුභ ආරංචි පොත් හතරෙහි පිටපත් කරන්නන්, ඵරිසිවරු, පූජකවරු, උත්තම පූජකයන් පවා යේසුස් වහන්සේට විරුද්ධකම් කරන විට මිථ්‍යා ලබ්ධිය යන වචනය භාවිතා නොකළහ. යේසුස් වහනසේ මළවුන්ගෙන් නැගිටීමෙන් පසු ක්‍රිස්තුස් වහන්සේ ලෙස තම කාර්‍ය්‍ය සම්පූර්ණ කළ සේක. ''ඔවුන් ගලවා ගත් ස්වාමියා'' පුද්ගල ආකාරයෙන් පැමිණි බව ප්‍රතික්ෂේප කළ අය ධර්ම විරෝධීන් යැයි 2 ජෙත්‍රුස් තුළින් අඟවා දී තිබෙනවා. ''ජේයුස්'' යන නාමයෙහි තේරුම ''ඔහුගේ ජනතාව ඔවුන්ගේ පව්න් මුදවා ගන්නා තැනැත්තා'' (ශු.මතෙව් 1:21)

සහ ක්‍රිස්තුස් යන්නෙහි තේරුම වනුයේ ''ආලේප කරන ලද තැනැත්තා'' යන්නයි. යේසුස් වහන්සේ කුරුසියෙහි ඇණ ගසනු ලැබ මරා දැමීමෙන් පසුව මළවුන්ගෙන් නැගිට ක්‍රිස්තුස් වහන්සේ ලෙස උන්වහන්සේගේ සේවය ඉටු කොට අපගේ ගැලවුම්කරුවාණන් බවට පත් වූ සේක.

එම නිසා අප යාච්ඤාවන් අවසන් කරන විට ''යේසුස් වහන්සේගේ නාමයෙන් මම යාච්ඤා කරමියි යන්න වෙනුවට ''යේසුස් ක්‍රිස්තුස් වහන්සේගේ නාමයෙන් මම යාච්ඤා කරමි යි යන්නෙහි පරිපූර්ණ ආත්මීය අර්ථයක් ඇත. 1 යොහාන් 2:22 මෙසේ සඳහන් කර ඇත. එහෙයින් ත්‍රිත්ව වූ දෙවියන් වහන්සේ (පියාණන් වහන්සේ, පුත්‍රයාණන් වහන්සේ සහ ශුද්ධාත්මයාණන් වහන්සේ) ප්‍රතික්ෂේප කරන්නන් මිථ්‍යා ලබ්ධිකයන් ලෙස සැලකේ. පියාණන් වහන්සේ විශ්වාස කරන සහ ජේසුස් ක්‍රිස්තුස් වහන්සේ ගැලවුම්කරු ලෙස පිළිගන්නා පුද්ගලයන් හෝ සභාවක් දෙවියන් වහන්සේ ඉදිරියේ අපරීක්ෂාකාරීව විනිශ්චය කිරීම සහ වරදකරු කිරීම වරදකි.

යේසුස් ක්‍රිස්තුස් වහන්සේගේ නාමයෙන් ශුද්ධාත්මය ක්‍රියා කරන සභාවක් පහත හෙලීම සහ ශුද්ධාත්මයට විරුද්ධව නැගී සිටීම බයිබලයෙහි පෙන්නුම් කරන ආකාරයට සමාව දිය නොහැකි පාපයකි. ත්‍රිත්ව වූ දෙවියන් වහන්සේගේ පැවැත්ම වන ශුද්ධාත්ම ක්‍රියාව යනු යක්ෂයාගේ ක්‍රියාව යැයි පවසන්නවුන් ඉන් දෙවියන් වහන්සේ යක්ෂයෙක් සහ ධර්ම විරෝධී ලෙස සළකනු ලබන්නේ නම් එවැන්නන් ගැලවීම ලබන්නේ කෙසේද? ශු.මතෙව් 12:22 යක්ෂයකු නිසා අන්ධ සහ බිහිරි වූවෙක් යේසුස් වහන්සේ සුව කළ සේක. ඉන්පසු ඵරිසිවරුන් ජේසුස් වහන්සේව පහත හෙලා කථා කළහ ශු.මතෙව් 12:31-32.

දෙවියන් වහන්සේගේ බලය තුළින් යේසුස් වහන්සේ විසින් විද්‍යාමාන කරන ලද ශුද්ධාත්ම බලය පහත හෙලූ ඵරිසිවරු ශුද්ධාත්ම බලය අවමානයට ලක් කළහ. එය සමාව දිය නොහැකි බරපතල පාපයක් වූ අතර ඔවුන්ට ගැලවීමට නොහැකි විය.

මරණය තෙක් ලේ වහනය වීමේ පරීක්ෂණය

1992 ජූනි මස දී කිසිවෙකුට පැවසිය නොහැකි සභාවේ අසීරු ගැටළු රාශියකට මුහුණ දීමට සිදු විය. මම කිසිදු විවේකයක් හෝ නින්දක් නොමැතිව දින ගණනාවක් ගත කළෙමි. මගේ වෙහෙසීමේ ප්‍රමාණය මට ද පාලනය කර ගත නොහැකි මට්ටමක විය. විශේෂයෙන්ම සමහර සභයක පාලකවරුන් සහ සේවකයින් යාච්ඤා කිරීම නවතා අකීකරු වන්නට පටන් ගත් අතර අවසානයෙ දී දෙවියන් වහන්සේ පරීක්ෂාවක් සඳහා ඉඩ හැරිය සේක. ඉතා විශාල වගකීමක් මා මත තබා ගත් අතර මගේ මොළයේ රුධිර වහනය සිදුවීමක් ආසන්නයේ මම සිටියෙමි. සභාවේ සාමාජිකයන් රෝගී වූ අවස්ථාවන් හි දී මම ඔවුන්ට යාච්ඤා කළෙමි. නමුත් මගේ මොළයේ රුධිර වහනයක් සිදුවුවහොත් මොළයේ ලේ ගැලීමකින් පීඩා විඳීමට පෙර දෙවියන් වහන්සේ වෙනත් ආකාරයකට ක්‍රියා කළ සේක. උන් වහන්සේ මගේ නාසයේ විශාල නහරයක් පුපුරවා රුධිර වහනයකට ඉඩ සැලැස්වූ සේක.

එය 1992 ජූනි මස 13 වන සෙනසුරාදා විය. විවාහ දේව පූජවන් තිබූ නිසා මම පිටතට යාමට සූදානම් වෙමින් සිටියෙමි. එකවරම මගේ නාසයෙන් රුධිරය වාහනය වන්නට පටන් ගත් අතර මා වෙනුවට වෙනත් පූජකයකු හට විවාහ දේව පූජාව පවත්වන ලෙස මම පැවසුවෙමි. නාස්පුඩු දෙකෙන් සහ මුඛයෙන් රුධිරය වැගිරෙන්නට පටන් ගත්තේය. සවස් කාලය තුළදී පැය 1 1/2 ක් පමණ රුධිරය වැගිරිනි. නැවතත් පැයකට වැඩි කාලයක් රාත්‍රියේදී රුධිරය වැගිරිනි. මා හට හිස පහතට දමා හිඳ ගෙන සිටින්නට සිදු විය. මා හිස ඉහළට එසවුවහොත් රුධිරව එකවරම උගුර හරහා පහතට ගොස් හුස්ම හිරවීමක් සිදුවේ.

ඉරිදා උදයේ මා සෝදා පවිත්‍ර වීමට සූදානම් වෙත්ම රුධිර වහනය නැවත ආරම්භ වූ නිසා සභාවට යාමට නොහැකි විය. නාස්පුඩු දෙකෙන් විශාල ප්‍රමාණයක් රුධිරය ගැලූ අතර ඒවා ගෙල ප්‍රදේශය දක්වා ගලා ගියේය. මෙසේ

රුධිරය වහනය වන විට මෙරතම් රුධිර ප්‍රමාණයක් කොතැනින් එන්නේදැයි මම පුදුම වීමි.

සභාව මෙම පුවත දැන ගත් පසු සියයකට අධික සභයක පාලකවරු සහ සභා සේවකයෝ මගේ නිවස කරා පැමිණියහ. සමහරු පළමුවෙන්ම ටිෂු කඩදාසිවලින් ද පසුව තුවා වලින් රුධිරය පිස දැමීමට උදව් වූහ. රුධිර වහනය අවසන් නොවූ නිසා ඔවුන්ට මේවායින් එය වළකා ගනු බැරි වූ අතර මා ඉදිරිපිට බේසමක් තබන්නට විය. මා තුළ තිබූ ඇදහිල්ල ගැන සියල්ලෝම දැන සිටි නිසා සහ ලෞකික ක්‍රමවේදයන් මත මා යැපුනේ නැති බව දත් නිසා ඔවුන් රෝහලක් කරා යාමට මට කථා නොකළහ.

එකවරම මට දේව ස්තුති ගීත ඇසීමට අවශ්‍ය බව මම එතැන රැඳී සිටියවුන්ට කී නිසා ඉන් අයෙක් පැමිණ දේව ස්තුති ගීත ගායනා කළේය. මම ඒවාට කන් දෙමින් සිටිය දී මගේ හදවත ශාන්තිමත් වූ අතර ස්වර්ගයට යෑමට දැඩි ආශාවක් ඇති විය. ක්‍රමයෙන් මගේ ශක්තිය හීන වූ අතර සිහිය මඳ වීමට පටන් ගත්තේය. නමුත් මගේ ආත්මයේ පැහැදිලිභාවය ක්‍රමයෙන් වැඩි වනු මට දැණුනු අතර දේව ආත්මයෙන් පිරුණි.

ජීවනයත් මරණයත් තෝරා ගැනීමේ මංසන්ධිය අසළ

එම අවස්ථාවේ දී පැහැදිලි ආනුභවයකින්, රැස්ව සිටි සමහරුන්ගේ නිශ්චිත ආත්මීය ස්ථාවරත්වය දෙවියන් වහන්සේ මා හට පෙන්වූ සේක. දෙවියන් වහන්සේ වෛර කරන අසත්‍යය සහ අහංකාරකම බැහැර කරන ලෙසට මම එම ජනතාවට තදින් කියා සිටියෙමි. මගේ පවුලේ සාමාජිකයන් සමඟ අවසාන කැමැත්ත ගැන මම කථා කළෙමි. සභාවේ සියළුම සෙනඟ මා උදෙසා යාච්ඤා කිරීමට පටන් ගත් බව පසුව දැන ගන්නට ලැබුණි. මගේ නාඩි වැටීම සහ හුස්ම ගැනීම පවා නතර වී මා සිහිසුන් වීමි. මගේ ආත්මය මා සිරුරෙන් මිදී යනු මට දැණිනි. වැඩිමහල් බෝවාස් ලී සහ අනෙකුත් අය ''දෙවියන් වහන්ස, කරුණාකර අපගේ පාලකතුමාගේ ජීවිතය නැවත දෙන්නැයි හඬමින් සහ කඳුලෙන් යාච්ඤා කරනු මට ඇසිණි. ඔවුන් මාගේ මැණික් කටුවෙන් අල්ලන විට එහි නාඩි නොවැටුනු අතර පපුව අල්ලන විට එය සීතලව තිබුණ බව ඔවුන් මට පැවසුවේය. එම මොහොතේදී දෙවියන් වහන්සේ හා වෙතට පැමිණි සේක.

''මගේ දාසය ඔබ මා වෙතට එනවාද නැතිනම් ඔබ ගොස්, ඔබගේ මෙහෙවර සම්පූර්ණ කරනවාද?''

''දෙවියන් වහන්ස, මට ඔබ වහන්සේගේ පසෙකින් සිටිය යුතුය.''

එකල අපි මාසික කුළී පදනම මත කුළී නිවසක විසුවෙමු. මා හට එක් නිවසක් හෝ බැංකුවක ඉතිරියක් වත් නොතිබිණි. මා මාගේ පවුලේ සාමාජිකයන් ගැන නොතැවුණු නමුත් ස්වර්ගයට යාමට අවශ්‍ය විය. අනතුරුව දෙවියන් වහන්සේ මා හට දර්ශන දෙකක් පෙන්නුම් කළ සේක. මා දෙවියන් වහන්සේගේ පසෙකට ගිය පසු සතුරු යක්ෂයා අප සභාවට පහර දුන්නේය. දේවස්ථානය පොළොවට පතිත වූ අතර අදහන්නෝ රැසක් මංමුලා වූ බැටළුවන් සේ මරණය හමුවන තුරු ලෝකය වෙත නැවත ගියහ. සමහර සාමාජිකයෝ නිරාහාරව සහ යාච්ඤාවෙන් ස්වර්ගයේ දොරටුව වෙත යමින් සිටියහ. සභාවේ වැඩි සංඛ්‍යාවක් මංමුලා වූ අතර නැවතත් ලෝකය දෙසට ගමන් කිරීම ආරම්භ කොට නිරයට යාමේ මාර්ගයට පිවිසුනහ. ඒ මොහොතේ මා නැවත පියවි සිහියට පැමිණිනෙමි.

''දෙවියන් වහන්ස, මට ආපසු යාමට ඉඩ දෙන්න. මට ප්‍රධාන දේවස්ථානය තනා නිම කොට සභා සාමාජිකයන් ද සමඟ ඔබ වහන්සේ ඉදිරියට ඒමට වුවමනා'' යැයි මම පැවසීමි.

මම ජීවත් වීමේ අභිලාෂයෙන් යාච්ඤා කළෙමි. එම මොහොතේ දී ඉහළින් ආලෝකයක් පැමිණි අතර ශක්තිමත් බලවේගයක් මා කරා පැමිනුනෙමි. මා එක්වරම හිඳගෙන ජලය ඉල්ලමි. මා පානය කළ එම ජලය ශරීරය තුළ දී රුධිරය බවට පත් වූ බව පසුව මම දැන ගත්තෙමි. මම නැගිට ආලින්දයට ගිය විට මගේ කාමරයට ඒමට නොහැකි වූ සමහර සාමාජිකයන් යාච්ඤා කරමින් සහ හඬමින් එහි සිටින බව දිටිමි. ඔවුහු විශ්මයට සහ ඉතා සතුටට පත් වූහ. මම ඔවුන්ට අතට අත දී ඔවුන් හා කථා කළෙමි. මාගේ මුහුණ රත් පැහැ වීමට පටන් ගත් අතර එහි මා පත්ව සිටි මරණාසන්න රුධිර වහනයක සේයාවක්වත් නොවීය. මගේ සිහිය සම්පූර්ණයෙන්ම පරිපූර්ණ නොවූ අතර අනෙක් අය කී දේ මතක ඇති මුත් සියළුම දේ විස්තරාත්මකව මතකයේ නැත.

එතැන් පටන් රුධිර වහනයක් සිදු වූවත් මම ජලය පානය කළෙමි. සාමාන්‍යයෙන් මම ජලයට වඩා සිසිල් පානයන් ගත් නමුත් වැඩි ජල ප්‍රමාණයක් පානය කිරීමට මට අවශ්‍ය විය. මගේ විශාල රුධිර වහනයක් සිදු වූ නිසා රුධිර සැපයුමක් නොමැතිව මා මිය යන්නට තිබුණි. නමුත් ස්වාමීන් වහන්සේ වතුර වයින් වලට හැරවූවාක් මෙන් මා ජලය පානය කරන සෑම විටම දෙවියන් වහන්සේගේ බලයෙන් එය රුධිරය බවට මාගේ ශරීරය තුළදී වෙනස් වන බව මම විශ්වාස කළෙමි. මගේ රුධිර වහනය ද දෙවියන් වහන්සේගේ ආරක්ෂාව

තුළ සිදු වුවක් බව මම විශ්වාස කළෙමි. මගේ රුධිර වහනය ද දෙවියන් වහන්සේගේ ආඥාව තුළ සිදු වූවක් බව මා විශ්වාස කළ නිසා ලෞකික බෙහෙත් මත යැපෙන්නට මට නුවුමනා විය. මම සම්පූර්ණයෙන්ම සර්ව බලධාරී දෙවියන් වහන්සේ කෙරෙහි විශ්වාසය තැබූ අතර මම සියල්ල උන්වහන්සේගේ ශ්‍රී හස්තය මත රැඳවීමි.

මට රෝහලකට ගොස් බෙහෙත් ගෙන මගේ ජීවිතය දිගු කර ගැනීමට කිසිදු වුවමනාවක් වූයේ නැත. දෙවියන් වහන්සේ හට මාගේ ආත්මය ගැනීමට උවමනා නම් මා ජීවත් වීමට උත්සහා දැරීමට කිසිම හේතුවක් නැත. දෙවියන් වහන්සෙගේ කැමත්ත මත මම මරණය තෝරා ගැනීමට ආශා කරමි. මා සියල්ලන්ටම වඩා සර්ව බලධාරි දෙවියන් වහන්සේ ගැන දන්නේ උන්වහන්සේගේ බලයෙන් විශාල රෝගී ජනතාවක් සුවපත් කර ඇති හෙයිනි. මට ඇදහිල්ල තුළින් සුව විය නොහැකි නම්, ඇදහිල්ලෙන් සුවය ලැබීමට, මා රැස්වූවන්ට උගන්වන්නේ කෙසේද? එසේ නම් රෝහල මත යැපෙනවාට වඩා මියයාම මම තෝරා ගත්තෙමි. එබැවින් සතුටින් මා මරණයට මුහුණ දුන් අතර සාමයෙන් පවුලේ සාමාජිකයන්ට අවසාන කැමත්ත ඉතිරි කළෙමි. නමුත් දෙවියන් වහන්සේගේ කැමැත්ත මා මිය යාම නොවන බැවින් දෙවියන් වහන්සේ මොහොතකින්ම ජීවිතය තුළට පැමිණීමට මට ඉඩ දුන් සේක.

අබ්‍රහම්ගේ සෝදිසි කිරීමෙන් සමත් වීම

සවස වන විට රුධිර වහනය කතර වූ බැවින් රාත්‍රී ආහාරය ගත් මම මාගේ යාච්ඤා කරන ස්ථානයට ගියෙමි. එදින රාත්‍රියේ දී පැය 1 1/2 ක් පමණ කාලයක් රුධිරය වහනය වූ අතර පසු දින උදයේ ද එසේ රුධිර වහනයක් නැවත සිදු විය. මට ආහාර ගැනීමට හෝ දිගා වී සිටීමට නොහැකි විය. මා දිගා වුවහොත් හදවතේ රුධිරය පහතට වැගිරෙන නිසා මා හිස පහතට තබා ගෙන පැත්තට හිඳගෙන සිටීමට සිදු විය. ඉරිදා දිනයේ ද මම යාච්ඤා කරන ස්ථානයේ සිටියෙමි. මා පෙර අවස්ථාවක දේශනා කළ ''දෙවියන් වහන්සේ සුවපත් කරන්නා වන සේක'' නම් දේශනාවේ වීඩියෝ පටයන් මඟින් මම නමස්කාර මෙහෙයක් පැවැත්වීමි. ''රෝගීන් උදෙසා යාච්ඤාව'' විකාශනය වන විට මගේ හිස මත මගේ දෑත් තබා යාච්ඤාව ලබා ගත්තෙමි. එතැන් පටන් රුධිර වහනය සම්පූර්ණයෙන්ම නැවතිණි. රොගීන් උදෙසා යාච්ඤාවේ බලසම්පන්න බව මෙම අත්දැකීම තුළින් මම නැවත වරක් අවබෝධ කරගත් අතර ඉන් විශ්මයට පත්වීමි.

රුධිරය වහනය වෙමින් පැවතුණු කාලය මම ගණනය කළෙමි. දින අටක් තුළ විවිධ අවස්ථාවන් තිහක දී පැය විසිහතරක් පුරා රුධිරය වහනය විය. එය

ශරීරය තුළ වූ මුළු රුධිර ප්‍රමාණය කිහිප වරක්ම ශරීරයෙන් පිටතට වහනය විය හැකි කාලයක් විය. මගේ ශරීරයේ රුධිර වහනය වන සෑම අවස්ථාවකම මම ජලය පානය කළ අතර එම ජලය රුධිරය බවට හැරවිණි. මේ ආකාරයට දින අටක් ගත විය. දෙවියන් වහන්සේ දින අටක් මා පරීක්ෂා කළ නමුදු මා කිසිදා චෝදනා නොකළ අතර යෝබ් මෙන් අප්‍රසාදය පළ නොකළෙමි. මම ස්තුතිවන්ත වීමි. මා හට මිය යාමට සිදු වුවද, එය දෙවියන් වහන්සේගේ පසෙකට යාමක් නිසා සහ සතුටින් ස්වර්ගයේ ජීවත් විය හැකි නිසා මා හට දුක් වීමට කිසිම හේතුවක් නොවීය.

මා දිගා වී සිටින විට රුධිර වහනය වීම වැඩි නිසා නිතරම මා හට හිස පහතට දමා හිඳගෙන සිටීමට සිදු විය. හා පැති කිහිපයක් ගැන සිතුවෙමි. දෙවියන් වහන්සේ හා හට මෙතරම් බලයක් ලබා දුන්නද, මා සභාවට ඇදහිල්ල කරා යාමට හරියාකාර නායකත්වයක් නොදුන්නෙමි. මම සභා සේවකයන් නිසි ලෙස පාලනය නොකළ අතර තවමත් දේවස්ථානය තනා නිම කර නොතිබුණි. දෙවියන් වහන්සේ ඉදිරියේ පශ්චාත්තාප හදවතක් ඇතිව දින අටක් නිදි නොමැතිව ගත කළ අතරම උන් වහන්සේ ඉදිරියේ බොහෝ සෙයින් පසුතැවිලි වන්නට වීමි.

දෙවියන් වහන්සේ ඉල්ලීමක් කළ විට මා මගේ ජීවිතය අතහැර දැමීමට එකඟ වූ නිසා දෙවියන් වහන්සේ දින අටකින් පසු මා හට නැවත ජීවය දුන් සේක. ආබ්‍රහම් සිය එකම පුත්‍රයා වූ ඊසාක් පූජා කිරීමේ සෝදිසි කිරීමෙන් සමත් වුවාක් මෙන් මම ද මාගේ ජීවිතය අතහැර දැමීමට තීරණය කිරීමෙන් එම සෝදිසි කිරීමෙන් සමත් වීමි. මෙආකාර පරීක්ෂණයකින් සමත් වීම දෙවියන් වහන්සේ තුල මා ගැන වූ විශ්වාසය තවත් ශක්තිමත් කරන්නක් විය. දෙවියන් වහන්සේ වඩාත් බලසම්පන්න ක්‍රියා පෙන්වීමට මට ආශිර්වාද කළ සේක. මෙම සිද්ධිය සභා සේවකයන්ට සහ සාමාජිකයන්ට නැවත පිබිදීමට අවස්ථාවක් වූ අතර සභාවේ පැවත්ම ශක්තිමත් ගලක් මත පිහිටුවීමක් විය.

අවසාන කාලය පිළිබඳ මා කලින් අවධාරනය කල නමුත්

1984 වර්ෂයේදී අප සභාව විවෘත කිරීමෙන් පසු දෙවියන් වහන්සේගේ ආනුභාවය තුළින් මා සොයා ගත් දෙයින් අවසන් කාලයේ සළකුණු ගැන දේශනා කළෙමි. උතුරු සහ දකුණ ගැන, එකසත් යුරෝපය ප්‍රාන්ත රජයක් බවට පත් වූ ආකාරය ගැන මම තේරුම් කළෙමි. උතුරු සහ දකුණු කොරියාව අතර වූ සම්බන්ධතාවයේ තත්ත්වය අයහපත් වූ අතරම ණය කාඩ්පත් පවා ප්‍රසිද්ධව නොතිබුන බැවින් සමාජිකයන්ට මා කී සමහර දේවල් සම්බින්ධව නුහුරු ගතියක් දැණිනි.

ශු.ලූක් 18:8 ''එසෙවී නමුත් මනුෂ්‍ය පුත්‍රයා එන කල්හි පොළවේ ඇදහිල්ල සම්බවේදැයි'' ජේසුස් වහන්සේ ශෝකව පැවසු සේක. ලෝකයේ අවසන් කාළය තුළ දී, සත්‍යයේ තිරිඟු බීජ, සත්‍යයෙන්ම විශ්වාස ඇත්තවුන්ට නෙලා දීමටද, අදහන්නන් තුළ විශ්වාසය රෝපණය කිරීමටද මම උපරිමයෙන් උත්සාහ කළෙමි. අවසන් කාළයේ සලකුණු ගැන මා මෙසේ දේශනා කල කල්හි, මා ඉතිහාසයේ අවසානයට කාල සීමාවක්'' තැබුවේ යැයි හඳුන්වනු ලැබීය. මගේ ලිපි පුවත්පත්, සඟරා වල පල වූ අතර විකාශනය ද විය. ලෝකයේ නැවතත් මා හොඳින් හඳුනන්නට වූහ.

සමහර ලිපි මා නොපැවසූ දෑ ප්‍රකාශයට පත් කළහ. බ නම් වූ පාලකයෙක් ඔහු විසින් ඉදිරිපත් කරන ලද මරණය සහ අවසන් ඉරණම අතර කාල සීමාව සමඟ මා ද එකඟ වන බව කීවේය. මුද්‍රණාල වැඩි සංඛ්‍යාවක් මට පක්ෂපාතව ලිපි ලියූ අතර එක් මාසික සඟරාවක ඔ නම් මහත්මයෙක් පමණක් දෙවියන් වහන්සේගේ දෙවන පැමිණීමේ දිනය මා දන්නා බව පවසමින් මා පහත හෙළා දැම්මේය. නියමිත කළට සියල්ල හෙළිදරව් වන බැවින් මම නීති ක්‍රියාමාර්ගයක් හෝ නිදහසට කාරණා ඉදිරිපත් කිරීමක් නොකළෙමි.

මගේ දේශනා සියල්ල පටිගත කෙරුණු අතර ඒවා මහජනතාවට විකුණනු ලැබීය. මතෙව් සුභාරංචි පොතේ 25 වන පරිච්ඡේදයේ සඳහන් වන ප්‍රඥාවන්ත කන්‍යාවන් පස් දෙනා මෙන් ඔවුන්ගේ ක්‍රිස්තියානි ජීවිතය තුළ අවදිව සිටින්නට මම නිතරම මගේ සභාවට, සභාවේ ආරම්භයේ සිටම ඉගැන්වූයෙමි. පටන් ගැන්මේ සිට 1992 වර්ෂයේ මැද භාගය තෙක් දින ගණනක් දේශනා වල උපුටා ගැනීම් පහත දැක්වෙන අතර මේවා ගැටළු හා සම්බන්ධ ඉගැන්වීම් වලට උදාහරණ වේ.

''අද ඔබගෙන් සමහරෙක් කියවා ඇති සමහර පොත් සහ අනෙකුත් පුද්ගලයන්ගෙන් අසා ඇති ආකාරයට දෙවියන් වහන්සේ ඔක්තෝම්බර් දහවන දින හෝ විසි අටවන දින පැමිණෙන බව ඔබගෙන් කවුරුන් හෝ පවසනවා හෝ විශ්වාස කරන්නේද? ඔබ කිසිදා එය නොකළ යුතුය ! මා 1992 වර්ෂය ගැන කථා කරනවා ඔබලා කිසි දා අසා තිබෙනවාද? ඔබලා එසේ අසා නැත. මම දෙවියන් වහන්සේගේ වචනය පමණක් ඉගැන්වූයෙමි. දෙවියන් වහන්සේ හා සමානව සිටිමින්, උන් වහන්සේ තුල පියකරු මනාලියක් ලෙස ඔබව සරසවා ගැනීමටත් ආලෝකය සහ ධර්මිෂ්ටකම තුළ ජීවත් වීමටත්, පාපයන් ඉවත ලන්නටත්, (මගේ කඳුළු සහා යාච්ඤාව සමඟ) මම ඉගැන්වූයෙමි. ස්වාමින් වහන්සේ හෙට දිනයේ පැමිණුනද, අද දිනයේ අප ඇපල් පැළයක් සිටුවිය යුතු බව ඔබට ඉගැන්වූයෙමි'' (1992 ජනවාරි මස 19 ඉරු දින දේව මෙහෙය තුළ ''අවදිව සිටින්න'' දේශනාවෙන් උපුටා ගන්නා ලදී).

''මතෙව් ශුභාරංචි පොතේ 24 වන පරිච්ඡේදයේ ස්වාමින් වහන්සේගේ අනුගාමිකයෝ උන් වහන්සේගේ පැමිනීම සහ අවසන් දිනවල සළකුණු ගැන ඇසුවෝය. ස්වාමින් වහන්සේ නැවත පැමිණෙන විට දකින්නට ලැබුණු සළකුණු ගැන උන්වහන්සේ ඔවුන්ට ඉගැන්වූ සේක. එම නිසා අපි අවසන් දිනවල සළකුණු ගැන දනිමු. 1992 ඔක්තෝම්බර් මස ගැන අවධානය යොමුකර සිටින ජනතාව දකින විට, සමහරු රවටනු ලැබූ අතර අනෙක් අය ඔවුන්ට පිස්සු යැයි කීවෝය. ඔබ කුමක් සිතන්නේද? ඔබ දෙවියන් වහන්සේට ආදරය කරනවා නම් සහ උන් වහන්සේගේ කැමත්ත දන්නේ නම් මෙවැනි අවධානයන් වලට ඔබ සවන් දිය යුතු නැත. ඇදහිල්ල කරණ කොට ගෙන පමණක් අපිට ගැලවීම ලැබිය හැකි අතර ස්වාමින් වහන්සේගේ නැවත පැමිණීම කවදා, කුමන මාසෙකද යන්න දැනගැනීම වැදගත් නොවේ. යේසුස් වහන්සේ අපගේ ගැලවුම්කරුවාණන් වන අතර අපගේ පාප වලින් අප මුදා ගන්නා සේක. එම නිසා අපගේ පාප වලට ඇදහිල්ල තුළින් සමාව ලැබී දෙවියන් වහන්සේගේ දරුවන් ලෙස ස්වර්ගයට යා හැකිය. නමුත් ස්වාමින් වහන්සේ පැමිණෙන්නේ

කවදාද? කිනම් දිනයකද? යන්න අප නොදැන සිටියොත් අපට ගැලවීම ලබා ගත නොහැකි බව ඔවුන් පවසන අතර එය කොතරම් අසාධාරණද? බයිබලයට අනුව එය කිසිසේත්ම නිවැරදි දෙයක් නොවේ.'' (1992, මැයි මස 31 ඉරුදින දේව මෙහෙය තුළ ''සළකුණ කුමක් වේද?'' දේශනාවන් උපුටා ගන්නා ලදී).

7 වන පරිච්ඡේදය

දෙවියන් වහන්සේ සේවාවන්හි සීමා පුළුල් කිරීම

ලෝක ධර්ම දූත සේවය සඳහා දොර විවෘත වීම.

ලෝක ශුද්ධාත්මක ප්‍රචාර රැළියේදී

1992 මැයි මස දී ජනාධිපති සහ ප්‍රධාන දේශපාලකයන් සහභාගි වන වාර්ෂික ජාතික යාච්ඤා උදෑසන ආහාරයකට මට ආරාධනාවක් ලැබුණු අතර අපේ ''නිස්සි'' වාදක කණ්ඩායම ද කැටුව මම එහි ගියෙමි. එම වසරේම අගෝස්තු මස 14 සහ 15 යන දිනයන්හි යෝඉඩෝ චතුරස්‍රයේ පැවති ''1992 ලෝක ශුද්ධාත්ම වැගිරීමේ රැළිය'' ට හවුල් වූයෙමි. මෙම ලෝක ශුද්ධාත්මක වැගිරීමේ රැළියේ මාතෘකාව ''විශ්වය, ශුද්ධාත්මයාණන් වහන්සේ වෙත'' වූ අතර මෙය මිලියනයකට වැඩි පිරිසක් සහභාගි වූ අති විශාල ප්‍රමාණයේ රැළියක් විය. අපගේ සභාවෙන් දෙසීයක සමාජික කණ්ඩායම කින් යුත් ''නිස්සි'' වාදක කණ්ඩායම සහ රථ වාහන ගමනාමනය පාලනය කිරීමට සහ රැළිය පැවති ස්ථානයේ ආරක්ෂාව සැලසීමට ස්වේච්ඡාවෙන් ඉදිරිපත් වුණු තවත් හාරසීයයක සභා සාමාජික පිරිසක්ද සහභාගි වූහ.

මෙහිදී, වොෂින්ටන් ශගක හි ''ශුද්ධාත්මයාණන් වහන්සේ සමාජයේ'' සභාපති සහ ශුද්ධාත්මයාණන් වහන්සේගේ සුභ ආරංචි රැළියේ ස්ථිර සභාපති වූ පාලක ග්වාන්සම් රා මට මුණ ගැසිනි. ඔහු මගේ උසස් පාසලේ මිතුරකු වූ අතර වොෂින්ටන් ශගක හි සේවය කරමින් හුන්නේය. පාසැලේ උපාධි ප්‍රදානෝත්සවයෙන් පසු මා ඔහු නොදුටු නමුදු මෙහි දී පාලකවරුන් ලෙස අප මුණ ගැසුනෙමු. කුමන සභාවකින් ස්වේච්ඡාවෙන් සේවය කරන්නන් පැමිණියේද යන්න ඔහු කුතුහලයෙන් සෙවූ බවත්, ඔවුන් මගේ සභාවෙන් පැමිණියවුන් බව දැනගත් ඔහු විස්මයට පත් වූ බවත් මා සමඟ පැවසුවේය. මෙම රැළිය තුළින් මගේ සභාව ඇමරිකානු මහාද්වීපය කරා ගමන ආරම්භ කළේය.

වොෂින්ටන් ඩී. සී එක්සත් සුභාරංචි රැළිය

1993 වර්ෂයේ දී, දෙවියන් වහන්සේ ලෝක දූත මෙහෙවරෙහි දොරටුව පුළුල්ව විවෘත කළ සේක. 1993 අගෝස්තු මස 6 සිට 8 දක්වා වොෂින්ටන් ශ්‍රේෂ්ඨ කොරියානු සභාවන් හි සංගමය මඟින් පවත්වනු ලබන වොෂින්ටන් ශ්‍රේෂ්ඨ සුභාරංචි එක්සත් රැළිය ඇමතීමට මා හට ඉල්ලීමක් කෙරිණි. වෙනත් රට වල සමුළු මෙහෙයවීම සඳහා ඉල්ලීම් රැසක් ලැබුණ ද, මා හට ඒවාට පිළිතුරු දීමට නොපිළිවන් විය. නමුත් මෙය එක්සත් ජනපදයේ අගනුවර වූ බැවින් සහ දෙවියන් වහන්සේ පෙර සූදානම ඇති බව මට දැණුන නිසා මම එහි යාමට තීරණය කළෙමි.

එහි වූ කොරියානුවන් තුළ සැබෑ විශ්වාසය රෝපණය කිරීමට සහ ශුද්ධාත්ම ක්‍රියාවන් තුළින් ඔවුන්ගේ ජීවිත වල වෙනස්කම අත් දැකීමට ඉඩ හැරීමට ඔවුන් මෙම සමුළුව සංවිධානය කළ බව වොෂින්ටන් ශ්‍රේෂ්ඨ එක්සත් රැළියේ සංවිධානයවරු පැවසූහ. වොෂින්ටන් ශ්‍රේෂ්ඨ නිව්යෝක් සහ බැල්ටිමෝර් ඇතුළුව ඊසානදිග සභාවන් 180 ක එකමුතුවෙන් අනුග්‍රහය දැක්වූ මෙම සමුළුව වීටන් උසස් පාසලේ ක්‍රීඩා සහ ශාරීරික අභ්‍යාස පුහුණු ශාලාවේදී පවත්වන ලදි. එය ශුද්ධාත්මයෙන් පිරුණු දින 3 ක් විය.

පළමු දිනයේ ''කුරුසයේ පණිවුඩය'', දෙවැනි දිනයේ ''මාංශමය ඇදහිල්ල සහ ආත්මීය ඇදහිල්ල'' සහ තෙවැනි දිනයේ ''සදාතන ජීවිතයේ ආශිර්වාද'' මම දේශාන කළෙමි. සහභාගි වූවෝ බොහෝ ආශාවෙන් යටහත්ව ''ආමෙන්'' යැයි පවසමින් වචනය පිළිගත්තේය.

ආලෝකයේ හැසිරෙන ලෙස මනුෂ්‍යයන් උනන්දු කිරීම

වොෂින්ටන් හි රැළිය සාර්ථකව නිමා වීමෙන් අනතුරුව, එම වසරේම සැප්තැම්බර් මස 19 වන දින ''20 වන කොරියා නගර දිනය'' සැමරීම පිණිස කොරියා නගරයේ, කොරියානු සංගමය මගින් සංවිධානය කළ ''1993 ලොස් ඇන්ජලිස්, සුභාරංචි රැළියේ'' ගරු සභාපති සහ කථිකයෙකු ලෙස මට නැවතත් ආරාධනා කරනු ලැබිණ. මෙම රැළියට පෙර බොහෝ යාච්ඤාවෙන් ඒ සඳහා සූදානම් වීමට දෙවියන් වහන්සේ මට ඉඩ සැලැස්වූ සේක. සති තුනක් කඳු මුදුනේ යාච්ඤාවකට ගිය මම හඬමින් සහ යාච්ඤා කරමින් ඒ සඳහා සූදානම් වීමි.

''ලොස් ඇන්ජලිස් සුභාරංචි රැළියෙහි'' සංවිධායකවරුන් එහි වසන කොරියානුවන්ට අස්වැසිල්ලේ පණිවුඩයක් ලබා දෙන ලෙස පැවසූ නමුදු මම එසේ නොකළෙමි. ඔවුනට අවශ්‍ය අස්වැසිල්ල නොව ඔවුනට වුවමනා වූයේ නියමාකාර ක්‍රිස්තියානි ජීවිතයක් ගත නොකිරීම ගැන පසුතැවිලි වීමට සහ ඔවුනට දෙවියන් වහන්සේගේ දිනය ශුද්ධව සහ නියමාකාරව අලෝකය තුළ ගත කිරීමටයි.

1992 අප්‍රියෙල් 29 වන දින, ලොස් ඇන්ජලීස් හි අප්‍රිකානු ඇමරිකානු කලහකාරි පිරිස් නිසා කොරියානුවන් බලවත් පීඩාවනේ සහ විපතට පත්වන හැඟීමෙන් යුක්තව ජීවත් වෙමින් සිටියහ. සුදු කළු ජාතිවාදය පළමු හේතුකාරණය වූ අතර කලහකාරි පිරිස් අවිචාරවත්මකව එහි වසන කොරියානුවන්ගේ සාප්පු කොල්ලකෑමට සහ ගිනි තැබීමට පටන් ගත්හ. කොරියානු පවුල් රැසක් කායිකව හා මානසිකව වන්දි ගෙවූහ.

බයිබලය අපට උගන්වන පරිදි අප බයිබලයට අනුව ජීවත් වනවා නම් සහ සත්‍ය හදවතක් සහ පරිපූර්ණ ඇදහිල්ලක් අප සතුව ඇත්නම් අපගේ ආත්මය දියුණු වී, අප නිරෝගි වී අපගේ සියළුම ද සාර්ථක වනු ඇත. නාමිකව අප දෙවියන් වහන්සේගේ වචනය තුළ ජීවත් වුවහොත් සියළුම අනතුරු සහ විපත් වලින් ආරක්ෂා වීමට අපට හැකිය. ක්‍රියා 4:11-12 හි කියවීමේ පරිච්ඡේදයන් මා භාවිතා කල අතර එම පණිවුඩයේ මාතෘකාව වූයේ ''ජේසුස් වහන්සේ අපගේ එකම ගැලවුම්කරුවාණන් වහන්සේ වන්නේ ඇයි?'' යන්නය. මම කුරුසියේ පණිවුඩය දේශනා කොට ඔවුන් තුළ ඇදහිල්ල රෝපණය කිරීමට උත්සහා කළෙමි. සියල්ලටම වඩා ඉහළින් දෙවියන් වහන්සේගේ වචනය තුළ ජීවත් වන සැබෑ කිතුණුවන් බවට පත් වීමට මම ඔවුන් දිරි ගැන්වූයෙමි.

අ(ර්)වින් හි සභාවකටද මා ආරාධනා කරනු ලැබූ අතර මම ඔවුනට දේශනා කළෙමි. මම සැප්තැම්බර් මස 21 වන දින සියළුම රැස්වීම් අවසානයේදී ලොස් ඇන්ජලීස් හි නගර කවුන්සිලය වෙත ගියෙමි. කවුන්සිලයේ සාමාජිකයින් මදකට නැවතී යාච්ඤා කරන මෙන් මගෙන් ඉල්ලා සිටි අතර මම ඔවුනට ආශිර්වාද ඉල්ලා යාච්ඤා කළෙමි. එදින ලොස් ඇන්ජලීස් ප්‍රාන්තයේ ගෞරවනීය පුරවැසිභාවය මා හට ලැබුණ අතර ප්‍රථම වතාවට ඔවුන් එවැන්නක් කළ බව මට දැන ගන්නට ලැබිණි. ලොස් ඇන්ජලිස් හි කොරියානු දින උත්සවයේ දී කැපී පෙනෙන්නක් වූ මල් වලින් සැකසුනු වාහන පෙරෙට්ටුව සඳහා සහභාගි වූ මා වාහනය සැකසූ ප්‍රදර්ශන තට්ටුවේ ගමන් කළෙමි. මා විසින් කරන ලද යාච්ඤාව සහ වාහනය සැකසු ප්‍රදර්ශන තට්ටුවේ ගමන **KTAN, KATV, KTE** ''ද හැන්කුක් ඩේලි'', ''ද ජුන් ඇන්ග් ඩේලි''යන මාධ්‍ය ජාල වල විකාශනය සහ

වාර්තා වූ අතර එම ප්‍රදේශයම මා හැඳින ගත්තාවූ අවස්ථාවක් විය. මේ සියල්ල දෙවියන් වහන්සේගේ දේව ප්‍රසාදය නිසාමය.

ක්‍රියාකාරී ලෙස දේශනයන් විකාශනය වීම

1990 මාර්තු මස පටන් මගේ දේශනාවන් පෙරදිග ප්‍රචාර සමාගම මඟින් ''එපිට දේශයෙන්, සුභ පණිවුඩය'' යන වැඩසටහනෙහි ප්‍රචාරය කිරීමට පටන් ගත්තේය. චීනයේ සහ රුසියාවේ සමහර කොටස් තුළ එය ප්‍රචාරය විය. එතැන් පටන් කොරියානු චීන ජාතිකයින් රැසකගෙන් ස්තුති කිරීමේ ලිපි මා හට ලැබුණු අතර ඉන් සමහරෙක් අප සභාව බැහැ දැකීමට පැමිණියහ.

එම වසරේ අගෝස්තු මස පටන් කොරියානු රේඩියෝව මඟින් වොෂින්ටන් ඞගක හි ප්‍රදේශ වල මාගේ දේශනාවන් ප්‍රචාරය කරන්නට විය. 1992 දෙසැම්බර් මස පටන් බූසාන් ක්‍රිස්තියානි ප්‍රචාරය කිරීමේ මණ්ඩලයේ 'සුභාරංචිය' මඟින් ප්‍රචාරය වූ අතර, 1993 නොවැම්බර් මස දී අයිරි ක්‍රිස්තියානි ප්‍රචාරය කිරීමේ මණ්ඩලයේද, 1994 පෙබරවාරි මස ආරම්භයේදී වොන් ජු ක්‍රිස්තියානි ප්‍රචාරය කිරීමේ මණ්ඩලයේද සෑම සතියකම මාගේ දේශනාවන් ප්‍රචාරය වීම ආරම්භ විය. සෑම වසරකම මාගේ දේශනාවන් ප්‍රචාරය වන කාල සීමාව වැඩි වූ අතර සෑම සතියකම මිනිත්තු 900 කට වඩා කාලයක් මාගේ දේශනාවන් විකාශනය විය. මා විසින් සෑම දේශනාවක්ම හඬ පටිගත කළ යුතු වූ අතර එය පහසු කාර්යයන් නොවීය. 1994 මැයි මස 20 සිට 22 දක්වා වොෂින්ටන් ක්‍රිස්තියානි රේඩියෝ මණ්ලඩය මඟින් ඃඋකඎ* වොෂින්ටන් ඞගක සහ බැල්ටිමෝ හි වෙසෙන කොරියානුවන් සඳහා පවත්වන ලද රැස්වීමකදී වැදගත් දේශනයක් කළෙමි. මින් අනතුරුව උකඎ හි ප්‍රධාන විධායක නිලධාරි වැඩිමහල්ලෙක් වූ යොං හෝ කිම්, එම මණ්ඩලයේ සභාපති වන ලෙස මගෙන් විමාස සිටි අතර මම ඔහුගේ යෝජනවා පිළිගත්තෙමි.

WCRS හි ශ්‍රාවකයන් රැසක් යහපත් ප්‍රතිචාර දැක්වූ අතර ඒ තුළින් මම එම ප්‍රදේශයේ හොඳින් දන හඳුනන්නෙකු වීමි. ප්‍රධාන විධායක නිළධාරි, එම දේව පණිවුඩ ''පිරිසිදු සුභාරංචිය'' බව පවසමින් ජනතාවගේ ප්‍රතිචාර මට එව්වේය. ශ්‍රාවකයන්ගේ මෙවැනි යහපත් සහ විශාල ප්‍රතිචාර තුළින් ඔහු ඉතා සතුටු වූයේය.

බලාපොරොත්තුවෙන් සිටින දේ කෙරෙහි ඇති සහතිකය ඇදහිල්ලයි

ලෝකයේ උසස්ම සභාවන් පනහෙන්, එකක් ලෙස පිළිගැනීම

1991 පෙබරවාරි මස දී ගුරෝ ඩොං හි නව දේවස්ථානයට අපි පදිංචියට ගිය අතර සති දෙකක විශේෂ පිබිදීමේ රැළියක් පැවැත්වීමු. පිබිදීමේ අවසාන දින, සිකුරාදා රාත්‍රිය මෙහෙයේදී ලියාපදිංචි සාමාජිකයන් ගණන 10,000 ක් ඉක්ම වීය. දෙවියන් වහන්සේ සංස්කෘතික, සමාජමය සහ ආර්ථික පුළුල් හරස්කඩකින් යුත් පසුබිමකින්, විවිධාකාර ජනකායක් එවූ සේක. සය මසකට පසු දේවස්ථානය පිරී ගියේය. වසර තුනකට පසු සභාවට තව දුරටත් ජනතාවට ඉඩ පහසුකම් සැලසීමට නොහැකි විය.

1993 පෙබරවාරි මස 11 වන දින එක්සත් ජනපදයේ ''ක්‍රිස්තියානි ලොව'' සඟරාව මඟින් ලොව හොඳම සභාවන් 50 නිවේදනය කළ බව කොරියාවේ දෛනික පුවත් පත් සහ ක්‍රිස්තියානි පුවත් පත් විශාල ප්‍රමාණයක් වාර්තා කළ අතර අප සභාව ඉන් එකක් විය. අප සභාව ආරම්භ කොට ගත වී තිබුණේ වසර දහයක් පමණි. දෙවියන් වහන්සේ ලෝක ව්‍යාප්ත සභාවක් ලෙස අපගේ සභාව වර්ධනය වීමට ඉඩ හැරිය සේක. එය මා කළ දෙයක් නොව දෙවියන් වහන්සේ කළ දෙයක් වූ නිසා මට කළ හැක්කේ දෙවියන් වහන්සේට ස්තුතිය සහ පියාණන් වහන්සේට මහිමය පිදීම පමණකි.

බලාපොරොත්තුවෙන් අප යාච්ඥා කළ සියලු දේ

හිතෝපදේශ 29:18 මෙසේ පවසයි. ''දර්ශනයක් නැති කල සෙනඟ හිතුවක්කාර වෙති. එහෙත් ව්‍යවස්ථාව රක්ෂා කරන්නා වාසනාවන්තයෙක්ය.'' හෙළිදරව්ව යනු දෙවියන් වහන්සේ උන්වහන්සේගේ අනාගත වකතෘන් හරහා

අපට දන්වා සිටින දෙයකි. අප තුළ හෙළිදරව්ව නොමැති නම් අපට හික්මවීමක් නොමැති වනු ඇත. නාමිකව අප දෙවියන් වහන්සේගේ නිතීය නොසළකා හැර අපගේම අභිමතයට ක්‍රියා කොට විනාශයේ මාර්ගය කරා යනු ඇත.

සභාවේ ආරම්භයට පෙර මා දින හතළිහත් නිරාහාරව සිටින විට දෙවියන් වහන්සේ මා හට සිහින සහ දර්ශන ගණනාවක් දුන් සේක. උන්වහන්සේගේ යහපත් අභිමතය උදෙසා ආත්ම දමනයට සහ කාර්යයන් කිරීමට දෙවියන් වහන්සේ අප තුළ ක්‍රියා කළ සේක. උන් වහන්සේ සිහින දී මා හට මඟ පෙන්වූ සේක. මම බොහෝ යාච්ඤා කළෙමි. මා සභාව ආරම්භ කිරීමෙන් පසු උන් වහන්සේ අප සභාව ලෝක ව්‍යාප්ත දූත මෙහෙවරක් කරන්නා වූ සහ උන් වහන්සේ ගේ ඉමහත් ආදරය ලද සභාවක් බවට පත් කළ සේක.

ලෝක මෙහෙවර සම්පූර්ණ කිරීමට පළමුව මට සේවකයන් ප්‍රමාණය වැඩි කරන්නට සිදු විය. දෙවියන් වහන්සේගේ දැක්ම තුළ දේශිය මෙහෙවර සඳහා පමණක් නොව විදේශිය ධර්ම දූතයන් ලෙස ද යැවීමට නිවැරදි නායකයන් රැසක් බිහි කරන්නට මා හට සිදු විය. විශිෂ්ට පාලකවරුන් රැසක් බිහි කිරීම පිණිස මම යාච්ඤා කළෙමි. මම දේවධර්ම විද්‍යාලයට සහභාගි වන කාලයේ දේවධර්ම සිසුන් බොහෝ විට සභාවේ වැසිකිළි පිරිසිදු කිරීම සහ සතිපතා තොරතුරු ප්‍රකාශන ඇතුළු පාලකවරුන්ගේ සහ සභා සාමාජිකයන්ගේ අසීරු වැඩකටයුතු සිදු කළහ. නමුත් සාමාන්‍යයෙන් ඒ සඳහා ස්තුති දීමක් ඔවුන්ට නොලැබිණි. ඔවුන්ගෙන් යම් වැරැද්දක් සිදු වුවහොත් පාලකවරුන්ගේ දෝෂාරෝපණයට ඔවුන් ලක් වූ අතර තත්වය වඩා උග්‍ර වූ විට ඔවුහු සභාවෙන් පන්නා දමනු ලැබීය. මෙම අවස්ථාවට මුහුණ දෙන පූජක විද්‍යාලයේ සිසුන් ගැන මම දැඩි ලෙස කම්පා වූණෙමි. මා විසින් මෙම සභාව ආරම්භ කළ පසු, අප සභාවේ දේවධර්මය හදාරන සිසුන්ගේ අමතර පන්ති ගාස්තු සහ ජීවන වියදම් සඳහා මම ඔවුනට උදව් කළෙමි. ලෝකය විසින් ඔවුන්ගේ හදවත් හරවා ගැනීම වෙනුවට ශක්තිමත් පාලකවරු වශයෙන් වර්ධනය වීම පිණිස මා එය සිදු කළෙමි. දෙවියන් වහන්සේ පාලකවරු රැසක් බිහි කිරීමට මා පෙළඹවූ සේක. නමුත් සභාවේ ආර්ථික තත්වය එතරම් යහපත් නොවූ නිසා එය කිරීම පහසු කාර්යයක් නොවීය. සමහර අවස්ථාවලදී සභාවේ මුදල් පාලනය කරන්නන් මැසිවිලි නැඟුහ. පරිශ්‍රමයකින් පසු මම ඔවුනට තේරුම් ගැනීමට ඉඩ හැර සමඟිව වැඩ කරන්නැයි ඒත්තු ගැන්වීමි.

තවද, ලෝක මෙහෙවර සම්පූර්ණ කිරීමට මට හොඳ ප්‍රශංසා කණ්ඩායමක් අවශය වූ අතර මම ඒ සඳහා දැක්මකින් යාච්ඤා කළෙමි. මම දින හතළිහක් නිරාහාරාව ගත කරන කාලයේ සමහර ප්‍රශංසා කණ්ඩායම් සෑම හමුවක දීම

ප්‍රශංසාවන් මෙහෙයවන ආකාරය මම දිටිමි. ''දෙවියන් වහන්ස, මා සභාව ආරම්භ තුළ පසු විශිෂ්ට ප්‍රශංසා කණ්ඩායම් දුන මැනැවැ'' යි මම සෑම විටම ඇදහිල්ලෙන් යාච්ඤා කළෙමි. පසුව දෙවියන් වහන්සේට මහිමය දීම පිණිස ප්‍රශංසා කණ්ඩායමක් පමණක් නොව වාදන මණ්ලයක් උදෙසාද මම යාච්ඤා කළෙමි. 1 ලේකම් 23:5 මෙසේ සඳහන් කරයි. ''හාරදහසක් වනාහි ප්‍රශංසා කිරීමට මම සෑදුවෙමියි දාවිත් කී තූර්‍ය්‍යභාණ්ඩ වලින් ස්වාමීන් වහන්සේට ප්‍රශංසා කරන්නෝව සිටියේය.'' දෙවියන් වහන්සේගේ පූජනීය ස්ථානයේ හාරදහසක් වූ ජනතාව වාද්‍ය භාණ්ඩ වාදනය කරනු අපට දැකිය හැක. ගීතාවලිය 150 පවසන පරදි හොරණෑව, ගිටාරය, හාපය, තත් සහිත වාද්‍ය භාණ්ඩ සහ බටනාලා, උස් හැඩැති සිම්බලය සහ සට්ටන සිම්බලය මඟින් ප්‍රශංසා කළ යුතුය.

වාදක මණ්ඩලයක් සඳහා මා යාච්ඤා කළ අතර ඒ සඳහා දෙවියන් වහන්සේගේ මඟ පෙන්වීම පිණිස වසර ගණනාවක් බලා සිටියෙමි. වෘත්තිමය විවිධ වාද්‍ය භාණ්ඩ වැයීමේ සංගීතඥයන් හට දෙවියන් වහන්සේ කථා කළ සේක. දෙවියන් වහන්සේ ජීවිනයේ වදන රැගෙන ඔවුන්ට වර්ධනය වීමට ඉඩ හැර සිහිනයක් සඳහා ඔවුන්ගේ හදවත් මෙහෙය වූ සේක. සාමාන්‍යයෙන් සංගීතඥයන් හට ඔවුනටම ආවේණික ''චරිත ඇති අතර දෙවියන් වහන්සේගේ මහිමය උදෙසා'' තමන් සහ තමන්ගේ දැනුම අතහැර සේවය කිරීම පහසු කාර්යයක් නොවේ. එසේ වුවද, වෘත්තිමය සංගීතඥයන් පිරිසක් දෙවියන් වහන්සේට මහිමය දීම පිණිස පමනක් සහ දෙවියන් වහන්සේගේ දේව ප්‍රසාදය උදෙසා ස්තුති කිරීමට වාදන මණ්ඩලයක් පිහිටුවා ගත්හ. එය නිස්සි වාදන මණ්ඩලය විය. 1992 මාර්තු මස පළවැනි දින පිහිටුවීමේ සේවය පැවැත්වූ අතර ඔවුහු එතැන් පටන් සභා සමාගම් හි ක්‍රියාකාරී වූහ. යයිඩෝ චතුරස්‍රයේ පවත්වන ලද ජුබිලි රැළිය ඇතුළුව වෙනත් සභාවන් මඟින් පවත්වන ලද සංගීත ප්‍රසංග සහ කොරියාවෙන් පිටත සහ ඇතුළත අසරණ සරණ සංගීත ප්‍රසංග සඳහා ද ඔවුහු දායක වූහ.

දෙවියන් වහන්සේ සිත් කළ ගායනා කණ්ඩායමක් ද දුන් සේක. ප්‍රශංසා කණ්ඩායම් විස්සකට වැඩි ප්‍රමාණයක් මේ වනවිට ඇති අතර ඔවුහු කොරියාවේ පමණක් නොව වෙනත් රට වල ද දෙවියන් වහන්සේ හට මහිමය දෙමින් සහ ප්‍රශංසා කරමින් සිටිති.

රබාන සහ නැටීමෙන් උන්වහන්සේට ප්‍රශංසා කරව

ලෝක මෙහෙවරෙහි සිහිනය සම්පූර්ණ වීමට ප්‍රශංසා කණ්ඩායමක් පමණක් නොව නර්තන කණ්ඩායමක් මත ද පදනම් විය යුතු බව දැණින.

දෙවියන් වහන්සේ අතිශයින් සතුටු වන්නේ කිනම් ආකාරයක ලීලාවකින් අප උන්වහන්සේට ප්‍රශංසා කරන විට ද යන්න ගැන මම බයිබලය කේන්ද්‍රීය කරගෙන සිත යොමු කළෙමි. දාවිත් ලියා තිබෙන දෙයින් මට පිළිතුරු ලැබිණ. 2 සාමුවෙල් 6:12-23 පරිදි ස්වාමීන් වහන්සේගේ ගිවිසුම් පෙට්ටිය දාවිත් වෙත නැවත පැමිණි අවස්ථාවේදී ඔහු මහත් ප්‍රීතියෙන් නැටුවේය. නමුත් ඔහුගේ බිරිය මීකල්, ඔහුට හදින්ම අවමන් කර දොස් පැවරුවාය. එවිට දාවිත් මෙසේ පැවසුවේය. ''ඒ සිද්ධ වුනේ ස්වකීය සෙනඟ වන ඉශ්‍රායෙල්වරුන් කෙරෙහි අධිපතියා කොට පත් කරන නුඹේ පියාත්, ඔහුගේ මුළු වංශයත් පහකොට මා තෝරාගත් ස්වාමීන් වහන්සේ ඉදිරියෙහිය. ඒනිසා මම ස්වාමීන් වහන්සේ ඉදිරියෙහි ක්‍රියා කරන්නෙමි.'' දාවිත් රජු දෙවියන් වහන්සේ ඉදිරියේ නැටූ හෙයින් ඔහුට අවමන් කළ මීකල් වඳ ස්ත්‍රියක් බවට සාප ලද්දාය. අප දෙවියන් වහන්සේට කීකරු විය යුතු අතර අනෙක් මනුෂ්‍යයන් පවසන දෙයට බිය වනවාට වඩා දෙවියන් වහන්සේව සතුටු කිරීම කළ යුතුය.

ඔවුන් මායාකාර නර්තනයන් හි යෙදෙයි

දෙවියන් වහන්සේට මහිමය දීම පිණිස, ප්‍රශංසා ගීත සඳහා මනහර සහ ප්‍රබෝධමත් නර්තනයන් ඉදිරිපත් කිරීම සඳහා 1986 මාර්තු මස දී ''ශුද්ධ නර්තන කණ්ඩායම'' පිහිටුවා ගන්නා ලදී. එය, දෙවියන් වහන්සේගේ රාජ්‍යය ගැන නරඹන්නන් හට බලාපොරොත්තු තබා ගැනීමට ඉඩ සැලැස්වූයේය. ''ශුද්ධ නර්තන කණ්ඩායම'' නම් වූ නාමය පසුව ''කලා දූත මෙහෙවර කණ්ඩායම'' ලෙස වෙනස් කෙරිණි.

මාධ්‍යයන්හි දියුණුවත් සමඟම ඔවුන්ගේ උපකාරය ද ඇතිව වර්තමානයේ කිතුණු සංස්කෘතියේ නර්තන සුලබ වූ නමුත් එකල එය දුලබ විය. අප සභාව මඟින් ''ප්‍රශංසා කමිටුව'' සහ ''ක්‍රියාකාරී කලා දූත මෙහෙවර කමිටුව'' පිහිටුවා ගන්නා ලදී. පසුව මෙම කමිටු දෙකම ඒකාබද්ධ වූ අතර එය ''ක්‍රියාකාරී කලා කමිටුව'' නම් විය. ඔවුන් විවිධාකාර වැඩසටහන් සංවිධානය කර වෘත්තීය ගායන, නර්තන සහ වාදන ශිල්පීන් බිහි කළහ. නමුත් අප සභාවේ සිසු වර්ධනය, සමහරුන්ගේ ඊර්ෂ්‍යාවට ලක් වූ අතර ඔවුහු අසත්‍යය සහ සාවද්‍ය කටකථා පැතිරූහ. මේ නිසා සෑම නමස්කාර මෙහෙයක දීම ඔවුන් ''මායාකාර නර්තනයන්හි යෙදෙයි.'' යන්නෙන් කට කථා පැතිරීම පටන් ගත්තේය. වසරකට කිහිප වතාවක්ම අප, විශේෂ අවස්ථාවලදී හෝ බයිබලයට අනුකූල උත්සව වලදී විශේෂ නර්තන ඉදිරිපත් කිරීම සූදානම් කළ අතර එය කණ්ඩායම් විසින් සභාව ඉදිරියේ ඉදිරිපත් කරනු ලැබීය. නමුත් අප පාපිෂ්ට ආත්මයන් ග්‍රහණය කරගෙන සෑම මෙහෙයකදීම නර්තනයේ යෙදෙන බව පවසමින් සාවද්‍ය

කටකථා පැතිරෙන්නට විය.

සාවද්‍ය කටකථා තිබියදීත් අපගේ ''ශුද්ධ නර්තන කණ්ඩායම'' පූජක හියොන් යුන් ෂින් ගේ 1991 ''හාලෙල්ලියා සෝවියට්'' එක්සත් රැළියට ආරාධනා කරනු ලැබීය. එය ඔවුන්ගේ දෙවියන් වහන්සේට මහිමය දෙමින් නර්තනයේ යෙදුනු පළමු ජාත්‍යන්තර ඉදිරිපත් කිරීම විය. එතැන් පටන් කොරියාව සහ අනෙකුත් රටවල ආදරය සහ ප්‍රසාදය ඔවුන්ගේ ඉදිරිපත් කිරීම තුළින් ඔවුන් ලබා ගත්හ. ඔවුහු දැනුදු දෙවියන් වහන්සේට මහිමය දෙමින් ඔවුන්ගේ සේවය කරමින් සිටිති.

පිළිගනු ලැබූ ඔවුන්ගේ තලෙන්ත

මේ වනවිට සභාව තුළ ප්‍රාසාංගික කලා කණ්ඩායම් කිහිපයක්ම තිබිණි. ඔවුහු තමන්ගේ දක්ෂතා දෙවියන් වහන්සේ තුළ වර්ධනය කර ඔවුන්ගේ සභාවන් තුළ ක්‍රියාකාරී වී සිටියෝය. 1991 ජූනි මස පළ වන දින, පෙරදිග විකාශනය කිරීමේ සමාගම මඟින් පවත්වන ලද ''10 වැනි ජාතික කිතුණු දහමේ සුභාරංචිය සංගීත තරඟාවලිය'' සඳහා අප සභාවේ එක් කණ්ඩායමක්ද සහභාගි වූ අතර ඔවුන් ප්‍රධාන ත්‍යාගය දිනා ගත්හ. 1995 ජූනි මස 17 වන දින පැවැත්වූ තරඟාවලියේ ප්‍රධාන ත්‍යාගය අප සභාවේ ''ආලෝකයේ හඬ'' කණ්ඩායම විසින් දිනාග ත්නා ලදී. එවකට ආලෝකයේ හඬ සාමාජිකයින් තිදෙනෙකුගෙන් සමන්විත වූ අතර මගේ තෙවැණි සහ බාල දියණිය වන සූජින් ඉන් එක් අයෙක් වූවාය. ඇය දරුවෙකුව සිටින කාලයේදීම දෙවියන් වහන්සේ ඇය උන් වහන්සේගේ දාසියෙකු ලෙස කැඳවූ අතර දේව ධර්මය සඳහා වූ පාඨමාලාව අවසන් කොට පූජක සමාගමේ සභාපතිනිය ලෙස ඇය අප සභාවට දැන් සේවය කරන්නීය.

1993 අප්‍රියෙල් මස 17 වන දින වෙට්බුල් (ටෝච්) ශාලාවේදී තම පවුල් තුළ ප්‍රධානියා වූ දරුවන් වෙනුවෙන් ක්‍රිස්තියානි සංගීත ප්‍රසංගයක් පවත්වන ලද අතර අපගේ නිස්සි වාදක මණ්ඩලය, ලද ඇරයුම අනුව එහි වාදන කටයුතු කළෝය. එම වසරේදීම නිස්සි වාදක මණ්ඩලය, ප්‍රසාංගික මෙහෙවර කණ්ඩායම සහ අනෙකුත් ප්‍රශංසා කණ්ඩායම් සමඟ ආරාධනා කරනු ලැබීය. උත්තරීතර මහජන පැමිණිලි කාර්යාලයේ රැස්වීම් කාමරය තුළදී ''සුභාරංචිය පවරන්නන්ගේ විශේෂ නමස්කාර මෙහෙය'' ඔවුහු ඉදිරිපත් කළහ. 1993 නොවැම්බර් මස 6 දින ක්‍රිස්තියානි ප්‍රචාරය කිරීමේ මණ්ඩලය මඟින් පවත්වන ලද 4 වැනි සුභාරංචිය සංගීත ප්‍රබන්ධ තරඟාවලියට සහභාගි වූ අප සභාවේ ''පළිඟු ගායනයන්'' එහි රන් පදක්කම දිනා ගත්හ.

සභාවේ ඇති සමාගම් සේවාවන්හි සහයෝගය

මෙහෙ කිරීමේ හදවතක් ඇතිව

අප සභාවේ සාමාජිකයන්, ක්‍රිස්තියානි වැඩ කටයුතු රැසකදීම ස්වේච්ඡාවෙන් වැඩ කිරීමේ යෙදුනු නිසා නොයෙකුත් සමාගම් වලට මට උසස් තනතුරු දීමට අවශ්‍ය විය. නමුත් මට වඩා ජ්‍යෙෂ්ඨ පාලකවරුන් රැසක් සිටි නිසා සහ සිදුවීම් පිටුපස හිඳිමින් ඔවුනට උදව් කිරීමට මට අවශ්‍ය වූ නිසා ඔවුන් ඉදිරිපත් කරන තනතුරු ලබා ගැනීම මට අනවශ්‍ය විය. කිහිප වතාවක්ම මම ඔවුන්ගේ ඉල්ලීම් ප්‍රතික්ෂේප කළ නමුත් එවැනි ප්‍රතික්ෂේප කිරීම් නිසා මා ඔවුන්ට පරුෂ වන බවක් මට හැඟුනු බැවින්, එම තනතුරු එක මට්ටමකින් පහතට දමා දෙන ලෙස ඉල්ලීමක් කොට ඔවුන්ගේ යෝජනාව භාර ගත්තෙමි. වැඩ කටයුතු වල දී මගේ නම ආසනය මත තිබුණහොත් පමණක් මට එම ආසන වල අසුන් ගැනීමට සිදු වූ අතර අසුන් නම් කර නොතිබුණහොත් පේළිය පිටුපස වූ අසුනක මම නිතරම අසුන් ගත්තෙමි. මට වඩා ජ්‍යෙෂ්ඨ පාලකවරුන් රැසක් අසුන් ගෙන සිටින විට ඔවුන් මධ්‍යයේ අසුන් ගැනීම මා ඉමහත් අපහසුතාවයකට පත් කළේය. පේළියේ කෙළවර අසුන් මට මහත් අස්වැසුමක් ගෙන දුන්නේය. තවද, පිටස්තර ක්‍රියාකාරකම් වලට වඩා දෙවියන් වහන්සේගේ වචනය සහ යාච්ඤා ගැන මම තවමත් සිතිය යුතුව ඇත. බොහෝ අවස්ථා වලදී මාගේ සහායක පාලකවරුන් සහ සභාවේ ජ්‍යෙෂ්ඨයන් මා වෙනුවෙන් විවිධ උත්සවයක් සඳහා සහභාගි වූහ. මගේ සමාජශීලි හැසිරීම ඉතා අල්ප වූ නිසා රැස්වීම් රැසකටම මා සහභාගි නොවූ නිසා අනෙකුත් පාලකවරු සමඟ වූ පොදු සහභාගිත්වය අඩුවීම හේතුවෙන් මා නොහඳුන සමහර පිටස්තරයන් මා උද්ධච්ඡ පුද්ගලයකු ලෙස සිතනු ඇත. සමහර සභා සමාගම් හි විවිධ වැඩසටහන් සඳහා දයාක වී එම වැඩසටහන් සාර්ථකව කර ගැනීමට මම මාගේ උපරිමයෙන් උත්සාහ කළෙමි.

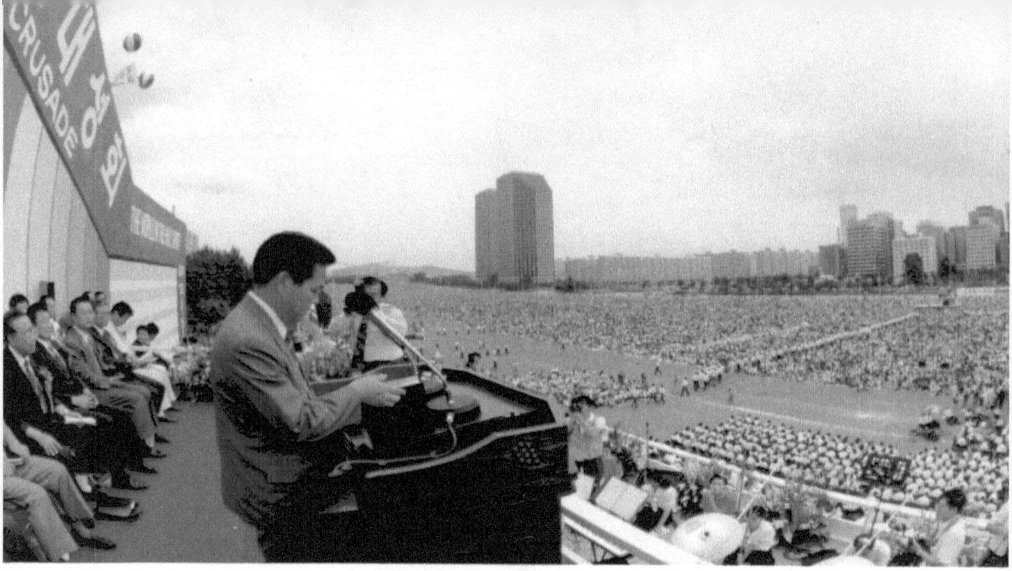

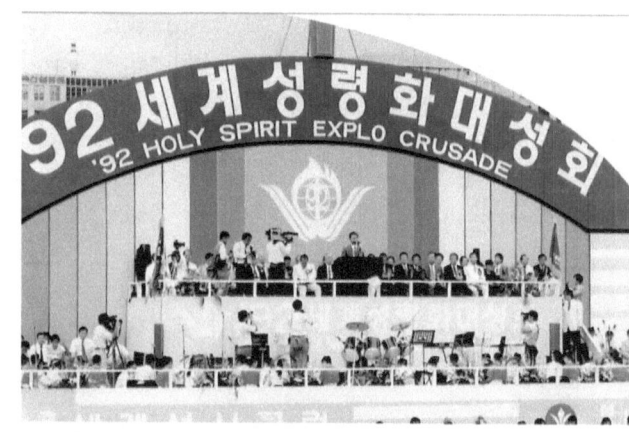

1992, ලෝක ශුද්ධාත්ම රැළියේදී

ඩේගු එක්සත් සුභාරංචි රැළියේදී

ප්‍රොසිකියුටර්ස් සුභාරංචි රැළියේදී

සිරකරුවන්ගේ උපදේශන හා සුභාරංචි මෙහෙයේදී පැවති විවිධ ප්‍රසංගය

දේශය සහ එහි වැසියන් උදෙසා නිරාහාර යාච්ඤා රැස්වීමේදී දේශනා කිරීම

හාලේලූයියා සෝල් එක්සත් රැළිය (මන්මින් ප්‍රධාන දේව සභාවේදී)

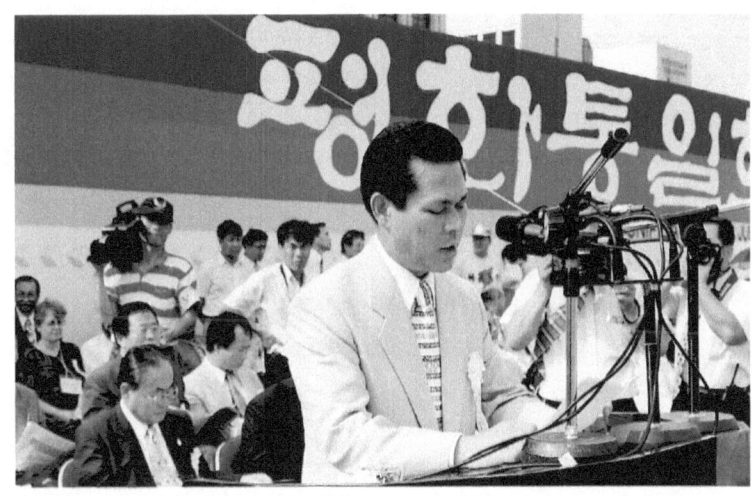

උතුරු හා දකුණු කොරියා යළි එක්වීමේ 1995 ජුබිලි රැළිය (යයිඩෝ හී පැවැති)

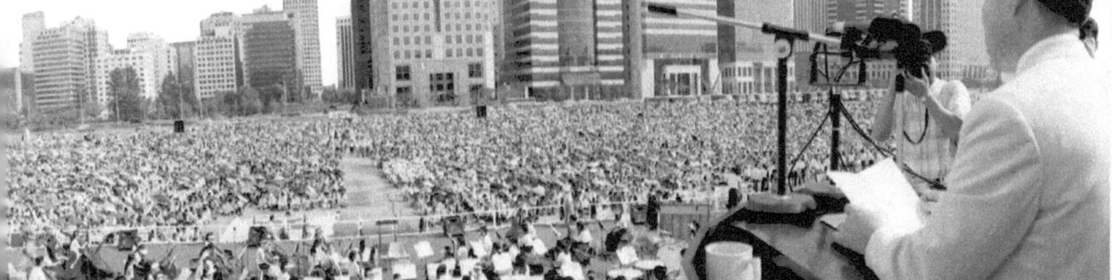

1993 ජූනි මස 21 දින ''සමස්ථ දේශිය චක්‍රීය ව්‍යාපාරය සහ ඉම්ජින්ග ක් හි පැවති ජාතින් නැවත එක්සත් කිරීමේ මහා රැළිය'' උදෙසා මම විශේෂ යාච්ඤාවන් කළෙමි. නිස්සි වාදක මණ්ඩලය, අපගේ ගීතිකා කණ්ඩායම සහ ස්වේච්ඡාවෙන් ඉදිරිපත් වූවන් මේ සඳහා දායක වූහ. එම වසරේදිම ඔක්තෝම්බර් 18 සිට 21 දක්වා සෝල් මහා රැළියේ සූදානම් වීම අප සභාවේදී පවත්වන ලදී. කොරියාවේ ප්‍රසිද්ධ පාලකවරු හතර දෙනෙක් කථිකයන් ලෙස සහභාගි වූ අතර බෙදුණු දේශය සුභාරංචිය තුළින් නැවත එක්සත් කිරීම පිළිබඳව ඔවුහු අවධාරනය කළහ. එම වසරේම නොවැම්බර් මස 24 දින හැනොල්සාන් යාච්ඤා කඳුකරයේ පවත්වන ලද ජාතිය නැවත එක්සත් කිරීමේ යාච්ඤා සමුළුවට කථිකයෙකු ලෙස මා හට ආරාධනා කරනු ලැබීය. මම පණිවුඩය දේශනා කොට සහභාගිවූවන්ට යාච්ඤා කළ අතර සුවවීම් ගණනාවක්ම එහිදී සිදුවිය.

සිරගතව සිටින්නන් සහ මෑත කාලයේ නිදහස් වූවන් උදෙසා ඔවුන්ගේ අධ්‍යාත්මික සහ මානසික දියුණුව ඇති කිරීමේ මෙහෙවර පිළිබඳව මා තුළ කැමත්තක් විය. 1994 පෙබරවාරි මස 28 දින ''වචනය, ආදරය සහ ශික්ෂණය'' මැයෙන් ක්‍රිස්තියානි සභාවේ ජාතික ශික්ෂණ කමිටුව මගින් මියුං සුං ප්‍රෙස්බිටේරියානු සභාවේදී දෙවැනි ජාතික ශික්ෂණ කමිටු කොරියානු ක්‍රිස්තියානි රැළිය'' පවත්වන ලදී. එම සමාගමේ සම සභාපතිවරුන්ගෙන් එක් අයෙකු වශයෙන් මම පත්ව සිටි බැවින්, එම රැළියේදී බයිබල් පරිච්ඡේදයක් මා කියැවූයෙමි. දෙවියන් වහන්සේගේ මහිමය උදෙසා අප සභාවේ ප්‍රශංසා කණ්ඩායම්, නිස්සි වාදන කණ්ඩායම සහ නර්තන කණ්ඩායම් ඉදිරිපත් කිරීම් සිදු කළහ. එම වසරේම මාර්තු මස 24 වන දින ක්‍රිස්තියානි ප්‍රචාරය කිරීමේ මණ්ඩලයේ 40 වැනි සංවත්සරය සැමරීම, පිණිස සෙජොං මධ්‍යස්ථානයේ ප්‍රධාන ශාලාවේදී ''11 වැනි ගීතිකා කණ්ඩායම් මෙහෙවර උත්සවය'' පවත්වන ලදී. මෙම උත්සවය සඳහා අප සභාවේ ගීතිකා කණ්ඩායම සහ නිස්සි වාදක මණ්ඩලය ඉදිරිපත් වූහ. 1994 ජූනි මස 20 දින ලෝක සුභාරංචි මධ්‍යම කාරක සභාව මඟින් ඉම්ජින්ගැක් ජාතිය නැවතත් එක්සත් කිරීමේ මහා රැළිය පවත්වන ලද අතර එවකට පූජක හියොන් ග්යුන් ෂින් එහි සභාපති වූ අතර මම සන්දර්ශක යාච්ඤාව කළෙමි.

සභාපති පාලක හියොන් ග්යුන් ෂින්, 'ජාතිය නැවතත් එක්සත් කිරීමට සුභාරංචිය තුළින් මාර්ගය' මැයෙන් නිකායන් සැලකිල්ලට නොගෙන සියළු සභාවන්ට එකමුතු වීමට දිරි ගන්වමින් තම දේශනාව කළේය. අප සභාවේ සාමාජිකයන් සිය ගණනක්, ගීතිකා කණ්ඩායම, වාදන මණ්ඩලය, අසුන් පෙන්වන්නන්, රථ වාහන ගමනාගමනය හැසිරවීම යනාදි වශයෙන් ස්වේච්ඡාවෙන් වැඩ කළහ. ජූනි මස 20 සිට 22 දක්වා ''ලෝක සුභාරංචිය

මධ්‍යම කාරක සභාවේ ජාතිය නැවත එක්සත් කිරීමේ සෝල් ප්‍රාදේශිය මහා රැළිය'' අප සභාවේ පැවැත්වූ අතර පාලක හෝමන් ලී කථිකයා වශයෙන් සහභාගි වූයේය.

චොං වා ඩේ ජනාධිපති මන්දිරය බැහැදකීම සහ ජුබිලි රැළිය

1995 ජූලි මස 29 වන දින ජාතිය නැවතත් එක්සත් කිරීමේ සහ සුභාරංචිය ව්‍යාපාරයේ ස්ථිර සභාපති වශයෙන් ''ජාතිය සහ ජනතාව සඳහා නිරාහාර යාච්ඤා රැස්වීම'' තුළ දී මා විශේෂ යාච්ඤාවක් කළෙමි. 1995 අගෝස්තු මස 12 වන දින 50 වැනි කොරියානු නිදහස් දිනය සැමරීම පිණිස ''සාමකාමී ජාතිය නැවත එක්සත් කිරීමේ ජයන්ති රැළියේ' නායකයින් වූ පාලකවරු 10 දෙනෙක් හට චොංවා ඩේ හි ජනාධිපති මැඳුරට ආරාධනා කරනු ලැබීය. ජනාධිපතිවරයා සමඟ කථා කිරීමට සහ යෝජනාවක් ඉදිරිපත් කිරීමට අපට ඇත්තේ පැයක කාලයක් පමණක් බැව් අපට පවසන ලදී. එදිනට පෙරදින ජනාධිපතිවරයාට මා පැවසිය යුත්තේ කුමක්ද යන්න ගැන මම දෙවියන් වහන්සේට යාච්ඤා කළෙමි. නමුත් පිළිතුරක් නොවීය. මම මෙම හමුව ගැන යාච්ඤා කළ නමුදු ශුද්ධාත්මයාණන් වහන්සේගෙන් කිසිදු වදනක් මට නොලැබිණි. ශුද්ධාත්මයාණන් වහන්සේගේ කිසිදු හඬක් නොලැබීම සම්පූර්ණයෙන්ම පුදුම සහගත විය.

අගෝස්තු මස 12 වන දින උදය කාලයේදී චොං වා ඩේ හිදී අප හමුව සිදු වූ අතර මෙම හමුව උදෙසා වූ මාගේ යාච්ඤා වලට පිළිතුරු නොලැබීමට හේතුව මම තේරුම් ගත්තෙමි. ජනාධිපති යොංසම් කිම් සමඟ හමුව සිදුවුණද අපට කථා කිරීමට හෝ යෝජනා ඉදිරිපත් කිරීමට කිසිදු වේලාවක් නොලැබිණි. ජනාධිපතිවරයා දිගටම කථා කොට රැස්වීම හමාර කළේය. යාච්ඤා කිරීමෙන් අනතුරුව අපි පෙරළා පැමිණියෙමු.

පස්වරු 2.00 ට අපි ''සමාකාමී ජාතිය නැවත එක්සත් කිරීමේ ජයන්ති රැළියට'' සහභාගි වීම පිණිස යොයිඩෝ චතුරස්‍රයට ගියෙමු. අප සභා සාමාජිකයන් රථවාහන හැසිරවීම, රථ වාහන රඳවා තැබීම, වේදිකාව මත ආසන දැක්වීම වැනි වැඩ කටයුතු වල ස්වේච්ඡාවෙන් නිරත වෙමින් සිටි අතර තවත් අය නිස්සි වාදක මණ්ඩලයේ වාදන කටයුතු වල යෙදෙමින් සිටිනු මට දක්නට ලැබිණි.

සභාව වර්ධනය වීමේ රහස කුමක්ද?

පාලක ''හියොං'' ගියුන් ෂින්ගේ විශ්වාසය හා දර්ශනය

1994 දෙසැම්බර් මස 5 දින මා හට ජාතික සුභාරංචි ව්‍යාපාරයේ පිබිදෙන්නන් පුහුණු කිරීමේ මධ්‍යස්ථානයෙන් ආරාධනාවක් ලැබුණු අතර එහි දී මම පණිවුඩයන් දේශනා කළෙමි. දෙසැම්බර් මස 8 වන දින සී.බී.එස්. හි 40 වැනි සංවත්සරය සැමරීම පිණිස ''අප ප්‍රාණවත් කරන්න'' නම් වූ සී.බී.එස්. හි වැඩසටහනෙහි 4500 වැනි විශේෂ විවෘත විකාශනය අප සභාවේදී පවත්වන ලදී. ඔවුන් විකාශනය කරන පණිවුඩ හරහා ධර්මිෂ්ඨකම සහ සාමය සම්පූර්ණ කොට අනාගත වක්තෘ ලෙස ඔවුන්ගේ සේවය ඉටු කිරීමට විකාශන සමාගම පෙළඹවීමට ''සත්‍යයේ හඬ'' මාතෘකාව යටතේ මම පණිවුඩයන් දේශනා කළෙමි. පාලක හියොන් ග්යුන් ෂින් අප සභාවට ආදරය කළේය. වර්තමානයේ ඔහු අප අතර නොමැති වුවද, වසර හතළිස් ගණනකට වැඩි කාලයක් පාලක හියොන් ග්යුන් ෂින් කොරියානු පිබිදෙන්නන්ගේ මුත්තා සහ කොරියානු ක්‍රිස්තියානුවන්ගේ සුපිරි තාරකාව වූයේය. ඔවුහු මා හට සහ අප සභාවට බෙහෙවින් ආදරය කළේය. ශුද්ධාත්මයාණන් වහන්සේව සහ කොරියානු ජාතිය නැවතත් එකසත් කිරීම සංවේදි දැක්මකින් අවධාරයනය කරමින් ඔහු කොරියානු සභාවන්ට බලාපොරොත්තුව සහ දැක්ම ඔහුගේ පණිවුඩ තුළින් පෙන්වා දුන්නේය. නිකායන් නොසළකා ඔහු බොහෝ දෙනෙකුගේ ආදරයට පාත්‍ර විය. නිකායේ බලය අනිසි ලෙස භාවිතා කිරීම පිළිබඳව මා වරදකරුව සිටින බව ඔහු දැන සිටි අතර 1992 ඔක්තෝම්බර් මස අප සභාවේ සංවත්සරයට මෙහෙයට සහභාගි වී ආශිර්වාදය ලබා දුන්නේය. එතැන් පටන් විවිධ අවස්ථාවන් සහ රැස්වීම් සඳහා ඔහු පැමිණ ප්‍රබල පණිවුඩ මඟින් ධෛර්යමත් කළේය.

සභාව වර්ධනය වීමේ රහස කුමක්ද?

අප සභා සාමාජිකයන්ගේ දක්ෂ සහ තරුණ සහගත විලාසය කොරියාවේ පමණක් නොව අනෙකුත් රටවල පාලකවරු තුළද තදින් කා වැදුනු අතර ඔවුන් එයින් ස්පර්ශ වී ගියහ. ඔවුහු නිතරම සභාවේ වර්ධනයේ රහස පිළිබඳව මගෙන් විමසා සිටියෝය. ''පාලකතුමනි, විශේෂ සංවිධායකයන් හෝ පුහුණු කිරීමක් ඔබ සභාවෙහි මට පෙනෙන්නට නැහැ. එහෙත් ඔබ සභාවේ වර්ධනයේ රහස කුමක්ද? මෙතරම් කරුණා සහගතව සාමාජිකයන් ස්වේච්ඡාවෙන් වැඩ කරන්නේ කෙසේද? මා වෙතින් නිතරම අසන ලද පැනයන් විය. මම සත්‍යයෙන්ම කිසිවක් ඉගැන්වූයේ නැත. ඔවුහු දෙවියන් වහන්සේගේ දේව ප්‍රසාදය තුළින් ඔවුන් විසින්ම සියල්ල ඉෂ්ට කරන්නෝය.

සභාවේ වර්ධනය පිළිබඳව විවිධ මත තිබිය හැක. දෙවියන් වහන්සේ ''මෙම සාමාජිකයන් ගණන පමණක්'' අපට දෙන බව හෝ මාගේ සභාවට මෙම ප්‍රමාණය සෑහේ යනුවෙන් සමහරු පාලකවරු පවසති. බයිබලය පවසන පරිදි දෙවියන් වහන්සේ සතුටු කල මුල් කාලීන සභාවන්හි ගලවා ගත්තවුන් ගණන දිනපතා වැඩි විය. ඒ සියල්ලන්ම ගලවා ගැනීම දෙවියන් වහන්සේගේ අභිමතය වන නිසාය. (1 තිමොති 2:4) දෙවියන් වහන්සෙගේ අභිමතය අනුව ක්‍රියා කළ මුල් කාලීන සභාවන්හි ඇදහිලිවතුන්ගේ සංඛ්‍යාව දිනපතාව වැඩි විය. (ක්‍රියා 2:47) කිසියම් සභාවක් වර්ධනය වූ බැව් අසා මම සතුටු වුණෙමි. සෑම සභාවක්ම ස්වාමින් වහන්සේගේ ශ්‍රී රුධිරය කරන කොට ගෙන ආරම්භ වූ නිසා මම සභාවන් සහ පාලකවරු සඳහා යාච්ඤා කළෙමි.

1995 පෙබරවාරි මස 23 වන දින අප සභාවේදී 149 වැනි ජාතික පාලකවරුන්ගේ සමුළුව, කොරියානු පාලකවරුන්ගේ යාච්ඤා සහභාගිත්වය ඇතිව පැවැත්විණි. පාලකවරු 1,000 ක් පමණ මෙයට සහභාගි වූහ. සභාව වර්ධනය වීමේ රහස ගැන මම දේශනා කළෙමි. 1996 දී හවායි පාලකවරුන්ගේ සමුළුවේදි සහ ආජන්ටිනා පාලකවරුන්ගේ සමුළුවේදී මම සභාව සංවර්ධනය වීමේ මූළයේ හරය පිළිබඳව දේශනා කළෙමි.

ප්‍රථමයෙන්, පාලකවරයා සහ සභාව, දෙවියන් වහන්සේගේ ප්‍රේමය අත්විඳිය යුතුයි.

හිතෝපදේශ 8:17 මෙසේ පවසයි. මට ප්‍රේම කරන්නන්ට මම ප්‍රේම කරමි, මා සොයන්නන්ට මම සම්බවන්නෙමි.'' 1 යොහාන් 5:3 සඳහන් පරිදි, දෙවියන් වහන්සේට ප්‍රේම කිරීම නම් අප විසින් උන්වහන්සේගේ ආඥා පැවැත්වීමයි.

තවද යොහාන් 14:21 යේසුස් වහන්සේ මෙසේ වදාළ සේක. යමෙක් මාගේ ආඥා පිළිගෙන රක්ෂාකෙරේද, මට ප්‍රේමකරන්නේ ඔහුය. මට ප්‍රේම කරන්නා මාගේ පියාණන් විසින් ප්‍රේමකරනු ලබන්නේය, මමද ඔහුට ප්‍රේමකොට ඔහුට ප්‍රකාශ වන්නෙමි.''

දෙවනුව, අප යාච්ඤා කල යුතුයි.

ඵලදායි සභාවක් පවත්වාගෙන යාමට දෙවියන් වහන්සේගේ බලය යාච්ඤාව තුළින් පහතට ගෙන ආ යුතුය. දේව කැමැත්ත සම්පූර්ණ කලාවූ ඇදහිල්ලේ පියවරු යාච්ඤාවේ සටන්කාමීන් වේ. මුල්කාලින සභාවන්හි ක්‍රිස්තියානි ධර්ම දූතයෝ, ''අපි නිරන්තරයෙන්ම යාච්ඤාවට සහ දෙවියන් වහන්සේගේ දේව වචනයේ සේවයට අපිව කැප කරන්නෙමු'' යි පැවසුහ. ඔවුහු සභාවන්හි සියළු පරිපාලන කටයුතු උප පාලකවරුන්ට පවරා දෙවියන් වහන්සේගේ දේව වචනය සහ යාච්ඤා ගැන පමණක් සිත යොමු කළහ. අප යාච්ඤා කරන විට අපගේ මුළු ශක්තියෙන්ම සහ අධිෂ්ඨානයෙන්ම මොර ගැසිය යුතුය. (යෙරමියා 33:3) උප්පත්ති 3:17 අනුව දෙවියන් වහනසේ පාපයේ ගැලුණු ආදම්ට මෙසේ පැවසු සේක ''නුඹේ ජීවිතයේ සියලු දවස්වලම නුඹ වෙහෙසින් යුක්තව එයින් කන්නෙහිය.'' මිනිසුන් දහඩිය හෙලා වෙහෙස වී වැඩ කළහොත් පමණක් ඔවුනට අස්වැන්න නෙලාගත හැකි වනවාක් මෙන්, ආත්මය තුළද අපගේ මුළු හදවතින්ම සහ දහඩියෙන් යුක්තව අප යාච්ඤා කළහොත් පමණක් අපට පිළිතුරු ලබා ගත හැකිය. අද වන විට දහස් ගණන් සභා සාමාජිකයන් අප සභාවට පැමිණි සෑම රාත්‍රියකම යාච්ඤා කරති. ලොව පුරා දේශිය දේවස්ථාන, සභා ශාඛාවන් සහ පෞද්ගලික නිවාස වල මෙයාකාරයෙන්ම සිදුවේ.

තෙවනුව, අපට ආත්මික ඇදහිල්ල තිබිය යුතුයි.

මෙහිදී ඇදහිල්ල යනුවෙන් සඳහන් කෙරෙන්නේ ඉහළින් ලබා දෙන්නා වූ ඇදහිල්ල වන අතර අපට එය සත්‍යයෙන්ම හදවතින්ම විශ්වාස කළ හැකිය. හිස්බවේ ගති ස්වභාවයට පිටතින් දේවල් නිර්මාණය කිරීම ඇදහිල්ල වනු ඇත. ඇදහිල්ල සමඟ කිසිවක් නොහැකි වන්නේ නැත. බයිබලීය දැනුම දැනගෙන සිටීමෙන් හෝ කිතුනුවකු ලෙස දිගු කාලයක් විසීමෙන් මෙවැනි ඇදහිල්ලක් අපට ලබා ගත නොහැක. දේව වචනය පවත්වන්නන් හට මෙය දෙවියන්වහන්සේගෙන් ඉහළින්ම ලබා ගත හැක. බයිබලය පවසන පරිදි ක්‍රියාව නොමැති ඇදහිල්ල අක්‍රිය වනු ඇත. ශු. මෙතෙව් 21:22 හි පවසන පරදි මේ අකායරට ආත්මීය ඇදහිල්ලෙන් අප යාච්ඤා කරන විට පමණක් අපට ඕනෑම යාච්ඤාවකට පිළිතුරු ලබා ගත හැකිය. ''තවද නුඹලා ඇදහිල්ල ඇතුව ඉල්ලන

කොයි දෙයක් නමුත්, ඒ සියල්ල නුඹලාට ලැබේයැයි යේසුස් වහන්සේ කී සේක. එවිට අප සභාවේ වර්ධනය සඳහා ද අපට පිළිතුරු ලබා ගත හැකිය.

සිව්වැනුව, අප ශුද්ධාතමයාණන් වහන්සේගේ හඬ අසා උන්වහන්සෙගේ මග පෙන්වීම ලබා ගත යුතුයි.

ශුද්ධාත්තමයාණන් වහන්සේ ගැලවීම ලබා ගත් දෙවියන් වහන්සේගේ දරුවන්ගේ හදවත් තුළ වාසය කරන සේක. තව ද ශුද්ධාත්මයාණන් වහන්සේ දෙවියන් වහන්සේගේ කැමැත්ත කරා අපට මඟ පෙන්වන සේක. අපට පැහැදිලිව ශුද්ධාත්තමයාණන් වහන්සේගේ හඬ ඇසුණහොත් සහ මාර්ගය පෙන්වනු ලැබුවහොත් සභාවේ වර්ධනය සඳහා මාර්ගය අපට පැහැදිලිව දැක ගත හැකිය. සියල්ලටම වඩා ශුද්ධාත්තමයාණනන් වහන්සේගේ හඬ ඇසීමට පාලකයා ඔහු විසින්ම රුධිරය වැගිරවීමකට අදාළව පාපයට විරුද්ධව සටන් කළ යුතු අතර හදවතේ පාපිෂ්ට ස්වභාවයන් පහත හෙළිය යුතුය. මෙම ආකාරයට දෙවියන් වහන්සේට එරෙහිවූ සහ විරුද්ධ වූ සියළුම මාංශගත සිතුවිලි සහ මානසික රාමුව ඔහු විසින්ම බිඳ හෙළිය යුතු වේ. අප සිතන සහ විශ්වාස කරන යම් දෙයක් පිළිබඳව දෙවියන් වහනසේගේ වචනය එකඟ නොවුවද දෙවියන් වහන්සේගේ වචනයට අප අවනත විය යුතුය.

පස්වනුව, අප මුල් සභාවන් ආදර්ශයට ගත යුතුයි.

ක්‍රියා පොතෙහි දැක්වෙන පරිදි මුල්කාලීන සභාවන් කුරුසියේ පණිවුඩය ගැන සාක්ෂි දැරූහ. දේව වචනය පිළිපැදි අතර හාස්කම් හා ලකුණු රැසක් විද්‍යාමාන කළහ. ක්‍රිස්තියානි ධර්ම දූතයන් හරහා දෙවියන් වහන්සේගේ බලවත් ක්‍රියාවන් රැසක් සිදු වූ නිසා සහ එහි හාස්කම් දැකීමෙන් බොහෝ ජනතාවගේ සුභාරංචිය පිළිගැනීමට පැමිණි අතර සභාව ඉතා ඉක්මණින් වර්ධනය වූයේය.

දේශීය සහ විදේශිය සේවා පූර්ණ පරිමාණයෙන් මෙහෙයුම

අප්‍රිකානු දූත මෙහෙවර ආරම්භ වීම

1994 ජනවාරි මස දී ටැන්සානියාවේ පෙන්තකොස්ත සභා පාලක චාල්ස් මැකම් අප සභාවට පැමිණියේය. මා කල දේශනය ඔහු තුළ මහත් හැඟීමක් ඇති කිරීමට සමත් වූ නිසා නැවත සිය රටට ගිය පසු ඔහු මා පිළිබඳව කථා කළේය. මම 1994 ජූලි මස 4 සිට 6 දක්වා ටැන්සානියාවේ අගනගරය වූ ඩා එස් සලාම් හි පෙන්තකොස්ත සභාවේ ටැන්සානියාවේ සමාගම මඟින් පවත්වන ලද ''අප්‍රිකානු සභා නායකයන්ගේ සමුළුව'' ඇමතීමි. දෙවියන් වහන්සේගේ වචනය තුළ ආත්මිකව සහ කායිකව ජීවත් වුවහොත් ඕනෑම අයකුට සියළුම ආකාරයේ සාපයන්ගෙන් නිදහස් වී නීරෝගී ජීවිතයක් ගත කළ හැකි බව මම දැන සිටි නිසා, නිර්ධනභාවයෙන් සහ ඒඩ්ස් ඇතුළු විවිධ ලෙඩරෝග වලින් පීඩා විඳින අප්‍රිකාවේ වසන බොහෝ ජනතාව දැකීමෙන් මම මහත් වේදනාවට පත්වීමි.

මෙම සමුළුව අතරතුර දී දෙවියන් වහන්සේ හාස්කම් ගණනාවක් පෙන් වූ සේක. අප කණ්ඩායම ටැන්සානියාවට පැමිණි අවස්ථාවේදී එහි දේශිය පාලකවරු මා අමතා පාලකතුමනි, මෙය මහත් පුදුම සහගතයි. මෙය අපට කිසිම වර්ෂාවක් නොමැති කාලයක්. නමුත් ඔබගේ පැමිණීමට පෙර වර්ෂාව තිබුණ අතර, දැන් කාලගුණය හරිම පැහැදිලියි සහ දූවිලි කිසිවක් නැහැ. දෙවියන් වහන්සේ කාලගුණ තත්වයන් ද පාලනය කරන බව අපට පේනවා යැයි පැවසූහ. අප කණ්ඩායම ගුවන් තොටුපොළට පැමිණි මොහොතේ පටන් එම රට හැර එන දිනය තෙක් අප යන තැන කුමක් වුවද, උණුසුම් හිරු එළිය ඇති දිවා කාලයේදී දෙවියන් වහන්සේ වලාකුළු වලින් අප ආරක්ෂා කල අතර රාත්‍රියේදී වර්ෂාව දී අපට අගනා කාලගුණයක් ලබා දුන් සේක.

මම සත්‍යයේ ඇදහිල්ල සහ නායකයන් හට සතු කර ගැනීමට ''කුරුසියේ පණිවුඩය'' දේශනා කළෙමි. ඔවුහු දෙවියන් වහන්සේගේ වචනය තේරුම් ගත් අතර ජීවනය ඒ තුළින් දැනුන නිසා ඔවුන්ගේ අද්විතීය ස්වරයෙන් අත්පුඩි ගසමින්, නටමින් ප්‍රතිචාර දක්වන්නට වූහ. මට කුඩා දරුවන්ගේ මෙන් වූ ඔවුන්ගේ අහිංසක ඉරියව් දැක ගත හැකි විය. ඔවුන්ගෙන් බොහෝ දෙනෙක් ඔවුන්ගේ ඇදහිල්ල නැවතත් අළුත් වූ බව හෙළි කළ අතර ඔවුහු පාලකවරුන් ලෙස දැඩි විශ්වාසය සහ ඇදහිල්ල ලබා ගත්හ.

සමුළුවෙන් අනතුරුව අපි ටැන්සානියාවේ මසායි ගෝත්‍රිකයන් වෙත ගියෙමු. නායකයා ඇතුළු ගෝත්‍රිකයන් රැසක් අප පිළිගත්හ. ඉතා විශේෂ වූ අමුත්තන් සඳහා ඔවුහු එළදෙනුන්ගේ රුධිරය පිළිගන්වති. නමුත් දෙවියන් වහන්සේ විසින් රුධිරය පානය කිරීම තහනම් කොට ඇති බැව් ඔවුන් දැන ගෙන හුන් නිසා සහ අප එය පානය නොකරන නිසා ඒ වෙනුවට ඔවුහු කෝලා පිළිග ැන්වූහ.

ඔවුන් තුළ ඇදහිල්ල රෝපණය කිරීම පිණිස මට දෙවියන් වහන්සේ හමුවීම පිළිබඳව වූ මාගේ සාක්ෂිය ප්‍රකාශ කළෙමි. එය ඉංග්‍රීසි, ස්වාහීලි බස සහ මසායි භාෂා වලට පිළිවෙලින් පරිවර්තනය කරන ලදී. දේවගැති ආචාර්ය මියොංහෝ චොං ඉංග්‍රීසි බසට පරිවර්තනය කිරීම සිදු කළේය. සේවයට පැමිණීමට ප්‍රථම ඔහු කොරියාවේ හොසියෝ විශ්වවිද්‍යාලයේ ඉංග්‍රීසි සාහිත්‍ය මහාචාර්යවරයෙකුව හුන්නේය. පසුව අප්‍රිකාවේ දූත මෙහෙය පිළිබඳ වූ අධිෂ්ඨානයෙන් කෙන්යාවේ නයිරෝබි හි සේවා මධ්‍යස්ථානයක් පිහිටුවා ගත්තේය. අදවන විට දේවගැති ආචාර්ය මියොංගෝ චොං අප්‍රිකානු ආත්මයන් පුබුදුවාලීම පිණිස අප්‍රිකානු රටවල් 54 ක පස් ආකාර ශුද්ධ කිතු දහම දේශනා කරමින් සිටින්නේය.

මසායි ගෝත්‍රික ගම්මානයේදී

ක්‍රිස්තුස් වහන්සේගේ සුභාරංචිය වඳ වූ, ජපානය

මෙම අවස්ථාවේදීම ජපානයේ සුභාරංචිය සඳහා දොරගුළු හැරෙන්නට පටන් ගත්තේය. 1993 නොවැම්බර් මස 5 සිට 8 දක්වා ''ගොෂීන් පිබිදීමේ රැළිය'' ජපානයේ විශාලතම බේස්බෝල් ක්‍රීඩාංගනයේ පැවැත්වූ අතර අප සභාවේ ප්‍රාසාංගික මෙහෙවර කණ්ඩායම ලාලිත්‍යයෙන් යුතුව කළ ඉදිරිපත් කිරීම කොරියානු ජපන් සහභාගිවූවන්ගේ සිත් පිනවීමට සමත් විය. පාලක හියුං ගියොන් ෂින් විසින් එම වසරේම ජූලි මස පැවැත්වීමට නියමිත ''චීන රැළිය සහ බීක්ඩු කඳුකරයේ ජාතිය නැවත ගොඩනැගීමේ යාච්ඤා සමුළුව සඳහා ප්‍රාසාංගික මෙහෙවර කණ්ඩායම හට ආරාධනා කරනු ලැබීය.

1994 ජූලි මස වන විට පාලක සං ගිල් ර්‍යූ ධර්මදූතයකු ලෙස ජපානයට යැවීම ජපානයේ අප ධර්ම දූත මෙහෙවරෙහි ආරම්භය විය. 1994 නොවැම්බර් මස 22 සිට 23 දක්වා අපි ''ශුද්ධාත්මයාණන් වහන්සේගේ වැගිරෙන ගින්න'' යන මාතෘකාව යටතේ ජපානයේ ඉඩා හි ගනී සංස්කෘතික මධ්‍යස්ථානයේදී රැළියක් පැවැත්වූ අතර සහභාගිවූවන් ගණන 1,000 ක් විය. ඉඩා හි සභාවන් කිහිපයකම උපකාරය ඇතිව එය ඉඩා සභාව (යොෂිකාවා නොබොරු ගේ සේවයෙන් යුත්) මඟින් පවත්වන ලදී. යේසුස් වහන්සේගේ උත්ථානය පිළිබඳව ආත්ම විශ්වාසයෙන් යුක්තව උත්ථානයේ බලාපොරොත්තුව ඇතිව ක්‍රිස්තියානි ජීවිතයක් ගත කිරීමට, සහභාගිවූවන් දිරි ගැන්වීමට මම ''උත්ථාන සාක්ෂියේ ඉතිහාසය'' යන මාතෘකාව යටතේ පණිවුඩය දුන්නෙමි. දෙවැනි දිනයේදී ජීවමාන දෙවියන් වහන්සේ හමුවන ආකාරය පිළිබඳව මම දේශනා කළෙමි. පණිවුඩයෙන් පසුව මම රෝගීන් වෙනුවෙන් යාච්ඤා කළ විට ශුද්ධාත්මයාණන් වහන්සෙගේ ගින්න තුළ සළකුණු ගණනාවක් බහුලව සිදු විය. දෙවියන් වහන්සේට ස්තුති කිරීම පමණක් මට කළ හැකි විය. මෙම රැළියේ මුලාසනය හෙබ වූ පාලක යොෂිකාවා නොබොරු මෙසේ පැවසුවේය. ''දේවගැති ආචාර්ය ජයිරොක් ලී විසින් දෙන ලද ගැඹුරු ආත්මීය පණිවුඩ බොහෝ ජපන් ජාතිකයන්ගේ සිත් තුළට කා වැදී ගිය බවත් එය ජපානයේ ඉතාමත් අස්වාභාවික බවත්ය. බොහෝ ජපන් ජාතිකයන් විශ්වාස කරන්නේ යේසුස් වහන්සේගේ කාලයේ පමණක් සුව කිරීමේ ක්‍රියාවන් සිදු වූ බවයි. දේව බලය සහිතව දේවගැති, ආචාර්ය ජයිරොක් ලී ගේ පණිවුඩ වලට සවන් දීමෙන් අනතුරුව බොහෝ අය සුවපත් වූ අතර දෙවියන් වහන්සේ හැඳිනගැනීමට ඔවුන් පැමිණියහ.''

මෙම රැළියේ දී සුව වූ එක් රෝගියෙක් පිළිබඳව මට මතක් වේ. ඔහුගේ නම යොසොවා මොටොහිසා වේ. මුද්‍රණාල ඉංජිනේරුවෙකු ලෙස සේවය කරන කාලයේ ඔහුගේ පිටෙහි ශල්‍යකර්මයක් කර තිබුණි. නමුත් පසු බලපෑම් නිසා ඔහුට ඇවිදීමේ අපහසුතාවයක් තිබුණු අතර විශාල වේදනාවකින් යුක්තව

ඔහු මෙම සමුළුවට සහභාගි වූයේය. පළමු දිනයේදී පණිවුඩයට සවන් දීමෙන් අනතුරුව යම් විශ්වාසයක් ඔහු ලබා ගත්තේය. ඊළඟ දිනයේ දී මගේ හෝටලට පැමිනි ඔහු යාච්ඤාවක් ලබා ගත්තේය. මම මහත් උනන්දුවකින් ඔහු වෙනුවෙන් යාච්ඤා කළ අතර එම යාච්ඤාව ලබා ගැනීමෙන් පසු ඔහු නැවත යන විට වේදනාව නැති වී ඔහුගේ ඇදවුණු පිට කෙළින් වී තිබුණි.

වඳභාවයෙන් පෙලුනු අඹුසැමි යුවල් වෙත යාච්ඤාවට පිළිතුරු ලැබීම

1991 පෙබරවාරි මස අපි නව දේවස්ථානයකට යෑම සැමරීමට 'ඔබගේ ආත්මය සශ්‍රීක නිසා' යන මාතෘකාව යටතේ පිබිදීමේ රැළියක් පැවැත්වීමු. මම සති දෙකක් තුළ දී පිණිවඩු 15 ක් බෙදා ගත් අතර රෝගීන් සඳහා විශේෂ සමුළුවක් මෙයෙවීමි.

1993 දී අපි දෙසතියක විශේෂ පිබිදීමේ රැළියක් පැවැත්වීමට පටන් ගතිමු. ප්‍රථම දෙසති විශේෂ පිබිදීමේ රැළිය ''පාපය ගැන වූ සැලකිල්ල, ධර්මිෂ්ටකම සහ විනිශ්වය'' (ශු.යොහාන් 16:8) යන මාතෘකාව යටතේ මැයි මස දී පවත්වන ලදී. උදය කාලයේ එකකට සහ සවස් කාලයේ අනෙකට ආදී වශයෙන් ''පාපය ගැන වූ සැලකිල්ල, ධර්මිෂ්කම සහ විනිශ්වය' යනු කුමක්දැයි යනාදී වූ පණිවුඩ වලට දෙවරක් සවන් දීමෙන් සහභාගිවූවෝ දෙවියන් වහන්සේ ඉදිරියේ ඔවුන් තුළ වූ පාපයන්හි පවුරු කුමක්දැයි වටහා ගත්හ. ඔවුහු පසුපස හැරී තමන් ගැනම බලා සොටු දියර ගලන නාස් වලින් සහ කම්මුල් දිගේ ගලා හැලෙන කඳුළු සමඟින් පසුතැවිලි වන්නට වූහ. ඔවුහු දෙවියන් වහන්සේ ඉදිරියේ පාපයේ පවුරු කඩා බිම හෙලා සුවවීමේ බහුල ක්‍රියාකාරකම් අත්වින්දාහ.

ඇදහිල්ල කුමක් දැයි ඔවුහු නොදන සිටි නමුත් එකිනෙකා පණිවුඩ ඇසීමෙන්, ඔවුන් ශුද්ධාත්මයාණන් වහන්සේ අත්වින්ද අතර දේව වචනය සහ යාච්ඤාව තේරුම් ගෙන දෙවියන් වහන්සේගේ දේව වචනයට අනුව ජීවත් වීමට උත්සාහ කළහ. නිකායන් නොතකා රට වටාම වූ බොහෝ සභාවන් හී බොහෝ පිරිසක් සහභාගි වූහ. පිබිදීමේ රැළියේදී දේව කරුණාව ලබා සුවපත් වූ ඇදහිලිවන්තයන් ශුද්ධාත්මයාණන් වහන්සේගෙන් පිරෙන්නට පටන් ගත් අතර ඔවුන්ගේ සභාවන්ට මහත් කැපවීමෙන් සේවය කළහ. ශුද්ධාත්මයාණන් වහන්සේගේ ගින්න කරන කොටගෙන ගර්භාෂ සහ කුසෙහි වූ පිළිකා රෝග වලින් ජනතාව සුවපත් වූහ. ශ්‍රවණාබාධ තිබුණු අය ඔවුන්ගේ ශ්‍රවණ හැකියාව නැවත ලබා ගත් නිසා ශ්‍රවණ උපකරණ ඉවතට විසි කිරීම, හොඳ දෘෂ්ටියන් ලබා ගත්තවුන් ඔවන්ගේ ඇස් කණ්නාඩි ඉවතට විසි කිරීම සහ වඳ අය ගැබ්

ගැනීම ආදි වශයෙන් බොහෝ සාක්ෂි සිදු විය.

සුවිශේෂිව වසර 5 කට වැඩි විවාහ කාලයක් ගත වුවද ගැබ් ගැනීමක් සිදු නොවූ විවාහක ජෝඩු රැසක් මෙහි සිටි අතර ඔවුන්ගේ බොහෝ දෙනෙකුට පිළිසිඳ ගැනීමේ ආශිර්වාදය ලැබුණි. 1993 මැයි මස 5 වන දින පිබිදීමේ රැළියේ සවස රැස්වීම වාරයේදී බොහෝ වඳ ජෝඩු සියල්ලන්ම එක්ව ඔවුනට යාච්ඤා කරන මෙන් මගෙන් ඉල්ලා සිටියේය. මම රෝගීන්ට යාච්ඤා කරන විට ''වඳ අයවලුන්ට පිළිසිඳ ගැනිමේ ආශිර්වාදය දුන මැනැවැ'යි යාච්ඤා කළෙමි. පිබිදීමේ රැළිය අවසන් වූ පසු බොහෝ ජෝඩු ඊළඟ වසරේ දී දරුවන් බිහි කළ බැව් මට දැන ගන්නට ලැබිණි. මේ වන විට එම කාලයේදි උපත ලද බොහෝ දරුවන් මින්මින් බාලාංශ පාසැලෙන් එකම වසරේදී උපාධි ලබා ගත්හ.

කායිකව අභියෝග වලට ලක් වූ ජීවිතයක් ගත කිරීමට වූ නමුත්

1994 මැයි මස දී අප දෙවැනි දෙසති විශේෂ පිබිදීමේ රැළිය ''මම කරන්නෙමි,'' (ශු.යොහාන් 14:13) යන මාතෘකාව යටතේ පැවැත්වීමු. මෙම සමුළුවේදී ද ශුද්ධාත්මයාණන් වහන්සේගේ බලවත් ක්‍රියාවන් සිදු විය. මෙම පිබිදීමේ රැළියේ දී සහභාගි වුවන් බොහෝ පිරිසක් දිව්‍යමය සුව වීම අත් දැක්හ. විශාල රිය අනතුරකට පසු රෝහල් ගතව සිටි ජොහැනා පාක් ගැන මම කථා කිරීමට කැමැත්තෙමි.

ජොහැනා පාක් 1993 මැයි මස 27 වන දින වැඩ නිමා වී නිවස කරා යමින් සිටියදී වාහන හතරක් එකිනෙකට පිටුපසින් වේගයෙන් ගැටුනු අනතුරකට මුහුණ දුන්නාය. ඇය කෝමාවකට පත් වූ අතර රෝහලට රැගෙන යනු ලැබීය. ඇයගේ හනුව පැලී කම්මුල් සන්ධිය කැඩී තිබිණි. ඇයගේ අකුණු වලට හානි සිදු විය. ඇත්ත වශයෙන්ම තුවාල වලින් ඇයගේ ශරීරය වැසී තිබිණි. කලවා අස්ථිය අස්ථාන වීම නිසා උකුල් පෙදෙස සහ උකුල් සන්ධිය තැලී ඉදිමී තිබුණි. ඇයගේ දකුණු පාදය අප්‍රාණික වූ නිසා ඇයගේ පා ඇඟිලි හෝ වළලුකර සෙලවීමට නොහැකි විය. කෙණ්ඩයේ ස්නායු අඩපණ වීම හේතුවෙන් ඇයගේ එක් පාදයක් අනෙකට වඩා සෙන්ටිමීටර 5 කින් කෙටි විය. ඇයගේ ඉතිරි ජීවිත කාලය ඇයට විකලාංග ස්වරූපයෙන්ම ගෙවීමට සිදු වන බව වෛද්‍යවරු පැවසූහ.

1994 මැයි මස 10 වන දින ජොහැනා පාක් දෙසති විශේෂ පිබිදීමේ රැළියට සහභාගි වීම පිණිස රෝහලෙන් මදකට කැමැත්ත ලබා ගත්තාය. ඇය කිහිලිකරු ආධාරයෙන් පැමිණි අතර අල්තාරය මත සිට මම එක්රැස්ව සිටි

මුළු ජීවිත කාලයම ආබාධිතව ජීවත් වීමට සිදු වූ ජොඇනා පාක්
ජොඇනා පාක් සම්පූර්ණ සුවය ලබා, සුවකිරීමේ රැළියකදී දේවගැති ජයිරෝක් ලී සමඟ ඇවිදීම
මිෂනාරීවරියක් ලෙස ජොඇනා පාක් දැන් නිරෝගී ශරීරයක් ඇතිව සේවය කිරීම

සියල්ලන්ම සඳහා යාච්ඤා කරන විට සුවවීමේ ක්‍රියාවලිය සිදු විය. ඇයගේ ඇද වුනු පාදය කෙළින් වී තිබුණි. ඇයට ඇනුමක් යැවීමට හෝ මුඛය විවෘත කිරීමට නොහැකිව සිටි අතර කිහිප වතාවක්ම ඇනුම් යැව්වද ඇයට කිසිම වේදනාවක් නොදැනින. මම ඇයට පෞද්ගලිකව යාච්ඤා කළ විට ඇයට ශුද්ධාත්මයාණන් වහන්සෙගේ ගින්න දැනුන අතර කිහිලිකරු වල ආධාරය නැතිව ඇය විසින්ම ඇවිද්දාය. මෙම හාස්කම නරඹමින් සිටි සභා සාමාජිකයෝ ඉමහත් ප්‍රීතියට පත්ව නොනවත්වා අත්පුඩි ගසමින් දෙවියන් වහන්සේට මහිමය දුන්හ. සති 2 කට පසුව හැංයැං විශ්ව විද්‍යාලයීය රෝහලේදී ඇය රෝග විනිශ්චයකට ලක් කෙරිණි. ඇයගේ දකුණු පාදය සෙන්ටිමීටර 5 කින් දික් වී තිබුණු අතර දැන් ඇයගේ පාදයන් දෙකම එක සමාන දිගකින් යුක්තය.

වරක් දිවි රැක ගැනීමට කිසිදු අවස්ථාවක් නොමැති කුඩා දරුවකු හාස්කමකින් ඇයගේ ජීවතය නැවත ලබා ගත්තාය. උපස්ථායිකා සුනීම් කිම් නොමේරූ දරු උපතක් සිදු කළ අතර ළදරුවාගේ බර කිලෝග්‍රෑම් 1.2 පමණක් විය. ළදරුවා නොමේරූ

දරුවන් උණුහම්කරණයට දමන ලද නමුත් හදවත සමීපයේ වූ ශිරා කැඩීම නිසා මොළයේ රුධිර වහනයක් සහ දෘෂ්ඨිය නැතිවීමක් සිදු විය. ළදරුවාගේ මොළයේ රුධිර වහනය සුව කළ නොහැකි බව වෛද්‍යවරු පැවසූහ. තව ද ඇයගේ දෘෂ්ඨිය ශල්‍යකර්මයකින් තොරව සම්පූර්ණයෙන් නැති වන බවත්, ශල්‍යකර්මයන් කළද ඇයට ලබා ගත හැක්කේ සාමාන්‍යයෙන් පුද්ගලයකුගේ දෘෂ්ඨියෙන් 1/3 ක ප්‍රමාණයක් බවත් පැවසූහ.

1994 මැයි මස 7 වන දින වෛද්‍යවරුන්ට තව දුරටත් කිසිවක් කළ නොහැකි නිසා ළදරුවාව නිවසට ගෙන යන්නැයි ඔවුහු ඇයගේ දෙමව්පියන්ට පැවසූහ. වාසනාවකට පිබිදීමේ රැළිය ඒ වනවිට ද පැවතෙමින් තිබුණි. උපස්ථායික සූනීම් කිම් ළදරුවාව සභාවට රැගෙන ආවාය. ළදරුවාගේ තත්ත්වය ඉතා බරපතල විය. බොහෝ බෙහෙත් සහ එන්නත් ප්‍රමාණයකින් පීඩා විඳීම හේතුවෙන් ඇගේ බර කිලෝග්‍රෑමයක්වත් නොවිණි. ඇගේ දිවි රැක ගැනීමට කිසිදු බලාපොරොත්තුවක් නොවීය. ඇගේ පියා ඒ වන විට ඇය අතහැර දමා තිබිණි.

මැයි මස 8 වන දින ළදරුවා වෙනුවෙන් මම මහත් උද්යෝගයෙන් යාච්ඤා කරන විට දෙවියන් වහන්සේ ක්‍රියා කිරීමට පටන් ගත් සේක. මෙතෙක් අපැහැදිලිව තිබූ ඇගේ කළු ඉංගිරියාව කළු පැහැ වීමට පටන් ගෙන ඇයට සාමාන්‍ය දෘෂ්ඨිය ලැබුණි. කිරි බෝතලය උරා බීමට ශක්තිය ලැබිණි. එතැන් පටන් තව තවත් ආහාර ලබා ගනිමින් සෞඛ්‍ය සම්පන්නව ඇය වර්ධනය වූවාය. ඇගේ නම හන්නා වන අතර මේ වන විට ඇය දෙවියන් වහන්සේ තුළ පියකරුව වැඩෙන උසස් පාසල් ශිෂ්‍යාවන් වන්නීය.

මොළයේ අපහතයක් සහිත වූ මිනිසා

1995 දී ''ධර්මිෂ්ඨයා ඇදහිල්ලෙන් ජීවත් වේ'' යන මාතෘකාව යටතේ තෙවැනි දෙසති විශේෂ පිබිදීමේ රැළිය පවත්වන ලදී. පිබිදීමේ රැළියේ අවසාන දිනයේ දී රෝගීන් සඳහා වූ විශේෂ යාච්ඤාව පවත්වන අවස්ථාවේ දී දේවස්ථානයේ ඇතුළු වන ස්ථානයේ කලබලයක් ඇති වූ අතර ගිලන් මැස්සක තබා ගත් අයකු ඇතුලට ගෙන එනු ලැබීය. ඔහුව ගිලන් රථයකින් ගෙන ආ ආකාරයක් දිස් විය. ඔහු අවදානම් තත්ත්වයක සිටියේය. ඔහු මොළයේ ලේ ගැලීමකින් හදිසියේ සිහ නැති වූ වැඩිහිටි මුන්කි කිම් බව පසුව මම දැන ගත්තෙමි. ඔහුගේ මොළයේ නාලයක් පිපිරී තිබිණි.

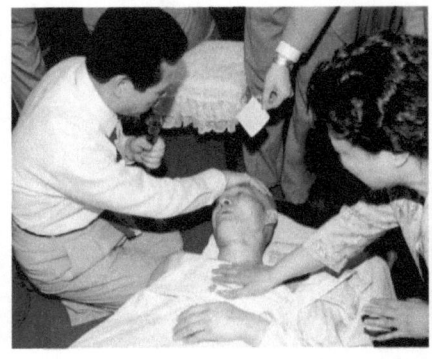

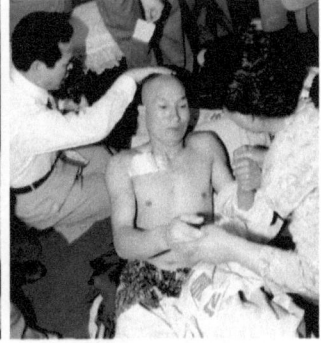

මොළයේ අපහතයටක් සිදු වූ රෝගියා යාච්ඤාවෙන් පසු නැගී සිටීම

ඔහුගේ බිරිඳ පාලකවරියක් වූවාය. ඇය මෑතකදී ආරම්භ කරන ලද සභාවක් පාලනය කරමින් හුන් අතර දෙවියන් වහන්සේ ගේ දේව වචනයට සවන් දීමට වරින් වර අප සභාවට පැමිණීමට පුරුදුව සිටියාය. මොහුව රෝහලට රැගෙන ගිය විට ඔහුට දිවි බේරා ගැනීමට ඇත්තේ කුඩා අවස්ථාවක් බව වෛද්‍යවරු පැවසූහ. මෙම පිබිදීමේ රැළිය පැවැත්වෙමින් තිබෙන බව දැන සිටි නිසා මෙම පාලකවරිය සුවය ලැබීමේ ඇදහිල්ලෙන් සිය සැමියාව ගිලන් රථයක දමා සභාවට රැගෙන ආවාය.

සිහිසුන්ව සිටි මෙම රෝගියාට මම යාච්ඤා කළෙමි. යාච්ඤාව අවසන් වූ විට ඔහු කෙළින් නැගී සිටියේය. මෙය චිත්‍රපටයක් බඳු විය. මෙය බලා සිටි සියල්ලෝම දෙවියන් වහන්සේට මහිමය දෙමින් අත්පොළසන් දීමට පටන් ගත්හ.

දෑත කපා ඉවත් කිරීමට ප්‍රථමයෙන් සුවය ලැබීම

උපස්ථායිකා සැං-යි ලී ගේ දෑතේ ඇඟිලි 8 ක් ක්ෂය වෙමින් පැවතුණු අතර මෙම සමුළුවේ දී යාච්ඤාවෙන් පසුව සාමාන්‍ය ඇඟිලි නැවත ලබා ගත් ඈ සුව වූවාය. 1985 ශීත ඍතුවේ දී ශීත නිසා වූ තුවාල වලින් ඈ පීඩා වින්දාය. ඇය කටු චිකිත්සාව ඇතුළු බෙහෙත් ප්‍රතිකාර ලබා ගත්තද ඒ කිසිවක් ක්‍රියා කළේ නැත. ඇය මුළු ශරීරය පුරා ම හන්දි ඉදිමීමේ රෝගයෙන් ද පෙළුනාය. 1990 දී ඇය සොල් හි සිටින විට ඇය අප සභාවට මඟ පෙන්වනු ලැබ එහි පැමිණියාය. ටික කලක් එසේ පැමිණීමෙන් පසු ඇය නැවත ඇගේ නගරයට ගියාය. එසේ නැවත ගිය ඈ දෙවියන් වහන්සේගෙන් ඈත්ව සිටි අතර ඇදහිල්ල පිළිබඳව අලස කමින් ජීවිතය ගත කළාය.

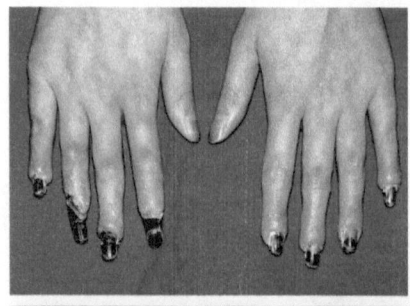

ඇඟිලි ක්ෂය වී යාමෙන් සුවපත් වූ සැං යී ලී

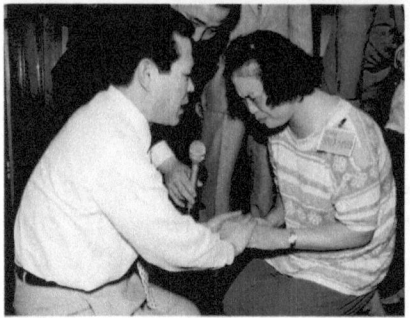

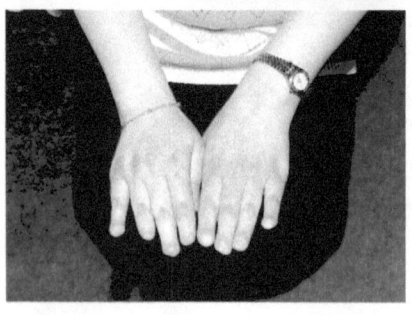

1993 දී ඇගේ සිරුර හැකිළීමට පටන් ගත් අතර ඇගේ ගෙල දැඩි විය. ඇගේ ශරීරය පුරාම රූමැටික් හන්දි ඉදිමීමේ රෝගය ඇති බව හඳුනා ගන්නා ලද අතර එය නරක අතට හැරෙන බවට සළකුණු පෙන්නුම් කිරීමට පටන් ගත්තේය. ඇය කොරියා විශ්ව විද්‍යාලයීය ගුරෝ රෝහලට ඇතුළත් කෙරුණු නමුත් මාස 2 කට පසුව මාපට ඇඟිලි හැර අනෙක් ඇඟිලි අට ක්ෂය වීමට පටන් ගත්තේය. ඇගේ දෑතේ මැණික් කටුව දක්වා කළු පැහැයට හැරිනි. නියපොතු පමණක් නොව අතේ ඇඟිලි වල අස්ථි ද ක්ෂය වීමට පටන් ගත්තේය. ඇගේ දෑත් මැණික් කටුව අසලින් කපා ඉවත් කොට ක්ෂය වීම බාහුවට පැතිර යාම වලක්වා ගැනීමට අවශ්‍ය බැව් වෛද්‍යවරු පැවසූ අතර ඒ සඳහා දිනයක් ද යොදා ගෙන තිබිණි. අධික වේදනාව නිසා උපස්ථායිකා සැං යී ලී හට වේදනා නාශක විශාල ප්‍රමාණයක් ගැනීමට සිදු විය. 1994 මැයි මස දී ශල්‍යකර්මයට දිනකට පෙර ඇය දෙසති විශේෂ පිබිදීමේ රැළියට සහභාගි වූවාය. අවසානයේ දී ඇය මගෙන් යාච්ඤාවක් ලබා ගත් අතර එම අවස්ථාවේ දි ඇගේ දෑත් උණුසුම් වූ බවත්, දරා ගත නොහැකි වේදනාව පහව ගිය බවත් ඈ නොසඟවා හෙළි කළාය. එතැන් පටන් ඇගේ තත්ත්වය යහපත් වූ අතර වෛද්‍යවරයා ශල්‍යකර්මයක් කිරීම තවදුරටත් අනවශ්‍ය බව පවසා ඈට නිවසට යාමට හැකි බව පැවසුවේය.

ක්ෂය වීම නැවතුණු අතර පැරණි ආලෝන් ගසක පොත්තක් මෙන් ක්ෂය වූ කොටස් වැටී නව මාංශ ලියලන්නට පටන් ගත්තේය. නියපොතු ද යළිත් නියමාකාරව වැඩිනි. ඊළඟ වසරේ එනම් 1995 මැයි මස දී ඇය නැවතත් දෙසති විශේෂ පිබිදීමේ රැළියට සහභාගි වූවාය. පිබිදීමේ රැළියේ දෙවැනි දිනයේදී රෝගීන් සඳහා වූ විශේෂ යාච්ඤා සමුළුවේ දී ඇය නැවතත් මගේ යාච්ඤාවන් ලබා ගත්තාය. යාච්ඤාවෙන් අනතුරුව ශරීරය පුරාම වූ සැහැල්ලු බවක් ඇයට දැනුණ අතර රුමැටික් හන්දි ඉදිමීමේ රෝගය නිසා වූ වේදනාව නැතිවිය. ක්ෂය වෙමින් පැවතුණ ඇගේ ඇඟිලි පමණක් නොව මුළු ශරීරයම ලෙඩ රෝග සහ වේදනාවෙන් මිදී ඇය පිරිසිදුව සහ සම්පූර්ණ ව සිටියාය.

සැම්පූ වෙළඳ දෙපාර්තමේන්තු සංකීර්ණයේදී ආරක්ෂාව ලැබීම

අප සභාව තුළ අවන්හල් සහ බෙදාහැරීමේ ව්‍යාපාර වල සේවය කරන්නන් සඳහා ''ලුණු සහ ආලෝකය'' යනුවෙන් හඳුන්වනු ලබන මෙහෙවර කණ්ඩායමක් සිටී. 1985 ඔක්තෝම්බර් මස පිහිටුවනු ලැබූ එම කණ්ඩායම විවිධ ප්‍රදේශවල නමස්කාර මෙහෙයන් සහ යාච්ඤාවන් පවත්වා තිබිණි. අවන්හල් සහ බෙදා හැරීමේ කර්මාන්තය තුළ ඔවුහු සුභාරංචිය පැතිරවීම සඳහා ක්‍රියා කරමින් සිටිති. ''ලුණු සහ ආලෝකය'' මෙහෙවර කණ්ඩායම ඉරිදා දිනයන් හි ද තම සේවා වල නිරත වන බැවින් ඔවුන්ගේ රාජකාරී නිම වූ පසු ඉරිදා රාත්‍රී 9.00 ට සහ 11.00 ට දේව මෙහෙයට සහභාගි වෙති.

සැම්පුං වෙළඳ සංකීර්ණය කඩා වැටීම

1995 ජූනි මස 29 වන දින සවස 6.00 ට පමණ විශාල විනාශයක් සිදු විය. සැම්පුං ගබඩා අංශ ගොඩනැගිල්ල කඩා වැටිණි. අප සභා සමාජිකයෝ දස දෙනෙක් එහි සේවය කරමින් හුන් අතර දෙවියන් වහන්සේ ඔවුන්ගේ දිවි ගලවා ගැනීමට විවිධ මාර්ග සලසා දුන් සේක. මෙම බිහිසුණු අවස්ථාවේ දී හාස්කමකින් ඔවුන් සියළු දෙනාගේ දිවි ගැලවුණු ආකාරය අත් දැකීමට අපට හැකි විය.

සැම්පුං වෙළඳ සංකීර්ණයේ සේවය කරමින් සිටි ජින් සුක් හොං සහෝදරිය ඇය සමඟ එකට වැඩ කරන්නන් සමඟ තෙවැනි පතුල් මාලයෙහි කොන්ක්‍රීට් ගොඩක කොටු වූ අතර හාස්කමකින් දිවි ගලවා ගත්තාය. ඇය පතුල් මාලයේ තෙවැනි මහලේ සේවක අවන්හලේ සේවය කරමින් සිටියාය. සේවය නිමා වීමෙන් අනතුරුව ඇය කෙටි විවේකයක් ලබා ගැනීමට බෙහෙත් ශාලාවට ගියාය. ඇය එහි සිටියදී ගොඩනැගිල්ල කඩා වැටුණු අතර ඇය එහි සිටි හෙදිය සමඟ එහි කොටු වූවාය. ගොඩනැගිල්ල කඩා වැටීම නිසා හෙදියගේ හිස තුවාල වූ අතර පතුලේ අස්ථි බිඳුණි. සම්පූර්ණ අඳුර නිසා අඟලක ප්‍රමාණයක්වත් ඔවුනට නොපෙනුන අතර පිටතට යාමට මඟක් ගැන සිතා ගත නොහැකි විය. සමහර වේලාවන්හි දී උදව් ඉල්ලා කෑ ගසන අනෙකුත් අයගේ හඬ ඔවුනට ඇසිණි.

''ජින්සූක් මගේ හිසෙන් ලේ ගලනවා ඔබ සුභආරංචිය මට දේශනා කරන විට මම එයට කැමති වූයේ නැහැ. මම ඔබව මඟ හැරියා මට සමාවන්න. දෙවියන් වහන්ස, මට සමාවන්න. මම දැන් ඔබ වහන්සේට විශ්වාස කරනවා'' යැයි හෙදිය හඬමින් කෑ ගසන්නට වූවාය. ජින්සූක් හොං සහෝදරිය දෙවියන් වහන්සේගේ වචනය පවසමින් ඇගේ දෑත් අල්ලාගෙන ඇය අස්වැසුවාය. වාතයේ වූ සිමෙන්ති කුඩු ඇගේ උගුර තුළට ඇතුළු විය. ''දෙවියන් වහන්ස, මා වෙනුවෙන් පමණක් නොව සියළුම මිනිසුන් වෙනුවෙන් ජීවත බේරා ගන්නවුන් එවන්න. තවදුරටත් ගොඩනැගිල්ල කඩා වැටීමට ඉඩ නොදෙන්න. අපට නැවුම් වාත්‍රාශය ලබාදෙන්න'' යනුවෙන් හොං සහෝදරිය යාච්ඤා කළාය.

දෙවියන් වහන්සේ මෙම යාච්ඤාවට පිළිතුරු දුන් සේක. හිර වී පැය 3 කට පසු එනම් රාත්‍රී 9.00 ට විහිදෙන එළියක් ඔවුන් දුටු අතර ''ඔතන කවුද? '' යනුවෙන් යමෙක් ඇසීය. ''මෙතන'' යැයි කෑ ගැසූ ඔවුන්ගේ හඬ ඇසී එතැනට, ජීවිත බේරා ගන්නවුන් දෙදෙනෙක් පැමිණියහ. බෙහෙත් ශාලාව හදිසි පිටවීම අසල පිහිටා තිබූ අතර වාසනාවකට හදිසි දොරටු සහ තරප්පු පෙළ කැඩී බිඳී නොතිබිණි. ජීවිත බේරා ගන්නවුන් මෙම තරප්පු පෙළ දිගේ පැමිණී විට ඔවුනට යාච්ඤා සහ ප්‍රශංසා කිරීමේ හඬ ඇසිණි. හෙදිය ගිලන් රථයකින් රෝහල වෙත යවන ලද නමුත් ජින්සූක් හොං සහෝදරිය හට කිසිදු

තුවාලයක් නොවීය. ජීවිත බේරා ගන්නවුන් මිනිසුන් බේරා ගත්තේ ඔවුන්ගේ ගායනා හඬ ඇසීමෙන් බව සඳහන් කරමින් මෙය පසුදින දිනපතා පුවත්පත් රාශියක වාර්තා විය.

එවැනි හදිසි සහ ජීවිත තර්ජන අවස්ථාවකදී ගායනා කරන්නේ කවුරුන්ද? එම හඬ වූයේ දෙවියන් වහන්සේට යාච්ඤා සහ ප්‍රශංසා කරන හඬ වූ අතර උන් වහන්සෙගේ ජනතාව හිර වී සිටින තැනට යාමට දෙවියන් වහන්සේ ජීවිත බේරා ගන්නවුන්ගේ හදවත් ඒ දෙසට මෙහෙය වූ සේක. ජින්සූක් හොං සවස ඉරු දින මෙහෙයට නිතරම සහභාගි වූ අතර නියමාකාරයෙන් දසයෙන් කොටස දුන්නාය. අප ස්වාමීන් වහන්සේගේ දවස නියමාකාරයෙන් ගත කරන විට සහ නියමාකාරයෙන් දසයෙන් කොටස දෙන විට දෙවියන් වහන්සේ අනතුරු සහ ලෙඩරෝග වලින් අප ආරක්ෂා කරන සේක.

එල්. ඒ. 1995

සභාව කැඩී යෑමට මත්තෙන්

අප්‍රියෙල් 27-29 දක්වා ධර්ම ප්‍රචාර ව්‍යාපාරය පැවැත්වීමට පෙර, සභාවෙන් 40 කට වඩා සංඛ්‍යාවක් විවිධ ප්‍රදේශ වල දී එක්සත් රැළි ගණනාවක් පැවැත්වූ අතර මට සමාගම් කමිටුවේ සභාපති වූ පාලක :ධ* සිටින :ය* ප්‍රෙස්බිටියානු සභාවේ රැළියක් ඇමතීමට තිබිණි. මම ලොස් ඇන්ජලීස් යාමට පෙර මෙම මෙහෙවර ගමනේ දී භාවිතා කිරීම සඳහා අපගේ සභා සාමාජිකයෝ යම් මුදල් ප්‍රමාණයක් මා හට දුන්නෝය. මා පිටත් වීමට ප්‍රථම ''දෙවියන් වහන්සේ මෙවර නිර්ලෝභී දීමනාවක් ලබා දී තිබෙන අතර එය පැහැදිලිවම යම් කාර්‍යයකට වුවමනා බව මම විශ්වාස කරනවා'' යැයි සමහර සභා සමාජිකයන් හට මම පැවසුවෙමි. මා දින තුනක් පුරා රැළිය පැවැත්වූ කළින් සඳහන් කළ ප්‍රෙස්බිටීරියානු සභාව ඉතා කුඩා සභාවක් විය. මෙහි පාලකවරයා වයස අවුරුදු 60 ක් ඉක්මවුවද කිසිවකුගේ උපකාරයක් නොමැතිව කාර්යක්ෂමව තමා විසින්ම සේවය කරමින් හුන්නේය. එය සියයක පමණ ජනතාවක් දින 3 ක් පුරා සහභාගි වූ කුඩා රැස්වීමක් වූ නමුත් මම මාගේ උපරිමයෙන්ම දේශනාව කළෙමි. විශාල සභාවන් පාලනය කරමින් සිටින්නා වූ බොහෝ පාලකවරුන් හට මා දේශකයා ලෙස වුවමනා වූ බව පවසා, ඔවුනට මා මඟ හැරුණු බවට කණගාටුව ප්‍රකාශ කර සිටියහ. එම සභාවේ දින 3 ක් පුරා රැළිය මෙහෙවීම දෙවියන් වහන්සේගේ කැමැත්ත පරිදි වූ බව මම විශ්වාස කළෙමි.

එල් ඒ නගර කවුන්සිලයේ ආශිර්වාද වාක්‍ය ප්‍රකාශ කිරීම

එල් ඒ ගෞරවනීය පුරවැසිභාවය ලැබීම.

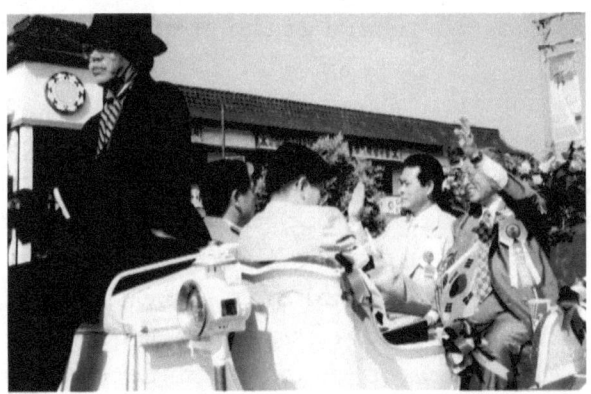

එල් ඒ ''කොරියානු දින'' පෙරෙට්ටුවේදී

අප්‍රියෙල් මස 29 වන දින අවසාන සමුළුවේ දී සභාවේ පාලකවරයා යාච්ඤා කරන අතරවාරයේ දී කඳුළු සලමින් ''දෙවියන් වහන්ස, අප සභාවේ ආර්ථික ගැටළු නිරාකරණය කර දුන මැනව. මම සභාව ලෝකය වෙත භාර දෙන්නට යනවා'' යනුවෙන් යාච්ඤා කළේය. දේශකයා වශයෙන් මෙවැනි අපහසු තත්ත්වයන් වලින් මම දැනටමත් පීඩා විඳ ඇති නමුත් එම අවස්ථාවේ දී එම යාච්ඤාව ඇසුණු පසු තවදුරටත් මගේ හදවත තැවිලි සහිත විය. එම අවස්ථාවේ දී දෙවියන් වහනසේ මාගේ හදවතට කථා කළේය.

''මෙම සභාවට උපකාර කරන්න. නිර්ලෝභී මෙහෙවර දීමනාව මෙවැනි අවස්ථාවක් සඳහා නොවේද? මෙම සභාවට උපකාර කරන්න.''

මෙම හඬ මට ඇසුණ විගස මම දේශනයේදී මෙසේ කීවෙමි. ''මෙම සභාවේ ණය ප්‍රමාණය කොපමණදැයි මා දන්නේ නැහැ. නමුත් දෙවියන් වහන්සේගේ සභාව මෙම ලෝකය ජනතාව නිසා පීඩා විඳිය යුතු නැහැ. මම සුළු උපකාරයක් කරන්නම්. එම නිසා අප සියළු දෙනාම, සියළුම සාමාජිකයන් මෙයට හවුල් වන්න, යැයි පවසා ඩොලර් 20,000 ක දීමනාවක් පොරොන්දු වීමි.

මට අපහසු තත්වයන් වලට මුහුණ දීමට සහ ඒවා උකහා ගැනීමට ඇති හැකියාව නිසා දෙවියන් වහන්සේ එම සභාවට මා යැවීමට හේතු වූ බව මට තේරුම් ගතිමි. මගේ හදවත පාලකවරයාට උපකාර කිරීමට ඇති කැමැත්තෙන් පිරී ගිය අතර පාලකවරයාගේ හදවතට සැනසීම ලබා දීමට මිස දේශකයා වශයෙන් මට සැලකුම් ලබා ගැනීම අනවශ්‍යය විය. මම පාලකවරයාට කිසිදු අපහසුතාවයක් නොදීමට හෝ ඔහුගේ කාලය මා නිසා අපතේ නොයැවීමට මාගේ උපරිමයෙන්ම උත්සහා කළෙමි. මගේ සභාවේ ප්‍රශංසා කණ්ඩායම රැළිය තුළ ප්‍රශංසාවක් මෙහෙයවූහ. ඔවුහු දේව කරුණාව සහ ශුද්ධාත්මයාණන් වහන්සේගේ සම්පූර්ණ බව බොහෝ සෙයින් සාමාජිකයන් හට දීමට උත්සහා කළෝය.

අප්‍රියෙල් මස 30 වන ඊළඟ ඉරු දින පාලකවරුයා අඳුරු මුහුණකින් යුක්තව මා වෙතට පැමිණ ''පාලකතුමනි, ඊයේ වනතුරුත් ඔබ ගැන දන්නා වෙනත් සභාවන්හි සාමාජිකයන් මෙම සමුළුවට පැමිණි නමුත් අද වන විට අපගේ සියළුම සාමාජිකයන් පිට ව ගොස් ඇති බව මට විශ්වාසයි. ඔබ ඒ ගැන දැන ගැනීමට සභාවට යාම ද වුවමනා නැතැ'යි පැවසීය. ඔහු පැවසූ දෑ ගැන මවිතයට පත් වූ මා කුමක් සිදු වුණි දැයි ඔහුගේ විමසුවෙමි. එම සභාවේ සහයක පාලකවරයා පාලක පදවියට ඇතුළත් කර ගන්නා විභාගයෙන් අසමත්ව ඇති බව සහ එම පාලකවරයා පිළිබඳව ඔහුට පැමිණිලි ලැබී ඇති බව ඔහු මා හා

පැවසුවේය. ඔහු මෙම සභාවෙන් ඉල්ලා අස් වූ අතර, සභාවේ වැඩිහිටියන් මෙම පාලකවරයාට විරෝධය පා ඔවුහු ද වෙන් වූහ. සභාව අවුලක් විය. තවදුරටත් ණය හේතුවෙන් සභාවේ ආර්ථික ප්‍රශ්න ඇති වූ නිසා සහා සාමාජිකයන්ගේ පිබිදීමේ ශක්තිය හීන විය.

නමුත් මම සභාවට ගිය විට සාමාජිකයන් සභාව හැර ගොස් නැති බව සොයා ගත් අතර ඒ වෙනුවට සභාව පිරී තිබිණි. ගීතිකා කණ්ඩායමේ අසුන් ද පිරී තිබුණ අතර ඔවුන්ගේ මුහුණු දීප්තිමත්ව තිබිණි. දෙවියන් වහන්සේ මෙම සභාවේ තත්ත්වය දැන සිටි අතර එය ආරක්ෂා කිරීමට දෙවියන් වහන්සේගේ වචනය දේශනා කිරීමට සහ පාලකවරයාට ආර්ථික වශයෙන් උපකාර කිරීමට උන් වහන්සේ මා එහි යැව් සේක.

95 ලොස් ඇන්ජලිස් ධර්ම දූත ව්‍යාපාරය

1995 අප්‍රියෙල් මස 30 වන දින ලෝක සුභාරංචි කමිටුව සහ කොරියා ඇමෙරිකා ක්‍රිස්තියානි අධ්‍යාත්මික ව්‍යාපාර කමිටුව මඟින් සම්මේලන මධ්‍යස්ථානයේ දී ''1995 බ් ලෝක ධර්ම දූත ව්‍යාපාරය'' පවත්වන ලද අතර ප්‍රධාන කථිකයා වශයෙන් මට ආරාධනා කරනු ලැබීය. දෙවියන් වහන්සේගේ දේව කරුණාව ඇතිව ''ලෝක ධර්මදූත ව්‍යාපාරය'' අතිසාර්ථකව පවත්වන ලදී. දින දෙකකට පසුව ඇමෙරිකානු ක්‍රිස්තියානි පුවත්පතක් මම කියෙව්වෙමි. එය මෙසේය.

''අප්‍රියෙල් 30 වන දින, පනහක් පමණ පුබුදුවන්නන් සහ 8,000 කට අධික ඇදහිලිවතුන් එක්ව නොයෙක් ජාතීන්ගේ එකමුතුව උදෙසා පිබිදීමේ රැළියක් පැවැත්වූහ. ප්‍රධාන කථිකයා වූ දේවගැති ජයිරොක් ලී ''අපි එකෙකු වෙමු'' යන මාතෘකාව යටතේ දේශනාව කළ අතර මෙසේ පවසමින් සහභාගිවූවන් දිරි ගැන්වූයේය. ''ප්‍රදේශය, ජාතිය සහ සංස්කෘතිය සැළකිල්ලට නොගෙන අප සියල්ලන්ම එකම ඇදහිල්ල තුළ සිටින්නා වූ එක හා සමාන සහෝදරයන් සහ සහෝදරියන් වන නිසා එකමුතුව ඇදහිල්ල සමඟින් අපි ලෝක පිබිදීම සඳහා පදනම අතුරමු;'' ''ලෝකයේ කෙළවර දක්වාම සුභආරංචිය දේශනා කරන්න,'' මෙම නගරය දේව දූතයන්ගේ නගරයක් කරන්න; ජයග්‍රහණය අපගේමයි,'' රැස්ව සිටියවුන් මෙම ව්‍යාපාරයේ ආදර්ශ පාඨය කියමින් මොර ගසන්නට වූ අතර උස් හඬින් මුළු සම්මේලන ශාලාවම රැව් දුන්නේය.

ලොස් ඇන්ජලීස් අගනගරයට සම්බන්ධ ප්‍රදේශ වල 300 ක් පමණ නායකයින් සහභාගි වූ උදෑසන ආහාරයක් සඳහා ද මම සහභාගි වුණෙමි. ඔවුන් අප

සභාවේ ප්‍රශංසා කණ්ඩායම් සහ නර්තන කණ්ඩායම් වල ඉදිරිපත් කිරීම් අගය කළ අතර සමහරෙක් ඔවුන්ගේ ඉදිරිපත් කිරීම් තමන් තුළට තදින් කා වැදුනු නිසා කඳුළු සැලූහ.

95 ලොස් ඇන්ජලිස් ධර්ම දූත ව්‍යාපාරය

22වන එල් ඒ ''කොරියානු දිනයේ'' විශේෂ ආරාධිත ලෙස සහ සංස්කෘතික මධ්‍යස්ථානයට සහභාගී වීම

කොරියානු දින උත්සවය

1995 සැප්තැම්බර් මස දී ලොස් ඇන්ජලීස් කොරියා නගරයේ පවත්වන ලද 22 වන ''කොරියානු දින උත්සවය සඳහා මම ගරු සභාපති වශයෙන් සහභාගි වුණෙමි. සිහිවටනයක පදනම සඳහා ''නියෝජිත යාච්ඤාව'' සහ ''කොරියානු රාත්‍රිය'' ආරම්භ කිරීමේ යාච්ඤාව මා විසින් කරන ලදී. මෙම මුළු ක්‍රියාවලියේ උත්කර්ෂවත් අවස්ථාවට, එනම් උත්සව පෙළපාලියෙහි මලින් සරසන ලද වාහන ප්‍රදර්ශනයට මම සහභාගි වුණෙමි. සුවිශේෂී අමුත්තකු සඳහා වූ එක් විශේෂ වාහනයක් අශ්වයන් 4 දෙනෙකු යොදාගෙන තිබිණි. අති විශාල ජනකායක් ඉදිරියේ පෙනී සිටීම මා හට අපහසු කාර්‍යයක් වුවද, හදවතේ වූ ආත්ම සංවේදිතාවය නිසා මා සඳහා වෙන් කරන ලද මෙම ප්‍රදර්ශන තට්ටුවේ ගමන් කළෙමි. අනෙකුත් වාහන සහ ප්‍රදර්ශන තට්ටු පෙළපාලියේ පසුපසින් ගමන් ගත්හ.

ගරු සභාපති වශයෙන් මා මෙම අවස්ථාවට සහභාගී වීම වළකාලමින් යම් අවහිරතා සහ කඩාකප්පල් ක්‍රියා සිදු විය. ලොස් ඇන්ජලීස් හි කොරියානු සමාගම මෙය පිළිබඳව රැස්වීමක් පවත්වා මෙම අවහිරතා පිළිබඳව විරෝධය දක්වමින් ගරු සභාපති වන මා ගැන අසත්‍ය කටකථා පතුරවන යම් අයෙක් හමු වුවහොත් ඔවුනට එරෙහිව නීත්‍යානුකූල පියවරයන් ගන්නා බව පවසමින් ලියවිල්ලක් නිකුත් කළහ. දෙවියන් වහන්සේ විසින් සූදානම් කරන ලද මිනිසුන් විසින් යක්ෂයාගේ ක්‍රියාවන් බලාපොරොත්තු නොවූ ස්ථානයක දී පහත හෙළන ලදී.

1 වන කොටසේ අවසානය
(දෙවන කොටස) මතු සම්බන්ධයි

කතෘ

අචාර්ය ජයරොක් ලී

ආචාර්ය ජයිරොක් ලී, 1943 කොරියාවේ, ජෙයොනාම් ප්‍රදේශයේ, ජූආන් නම් ගමේ උපත ලබා ඇත. ඔහුගේ තරුණවියේ මුල් සමයේදීම වසර හතක් පුරා සුව කළ නොහැකි නානාවිධ රෝග වලින් පෙලුනු ඔහු, සුවය ලැබීමේ බලාපොරොත්තුවක් නැතිව මරණය අපේක්ෂාවෙන් සිටියේය. කෙසේ නමුත් 1974 වසන්ත සමයේ එක් දිනයකදී, ඔහුගේ සොයුරිය විසින් ඔහුව සභාවකට ගෙන යනු ලැබු අතර ඔහු දණ නමා යාච්ඤා කිරීමට ගිය මොහොතේදීම, ජීවමාන දෙවියන් වහන්සේ සැණෙකින් ඔහුගේ සියලුම රෝග වලින් ඔහුව සුව කළ සේක.

ඒ මහත් ආශ්චර්යමත් අත්දැකීම ලද මොහොතේ පටන්, ජීවමාන දෙවියන් වහන්සේව හඳුනාගත් ආචාර්ය ලී, ඔහුගේ මුළු හදවතින් හා අවංකකමින් දෙවියන් වහන්සේට ප්‍රේම කළේය. තවද 1978 දී, දෙවියන් වහන්සේගේ දාසයෙක් වීමට ඔහුව කැඳවනු ලැබීය. දේව කැමැත්ත පැහැදිලි ලෙස තේරුම් ගැනීමට සහ සම්පූර්ණ ලෙස ඉෂ්ඨ කිරීමට හැකිවන පිණිස ඔහු ඉතා ජවලිතව යාච්ඤා කළ අතර දෙවියන් වහන්සේගේ සියලු වචන වලට ඔහු කීකරු විය. 1982 වසරේදී, ඔහු විසින් දකුණු කොරියාවේ, සෝල් නගරයේ මන්මින් දේවස්ථානය ස්ථාපිත කල අතර ආශ්චර්යමත් සුවවීම් සහ පුදුම ලකුණු ඇතුළු දෙවියන් වහන්සේගේ බොහෝ ක්‍රියාවන් එම දේවස්ථානයේ සිදුවෙමින් පවතී.

1986 දී, කොරියාවේ ''යේසුස්ගේ සංග්යුල් දේවස්ථානයේ'' වාර්ෂික සම්මේලනයේදී ආචාර්ය ලී, පාලකවරයෙක් ලෙස ආලේප කරනු ලැබුවේය. තවද, ඊට වසර හතරකට පසු, පෙරදිග විකාශන සමාගම, ආසියානු ගුවන් විදුලි ප්‍රචාරන සේවය සහ වොෂින්ටන් ක්‍රිස්තියානි ගුවන් විදුලි පද්ධතිය මගින් ඕස්ට්‍රේලියාව, රුසියාව, පිලිපීනය ඇතුළු බොහෝ රටවල් ගණනාවකටම ආචර්ය ලී ගේ දේශනයන් විකාශනය කරනු ලදී.

මින් වසර 3 කට පසුව 1993 දී ''කිතුනු ලෝක සඟරාව'' (ඇමෙරිකාව) මගින් ''ලෝකයේ හොඳම සභාවන් 50'' අතරට මන්මින් ප්‍රධාන දේවස්ථානය තේරි පත් විය. තවද ඔහු ඇමෙරිකාවේ ෆ්ලෝරිඩා ''ක්‍රිස්ටියන් ෆේත්'' විද්‍යාලයෙන් දේවධර්ම ශාස්ත්‍රය පිළිබඳ ගරු උසස් උපාධිය ලද අතර 1996 දී ඇමෙරිකාවේ, අයෝමා ''කිංස්වේ දේව ධර්ම පූජක විද්‍යාලයෙන්'' දේව ගැති ධූරය ලැබීය.

1993 පටන්, ඊශ්‍රායෙලය, ලොස් ඇන්ජලිස්, නිව්යෝක්, බැල්ටිමෝර්, හවායි, ටැන්සනියාව, ආජෙන්ටිනාව, උගන්ඩාව, ජපානය, පකිස්ථානය, කෙන්යාව, පිලිපීනය, හොන්ඩුරාසිය, ඉන්දියාව, රුසියාව, ජර්මනිය, පේරු සහ ප්‍රජාතන්ත්‍රවාදී කොංගෝ ජනරජය යන රටවල විදේශ රුස්වීම් ගණනාවක් පවත්වමින් ආචාර්ය ලී ලෝක මිෂනාරි සේවයේ ප්‍රමුඛ ස්ථානය ගත්තේය. 2002 වසරේදී, කොරියාවේ ප්‍රධාන කිතුණු පුවත්පත් වල, ඔහුගේ විදේශීය රටවල පුළුල් සේවාවන් හේතුවෙන් ''ලෝක ව්‍යාප්ත පාලකයා'' යනුවෙන් හඳුන්වනු ලැබීය.

වර්ෂ 2014 සැප්තැම්බර් මසවන විට මන්මින් ප්‍රධාන දේව සභාව ඇදහිලිවතුන් 120,000 ගෙන යුක්තය. රටතුළ ප්‍රධාන නගර වල ශාඛා සභා 53 ක් ඇතුළුව ලෝකය පුරා ශාඛා සභා 10,000 ගෙන් යුක්තය. ඇමෙරිකාව, රු සියාව, ජර්මනිය, කැනඩාව, ජපානය, චීනය, ප්‍රංශය, ඉන්දියාව, කෙන්යාව සහ බොහෝ රටවල් ගණනාවක් ඇතුළු රටවල් 23 ක් සේවය කිරීමට මිෂනාරිවරු 129 ක් පත් කොට ඇත.

මේ දවස වන විට ආචාර්ය ලී පොත් 94 ක් රචනා කොට ඇති අතර මේ අතරින් 'මරණයට ප්‍රථම සදාකල් ජීවනය රස බැලීම', මාගේ ඇදහිල්ල මගේ ජීවිතය ෂ සහ ෂෂ', 'කුරුසියේ පණිවිඩය', 'ඇදහිල්ලේ මිණුම', ස්වර්ගය ෂ සහ ෂෂ'' සහ 'නිරය' යන පොත් විශාල ලෙස අලෙවි වන පොත් වේ. තවද මෙම

පොත් භාෂා 76 කට පරිවර්ථනය වී ඇත.

තවද ඔහුගේ කිතුනු ලිපි 'ද හැන්කුක් ඉල්බෝ', 'ද ජුං ඇං ඩේලි', ද ඩොං ඒ ඉල්බෝ' 'ද මුන්වා ඉල්බෝ', 'ද සෝල් ෂින්මුන්', 'ද ක්යංයං ෂින්මුන්', 'ද හැංයෝරේ ෂින්මුන්', 'ද කොරියා ඉකොනොමික් ඩේලි', 'ද කොරියා හෙරල්ඩ්', 'ද ශීසා නිව්ස්' සහ 'ද ක්‍රිස්ටියන් ප්‍රෙස්' යන පුවත් පත් වල පල වේ.

ආචාර්ය ලී, මේ වන විට බොහෝ මිෂනාරි සංවිධාන වල සහ සමාගම් වල නායකත්වය දරන අතර පහත තනතුරු දරයි: සභාපති යේසුස් ක්‍රිස්තුස් වහන්සේ එකසත් ශුද්ධ සභාව, ස්ථිර ශේෂ්ඨාධිපති-ලෝක කිතුනු පුබුදු මිෂනාරි සමාගම, සභාපති-මන්මින් ලෝක මිෂනාරි සේවය, ප්‍රාරම්භකයා-මන්මින් ටී වී, ප්‍රාරම්භකයා සහ මණ්ඩලීය සභාපති-ලෝක කිතුනු ජාලය, ප්‍රාරම්භකයා සහ මණ්ඩලීය සභාපති-ලෝක කිතුනු වෛද්‍ය ජාලය සහ ප්‍රාරම්භක සභා මණ්ඩලීය සභාපති-මන්මින් ජාත්‍යන්තර පූජක විද්‍යාලය.

එම කතෘගේ අනෙක් පොත්

ස්වර්ගය I සහ II
ස්වර්ගික පුරවැසියන් භුක්ති විඳින ඉතා සොඳුරු ජීවන පරිසරය සහ ස්වර්ග රාජ්‍යයේ විවිධ තල පිළිබඳ අලංකාර සවිස්තරාත්මක නිරූපණයක්.

කුරුසියේ පණිවිඩය
ආත්මික නින්දෙහි පසුවන මනුෂ්‍යයන් හට ඉතා බලවත් පිබිදීමේ පණිවිඩයක්, යේසුස් වහන්සේ පමණක් ගැලවුම් කරුවාණන් වීමට හේතුව සහ දෙවියන් වහන්සේගේ සැබෑ ප්‍රේමය පිළිබඳව මෙම පොත කියවන ඔබට දැකගත හැකි වේ.

නිරය
එකදු මනුෂ්‍යයෙක්වත් පාතාලයේ ගැඹුරට නොයන ලෙස ප්‍රාර්ථනා කරන දෙවියන් වහන්සේ, මුළු මිනිස් සංහතියටම දෙන ඒකාන්ත පණිවිඩය මීට ප්‍රථම අනාවරණය නොවූ, ගැඹුරු සොහොනේ සහ නිරයේ කුරිරු යථාර්ථය පිළිබඳ ප්‍රවෘත්තිය ඔබට අත්දැක ගත හැකි වේ.

මරණයට ප්‍රථම සදාකාල ජීවනය රස විඳීම
මරණයේ මිටියාවතින් මිදී, නැවත උත්පාදන ලබා, ආදර්ශවත් කිතුණු ජීවිතයක් ගත කරන ආචාර්ය ජයිරොක් ලීගේ ජීවිත සාක්ෂියේ මතක සටහන.

ඇදහිල්ලේ මිනුම

ස්වර්ගයේ ඔබට, කුමන ආකාරයේ වාසස්ථානයක්, ඔටුන්නක් සහ විපාකයක් සූදානම්ව තිබේද? ඔබේ ඇදහිල්ල මැනිය හැකි ප්‍රඥාව සහ මඟ පෙන්වීමද, සම්පූර්ණ ඇදහිල්ල උපරිම ලෙස සහ අතිශයින් වර්ධනය කර ගැනීමට මෙම පොත සලසයි.

ඊශ්‍රායෙලය, පිබිදෙන්න.

ලොව පටන් ගැන්මේ සිට මේ වන තෙක්, දෙවියන් වහන්සේ උන්වහන්සේගේ දෑස් ඊශ්‍රායෙලය කෙරෙහි යොමා තිබෙන්නේ මන්ද? අන්තිම දවස් වල, මෙසියස් වහන්සේ ව බලාපොරොත්තුවෙන් සිටින්නාවූ ඊශ්‍රායෙලට කුමනාකාරයේ දේවාරක්ෂාවක් උන්වහන්සේ සූදානම් කර ඇත්ද?

මාගේ ජීවිතය, මාගේ ඇදහිල්ල I සහ II

ඕනෑම ආකාරයක පරීක්ෂාවක් ජයගැනීමට අවශ්‍ය කරන සැබෑ ඇදහිල්ල පිළිබඳ හද ස්පර්ෂ කරන විස්තරය සහ ශුද්ධාත්මයාණන් වහන්සේගේ බලවත් ක්‍රියා විදහා දක්වන්නාවූ සැබෑ ඇදහිල්ල ඇති සභාව

දෙවියන් වහන්සේගේ බලය

යමෙකුට අත්කර ගත හැකි සැබෑ ඇදහිල්ල සහ දෙවියන් වහන්සෙගේ බලවත් ක්‍රියා අත්දැකීමට අවශ්‍ය ඉතා වැදගත් මඟපෙන්වීම ගෙන දෙන්නාවූ කියවිය යුතු පොතකි.

www.ingramcontent.com/pod-product-compliance
Lightning Source LLC
Chambersburg PA
CBHW030408130626
46549CB00004B/1677
* 9 7 8 8 9 7 5 5 7 9 5 5 4 *